HUBERTUS DEIMEL
TILL THIMME

AF597571

BEWEGUNGS- UND SPORTTHERAPIE BEI PSYCHISCHEN ERKRANKUNEN DES KINDES- UND JUGENDALTERS

BRENNPUNKTE DER SPORTWISSENSCHAFT

HERAUSGEGEBEN

VON DER

DEUTSCHEN SPORTHOCHSCHULE KÖLN

REDAKTION

BIRNA BJARNASON-WEHRENS

ECKHARD MEINBERG

NORBERT SCHULZ

BAND 38

Bewegungs- und Sporttherapie bei psychischen Erkrankungen des Kindes- und Jugendalters

Herausgegeben von

HUBERTUS DEIMEL
und TILL THIMME

ACADEMIA VERLAG  SANKT AUGUSTIN

Die Reihe BRENNPUNKTE DER SPORTWISSENSCHAFT,
die von der Deutschen Sporthochschule Köln herausgegeben wird, ist mit dem Anspruch konzipiert worden, einen Beitrag zur Integration der vielfältigen sportwissenschaftlichen Forschungsbemühungen zu leisten.
Zu diesem Zweck werden disziplinübergreifend aktuelle Themenschwerpunkte formuliert, mit denen die verschiedenen sportwissenschaftlichen Perspektiven der Einzeldisziplinen, bezogen auf einen Problembereich des Sports, gebündelt werden sollen.
Die Reihe ist konzipiert für Sportwissenschaftler, Sportlehrer, Sporttherapeuten, Sportärzte sowie Sportstudierende.

Herausgeber:
Deutsche Sporthochschule Köln

Redaktion:
Apl. Prof. Dr. Birna Bjarnason-Wehrens, Prof. Dr. Dr. h.c. Eckhard Meinberg, Dr. Norbert Schulz

Redaktionsanschrift:
Prof. Dr. Dr. h.c. Eckhard Meinberg, Deutsche Sporthochschule Köln, Am Sportpark Müngersdorf 6, D-50933 Köln

Brennpunkte der Sportwissenschaft wird herausgegeben von der Deutschen Sporthochschule Köln und erscheint im Academia Verlag, Sankt Augustin.

Das **Umschlagmotiv** bezieht sich auf die Skulptur des „Gottes aus dem Meer“ (Zeus oder Poseidon), gefunden am Kap Artemision (460 v. Chr.), Bronze, Höhe 209 cm, Spannweite 210 cm, Athen/Nationalmuseum. Eine Kopie steht im Lichthof der Deutschen Sporthochschule Köln.

Umschlaggestaltung:
AIDALOS DESIGN Braunschweig

Bibliografische Information der Deutschen Bibliothek
Die Deutsche Bibliothek verzeichnet diese Publikation in der Deutschen Nationalbibliografie; detaillierte bibliografische Daten sind im Internet über http://dnb.ddb.de abrufbar.
ISBN 978-3-89665-693-3

1. Auflage 2016

© Academia Verlag
Bahnstraße 7, D-53757 Sankt Augustin
Internet: www.academia-verlag.de
E-mail: info@academia-verlag.de

Printed in Germany

Alle Rechte vorbehalten.
Ohne schriftliche Genehmigung des Verlages ist es nicht gestattet, das Werk unter Verwendung mechanischer, elektronischer und anderer Systeme in irgendeiner Weise zu verarbeiten und zu verbreiten. Insbesondere vorbehalten sind die Rechte der Vervielfältigung – auch von Teilen des Werkes – auf fotomechanischem oder ähnlichem Wege, der tontechnischen Wiedergabe, des Vortrags, der Funk- und Fernsehsendung, der Speicherung in Datenverarbeitungsanlagen, der Übersetzung und der literarischen und anderweitigen Bearbeitung.

Inhalt

Vorwort

Bewegungs- und sporttherapeutische Interventionen sind oftmals ein integraler Bestandteil der multimodalen Therapie von psychisch kranken Kindern und Jugendlichen. In der stationären kinder- und jugendpsychiatrischen Behandlung nimmt die Bewegungs- und Sporttherapie einen festen und bedeutsamen Platz ein. Dies spiegelt sich allein im Umfang der Bewegungstherapieeinheiten innerhalb des Versorgungsspektrums, in den entsprechenden Personalschlüsseln oder auch in der breiten Akzeptanz bewegungsbezogener Interventionen durch die Kinder und Jugendlichen wider. Bewegung, Spiel und sportliche Aktivitäten eröffnen speziell für diesen Personenkreis günstige Zugänge zur Vermittlung therapeutischer Methoden und Inhalte. Zudem liegen theoretische Beiträge, differenzierte praktische Konzepte und evaluierte Ansätze zu verschiedenen Methoden und Verfahren vor, die in der bewegungsorientierten Arbeit mit dieser Zielgruppe zum Einsatz kommen.

Umso mehr erstaunt es, dass sich der hohe Stellenwert dieses eigenständigen Fachgebietes innerhalb der medizinisch-psychiatrischen Grundlagenliteratur wie auch in der akademischen Sportwissenschaft nicht entsprechend abbildet (siehe Hölter in diesem Band). Zudem ist auch in der Praxis konstatierbar, dass innerhalb des interdisziplinären Teams der klinisch tätigen und behandelnden Berufsgruppen die Kenntnisse über die Wirkmechanismen von körperlicher Aktivität oder vom Spiel bezüglich seelischer Gesundheit und das Wissen über die Vielfalt der bewegungstherapeutischen Interventionsmöglichkeiten oft unzureichend sind. Dies ist in unseren Augen jedoch eine wichtige Voraussetzung für eine gute diagnose- und indikationsspezifische Arbeitsweise.

Der vorliegende Band beruht auf einer langjährigen Kooperation des Institutes für Bewegungstherapie und bewegungsorientierte Prävention und Rehabilitation der Deutschen Sporthochschule Köln und der Abteilung für Kinder- und Jugendpsychiatrie, Psychosomatik und Psychotherapie der LVR-Klinik Bonn mit dem Ziel, die Bereiche Forschung, Praxis und Lehre zu vernetzen. Hieraus erwuchsen zwei Bewegungs- und Sporttherapie-Symposien (2012 und 2014) zu verschiedenen Themen aus dem Bereich der Kinder- und Jugendpsychiatrie. Neben fachspezifischen Vorträgen stellten Experten aus dem Bereich bewährte Methoden in theorie- und praxisorientierten Workshops vor. Die Fachtagungen waren bewusst interdisziplinär ausgerichtet und adressierten sich nicht nur an Bewegungs- und Sporttherapeuten wie Sportwissenschaftler, Diplom-Sportlehrer, Motopäden, Ergo- und Körpertherapeuten oder Studierende, sondern auch gezielt an jene Berufsgruppen, die sich im Rahmen ihrer Tätigkeit mit der Verbindung von Therapie und Bewegung, körperlicher Aktivität und Sport beschäftigen: Ärzte, Psychologen und (Förder-)Pädagogen.

Die positive Resonanz auf diese ersten beiden öffentlichen Veranstaltungen und die Nachfrage zur Verschriftlichung einzelner Beiträge gab u.a. Anlass dazu, dieses Buch zusammenzustellen. Ergänzend konnten weitere externe Autorinnen und Autoren für diese Thematik gewonnen werden. Wir möchten mit diesem Band dazu beitragen, einen ersten Überblick über bewegungs- und sporttherapeutischen Konzepte und Methoden bei psychisch kranken Kindern und Jugendlichen zu geben sowie die bestehenden Lücken in der Wissenschafts-Landschaft auf dem Gebiet der Bewegungstherapie zu verringern.

Insofern erwartet den Leser weniger ein strukturiertes Lehrbuch als vielmehr eine Zusammenstellung von Themen aus verschiedenen theorie- und praxisbezogenen Handlungsfeldern: Es finden sich empirische Beiträge und Studienergebnisse, Ausführungen zu störungs- und diagnosebezogenen Themen sowie die Darstellungen zu sportartspezifischen Interventionsmöglichkeiten. Hierbei wird deutlich, dass viele der bewegungsbezogenen Ansätze schon über eine lange Tradition verfügen und kein „Kind der Neuzeit" sind. Der Blick auf die Autorenschaft macht deutlich, dass nach unserem Verständnis die klinische Bewegungs- und Sporttherapie hierbei stets mit anderen Fachdisziplinen in Verbindung stehen sollte. Durch die Beiträge von Klinikern und Ärzten, von Pädagogen und Personen mit bewegungstherapeutischem bzw. (körper-) psychotherapeutischem Ausbildungshintergrund soll die Notwendigkeit eines interdisziplinären Ansatzes hervorgehoben werden, der für eine effektive Behandlung in diesem Feld essentiell ist.

Darüber hinaus möchten wir auch herausstellen, dass in der Bewegungs- und Sporttherapie eben nicht nur die klassischen Methoden zur Verbesserung zur körperlichen Belastungsfähigkeit zur Anwendung gelangen sollten, sondern auch Angebote, die unabhängig von fehlender empirischer Evidenz aufgrund ihrer pädagogischen Relevanz und der großen Akzeptanz bei den Kindern und Jugendlichen ihre Berechtigung besitzen.

Schließlich verbinden wir mit der Herausgabe dieses Buches die Hoffnung einer bewussteren Wahrnehmung dieses Interventionsbereiches, verbunden mit einem intensiven Forschungsinteresse von klinischer Seite.

Dr. Sportwiss. Hubertus Deimel Dipl.-Sportwiss. Till Thimme

Hilft Bewegungstherapie bei psychischen Erkrankungen im Kindes- und Jugendalter?

Gerd Lehmkuhl

Klinik und Poliklinik für Kinder- und Jugendpsychiatrie und –psychotherapie der Universitätsklinik Köln

---

Zusammenfassung

Auch wenn die klinische Erfahrung zeigt, dass Bewegung und sportliche Aktivität sich positiv auf das Wohlbefinden und die Gesundheit von Kindern und Jugendlichen auswirken, fehlt eine ausreichende Evaluation dieser Interventionen. Dabei wäre ein solcher Nachweis notwendig und wichtig, um die Bewegungstherapie als evidenzbasierte Methode implementieren zu können. Auch empirisch fundierte Hinweise für eine differenzielle Indikation, z.B. inwieweit diese Effekte von der Interventionsart, Indikationsstellung und Patientenvariablen abhängen, würden entscheidend dazu beitragen, die Bewegungstherapie im klinischen Kontext systematisch zu nutzen. Die bisher vorliegenden Erfahrungen erscheinen vielversprechend und regen zu einer engeren wissenschaftlichen Kooperation zwischen Kinder- und Jugendpsychiatrie mit dem Ziel an, differenzierte, störungsspezifische bewegungs- und körperorientierte Interventionen für verschiedene psychiatrische Krankheitsbilder zu entwickeln und einzusetzen.

Summary

Although clinical experience indicates that exercise and physical activity have a positive effect on the well-being and health of children and adolescents, a sufficient evaluation of these interventions is still lacking. But such evidence is necessary and important to be able to implement movement therapy as an evidence-based method. Sound empirical evidence for different indications, e.g. how much these effects depend on the type of intervention, diagnosis and patient variables, would also go a long way to systematically using movement therapy in a clinical context. The evidence to date seems promising and encourages a closer scientific cooperation between Child and Adolescent Psychiatry with the aim to develop and use differentiated, disorder-specific interventions that focus on movement and the body for various psychiatric disorders.

Einleitung

Es scheinen keine Zweifel zu bestehen: Grundvoraussetzung für eine gesunde physische und psychische Entwicklung ist eine ausreichende körperliche Betätigung und Bewegung. Sportliche Aktivitäten tragen zum Wohlbefinden und einer besseren Lebensqualität bei. *Hoffmann* et al. (2006) halten fest, dass der Beitrag motorischer Aktivität zur Gesundheitsförderung von Kindern und

Jugendlichen in den letzten Jahrzehnten immer weniger und nicht ausreichend genutzt und beachtet wurde. Andererseits konnten die hohen Erwartungen, dass bereits im jungen Alter die Weichen für das gesundheitsrelevante Bewegungsverhalten des gesamten späteren Lebens gestellt werden, durch die bisher vorliegenden empirischen Befunde nicht eindeutig bestätigt werden (S. 214).

Bewegungsförderung und gesunde Entwicklung

In dem vom Robert-Koch-Institut 2004 herausgegebenen Schwerpunktbericht „Gesundheit von Kindern und Jugendlichen" wird der Bewegung ein eigenes Kapitel eingeräumt. Die Autoren weisen auf deutliche Defizite und motorische Entwicklungsrückstände, insbesondere im Vor- und Grundschulalter, bei Kindern hin, die in Städten aufwachsen. Dabei scheinen Kinder und Jugendliche ihre eigene sportliche Leistungsfähigkeit eher zu überschätzen, denn knapp 85 % derjenigen, die in der Fremdbeurteilung eine schlechte Bewertung erhielten, beurteilten ihre eigene motorische Fähigkeit als befriedigend bis sehr gut. Es dürfte daher schwierig sein, diese Gruppe von der Notwendigkeit vermehrter sportlicher Aktivitäten zu überzeugen, obwohl sie dies dringend benötigte (*WIAD-Studie*, 2001).

Das Thema der Bewegungs- und Fitness-Förderung begleitet daher die Diskussion seit längerer Zeit und mündete in verschiedene Programme und Konzepte. Denn die Vielzahl an Hinweisen auf die gesundheitsfördernde Wirkung von körperlicher Aktivität und das günstige Aufwand-Ertrag-Verhältnis legen nach *Hoffmann* et al. (2006, S. 215) eine intensive und möglichst frühzeitige Bewegungsförderung nahe. Allerdings sind die bislang vorliegenden Evaluationsdaten unzureichend und wenig aussagekräftig (*Maass*, 2009).

Doch zu welchen negativen körperlichen und psychischen Folgen führt Bewegungsmangel? Nachgewiesen sind Auswirkungen auf das Herz-Kreislauf-System, Haltungsschäden und Übergewicht sowie Erkrankungen des Bewegungsapparates und motorische Entwicklungsdefizite können ebenso hinzukommen wie Schulprobleme und Verhaltensauffälligkeiten. Und in welchen Bereichen kann sich körperliche Aktivität positiv auf die Gesundheit auswirken? Die Ergebnisse verschiedener Studien weisen darauf hin, dass Sport einen positiven Effekt auf die Stimmung, das psychische Wohlbefinden hat und darüber hinaus das Selbst- und Körperkonzept verbessert. Es treten weniger psychosomatische Beschwerden auf und die Lebenszufriedenheit nimmt zu. Körperlich-sportliche Aktivität stellt somit eine psychosoziale Gesundheitsressource dar (*Brandl-Bredenbeck & Sygusch*, 2011), auch wenn die Datenlage auch hier noch sehr zu wünschen übrig lässt. *Brandl-Bredenbeck & Sygusch* (2011) fassen die vorliegenden Studien dahingehend zusammen,

> *„dass Bewegung und körperlich-sportliche Aktivität positiv mit physischen Gesundheitsressourcen (z.B. Ausdauer, Kraft), mit psychosozialen Gesundheitsressourcen (z.B. Selbstwert, soziale Unterstützung) und auch mit einem Gesamtmaß für den allgemeinen Gesundheitszustand (z.B.*

emotionales und körperliches Wohlbefinden auf der Grundlage subjektiver Einschätzung) korrelieren, während dies nicht in gleichem Maße für die physischen (z.B. Übergewicht und Blutlipide) und psychischen Belastungssymptome (ADHS, Probleme mit Gleichaltrigen) gilt" (S. 116).

Bei diesem Fazit ist es naheliegend, bewegungstherapeutische Ansätze bei Patienten mit verschiedenen psychischen Störungsbildern einzusetzen und ihre Wirkung zu überprüfen.

Bewegungstherapie bei psychischen Störungen

Hölter & Stobbe (2005) weisen darauf hin, dass heute keine kinder- und jugendpsychiatrische Einrichtung in Deutschland auf Bewegung, Spiel und Sport als „flankierende" therapeutische Maßnahme verzichtet (S. 196). Die Bewegungstherapie sei in der Praxis angekommen, nicht jedoch in der wissenschaftlichen Evaluation. Hier fehle es an konzeptuellen und empirischen Studien und dies könne vor allem an der begrifflichen Unschärfe liegen, „denn wie lassen sich bewegungs- und körperorientierte Interventionen in einem sporttherapeutischen Sinn von Ergo- und Physiotherapie, körperorientierter Psychotherapie usw. abgrenzen?" (S. 196). „Wenn Bewegung heilt", dann möchte man gerne wissen, wie dies geschieht, welche differenziellen Effekte im Hinblick auf Interventionen und Krankheitsbilder zu erwarten sind und ob es sich lohnt, systematische Programme einzusetzen, deren Wirkung nachgewiesen ist.

Hölter (2011) setzt sich in einem konzeptuellen Beitrag mit den Konturen der klinischen Bewegungstherapie auseinander. Seine Definition beinhaltet die Mehrperspektivität von Bewegung sowie die interdisziplinäre Vernetzung. Als ein wesentliches Merkmal wird für den klinischen Bereich die Bedeutung von Diagnosen, Indikation, Intervention und Evaluation hervorgehoben. Kritisch merkt *Hölter* an, dass eine einheitliche eigene Methodik der klinischen Bewegungstherapie bei psychischen Erkrankungen bis heute nur in Bruchstücken vorliegt. Dies würde u.a. auch mit dem breiten Verhaltensspektrum psychischer Erkrankungen zusammen hängen, die jeweils spezifische methodische Vorgehensweisen erforderlich machten (S. 133).

In ihrer Untersuchung über konzeptuelle Grundlagen und Ziele der Bewegungstherapie in der Kinder- und Jugendpsychiatrie wurden von *Welsche* und Mitarbeitern (2007) folgende Interventionen genannt: Psychomotorik (67,8 %), Sporttherapie (43,2 %), sensorische Integration (37,3 %), integrative Bewegungstherapie (26,3 %), konzentrative Bewegungstherapie (23,7 %), kommunikative Bewegungstherapie (23,7 %), Physiotherapie (22 %), Tanztherapie (16,1 %). Bei den bewegungstherapeutischen Zielen handelt es sich um Aktivierung/Training/Fitness, Anregung zur Freizeitgestaltung, Vermittlung von Kompetenzen und Verbesserung von psychischen Symptomen.

Allerdings finden sich auch störungsspezifische Ansätze bei verschiedenen psychiatrischen Krankheitsbildern mit differenzierten bewegungs- und körperorientierten Interventionen. So untersuchte z.B. *Kamp* (2015) die Effekte von Sport auf die Leitsymptomatik, das Verhalten, die Lebensqualität und die Angst sowie auf motorische und leistungsphysiologische Parameter bei Kindern mit Aufmerksamkeitsdefizit-/Hyperaktivitätsstörungen. Sie verglich die Wirkung einer langfristigen, naturbezogenen Bewegungstherapie mit einem hochintensiven Intervalltraining (HIT). Aufgrund der kleinen Stichprobe konnten signifikante Ergebnisse in nur einigen Bereichen ermittelt werden, jedoch zeigte sich die Tendenz, dass beide Verfahren wirkungsvoll sind. So zieht *Kamp* die Schlussfolgerung, dass Sport insgesamt „nicht nur ein Beitrag zu einem positiven Bewegungs- und Sozialverhalten leistet, sondern auch einen aktiven und gesunden Lebensstil fördert“ (S. 201).

Fazit und Ausblick

Die klinische Praxis belegt unstrittig, dass bewegungs- und sporttherapeutische Angebote in der Kinder- und Jugendpsychiatrie einen hohen Stellenwert einnehmen, dabei nicht nur überwiegend gerne von den Betroffenen angenommen werden, sondern sie auch in ihrem Erleben und Verhalten positiv beeinflussen. Sie tragen u.a. zur kurzfristigen Stimmungs- und Emotionsregulation bei, fördern die Integration in eine Gruppe und in ein klinisch-stationäres Setting mit seinen speziellen Abläufen und Regelungen. Unmittelbar erlebte Erfolgserlebnisse tragen zum Aufbau von Selbstwertgefühlen und zur Entwicklung einer optimistischen Selbstwahrnehmung und Haltung bei. Als theoretische Untermauerung derartiger ressourcenorientierter Prozesse lassen sich Salutogenese-und Resilienz-Konzepte (*Antonovsky*, 1997; *Fröhlich-Gildhoff* & *Rönnau-Böse*, 2014) sowie erlebnispädagogische Modelle heranziehen (*Michl*, 2011).

Auch wenn *Hölter & Stobbe* (2005) kritisch fragen, ob überzeugende theoretische Konzepte und hinreichende Evidenzbasierung das einzige Kriterium für die Anwendung bewegungs-, spiel- und sportorientierter Zugänge bei Kindern und Jugendlichen in schwierigen Lebenssituationen sein sollten, belegen aktuelle Literaturübersichten zum Zusammenhang zwischen sportlicher/körperlicher Aktivität und depressiven Symptomen bei Kindern und Jugendlichen einen kleinen signifikanten Effekt, der die Implementierung von Bewegungsprogrammen nahe legt (*Brown* et al., 2013, *Bursnall,* 2014). Subgruppenanalysen weisen auf differenzielle Effekte hin in Abhängigkeit von Interventionsart bzw. -dauer sowie Patientenvariablen. Es lohnt sich also, die spezifische Wirkung der Bewegungstherapie auf psychische Störungen im Kindes- und Jugendalter weiter zu untersuchen, um auf Dauer evidenzbasierte Programme zu implementieren. Dadurch käme der Bewegungstherapie als Behandlungsmethode ein größerer Stellenwert zu und sie wäre nicht länger nur ein allgemeiner, unspezifischer, unterstützender Ansatz.

Allerdings ist *Hölter & Stobbe* (2005) zuzustimmen, dass die positiven Erfahrungen, die Kinder und Jugendliche durch Bewegung und Sport machen, die sich nur z.T. empirisch abbilden lassen. Zukunftsweisend wäre eine engere wissenschaftliche Kooperation zwischen Kinder- und Jugendpsychiatrie und

Sportmedizin, um gemeinsam die vielfältigen offenen Fragestellungen zu bearbeiten und zu empirisch evaluierten multimodalen Behandlungsprogrammen zu gelangen.

Literatur:

Antonovsky, A. (1997). *Salutogenese. Zur Entmystifizierung der Gesundheit.* Tübingen: dgvt.

Brandl-Bredenbeck, H.P. & *Sygusch,* R. (2011). Bewegung und körperlich-sportliche Aktivität im Kontext einer gesunden Entwicklung. In KKH *Kaufmännische Krankenkasse* (Hrsg.). *Weißbuch Prävention 2010/2011. Adoleszenz und junge Erwachsene.* S. 110-118. Heidelberg: Springer.

Brown, H.E., *Perrson,* N., *Braithwaite,* R., *Brown,* W.J. & *Biddle,* S.J. (2013). Physical Activity Interventions and Depression in Children and Adolescents. *Sports Med,* 43, 195-206.

Bursnall, P. (2014). The Relationship between Physical Activity and Depressive Symptoms in Adolescents: A Systematic Review. *Worldviews on Evidence-Based Nursing,* 11, 376-382.

Fröhlich-Gildhoff, K. & *Rönnau-Böse,* M. (2014). *Resilienz. (3. Aufl.)* München: Reinhardt Verlag UTB.

Hölter, G. (2011). Konturen der klinischen Bewegungstherapie. In G. *Hölte*r (Hrsg.). *Bewegungstherapie bei psychischen Erkrankungen. Grundlagen und Anwendung.* S. 71-153. Köln: Deutscher Ärzte-Verlag.

Hölter, G. & *Stobbe*, C. (2005). Zur Geschichte und Gegenwart der Bewegungstherapie in der Kinder- und Jugendpsychiatrie. *Bewegungstherapie und Gesundheitssport,* 21, 190-198.

Hoffmann, A., *Brand,* R. & *Schlicht,* W. (2006). Körperliche Bewegung In A. *Lohaus.*, M. *Jerusalem* & J. *Klein-Heßling* (Hrsg.). *Gesundheitsförderung im Kindes- und Jugendalter.* S. 201-220. Göttingen: Hogrefe.

Kamp, C.F. (2015). *Auswirkungen von moderater, naturbezogener und hochintensiver Bewegungstherapie auf psychosoziale, motorische sowie leistungs-physiologische Parameter bei Kindern mit Aufmerksamkeitsdefizit-/Hyperaktivitätsstörungen* Würzburg: Dissertation, *http://www.dissertation.de.*

Maass, A. (2009). Bewegung. In A. *Lohaus* & H. *Domsch* (Hrsg.). *Psychologische Förder- und Interventionsprogramme für das Kindes- und Jugendalter.* S. 189-199. Heidelberg: Springer.

Michl, W. (2011). *Erlebnispädagogik. 2.Aufl.).* München: Reinhardt Verlag UTB.

Robert-Koch-Institut (2004). *Schwerpunktbericht der Gesundheitserstattung des Bundes. Gesundheit von Kindern und Jugendlichen.* Berlin.

Welsche, M., *Stobbe,* C., *Hölter,* G. & *Romer,* G. (2007). Bewegungsdiagnostik und Bewegungstherapie in der Kinder- und Jugendpsychiatrie. *Zeitschrift für Kinder- und Jugendpsychiatrie und Psychotherapie,* 35 (6), 435-445.

Welsche, M. (2011). Psychische Erkrankungen im Kindes- und Jugendalter. In G. *Hölter* (Hrsg.). *Bewegungstherapie bei psychischen Erkrankungen. Grundlagen und Anwendung.* S. 448-526. Köln: Deutscher Ärzte-Verlag.

WIAD-Studie (2001). *Bewegungsstatus von Kindern und Jugendlichen in Deutschland. Kurzfassung einer Untersuchung auf der Basis einer sekundäranalytischen Sichtung, einer repräsentativen Befragung bei 12- bis 18-Jährigen und eines Bewegungs-Check-Ups in Schulen. Eine Analyse des Wissenschaftlichen Instituts der Ärzte Deutschlands.* (Hrsg.). *Deutschen Sportbund mit der Förderung des AOK-Bundesverbandes im Rahmen der gemeinsamen Kooperationsvereinbarungen.* Bonn. http://www.richtigfit.de.

Zur Geschichte und Gegenwart der Bewegungstherapie in der Kinder- und Jugendpsychiatrie

Gerd Hölter, Cordula Cavaleiro

TU Dortmund, Fakultät Rehabilitationswissenschaften, Bewegungserziehung und Bewegungstherapie in Rehabilitation und Pädagogik bei Behinderung

---

Zusammenfassung

Keine kinder- und jugendpsychiatrische Einrichtung in Deutschland verzichtet heute in der Praxis auf Bewegung, Spiel und Sport, sei es als „flankierende" therapeutische Maßnahme, sei es als attraktives Medium der Freizeitgestaltung. Sucht man allerdings nach einer differenzierten fachwissenschaftlichen Begründung für diese im Grunde genommen erfreuliche Tatsache bzw. nach empirischen Belegen für ihre differenzielle Wirksamkeit, dann ist das Ergebnis einer solchen Recherche eher ernüchternd: In den führenden deutschsprachigen Lehrbüchern der Kinder- und Jugendpsychiatrie und auch in den einschlägigen Fachzeitschriften wird ein Sammelsurium bewegungsorientierter Methoden mehr aufgezählt als analysiert. Dies lässt sich durch inhaltsanalytische Vergleiche für den Zeitraum 2005-2015 recht gut belegen, ebenso wie die Tatsache, dass eine weitergehende theoretische Beschäftigung mit diesem Bereich nicht stattfindet und daher eine Einordnung als adjunktive Maßnahme sinnvoll erscheint. Auf der Suche nach möglichen theoretischen Konzepten werden in diesem Beitrag die vom Beginn einer eigenständigen Kinder- und Jugendpsychiatrie genannten bewegungs- und körperorientierten Methoden unter den Gesichtspunkten Funktionalität, Psychomotorik und Psychotherapie dargestellt, u.a. in der Hoffnung, dass sich in Zukunft weitere konzeptionelle und auch empirisch geleitete Studien für diesen Bereich entwickeln – dies auch aus dem Kreis der Sport- und Bewegungstherapeutinnen.

Summary

In most institutions of child and adolescent psychiatry, adapted physical activities are executed either in recreation and/or as an adjunctive therapy in its own right. Generally speaking, movement, exercise and physical activities are recognized in the field but neither in the leading German textbooks of clinical child and adolescent therapy nor in the most common journals you find an indepth description of the underlying theoretical considerations or a profound analysis of evidence based research. This is empirically proved in this article through a text analysis of more than 10 textbooks and 9 journals in the period from 2005 to 2015. As a possible base for concepts and empirical research, we describe in short the different movement and body oriented intervention strategies applicable in child and adolescent psychiatry under the headlines functionality, psychomotricity and psychotherapy. We hope that in the future theoretical reflections and research will get a better recognition in the medical field and that movement therapists will play a more important role in justifying scientifically their work.

Einleitung

Die Recherche zur Entwicklung der Bewegungstherapie in der Kinder- und Jugendpsychiatrie ist aus verschiedenen Gründen nicht ganz einfach.

Der **erste** Grund ist die Heterogenität der Adressaten und die damit zusammenhängenden unterschiedlichen Betreuungs- und Behandlungsformen, die in der Fachliteratur sowohl aus medizinischer, als auch aus (heil-)pädagogischer Sicht beschrieben werden.

Eigenständige kinder- und jugendpsychiatrische Überlegungen entstehen in Deutschland um ca. 1900, was u.a. mit der Anerkennung von Kindheit und Jugend als eigenständigem Lebensabschnitt zusammenhängt. Das erste deutschsprachige Lehrbuch zu „Psychischen Störungen des Kindesalters" von H. *Emminghaus* stammt von 1887. Wenig später, 1904, erscheint der „Grundriss der Heilpädagogik" von Th. *Heller*, ein Lehrwerk, das sich zum Teil mit denselben Adressaten, allerdings aus heilpädagogischer Perspektive beschäftigt. Bei *Heller* sind dies v.a. Kinder und Jugendliche mit angeborenen oder erworbenen Sinnesbehinderungen, mit Störungen der motorischen, sprachlichen, kognitiven oder emotionalen Entwicklung sowie Schwererziehbare und Dissoziale, während *Emminghaus* schwerpunktmäßig auf die sog. Kinderpsychosen eingeht.

Die institutionelle Betreuung dieser insgesamt sehr heterogenen Klientel fand bis Mitte des letzten Jahrhunderts größtenteils in allgemeinpsychiatrischen Anstalten statt, z.T. auch in besonderen Erziehungsheimen, die wiederum mit psychiatrischen Anstalten verbunden waren (u.a. die Psychiatrische Universitätsklinik Burghölzli, Zürich; die Westf. Klinik für Jugendpsychiatrie, Gütersloh). Die disziplinäre Zuständigkeit u.a. im Hinblick auf die Diagnostik, die Behandlungsmethoden und die Unterbringung für diesen Bereich bewegt sich – besonders für die Patienten, für die keine organische Diagnose vorliegt – zwischen Pädiatrie, Kinder- und Jugendpsychiatrie und Heilpädagogik, z.T. verbunden mit „Dominanzansprüchen" der unterschiedlichen Disziplinen. So bezeichnete der Arzt A. *Czerny* 1919 in seinen Vorlesungen zur Kinder- und Jugendpsychiatrie in Straßburg den „Arzt als Erzieher des Kindes" (*Czerny,* 1919), und er verstand die Heilpädagogik als eine Art „angewandte Kinderpsychiatrie" (*Neuhäuser*, 1990, S. 122).

Der Züricher Psychologe und Heilpädagoge *Hanselmann* weist hingegen 1953 im Nachwort seines erstmalig 1930 erschienenen Standardwerks „Einführung in die Heilpädagogik" mit aller Bestimmtheit „jene Hybris zurück", die „auf psychiatrischer Seite hie und da zum Ausdruck kommt und in welcher der Heilpädagoge nur als eine Art Unterassistent oder als besserer Wärter betrachtet wird, der nichts anderes tun solle, als ärztliche Befehle auszuführen" (*Hanselmann,* 1958, S. 544). Eine Konkurrenz zwischen medizinischer und heilpädagogischer Zuständigkeit ist zwar weiterhin bis heute beobachtbar, sie soll allerdings für die Untersuchung der uns vorliegenden Quellen keine Rolle spielen, solange von derselben Gruppe von Patienten die Rede ist.

Ein **zweiter** Grund ist die Bezeichnung der körper- bzw. bewegungsbezogenen therapeutischen Aktivitäten. Sollen die wie im ersten Lehrbuch von *Emminghaus* aus dem Jahre 1887 empfohlenen therapeutischen Maßnahmen wie „warme Bäder" und „nasse Einpackungen" zur Bewegungstherapie gezählt werden oder handelt es sich hierbei um isolierte hydrotherapeutische Maßnahmen, die mit einem systematischen bewegungstherapeutischen Vorgehen wenig zu tun haben?

Wir haben uns entschieden, für den folgenden Beitrag solche Maßnahmen unter dem Oberbegriff Bewegungstherapie zusammenzufassen, die im weitesten Sinne als leib-, körper- und bewegungsorientiert zu bezeichnen sind. Hierzu würden neben einer Stimulation durch Wasser auch verschiedene meist übungsorientierte Verfahren aus der Physio- und Ergotherapie zählen, aber auch Sport, Entspannungsverfahren, Spiel- und Reittherapie oder erlebnispädagogische Zugänge.

Unserer Suche liegt demnach ein weiter Begriff von Bewegungstherapie zugrunde, der sich auf der Spanne von physio- bis zu psychotherapeutischen Zugängen bewegt (vgl. *DGGPN* 2013, S. 132 ff.)

Dieser Beitrag gliedert sich in zwei große Bereiche: zunächst eine Darstellung der historischen Entwicklung, gefolgt von einer Darstellung des aktuellen Status quo, der vor allem auf Grundlage einer Literaturrecherche dargestellt und diskutiert wird. Die Darstellung im historischen Teil folgt nach einer kurzen Beschreibung der Adressaten den thematischen Schwerpunkten Funktionstraining, Psychomotorik und Sport sowie Bewegungs(psycho)therapie. In der Darstellung des aktuellen Status quo werden zunächst die Ergebnisse einer Literaturrecherche in aktuellen Lehrbüchern und Fachzeitschriften– vorwiegend im deutschen Sprachraum – präsentiert. Anschließend wird darauf basierend der Status quo der bewegungs- und körperorientierten Verfahren in der fachwissenschaftlichen und öffentlichen Wahrnehmung diskutiert. Schließlich werden Desiderata für die Zukunft entwickelt.

Adressaten – Von der „Idiotie" zu ADHS

In den französischsprachigen Vorläuferfachbüchern der heutigen Kinder- und Jugendpsychiatrie sowie der Heilpädagogik (*Itard, Esquirol, Séguin*) werden die Adressaten allgemein als „Idioten" bezeichnet, wobei hierunter ein gemischtes Klientel von autistischen Störungen („Der Wolfsjunge"), über Epileptiker bis zu schwer geistig und mehrfach Behinderten verstanden wird (*Séguin,* 1846/2011).

In dem ersten deutschsprachigen Lehrbuch von *Emminghaus* zu „Psychischen Störungen im Kindesalter" (1887) werden u.a. Idiotie und Epilepsie ebenfalls erwähnt, jedoch stehen im Zentrum seiner Betrachtungen die von ihm so benannten „Kinderpsychosen", worunter er u.a. Anomalien der Gefühle, kindliche Melancholie, das Problem des Selbstmords im Kindesalter, Halluzinationen usw. versteht.

Parallel zu der Ausdifferenzierung und Verwissenschaftlichung der allgemeinen Psychiatrie und Medizin in den letzten hundert Jahren vollzog sich auch in der Kinder- und Jugendpsychiatrie sowohl in der Phänomenologie als auch in der Diagnostik und den Behandlungsmethoden eine zunehmende Differenzierung. In Anlehnung an die ICD-10 sind heutzutage die folgenden Erkrankungen und Störungen Gegenstand kinder- und jugendpsychiatrischer Bemühungen:

- „**Organische, einschließlich symptomatischer psychische Störungen**: Psychische Erkrankungen im Rahmen einer Hirnerkrankung, Hirnverletzung oder einer anderen körperlichen Schädigung, die zu einer Hirnfunktionsstörung führt (F0).
- **Psychische und Verhaltensstörungen durch psychotrope Substanzen**: Psychische Störungen, die durch den Gebrauch einer oder mehrerer psychotroper (suchtinduzierender) Substanzen verursacht sind (F1).
- **Schizophrene, schizotype und wahnhafte Störungen**: Störungen im Denken, in der Wahrnehmung und in der Affektivität (F2).
- **Affektive Störungen**: Die Hauptsymptome bestehen in einer Veränderung der Stimmung oder Affektivität, meist zur Depression hin, mit oder ohne begleitende Angst, oder zur gehobenen Stimmung (F3).
- **Neurotische, Belastungs- und somatoforme Störungen**: Phobien, andere Angststörungen, Zwangsstörung, Reaktionen auf schwere Belastungen und Anpassungsstörungen, dissoziative Störungen (Konversionsstörungen), somatoforme Störungen (F4).
- **Verhaltensauffälligkeiten mit körperlichen Störungen und Faktoren**: Essstörungen (Anorexia nervosa, Bulimia nervosa), Schlafstörungen, sexuelle Funktionsstörungen, Missbrauch von Substanzen (F5).
- **Persönlichkeits- und Verhaltensstörungen**: Persönlichkeitsstörungen, pathologisches Spiel, pathologische Brandstiftung, pathologisches Stehlen, Störungen der Geschlechtsidentität, Störungen der Sexualpräferenz (F6).
- **Psychische Störungen bei Intelligenzminderung** (F7).
- **Entwicklungsstörungen**: Umschriebene Entwicklungsstörungen des Sprechens und der Sprache, des Lesens, Rechtschreibens und Rechnens sowie der Motorik; tief greifende Entwicklungsstörungen wie autistische Störungen (F8).
- **Verhaltens- und emotionale Störungen mit Beginn in der Kindheit und Jugend**: hyperkinetische Störung, Störungen des Sozialverhaltens, emotionale Störungen des Kindesalters, Mutismus, Bindungsstörungen, Tic-Störungen, Enuresis, Enkopresis, Fütterstörungen (F9)" (*Warnke & Lehmkuhl*, 2011, S. 14).

Die Bedeutung der „Idiotie" und später dann neuropsychiatrischer Erkrankungen (*Hamburger*, 1939) ist heutzutage komplexen Verhaltens- und Entwicklungsstörungen aller Art gewichen. Sie erfordern in der Diagnostik und im Umgang ein integriertes psychiatrisches, psychotherapeutisches und heilpädagogisches Vorgehen, wie es beispielhaft in den bewegungsorientierten Fortbildungskonzepten zur Jugendhilfe und Kinder- und Jugendpsychiatrie angestrebt wird (*Koch*, 1997).

Ziele/Inhalte – Vom Funktionstraining über die psychomotorische Übungsbehandlung zur Bewegungs(psycho)therapie

Bei der Fülle unterschiedlicher spiel-, sport-, körper- und bewegungsorientierter Ziele und Inhalte, die seit des Bestehens einer eigenständigen Kinder- und Jugendpsychiatrie für diesen Bereich genannt wurden, bietet sich für eine Zusammenfassung eine Systematik an, die mit kleinen Varianten von unterschiedlichen Autoren vorgeschlagen wird (vgl. u.a. *Löwnau,* 1957; *Braun,* 1990; *Hölter,* 2011): Es handelt sich

- um eine Veränderung bzw. Verbesserung der Funktionalität von Motorik und Wahrnehmung vornehmlich durch Übung und Training,
- um eine Veränderung bzw. Verbesserung von Motorik und Wahrnehmung, aber verbunden mit dem Anspruch einer zusätzlichen Förderung kognitiver, emotionaler oder sozialer Leistungen. Diesen Anspruch kennzeichnet u.a. die praxeologische Variante der Psychomotorik nach E. J. *Kiphard*, die zwar auch Übungen beinhaltet, aber darüber hinaus eine Fülle von bewegungsorientierten Spiel- und Erlebniszugängen von „A" wie Autogenes Training bis „Z" wie Zirkus beinhaltet (vgl. *Kiphard,* 1980, 1982; *Hölter,* 1998, 2005),
- um eine gezielte psychotherapeutische Beeinflussung, bei der Bewegung, Spiel und Sport als kindgemäßer Zugang, als eine „via regia" zum Unbewussten gewählt wird (u.a. *Seewald,* 1992, 2007).

Betrachtet man Ziele und Inhalte unter den drei Stichworten Funktionalität, Psychomotorik und Psychotherapie, so lassen sich terminologische Varianten, aber auch über die Zeit Akzentverlagerungen in der therapeutischen Ausrichtung beobachten.

Funktionstraining mit „Kalten Abwaschungen", Entspannung und sensorischer Integration

Die ersten Vorschläge zu körper- und bewegungsorientierten Maßnahmen in der Kinder- und Jugendpsychiatrie waren ausschließlich funktionell ausgerichtet – wie z.B. hydrotherapeutische Interventionen, die für die Erwachsenenpsychiatrie schon früh beschrieben worden waren. Sie folgten vorwiegend dem Ziel, den Patienten „ruhig zu stellen" und seine Bewegungsfähigkeit einzuschränken (vgl. *v.d. Mühlen,* 1976). *Emminghaus* greift 1887 auf diese Methoden zurück, allerdings legt er großen Wert darauf, dass seine Behandlungen ohne Zwang durchgeführt werden. Er empfiehlt kalte Abwaschungen, feuchte Einpackungen und warme Vollbäder zur Behandlung einzelner kinderpsychiatrischer Störungsbilder, wie zum Beispiel der Melancholie oder der Hypochondrie (*Emminghaus,* 1887). Außerdem erwähnt er häufig die elektrotherapeutische Methode der Galvanisation (Gleichstromtherapie) und auch Massagen sowie Diäten und gesunde Ernährung.

Diese Verfahren finden sich zunächst auch noch in späteren Publikationen (*Asperger,* 1968; *Hamburger,* 1939), wobei z.B. *Asperger* die hydrotherapeutischen Mittel differenzierter betrachtet: So empfiehlt er warme Bäder zur Beruhigungsbehandlung, rät jedoch von Kaltwasserkuren wegen der erregenden Wirkung ab (vgl. *Asperger,* 1968).

Bewegung im Sinne von Sport und Muskelarbeit taucht in den kinderpsychiatrischen Lehrbüchern zunächst nur als präventive Maßnahme zur Verhütung von psychiatrischen Krankheiten auf (vgl. *Emminghaus*, 1887; *Hamburger,* 1939). Als Prophylaxe der kindlichen Hypochondrie schlägt *Emminghaus* z.B. „Turnen, Schwimmen, Spaziergänge, (und) gehörige Muskelübung" vor (1887, S. 198). Bei *Hanselmann* (1958), *Lutz* (1961) und *Asperger* (1968) wird dann die Nützlichkeit des Turnens und vor allem auch der Rhythmik bei der Behandlung psychisch kranker Kinder herausgestellt. So konstatiert *Asperger*, dass in der Behandlung der Neuropathen die „körperliche Betätigung" eine große Rolle spiele, da „wesentlich für die Neuropathen [...] der leere ‚Bewegungsluxus' " sei. Weiter meint er dazu: „Gelingt es nun, anstelle dieser gestörten Motorik [...] gelöste Bewegung zu setzen, so hat man [...] nicht nur die Motorik, sondern die ganze Persönlichkeit auf eine höhere Stufe der Integration gehoben [...]. Eine wesentliche Hilfe ist dabei [...] Rhythmus und Melodie" (*Asperger,* 1968, S. 74). Allerdings gehen diese Ausführungen schon über eine funktionelle Betrachtung der Bewegung hinaus, sie bilden vielmehr die Grundlage für die Entwicklung weiterer weitaus weniger funktionell orientierter bewegungstherapeutischer Methoden, wie sie im weiteren unter den Stichworten Psychomotorik und Psychotherapie beschrieben werden.

Zu den aktuellen funktionellen Konzepten innerhalb der kinderpsychiatrischen Bewegungstherapie muss v.a. die sensorische Integrationsbehandlung nach Jean *Ayres* gezählt werden sowie weitere Wahrnehmungstrainings- und Förderprogramme bei Teilleistungsschwächen bzw. umschriebenen Entwicklungsstörungen. Hier sind jedoch die Grenzen zur Physio- und Ergotherapie fließend und therapeutische Zuständigkeiten können nicht eindeutig geklärt werden; so werden z.B. in ergotherapeutischen Konzepten für die Kinder- und Jugendpsychiatrie auch einige bewegungstherapeutische Methoden genannt (vgl. *Timmer & Wortelkamp*, 2003). Zudem lassen sich auch einige Entspannungsverfahren (z.B. die Progressive Relaxation) zu den eher funktionell ausgerichteten Verfahren zählen. Darüber hinaus hat sich in den letzten Jahren das Neurofeedback als funktionelle Methode vor allem in der Behandlung von Kindern mit ADHS immer mehr etabliert (*Holtmann* et al., 2006, 2009; *Ge-*

vensleben et al, 2010, 2011; *Drechsler*, 2011; *Lindermüller* et al., 2014). Neurofeedback ist eine spezielle Form des Biofeedback, d.h. der Rückmeldung von Körpersignalen an den Menschen – im Falle des Neurofeedback über EEG-Wellen. Da bei Kindern mit ADHS die Aktivierung der Hirnrinde häufig gestört ist, kann ein Training der EEG-Aktivierung zu einer besseren Selbstkontrolle führen. Über dieses Training soll also das Wissen der Kinder und Jugendlichen über ihre eigenen Körpervorgänge verbessert werden – es ist insofern in einem weiten Sinne als körperorientiertes funktionelles Verfahren einzuordnen.

Psychomotorik – „Von der Übungsbehandlung zur Beeinflussung des Selbstkonzepts"

Die Bezeichnung „Psychomotorik" im Arbeitsfeld der Kinder- und Jugendpsychiatrie ist in Deutschland eng mit dem Namen E. J. *Kiphard* verbunden. Er war derjenige, der als Dipl. Sportlehrer mit Unterstützung der Kinderpsychiater H. *Hünnekens* und E. *Hecker* die „Psychomotorische Übungsbehandlung" am Westfälischen Institut für Jugendpsychiatrie in Gütersloh (später in Hamm) entwickelte. Angeregt wurde er dabei unter anderem durch die Rhythmikerinnen *Pfeffer* und *Scheiblauer*, die schon in den 1940er und 1950er Jahren die rhythmische Erziehung im Zusammenhang mit Heilpädagogik und Kinderpsychiatrie vorstellten (vgl. *Pfeffer*, 1955; *Scheiblauer*, 1945). Pfeffer, die in Italien in Anstalten für geistig und körperlich behinderte Kinder arbeitete, bot *Kiphard* auch die Vorlage für die Namensgebung seiner Methode, denn sie nannte ihre rhythmische Erziehung damals „psychomotorische Heilerziehung" (1955). Dabei ist die Psychomotorik im *Kiphard'schen* Sinne deutlich vom Psychomotorikbegriff in der psychiatrischen und kognitionspsychologischen Grundlagenforschung zu trennen (*Hölter*, 1998). *Kiphards* praxeologischer Ansatz findet daher auch keine direkte Entsprechung in englischsprachigen Publikationen, während in Frankreich „psychomotricite" durchaus mit einem meist tiefenpsychologisch-psychotherapeutischen Vorgehen verbunden wird.

Der Kinderpsychiater *Göllnitz* entwickelte fast zeitgleich zu *Kiphard* eine ähnliche Methode der Bewegungsförderung in der DDR, wobei er einen größeren Schwerpunkt auf Rhythmik und Musik legte. Er entwickelte sein Konzept ursprünglich für Kinder mit frühkindlichem Hirnschaden, weitete es jedoch später aus, da er feststellte, dass es bei Kindern mit unterschiedlichen psychischen Störungen sinnvoll einzusetzen war. Zudem verfolgte er zunächst eine sehr straffe, rein auf die Verbesserung der Motorik ausgerichtete funktionelle Übungstherapie, erkannte aber später, dass dies „viel zu sehr von einem gewollten therapeutischen Effekt aus entwickelt" war (*Göllnitz*, 1975, S. 120) und die Kinder hierbei zu wenig Spaß und Motivation hatten. Daher strebte er später eine über die Funktionalität hinausgehende, „die ganze Persönlichkeit fesselnde, beeinflussende und fördernde, über den motorischen Rückstand und umschriebenen Defekt gezielt ansetzende heilpädagogische Therapie" an (*Göllnitz*, 1975, S. 120).

Kiphard war sehr um die Verbreitung der Psychomotorischen Übungsbehandlung (PMÜ) bemüht. 1960 erschien die erste Publikation seiner Arbeit (*Hecker* et al., 1960) und viele weitere Publikationen folgten (vgl. *Schäfer*, 1989b), sodass bald auch viele Anfragen von außen an ihn herangetragen wurden (vgl. *Schäfer*, 1989a).

1968 leitete er das erste internationale Motorik-Symposium in Hamm in die Wege und war 1976 Mitbegründer des Aktionskreises Psychomotorik (vgl. Kiphard, 2001). So war *Kiphards* Ansatz dann auch bald in den kinderpsychiatrischen Lehrbüchern zu finden (vgl. *Remschmidt*, 1979; *Steinhausen*, 1988) und wurde auch in der Krankengymnastik aufgegriffen (vgl. *Seyfert*, 1976).

Bis heute hat sich die Idee der Psychomotorik sehr verbreitet, in verschiedene Richtungen ausdifferenziert und schließlich zu einer fachspezifischen Ausbildung, der Motopädie, und z.T. zu einer eigenen wissenschaftlichen Fachdisziplin, der Motologie, weiterentwickelt[1].

Aus heutiger Sicht fällt auf, dass in den Anfängen der Psychomotorik der größte Akzent auf die Durchführung gezielter Übungen zur Verbesserung motorischer und sensorischer Funktionen im Setting der Kinder- und Jugendpsychiatrie gelegt wurde. In aktuellen Konzepten der Psychomotorik geht es hingegen kaum noch um konkrete Übungen, sondern um Überlegungen, wie andere therapeutische Konzepte – häufig aus der Psychotherapie stammend – in Bewegungs- und Spielsituationen umgesetzt werden können bzw. wie Bewegung als Medium zur Beeinflussung von sozialem Verhalten, Selbstkonzept etc. bei einem breiten Klientel von der Frühpädagogik bis zum Seniorenalter („Motogeragogik") eingesetzt werden kann. In den einschlägigen Publikationsorganen zur Psychomotorik in Deutschland (Zeitschrift „Motorik" und Zeitschrift „Praxis der Psychomotorik") ist dieser Wandel deutlich erkennbar: Der Anteil von Themen zu Fragen der Kinder- und Jugendpsychiatrie im engeren Sinne ist auf unter 10% gesunken (*Fischer & Behrens*, 2012).

Auch in der akademischen Sportwissenschaft ist die Befassung mit Themen aus dem Bereich der Kinder- und Jugendpsychiatrie eher marginal: Wurde im 1996 u.a. von *Rieder*[2] mitherausgegebenen 616 Seiten umfassenden Hand-

---

[1] Die enge Verbindung zur Kinder- und Jugendpsychiatrie insbesondere in Marburg ist eng mit dem Namen Friedhelm *Schilling* verknüpft, der u.a. als ehemaliger Mitarbeiter des Marburger Ordinarius der Kinder- und Jugendpsychiatrie H. *Stutte* 1976 seine Habilitation zur den „Grundzüge(n) der Motodiagnostik, Motopathologie und Mototherapie des Kindesalters" an der dortigen medizinischen Fakultät verfasst hat. Diese Marburger Verbindung hat auch dazu geführt, dass von 1984 an H. *Remschmidt* und seine MitarbeiterInnen auch DozentInnen im Aufbaustudiengang Motologie waren.

[2] Hermann *Rieder* war Heidelberger Ordinarius und ehemaligen Direktor des Kölner Bundesinstituts für Sportwissenschaft.

buch „Sport mit Sondergruppen" (*Bös & Rieder*, 1996) noch auf ca. 10 Seiten auf die Kinder- und Jugendpsychiatrie eingegangen, so ist dies in der Neukonzeption aus dem Jahre 2015 (*Knoll* et al., 2015) nicht mehr der Fall.

Abgesehen von sporadischen Veröffentlichungen in der Zeitschrift „Bewegungstherapie und Gesundheitssport" und in der „Zeitschrift für Sportpsychologie" sowie zwei Symposien (2012 und 2014) an der Dt. Sporthochschule Köln (veranstaltet in Zusammenarbeit mit der Kinder- und Jugendpsychiatrie der LVR-Klinik Bonn) sind fachspezifische Beiträge zur Kinder- und Jugendpsychiatrie kaum präsent. Eine Ausnahme ist der fast 80-seitige Beitrag von *Welsche*[3] in dem Grundlagenwerk von *Hölter* (2011) sowie der Beitrag von *Ludolph* in *Markser & Bär* (2015).

Bewegung und Psychotherapie

Die ersten Veröffentlichungen, in denen explizit die Verbindung von Psychotherapie und Leibesübungen bei Kindern zur Sprache kamen, stammen von *Löwnau* (1957) und *Rieder* (1960) – der eine renommierter Kinder- und Jugendpsychiater, der andere Psychologe und Leibeserzieher und einer der bekanntesten und wirkmächtigsten Sportwissenschaftler im Nachkriegsdeutschland. *Rieders* Veröffentlichung „Sport als Therapeutikum bei neurotischen Kindern" (1960 in der psychotherapeutischen Fachzeitschrift „Praxis der Psychotherapie" erschienen) wurde damals als Nachdruck über 200 Mal nachgefragt, was darauf schließen lässt, dass es zu der damaligen Zeit einen enormen Bedarf nach einer professionellen Auseinandersetzung mit diesem Thema gab.

Analysiert man die Publikationen von *Löwnau* und *Rieder* genauer, so ergeben sich einige Parallelen. Als erstes betonen beide, dass es sich nicht um „systematische Körperschulung" bzw. „kein Turnen oder Sport" handele, sondern um eine enge Wechselbeziehung zwischen „Psychotherapie und einer heilpädagogischen Maßnahme". Diese Wechselbeziehung wird durch die thematische Auseinandersetzung mit unterschiedlichen psychotherapeutischen Theorien sowohl aus der Verhaltenstherapie (*Eysenck*) als auch aus der Tiefenpsychologie (*Frankl*, *v. Gebsattel* etc.) untermauert.

Hierzu gehörte u.a. die Idee einer Katharsis und der Sublimierung von überschüssigen Triebkräften – ein Argument, das populärpsychologisch häufig im Zusammenhang mit Sport genannt wird. Aber es wird auch auf die Bedeutung von Regression zum Zweck einer Progression hingewiesen – und hier beruft sich *Löwnau* theoretisch auf die Entwicklungstheorie von *Erikson*. Ferner weist er auch auf das Übertragungsgeschehen, hervorgerufen durch den „männlichen Turnlehrer", hin (*Löwnau*, 1957; *Rieder*, 1960).

Als wichtige Elemente werden außerdem die guten diagnostischen Möglichkeiten über einen nonverbalen Zugang sowie die Bedeutsamkeit des Kon-

[3] Mone *Welsche* war Bewegungstherapeutin in der Kinder- und Jugendpsychiatrie am Universitätsklinikum Eppendorf in Hamburg.

takts und der Gemeinschaft genannt, u.a. unter Bezugnahme auf Verfahren der Gruppentherapie mit Kindern (*Slavson*) oder der Spieltherapie (*Axline*).

Mit einer zunehmenden Differenzierung psychotherapeutischer Verfahren ab 1970 werden auch die Verbindungen zwischen Sport-/Leibesübungen und Psychotherapie bei Kindern spezifischer: *Rieder* hatte seine Praxiserfahrungen und das Konzept des „Spielsports“ im Wesentlichen in der Zusammenarbeit mit P. Flosdorf in Würzburg entwickelt, einem Theologen und Psychologen, und einem der bekanntesten Autoren zu Themen der stationären Erziehungshilfe von Kindern und Jugendlichen (vgl. u.a. *Flosdorf*, 1988). Der Psychologe und Sportwissenschaftler M. *Volkamer* beruft sich in seiner Begründung des Zusammenhangs von Bewegung und Psychotherapie vor allem auf *Rogers*, und er betont die guten Möglichkeiten, über das Medium Spiel und Bewegung einen Zugang zum Kind zu finden, um dann in der eigentlichen „Bewegungstherapie" Therapievariablen wie Wertschätzung, Wärme, Empathie und Verbalisierung zu realisieren. Diese Ideen fließen zu einem späteren Zeitpunkt wesentlich in das Konzept der „Kindzentrierten Mototherapie" bzw. „Kindzentrierten Psychomotorischen Entwicklungsförderung" ein (*Volkamer*, 1972; *Zimmer*, 2004).

Andere theoretische Bezugspunkte sind psychologische Entwicklungstheorien, die differenzierter als bei Löwnau mit kindlichen Bewegungstätigkeiten in Verbindung gebracht werden (*Hölter*, 1984, 1990), sowie die Erkenntnisse aus den Kurzzeitpsychotherapien nach *Watzlawick*, die v.a. für eine psychologisch orientierte Vorgehensweise bei neurotischen und dissozialen Kindern wertvolle Hilfen zu geben vermögen (*Hölter*, 1987).

Die letzte und jetzt noch andauernde Phase einer Verbindung von Psychotherapie und Bewegung/Körperlichkeit bei Kindern und Jugendlichen ist die Übertragung von einigen in der klinischen Arbeit mit Erwachsenen gut ausgearbeiteten Bewegungs- und Körpertherapien wie der Konzentrativen oder Integrativen Bewegungstherapie auf jüngere Patienten (*Metzmacher*, 1987; *Schmölzer & Sobek-Kölling*, 1998; *Schönfelder*, 1988, 1989) bzw. die Übertragung tiefenpsychologischer Ansätze auf die Bewegungsarbeit mit Kindern und Jugendlichen (*Hölter*, 2005; *Reinelt*, 2004) .

Außerdem werden in der klinischen Therapie zunehmend die körper- und bewegungsorientierten Behandlungsmöglichkeiten bei Erkrankungen wie Anorexia nervosa und Bulimie, Borderline-Störungen und selbstverletzendem Verhalten sowie psychotischen Erkrankungen thematisiert (*Basquin & Basquin-Roger*, 1988; *Degener & Deimel*, 2005; *Probst*, 1997). Auch gibt es mittlerweile Wirksamkeitsstudien zu körperorientierten Verfahren im Bereich der Kinder- und Jugendpsychiatrie (*Haffner* et al., 2006) und körperbezogene Störungsbilder rücken mehr ins Blickfeld (*Noeker*, 2011; *Rost* et al., 2015; *Grau* et al., 2015).

Aus dieser Perspektive ist es interessant zu sehen, wie eine schon von *Emminghaus* 1887 empfohlene therapeutische Maßnahme der „nassen Einpackungen" bei tiefenpsychologischer Betrachtungsweise in der sehr renommierten kinder- und jugendpsychiatrischen Klinik „La Salpetrière" in Paris eine gänzlich andere Interpretation erfährt (*Basquin & Basquin-Roger*, 1988). Die weitere Entwicklung in dieser Hinsicht scheint wohl noch lange nicht abgeschlossen zu sein!

Aktuelle Recherche zu bewegungs- und sportorientierten Thematiken in der Kinder- und Jugendpsychiatrie

Die Wahrnehmung eines Fachgebiets bzw. eines bestimmten inhaltlichen Zugangs ist u.a. durch die Resonanz ihrer theoretischen und praktischen Konzepte und Vorgehensweisen auf unterschiedlichen Ebenen bestimmbar. Indikatoren hierfür sind im Handlungsfeld der Kinder- und Jugendpsychiatrie u.a.:

- die Erwähnung in Lehrbüchern und Fachzeitschriften,
- die Berücksichtigung in Leitlinienempfehlungen und Abrechnungssystemen,
- die Einstellung von Fachpersonal im ambulanten und stationären Bereich sowie
- die Nachfrage nach Studien- und Weiterbildungsmaßnahmen.

Soweit es uns möglich war, haben wir hierzu relevante Informationen gesammelt. Systematisch haben wir für diesen Beitrag vor allem einschlägige Lehrbücher und Fachzeitschriften analysiert.

Die Informationen zu den anderen „Resonanzen" sind kursorischer und beruhen z.T. auf Informationen von in klinischen Einrichtungen tätigen ehemaligen AbsolventInnen der bewegungstherapieorientierten Studiengänge in Dortmund, Köln und Marburg sowie ausgewählter Fachschulen mit klinisch orientierten Curricula. In den Überblick sind auch Informationen einschlägiger Berufsverbände der MotopädInnen, MotologInnen und Bewegungs- und SporttherapeutInnen eingeflossen.

Bei den Lehrbüchern haben wir uns vor allem auf die neueren Ausgaben der Lehrbücher konzentriert, die in einer der größten fachmedizinischen Bibliotheken in Deutschland (ZB Med. in Köln) für diesen Bereich genannt werden. Die Analyse der Fachzeitschriften konzentrierte sich vor allem auf die Zeitschriften, die im aktuellen Versorgungsbericht zur Lage der Kinder- und Jugendpsychiatrie in Deutschland von *Warnke & Lehmkuhl* (4. Aufl. 2011) empfohlen werden. Die Informationen zu den Leitlinien und den Abrechnungsformen haben wir den uns hierfür zugänglichen Publikationen entnommen; die Informationen zum klinischen Personal stammen aus der Publikation von *Welsche* et al. (2007).

Analyse der Lehrbücher

Die Analyse der Lehrbücher bestand in einem ersten Schritt aus einer Sichtung von Stichwörtern, die einen Bezug zu Bewegung, Körper, Motorik, Sport und damit affinen therapeutischen Verfahren wie Funktionelle Therapien, Physio-, Ergo- und Kreativtherapien, Entspannungsverfahren, erlebnispädagogische Verfahren, Spiel- und Tanztherapie, Psychomotorik, Motopädagogik, Reittherapie etc. vermuten lassen. In einem zweiten Schritt wurden die Stichworthinweise genauer analysiert und nach den beiden thematischen Schwerpunkten „Erwähnung im Theorieteil" und „Hinweise auf Therapieverfahren" in ihrem Seitenumfang ausgezählt. Die Ergebnisse hierzu finden sich in Tabelle 1. Dabei betrug der Gesamtumfang der untersuchten Quellen für die Lehrbücher 7.680 Seiten. Es ist nicht auszuschließen, dass bei der Fülle des Materials weitere Hinweise auf bewegungs- und körperbezogene Aspekte übersehen wurden.

Lehrbücher nach Erscheinungsjahr		**Thematisierung von Bewegung, Körper und Motorik allgemein**		**Thematisierung von bewegungs- und körperorientierten Interventionen**	
Autoren, Jahr, Titel etc.	Seiten (gesamt	Stichworte	Seiten	Stichwörter	Seiten
Blanz, B. et al. (2006). Psychische Störungen im Kindes- und Jugendalter. Stuttgart: Schattauer.	566	Bewegungsstereotypien, Bewegungsstörungen, Körperbild- und Körpergefühlsstörung Motorik, mot. Störung, mot. Tests	3	Entspannungstechniken, Biofeedback, Spieltherapie	2
Herpertz-Dahlmann, B. et al. (Hrsg.) (2008). Entwicklungspsychiatrie. 2. Aufl. Stuttgart: Schattauer.	1118	Bewegungen allgemein, Bewegungsstörungen	1	Spiel, Spieltherapie	12
		sensomotorische Entwicklung, Körperwahrnehmung, körperliche Aktivität	3		
		Motorik, mot. Tests	8		
Steinhausen, H.-C. (2010). Psychische Störungen bei Kindern und Jugendlichen. 7. Aufl. München: Elsevier.	694	Bewegungsstereotypien, Bewegungsstörungen	13	Kapitel 29 „Funktionelle Therapien": Psychomotoriktherapie, psychomot. Übungsbehandlung, Körpertherapie, körperbezogene Therapien	5
Remschmidt, H. (Hrsg.) (2011). Kinder- und Jugendpsychiatrie – eine praktische Einführung. 6. Aufl. Stuttgart: Thieme.	552	Bewegungskoordination, Bewegungsstörungen, Körperfunktionen: Körperschemastörungen, KTK, mot. Funktionen	6	Entspannungsverfahren: Autogenes Training, Progressive Muskelrelaxation, Konzentrative Bewegungstherapie, Spieltherapie	21

(Fortsetzung Tab. 1)

Lehrbücher nach Erscheinungsjahr		**Thematisierung von Bewegung, Körper und Motorik allgemein**		**Thematisierung von bewegungs- und körperorientierten Interventionen**	
Autoren, Jahr, Titel etc.	Seiten (gesamt	Stichworte	Seiten	Stichwörter	Seiten
Warnke, A., Lehmkuhl, G. (Red.) (2011). Kinder- und Jugendpsychiatrie und Psychotherapie in Deutschland. 4. Aufl. Stuttgart: Schattauer.	263	körperorientierte Verfahren (z.B. Autogenes Training), Spieltherapie	0,5	Funktionelle Übungsbehandlung: körperbezogene Therapie, Physiotherapie, Motopädie, Reittherapie, tiergestützte Therapie	1
Fegert, J. et al. (Hrsg.) (2012). Psychiatrie und Psychotherapie des Kindes-und Jugendalters. 2. Aufl. Heidelberg: Springer.	1050	Körperbehinderung, Körperschema, körperdysmorphe Störungen	2,5	Funktionelle Therapien: sensomot. und psychomot. Übungsbehandl., Entspannungsverfahren Progressive Relaxation Biofeedback Hypnose	2
Fegert, J.M., Kölch, M. (Hrsg.). (2012). Klinikmanual Kinder- und Jugendpsychiatrie und -psychotherapie. 2. Aufl. Berlin: Springer.	606	Bewegungsstörungen: mot. Funktionen körperdysmorphe Störung mot. Testverfahren	4	adjunktive u. supportive Therapien	2
Lehmkuhl, G. et al. (Hrsg.) (2013). Lehrbuch der Kinder- und Jugendpsychiatrie. Bd. 1 u. 2. Göttingen: Hogrefe.	1520	Kap.65: „Entwicklungsstörungen der mot. Funktionen" Psychomotorik Körperschema, -bewusstsein, -bildstörung, Körperkontrolle	24,5		

(Fortsetzung Tab. 1)

Lehrbücher nach Erscheinungsjahr		**Thematisierung von Bewegung, Körper und Motorik allgemein**		**Thematisierung von bewegungs- und körperorientierten Interventionen**	
Autoren, Jahr, Titel etc.	Seiten (gesamt	Stichworte	Seiten	Stichwörter	Seiten
Petermann, F. (Hrsg.) (2013). Lehrbuch der klinischen Kinderpsychologie und-psycho-therapie. 7. Aufl. Göttingen: Hogrefe.	903	Kap. 10: „Umschriebene Entwicklungsstörungen der motorischen Funktionen“: Motorik Bewegungskoordination, -drang, -verhalten	4	Bewegungsorientierte Interventionen: prozessorientiert Sensor. Integration Perzeptiv-motor. Training aufgabenorientiert CO-OP Kognit. Training Spieltraining	4
		Körperschemastörung	23		
Lehmkuhl, G. et al. (Hrsg.) (2015). Praxishandbuch Kinder- und Jugendpsychiatrie. Göttingen: Hogrefe.	402	Bewegungsstörungen, Hyperaktivität, Körperbild, körperliche Aktivität, Körperschemastörung	3	Spielverhalten	1

Tab. 1: Inhaltsanalytische Auswertung ausgewählter deutschsprachiger Lehrbücher zur Kinder- und Jugendpsychiatrie im Hinblick auf körper- und bewegungsbezogene Anteile

Zunächst ist festzustellen, dass zum Untersuchungszeitraum Ende 2015 sieben von zehn Lehrbüchern z.T. überarbeitete Wiederauflagen waren, deren Ersterscheinungsdatum meistens zu Beginn des neuen Jahrhunderts lag. Die hohe Anzahl der Wiederauflagen macht deutlich, dass wir wahrscheinlich die in der Kinder- und Jugendpsychiatrie relevanten und auch gekauften Lehrbücher erfasst haben. Des Weiteren fällt eine gewisse Homogenität der AutorInnen auf: Besonders bei den Herausgeberbänden (6 von 10) wird erkennbar, wie sich die renommierten ExpertInnen für einzelne Probleme „die Bälle gegenseitig zuspielen“. Dies wird durch die zahlreichen personellen und inhaltlichen Dopplungen der bei unterschiedlichen Verlagen erschienenen Werke sehr deutlich.

In allen Lehrbüchern wird in unterschiedlichem Umfang, mit unterschiedlichem theoretischem Verständnis und in unterschiedlichen Zusammenhängen auf die Thematik Bewegung, Körper und Motorik eingegangen.

Deutlich identifizierbar sind Themen wie motorische und körperliche Entwicklung, Bewegungs- und Entwicklungsstörungen, Hinweise auf motorische Tests und vor allem körperliche Störungen in Zusammenhang mit einzelnen Krankheitsbildern, die einen größeren körperlichen Anteil haben: Hierzu gehören vor allem Tics und das Tourette Syndrom, Essstörungen, somatoforme Störungen und Hyperaktivität sowie gelegentlich auch Verhaltens- und autistische Störungen.

In den neueren Publikationen von *Lehmkuhl* et al. (2013) und *Petermann* (2013) werden jeweils in eigenen Beiträgen bzw. Kapiteln Phänomenologie und Diagnostik von „Umschriebenen Entwicklungsstörungen der motorischen Funktionen" (F8) beschrieben. Mit der Erwähnung dieser Störung wird der neuen ICD 10 und der DSM-IV-Klassifikation Rechnung getragen und damit motorischen Problemen ein größerer Raum eingeräumt, als dies in der Vergangenheit der Fall war. In den meisten Lehrbüchern werden in den Diagnostikkapiteln entweder allgemein oder störungsspezifisch auch motorische Tests genannt, allerdings insofern unsystematisch, als dass hierunter je nach Autoren neurologische Tests, allgemeine motorische Entwicklungstests, Screening-Verfahren oder Tests zur Leistungsfähigkeit in verschiedenen motorischen Basisdimensionen verstanden werden. In Deutschland neu aufgelegte, aber international weit verbreitete Tests wie z.B. die Movement Assessment Battery for Children werden nur bei *Petermann* (2013), einem der Herausgeber der dt. Version dieses diagnostischen Verfahrens, genannt.

Die Terminologie – und dies gilt für alle untersuchten Lehrbücher – ist äußerst heterogen: Von Bewegung als einem komplexen leibseelischen Phänomen ist fast nie die Rede, sondern allenfalls von Bewegungsstörungen bei einigen Krankheitsbildern. Der Begriff „Motorik" und seltener „Psychomotorik" oder „Sensomotorik" wird vor allem im Zusammenhang mit Entwicklung, Diagnostik und Störung der motorischen Funktionen erwähnt. Am häufigsten sind Kombinationen mit dem Begriff „Körper" und hier vor allem im Zusammenhang mit einer gestörten Körperwahrnehmung oder einem veränderten Körperschema bzw.-bild, insbesondere bei Essstörungen.

Die terminologische Vielfalt – um nicht zu sagen Verwirrung – setzt sich bei der Beschreibung von bewegungs- und körperbezogenen therapeutischen Verfahren fort. Generell werden solche Verfahren als „adjunktiv", „komplementär", „supportiv" oder auch „roborierend" bezeichnet, wobei ihre Wertigkeit neben der dominierenden Pharmakotherapie und verschiedenen psychotherapeutischen Verfahren mit einer Präferenz für die kognitive Verhaltenstherapie unklar bleibt. Berücksichtigt man nur die entsprechenden Seitenumfänge in den untersuchten Werken, so können diese wahrnehmungs- oder bewegungsfördernde Verfahren wie andere kreativtherapeutische Verfahren aus dem Bereich von Kunst, Musik oder Tanz auch als für die Kinder- und Jugendpsychiatrie absolut marginal bewertet werden.

Bewegungsorientierte Verfahren, meistens im Sinne von Training, finden sich am ehesten noch unter dem Oberbegriff „Funktionelle Therapien" (z.B. *Fegert* et al., 2012; *Steinhausen*, 2010). Meist im Zusammenhang mit Ergo- bzw. Physiotherapie werden diesem Begriff eine bunte Reihe von Einzelverfahren zugeordnet: Hierbei reicht das Spektrum von verschiedenen Entspannungsverfahren über Psychomotorische Übungsbehandlung/Motopädie und

Sensorische Integration bis zur Reittherapie und Basalen Stimulation. Der Spieltherapie (*Herpertz-Dahlmann*, 2008) oder z.T. dem „Spieltraining" (*Petermann*, 2013) werden häufiger größere Anteile gewidmet, allerdings mehr in einem interpretativen Sinne (nach *Axline*), ohne hierbei explizit den großen Anteil von Bewegungsaktivitäten am kindlichen Spiel zu erwähnen.

Petermann (2013) schlägt bei den „bewegungsorientierten Interventionen" die Unterscheidung in „prozess- und aufgabenorientierte Verfahren" vor, wobei er hierunter ausschließlich verschiedene Versionen von funktionell orientierten Trainingsprogrammen versteht. Bei *Remschmidt* (2011) wird interessanterweise die „Konzentrative Bewegungstherapie", die bisher kaum für Kinder und Jugendliche ausgearbeitet wurde, zu den Entspannungsverfahren gezählt.

Das Stichwort „Sport" lässt sich in keinem der untersuchten Lehrbücher finden, allerdings wird bei der Beschreibung einzelner Störungsbilder gelegentlich auf Sporttreiben und körperliche Aktivität hingewiesen. Wenn näher idealtypisch die Praxis im Stationsalltag geschildert wird, wie z.B. bei *Warnke & Lehmkuhl* (2011, S. 52), dann tauchen erstaunlicherweise plötzlich Aktivitäten wie Frühsport, Bewegungstherapie, Spiele mit Jugendlichen, Jogging, Entspannungsgruppen und Reittherapie auf.

Eine vertiefte Auseinandersetzung mit den einzelnen Verfahren oder Hinweise auf ihre z.T. evidenzgestützten Wirkungen lassen sich hingegen in den untersuchten Texten nicht finden.

Analyse der Fachzeitschriften

In kinder- und jugendpsychiatrischen Fachzeitschriften sind die Beiträge zu bewegungs- und körperorientierten Verfahren überschaubar (vgl. Tabelle 2). Neben einem Überblicksartikel (*Welsche* et al., 2007) gibt es nur wenige allgemeine Abhandlungen, d.h. einige studienbasierte Berichte und einige Erfahrungsberichte aus der Praxis. Wird in den Beiträgen die Relevanz von bewegungsorientierten Methoden für einzelne Störungsbilder thematisiert, so handelt es sich fast ausschließlich um Beiträge zu *AD(H)S*. So finden sich insgesamt sechs Beiträge speziell zu ADHS im Gegensatz zu vier Beiträgen speziell zu sonstigen Störungsbildern. Hierbei sind die Beiträge zu Neurofeedback noch nicht berücksichtigt, wo der ADHS-Schwerpunkt noch deutlicher ist – hier thematisieren fünf von sieben Beiträgen speziell die Zielgruppe der ADHS-Patienten. Auch im Forschungsbericht der Deutschen Gesellschaft für Kinder- und Jugendpsychiatrie, Psychosomatik und Psychotherapie e.V. (*Hebebrand* et al., 2009) werden nur bei ADHS bewegungsbezogene Interventionen (Psychomotorik) genannt. Bio- und Neurofeedback werden dort bei ADHS und Ausscheidungsstörungen erwähnt. Interessant ist auch, dass unter den allgemeinen und ADHS-bezogenen Beiträgen zwei Beiträge zu finden sind, die von bewegungsorientierten Verfahren eher abraten (*Katterfeldt*, 2010 in Bezug auf Ergotherapie in der Kinder- und Jugendpsychiatrie sowie *Neuhaus*, 2010 in Bezug auf Sporttherapie bei Kindern mit ADHS).

	Jahr	Autor	Thema	Zeitschrift[1]
Allgemeine Abhandlungen zur Bewegung in der Kinder- und Jugendpsychiatrie				
	2007	*Welsche* et al.	Bewegungsdiagnostik und -therapie in der KJP	Z KJP
	2009	*Lemanis*	Gesundheitsförderung in der KJP	Psychiatr Pflege
	2010	*Trabi/Wiesenhofer*	Teamsport als diagn. Instrument in der KJP	Pädiatrie & Pädologie
	2010	*Katterfeldt*	Ergotherapie in der KJP[2]	Forum KJP
	2011	*Richter/Siegmund*	Systemisch-psychomotorische Familienberatung mit psychisch gestörten Kindern	Praxis KP
	2012	*Bluhm*	Erlebnispädagogik in der KJP	Psychiatr Pflege
Schwerpunkt ADHS	2005	*Kowerk*	Psychodynamik der sensomotorischen Behinderung bei ADHS (Plädoyer für körperorientierte Methoden bei sensomot. Behinderung)	Forum KJP
	2010	*Neuhaus*	Stellenwert von Verhaltens-, Sport- und Ernährungstherapie bei ADHS[2]	Pädiatrie
	2015	*Schmiedeler*	Achtsamkeitsbasierte Therapieverfahren bei ADHS (Meditation)	Z KJP
Abhandlungen mit Schwerpunkt Körper				
Körperorientierte Therapie	2006	*Haffner* et al.	Wirksamkeit körperorientierter Therapieverfahren bei hyperaktiven Störungen (Yoga Training)	Z KJP
	2012	*Weber-Steinbach/Tasche*	Affekte im psychotherapeutischen Prozess (u.a. körpertherapeutische Intervention)	Praxis KP
	2013	*Bünger/Kepper-Juckenach*	OPD-KJ-Achse „Struktur" als Instrument zur Konzeptualisierung der Körpertherapie	Praxis KP
	2014	*Streit* et al.	Verbesserung des Körperkontakts bei Regulationsstörungen im Säuglingsalter	Z KJP
Körperbezogene Störungen	2010	Grieser	*Körper in der Psychosomatik*	Praxis KP
	2011	Noeker	*Konversionsstörungen (Physiotherapie)*	Kind & Entw
	2015	Rost et al.	*Körperbildstörung bei Anorexia nervosa*	Z KJP
	2015	Grau et al.	*Körperdysmorphe Störung*	Z KJP
Bewegungs- und körperzentrierte Ansätze als Bestandteil einer multimodalen Therapie				
	2006	*Oelkers-Ax/Resch*	Kopfschmerzen bei Kindern – ein Thema in der KJP? (Entspannung, Biofeedback)	Z KJP
	2007	*Sant'Unione/ Wildermuth*	Therapie bei HKS (begleitend „praktische Ansätze")	Forum KJP
	2009	*Gerber-von Müller* et al.	ADHS-Summercamp (u.a. Sport)	Kind & Entw
	2014	*Schulte-Körne/Krick*	Komplementäre Ansätze bei Depression (u.a. Massage, sportliche Aktivitäten, Entspannungsverfahren)	Praxis KP
	2015	*Eberle-Sejari* et al.	Therapie bei jungen Flüchtlingen mit Posttraumat. Syndromen (u.a. Meditation – Relaxion)	Kind & Entw

	Jahr	Autor	Thema	Zeitschrift[1]
Neurofeedback/ psychophysiologische Methoden				
	2006	*Holtmann* et al.	Neurofeedback bei ADHS	Z KJP
	2009	*Holtmann* et al.	Wirksamkeit von Neurofeedback bei Kindern mit ADHS	Kind & Entw
	2010	*Albrecht* et al.	Bedeutung funktioneller psychophysiologische Methoden in der KJP	Z KJP
	2010	*Gevensleben* et al.	Neurofeedback-Training bei Kindern mit ADHS	Z KJP
	2011	*Gevensleben* et al.	Neurofeedback bei Kindern mit ADHS	Praxis KP
	2011	*Drechsler*	Wirksamkeit von Neurofeedback bei Kindern mit ADHS	Z Neuropsych
	2014	*Lindermüller* et al.	Neurofeedback in der KJP	Forum KJP

Tab. 2: Analyse deutschsprachiger kinder- und jugendpsychiatrischer und angrenzender medizinischer Fachzeitschriften in einem Zeitraum von 10 Jahren (2005–2015) im Hinblick auf Beiträge mit bewegungs- und körperorientierter Thematik.

[1] Eine Liste mit den vollständigen Literaturangaben kann bei den Autoren angefordert werden.
Forum KJP = Forum der Kinder- und Jugendpsychiatrie und Psychotherapie; Kind & Entw = Kindheit und Entwicklung; Pädiatrie & Pädologie = Pädiatrie & Pädologie; Praxis KP = Praxis der Kinderpsychologie und Kinderpsychiatrie; Psychiatr Pflege = Psychiatrische Pflege heute; Z Neuropsych= Zeitschrift für Neuropsychologie; Z KJP = Zeitschrift für Kinder- und Jugendpsychiatrie

[2] Die mit einer [2] gekennzeichneten Beiträge sind kritische Beiträge, die von einer bewegungs- und körperzentrierten Therapie eher abraten.

In der Tendenz ist eine leicht steigende Thematisierung von *körperorientierten Verfahren* und *körperbezogenen Störungsbildern* zu beobachten – diese spielten in einer ähnlichen Recherche für den Zeitraum von 1985 bis 2005 (*Hölter & Stobbe*, 2005) noch nicht so eine große Rolle wie aktuell bzw. dort auch eher in den jeweils letzten Jahren.

Berichten zu bewegungs- und körperorientierten Verfahren im Rahmen einer *multimodalen Therapie* sind hingegen bedeutend weniger zu finden als noch für den Zeitraum von 1985 bis 2005 (*Hölter & Stobbe*, 2005). Eine Ausnahme bilden psychophysiologische Methoden, vor allem das *Neurofeedback.* U.a. innerhalb von verhaltenstherapeutischen Programmen spielt das Neurofeedback eine immer größere Rolle, besonders beim Störungsbild AD(H)S. Hierbei handelt es sich zwar nicht um eine bewegungsorientierte Intervention, sondern um ein rein funktionelles Training, um das eigene Körperwissen und darüber die Selbststeuerung zu verbessern. Es erscheint aber interessant, dass die Beschäftigung mit dem Körper und die Reflexion von körperlichen Impulsen in diesem Rahmen eine zunehmende Bedeutung innerhalb der Kinderpsychotherapie zu erhalten scheinen.

Interessant ist darüber hinaus, dass in kinder- und jugendpsychiatrischen Zeitschriften häufiger Forschungsberichte zur allgemeinen motorischen Entwicklung bei Kindern zu finden sind. Dies sind z.B. Berichte über den allgemeinen Zusammenhang zwischen motorischer Entwicklung und weiteren Entwicklungsbereichen (z.B. Kognition, Sprache, Händigkeit), Untersuchungen zur Körperzufriedenheit/zum Körperbild oder auch zur motorischen Entwicklung bei z.B. Schulanfängern, ehemaligen Frühgeborenen o.ä. Diese Berichte haben wir in Tabelle 2 nicht mit aufgenommen, da es dabei jeweils nicht speziell um Forschungen im Rahmen einer kinder- und jugendpsychiatrischen Zielgruppe geht.

	Jahr	**Autor**	**Thema**	**Zeitschrift**[1]
Allgemeine Abhandlungen zur Bewegung in der Kinder- und Jugendpsychiatrie				
	2005	*Hölter/Stobbe*	Geschichte und Gegenwart der Bewegungstherapie in der KJP	Bew.ther. u Ges.sport
	2005	*Welsche* et al.	Bewegungsdiagnostik und bewegungstherapeutische Professionalisierung in der KJP	Bew.ther. u Ges.sport
	2005	*Welsche/ Romer*	Qual. Bewegungsbeobachtung in der KJP	Bew.ther. u Ges.sport
	2007	*Welsche/ Stobbe*	Bewegungsdiagnostik für Jugendliche in der KJP	MOT
	2009	*Welsche*	Psychomotorik in der KJP – Rahmenbedingungen und Akzeptanz	Praxis PM
	2011	*Simons* et al.	Körperkoordination bei Patienten der KJP	Ergother
	2013	*Hölter*	Psychomotorik in Deutschland (u.a. Thematisierung der KJP)	MOT
Beiträge zu speziellen bewegungs- und körperorientierten Methoden/Ansätzen				
	2005	*Beckendorf*	Entspannung: Therapeutic Touch in der KJP	Praxis PM
	2006	*Welsche*	Beziehungsorientierte Bewegungspädagogik (Sherborne) in der KJP mit Jugendlichen	Praxis PM
	2008	*Zimmermann* et al.	Körpererfahrung: „Achtsame“ Körpererfahrung in der Psychomotorik (u.a. in klinischen Gruppen)	MOT
	2009	*Bergmann*	Rudern mit ADHS-Kindern	Praxis PM
	2010	*Eckert*	Körperpsychotherapie: Annäherungen von Mototherapie und Körperpsychotherapie	MOT
	2011	*Schnurnberger*	Stockkampfkunst bei Kindern mit herausforderndem Verhalten	Praxis PM
Beiträge zu speziellen Störungsbildern				
AD(H)S	2005	*Beudels/ Hamsen*	Bewegungsorientierte Förderung sog. ADHS-Kinder	MOT
	2006	*Banaschewski/ Rothenberger*	Sensomot. Training bei Kindern mit ADHS	MOT
	2009	*Röckerrath*	Bewegungszentrierte Behandlung bei ADHS	pt
	2011	*Bechstein*	Wahrnehmungsförderung für Kinder mit AD(H)S	Praxis PM
	2013	*Leithäuser/ Beneke*	Sport bei ADHS	Z Sportmed
	2014	*Lehnert*	Einfluss von Sport auf kogn. Funktionen bei Kindern mit ADHS	Z Sportpsych

	Jahr	Autor	Thema	Zeitschrift[1]
Selekt. Mutismus	2011	*Voß*	Psychomotorische Förderung in der (s)elektiven Mutismustherapie	Praxis PM
Traumat. Kinder	2013	*Schüürmann*	Psychomtorik bei traumatisierten Kindern	Praxis PM

Tab. 3: Analyse bewegungsorientierter Fachzeitschriften über den Zeitraum von 10 Jahren (2005–2015) im Hinblick auf kinder- und jugendpsychiatrische Thematik.

[1] Eine Liste mit den vollständigen Literaturangaben kann bei den Autoren angefordert werden.

Abkürzungen der Zeitschriften: Bew.ther. u Ges.sport = Bewegungstherapie und Gesundheitssport; Ergother: Ergotherapie MOT = Motorik; Praxis PM = Praxis der Psychomotorik; pt = pt – Zeitschrift für Physiotherapeuten; Z Sportmed = Zeitschrift für Sportmedizin; Z Sportpsych = Zeitschrift für Sportpsychologie

In bewegungsbezogenen Fachzeitschriften gibt es einige allgemeine Abhandlungen zu bewegungs- und körperorientierten Verfahren in der Kinder- und Jugendpsychiatrie (vgl. Tab. 3). Im Gegensatz zur Recherche für die Jahre 1985 bis 2005 (*Hölter & Stobbe*, 2005) sind jedoch die gezielten Beiträge sowohl bezogen auf spezielle bewegungsbezogene Methoden/Sportarten als auch auf einzelne Störungsbilder deutlich zurückgegangen. Wenn es spezielle Beiträge gibt, finden sich analog zu den Zeitschriften der Kinder- und Jugendpsychiatrie am ehesten noch Beiträge zu AD(H)S – darüber hinaus gibt es aber nur jeweils vereinzelte Beiträge zu je einer Methode/einem Störungsbild. In den klassischen Zeitschriften der Psychomotorik („Praxis der Psychomotorik" und „Motorik") nehmen Themen wie Bewegung in der Frühpädagogik, Schule, mit Senioren oder auch allgemeine Themen wie Bewegung und Sprache einen zunehmenden Anteil ein. Spezielle Themen wie Bewegung mit einer kinder- und jugendpsychiatrischen Zielgruppe sind immer weniger zu finden. Dieser Eindruck deckt sich mit den Ergebnissen der Inhaltsanalyse der Zeitschrift Motorik für die Jahrgänge 1978 bis 2012, nach der der klinische Anteil unter allen Beiträgen von 16,3% für den Zeitraum 1998 bis 2007 auf 4,2% für den Zeitraum ab 2008 gesunken ist. Insgesamt liegt der Anteil über den gesamten Zeitraum von 1978 bis 2012 nach dieser Studie bei 8,4% (*Fischer & Behrens*, 2012, S. 161).

Resonanzen in Leitlinien, Patientenempfehlungen und Personalschlüsseln

Leitlinien sind ursprünglich in der Organmedizin entstandene Handlungsempfehlungen, die den gegenwärtigen Erkenntnisstand in einem Fachgebiet wiedergeben und TherapeutInnen sowie PatientInnen die Entscheidungsfindung für eine angemessene Behandlung erleichtern sollen. Den Krankenkassen und anderen Kostenträgern dienen sie gleichzeitig als Orientierung für die Finanzierung von therapeutischen Maßnahmen. Federführend bei der Leitlinienerstellung sind die verschiedenen medizinischen Fachgesellschaften, die z.T. in Kooperation mit anderen Berufsgruppen und unter PatientInnenbeteiligung versuchen, einen Konsens in den fachlichen Empfehlungen herbeizuführen.

Die finanziell und organisatorisch aufwendigste Form der Leitlinien sind die sog. S-3-Leitlinien, die z.T. auch in Buchform veröffentlicht werden. S-3-Leitlinien zu kinder- und jugendpsychiatrischen Störungsbildern finden sich z.T. unter der Federführung von anderen Fachgesellschaften zu Adipositas, zu depressiven Erkrankungen bei Kindern und Jugendlichen, zu Essstörungen und zu umschriebenen Entwicklungsstörungen motorischer Funktionen. In allen der genannten Leitlinien finden körper- und bewegungsorientierte Maßnahmen, meistens unter dem Gliederungspunkt „weitere therapeutische Verfahren", Beachtung – sei es als „sportliche Aktivitäten", als „Sport- und Bewegungstherapien" oder als „komplementäre oder funktionelle Verfahren". Die Philosophie bzw. die wissenschaftstheoretische Vorentscheidung, nur Empfehlungen mit einem hohen Empfehlungsgrad auszustatten, die im Sinne einer externen Evidenz als evidenzbasiert gelten, schränkt die Empfehlungen vor allem für solche bewegungsorientierten Maßnahmen ein, die über das Messen funktionaler Parameter hinausgehen. Allerdings werden alle Einschätzungen durch sorgfältig analysierte Einzeluntersuchungen begründet und die (zahlreichen) Forschungsdefizite offengelegt. Berufsverbände wie z.B. der Deutsche Verband für Gesundheitssport und Sporttherapie (DVGS) und der Motopädenverband waren bei zwei Leitlinienprozessen als Mitglieder der begleitenden „Konsensgruppen" an der Erstellung beteiligt, was sich auch in der Wahrnehmung, Beurteilung und Empfehlung von Psychomotorik, Sport- und Bewegungstherapie niederschlägt. Weitere Informationen zur Vorgehensweise und zur Kritik am Leitlinien-Verfahren aus theoretischer und sportwissenschaftlicher Sicht finden sich bei *Hölter* (2012).

Zusammenfassend ist festzustellen, dass in langsamer Annäherung an die seit Jahren zu beobachtende Einstellungspraxis für diesen Bereich allmählich auch die theoretisch-konzeptionellen und evidenzgestützten Aspekte der Sport- und Bewegungstherapie ernster genommen werden.

Unsere bisherige Analyse hat sich fast ausschließlich auf schriftliche Materialien konzentriert. Sie bilden repräsentativ für eine Disziplin deren theoretischen Hintergründe und Ansprüche ab, korrespondieren aber offensichtlich nur zum Teil mit der Realität „im Feld". Dass es hier erhebliche Diskrepanzen zu geben scheint, wurde ansatzweise schon in dem Beispiel des Wochenplans einer einzelnen Station deutlich: Der Anteil an bewegungsorientierten Aktivitäten beträgt hier mehrere Stunden pro Woche, wobei die möglicherweise auch mit Sport ausgefüllten Zeiten am Wochenende überhaupt nicht benannt werden. Dass offensichtlich in der Praxis bewegungsorientierte Aktivitäten einen viel größeren Stellenwert einnehmen, als es die Verlautbarungen der vorwiegend medizinisch und psychologisch geprägten KlinikerInnen vermuten lassen, wird besonders an der Anzahl der in diesem Bereich Beschäftigten deutlich. In einer systematischen Erhebung an allen klinischen kinder- und jugendpsychiatrischen Einrichtungen in Deutschland gaben von 135 Kliniken nur acht an, keine bewegungs- und körperorientierte Verfahren anzuwenden. Von den verbliebenen 127 Kliniken mit einem Bewegungs-und Sportangebot beteiligten sich 58 an einer ausführlicheren schriftlichen Befragung zu Personalstand und Konzepten (Rücklauf: 48%).So waren z.B. an diesen Kliniken insgesamt 156 BewegungstherapeutInnen beschäftigt, d.h. jeder Klinik standen fast drei BewegungstherapeutInnen zur Verfügung und davon hatten fast 30% eine akademische Ausbildung. Weitere Ergebnisse zu dieser Umfrage finden sich bei *Welsche* et al. (2007).

Diskussion

Charakteristische Merkmale postmoderner Gesellschaften sind ihre Pluralität und Komplexität. Es ist daher konsequent, dass in der Wissenschaft wie in anderen gesellschaftlichen Zusammenhängen auch ein hohes Maß an vernetztem Denken, Multidimensionalität und Interdisziplinarität gefordert wird, um Probleme angemessen zu bearbeiten. Dies gilt auch für die klinische Versorgung von Kindern und Jugendlichen. Diesem Anspruch ist allerdings bei der Komplexität von sich rasch wandelnden klinischen Erkenntnissen, Konzepten und Forschungsansätzen und sich verändernden gesellschaftlichen Rahmenbedingungen schwer zu entsprechen – sowohl in der Praxis als auch in den besten Lehrbüchern. Dies ist gleichermaßen für das Fach der Kinder- und Jugendpsychiatrie der Fall wie auch für die Bewegungs- und Sportwissenschaft, eine der wesentlichen Bezugswissenschaften für bewegungs- und körperorientierte Therapien.

Trotz aller Differenzierung scheint es für jede Disziplin einen Stamm an Kernthemen zu geben, die von einer Reihe „komplementärer" Themen flankiert werden. Folgt man den Konzeptionen der meisten Lehrbücher in der Kinder- und Jugendpsychiatrie, dann ist in diesem Fachgebiet die Beschreibung der Störungsspezifitäten und Krankheitsmodelle sowie der Pharmako- und Psychotherapie zentral. In der allgemeinen Sportwissenschaft hingegen wurden klinische Fragestellungen bisher kaum thematisiert, es sei denn im Zusammenhang mit der allgemeinen Gesundheitsforschung und organischen Erkrankungen wie z.B. in den zahlreichen Arbeiten zu Herz-Kreislauf- und zu orthopädischen Fragestellungen, aber auch zu Osteoporose und Krebs und weiteren eher organisch verstandenen Krankheitsbildern. Die wissenschaftliche Befassung mit psychiatrischen Erkrankungen im Zusammenhang mit Sport und Bewegung ist bisher national und international recht übersichtlich geblieben, allerdings liegen zu Fragen der Sport- und Bewegungstherapie für den klinischen Rahmen seit Längerem mehrere umfangreiche Spezialpublikationen vor (u.a. *Faulkner & Taylor*, 2003; *Biddle & Mutrie*, 2008; *Hölter*, 2011; *Schüle & Huber*, 2012; *Deimel,* 2012), die – z.T. ähnlich wie *Warnke & Lehmkuhl* (2011) für die Kinder- und Jugendpsychiatrie – das weite Feld der Sport- und Bewegungstherapie von theoretischen Modellen über die Diagnostik und Störungsspezifität bis zur Evidenzbasierung und Versorgungsstruktur bearbeiten. Leider finden diese Überlegungen so gut wie keinen Eingang in die von uns untersuchten Lehrbücher und Fachzeitschriften. Es entsteht vielmehr der Eindruck, dass es eine historisierende, vage Erinnerung an Bewegungsaktivitäten als „funktionelles Training“ und „Freizeitaktivität“ oder der Mythos einer auf die externe Evidenz beschränkte Bewertung von klinisch-therapeutischen Maßnahmen verhindern, sich umfangreicher über den therapeutischen Wert einer Intervention zu informieren, die vor allem bei PatientInnen eine besondere Akzeptanz erfährt.

Diese Einschätzung wird zumindest in zwei neueren Lehrbüchern bestätigt, in denen bewegungsorientierte Maßnahmen wie die Psychomotorische Übungsbehandlung bzw. die Mototherapie eher „historisierend“ betrachtet werden. So stellen z.B. *Tacke & Korinthenberg* (in *Lehmkuhl* et al., 2013) fest: „Die Evidenz der einzelnen Therapiemethoden (darunter die Psychomotorik, Anm. d. Verf.) wurde kaum geprüft, die Wirksamkeit ist oft nur historisch begründet“ (S. 1298) oder Steinhausen konstatiert schon 2010 „ein Abnehmen der Ausstrahlung dieser Methoden“, was er u.a. „auf fehlende innovative Gestaltungen und Persönlichkeiten sowie auf fehlende Evaluationen“ zurückführt und weiter: „Diese sind aber in Zeiten einer evidenzbasierten Medizin unablässig, wenn sich Therapien als feste Bestandteile von Versorgungssystemen etablieren wollen“ (S. 454).

Wenn sich die Wahrnehmung bewegungsorientierter Interventionen wie z.B. bei *Schepker* et al. (in *Fegert* et al., 2011, S. 278) auf Entspannungsbad, Hängematte, Snoezelen, Aromatherapie und Tees beschränkt, dann trifft dies sicherlich zu. Damit wird allerdings auch eine differenzierte Beachtung der seit Langem in diesem Bereich etablierten und kontrollierten Vorgehensweisen aus der Psychomotorik sowie der Sport- und Bewegungstherapie verhindert. Dass eine andere, differenziertere Betrachtung auch existiert, wird anhand eines Zitats aus einem Beitrag in einem anderen Lehrbuch deutlich, an dem ein Autor der obigen Autorengruppe ebenfalls beteiligt war : „Eine psychomotorische bzw. sensomotorische Übungsbehandlung geht über die konventionelle Physiotherapie oder Krankengymnastik hinaus, indem sie die Wechselwirkungen von Erleben, Motivation und Motorik berücksichtigt und entwicklungspsychologisch fundiert vorgeht“ (*Goldbeck* et al. in *Fegert* et al., 2012, S. 204). In diesem Zusammenhang wird auch auf die Professionalität von „Sportlehrern, Bewegungstherapeuten bzw. weitergebildetem Personal“ verwiesen. Insgesamt scheint es aber nach wie vor so zu sein, dass „sich die professionelle Wahrnehmung bis heute weitgehend auf übungs- und freizeitorientierte Aspekte dieser Maßnahmen beschränkt und einen eigenen therapeutischen Einfluss weniger in Betracht zieht“ (*Welsche*, 2011, S. 448).

Der Notwendigkeit von Evaluation und Evidenznachweisen ist sicherlich beizupflichten, auch wenn man die einseitige externe Evidenzfixierung und -rezeption in Deutschland differenzierter und auch skeptischer betrachten muss, als es in den untersuchten Lehrbüchern der Fall ist (vgl. u.a. *Möller* et al., 2008; *Pfennig & Hölter*, 2011; *Bouffard & Reid*, 2012). In zwei neueren Publikationen (*Katterfeldt*, 2010; *Neuhaus*, 2010) raten die AutorInnen explizit von Ergotherapie in der Kinder- und Jugendpsychiatrie sowie von der Sporttherapie bei ADHS ab. Es mag in Einzelfällen durchaus sinnvolle Kontraindikationen für bewegungs- und körperorientierte therapeutische Maßnahmen geben, wie z.B. für exzessives Sporttreiben bei Anorexia nervosa. Insgesamt überwiegen jedoch bei unterschiedlichen Störungsbildern die Vorteile bei Weitem mögliche Nachteile. Die Datenlage ist aber, ähnlich wie bei psychotherapeutischen Interventionen auch, dann schwieriger zu beurteilen, wenn die Ansprüche zu möglichen Effekten über die funktionelle Ebene oder operationalisierbare Teilziele hinausgehen.

Insgesamt bedauerlich sind die erheblichen Informationslücken, die sich auf die Darstellung von Forschung und therapeutischer Praxis insbesondere bei solchen störungsspezifischen AdressatInnengruppen beziehen, die eine Nähe zu einer gestörten Leiblichkeit nahelegen. Hier werden nationale und internationale Entwicklungen nicht wahrgenommen. Dies bezieht sich u.a. auf die Diagnostik und Therapie von Essstörungen, auf die Borderline-Problematik, vor allem aber auf ADHS sowie auch auf dissoziale und autistische Störungen. So wird z.B. die Verbindung von Essstörungen (insbesondere von Anorexia nervosa) zu einem gestörten Körperbild bzw. -schema und z.T. auch zu exzessivem Bewegungsverhalten zwar in der Regel konstatiert, aber nur lückenhaft auf das differenzierte diagnostische Instrumentarium für diese PatientInnengruppe hingewiesen (im Überblick *Joraschky* et al., 2008). Keine Erwähnung finden auch international erprobte und evaluierte bewegungsorientierte Therapieansätze (Probst, 2008) sowie auch wahrnehmungs- und bewegungsbezogene psychologisch-verhaltenstherapeutische Interventionen, wie sie z.B. im Therapiemanual von *Legenbauer & Vocks* (2006) zu finden sind.

Ähnlich verharren die Therapievorschläge bei ADHS fast ausschließlich auf kognitiv-behavioralen und z.T. familientherapeutischen Vorschlägen, und dies, obwohl u.a. in dem systematischen Review von *Harvey & Reid* (2003) schon vor längerer Zeit die massiven motorischen Defizite dieser klinischen Gruppe deutlich gemacht wurden. In der Folgezeit wurden auch in Deutschland mehrere bewegungsorientierte Interventionsformen entwickelt und evaluiert, die sich sowohl auf die motorischen Defizite als auch auf die Kernsymptomatik konzentriert haben (vgl. *Hamsen* et al., 2004; *Welsche*, 2011, S. 467 ff.).

Bei der Analyse der Forschungsbeiträge in den Fachzeitschriften zeigte sich, dass neben einer allgemeinen Zunahme von bewegungs- und körperbezogenen Beiträgen a) offensichtlich das Thema ADHS eine gewisse Popularität im Zusammenhang mit Körperlichkeit und Bewegung genießt und b) das Neurofeedback als Interventionsmethode für dieses Störungsbild besonders gern beforscht wird.

Die Beliebtheit dieser Intervention scheint auch mit der zurzeit allgemein zu beobachtenden Fixierung (siehe oben) auf den Nachweis einer externen Evidenz zu tun zu haben. Solche Nachweise sind erheblich einfacher zu führen, wenn sich die Inputvariablen auf elektrische Impulse reduzieren lassen, und schwer zu operationalisierende Wirkfaktoren – wie z.B. die Beziehungsgestaltung – nicht näher untersucht werden. Dies wird jedoch der Vielfalt (und auch Beliebtheit) kindgerechter bewegungsorientierter Verfahren in der Kinder- und Jugendpsychiatrie, die meistens in der Gruppe durchgeführt werden, in keiner Weise gerecht.

Allerdings deuten sich bei diesem Thema in den Lehrbüchern auch vorsichtige Zweifel an den bisherigen Vorgehensweisen an. Bei einer allgemeinen Präferenz für die Pharmakotherapie bemerken u.a. *Lehmkuhl & Holtmann* (in *Lehmkuhl* et al., 2015), dass die „empirischen Daten" ebenfalls „belegen, dass auch jenseits der medikamentösen Therapie sehr günstige Verläufe möglich sind und eine kontinuierliche, über viele Jahre hinweg andauernde Pharmakotherapie nicht in jedem Fall indiziert ist" (S. 161).

Die Kritik an einer mangelnden Rezeption von Erkenntnissen an der Peripherie der Kinder- und Jugendpsychiatrie gilt für die Beschäftigung mit der in zwei Lehrbüchern ausführlicher beschriebenen „Entwicklungsstörung bei motorischen Funktionen" (F82.0) weniger. Neben der Diagnostik gibt es Hinweise auf motorische Förderprogramme, am besten als „intensives Training und als frühzeitige Behandlung in einem geschützten Rahmen", über die sich dann möglicherweise durch Transfereffekte eine „Erweiterung ihres Repertoires an motorischen und kognitiven Fähigkeiten" erzielen lässt (*Tacke & Korinthenberg*, 2013, S. 1300).

Aber auch hier scheint es Zweifel an der Wirksamkeit solcher definierten Trainingsprogramme zu geben, da „die motorische Entwicklungsstörung nicht isoliert auftritt, sondern von verschiedenen komorbiden Erkrankungen begleitet wird". „Die Ursache der Störung konnte bisher nicht geklärt werden" (*Jaščenoka & Petermann*, 2015, S. 223).

„Dass dieses Störungsbild eine starke Komorbidität zu zahlreichen anderen emotionalen, kognitiven und sozialen Verhaltensproblemen haben kann", wird auch von anderen AutorInnen (u.a. *Steinhausen*, 2010, S. 166) so gesehen, allerdings nicht der Schritt für die Empfehlung zu solchen bewegungsorientierten Therapiemaßnahmen vollzogen, die über ein funktionelles Training hinausgehen.

An anderer Stelle wurde schon die weitgehende Abstinenz der (deutschen) bewegungs- und sportwissenschaftlichen Forschung sowie der Psychomotorik festgestellt, wenn es um klinische Fragestellungen insbesondere für das Kindes- und Jugendalter geht. Bei der wissenschaftlichen Beschäftigung mit der „umschriebenen Entwicklungsstörung der motorischen Funktionen" (international: DCD – Developmental Coordination Disorder) bzw. auch „Motorische Ungeschicklichkeit" ist dies mit wenigen Ausnahmen (*Schott & Roncesvalles*, 2004; *Schott & Munzert*, 2010) ebenfalls der Fall. Bei diesen AutorInnen werden im Gegensatz zur kinderpsychiatrischen Fachliteratur neben der Breite und Problematik von diagnostischen Zugängen auch sportintegrierende Förderansätze diskutiert. Bei der insgesamt schmalen deutschsprachigen Forschungslage für diesen Bereich erstaunt es nicht, dass z.B. bei der Entwicklung der S3-Leitlinien auf europäischer Ebene neben britischen, französischen und niederländischen WissenschaftlerInnen und Physio- und ErgotherapeutInnen nur ein Praxisvertreter der BewegungstherapeutInnen (ein Motopäde) aus Deutschland an der sog. Konsensgruppe beteiligt war.

Resümee

Die Untersuchung der Bewegungs- und Sporttherapie in der Kinder- und Jugendpsychiatrie „bewegt" sich insofern auf etwas unsicherem Eis, da die Konturen der beteiligten Fachdisziplinen im Hinblick auf die Reichweite der Konzepte, die AdressatInnen, die Institutionen und die verschiedenen Verfahren unklar sind.

Sind die AdressatInnen Gegenstand eher heilpädagogischer, medizinischer oder psychotherapeutischer Überlegungen und wie lassen sich bewegungs- und körperorientierte Interventionen in einem bewegungs- und sporttherapeutischen Sinne von Ergo- und Physiotherapie, körperorientierter Psychotherapie usw. abgrenzen?

Es fällt auf, dass in der einschlägigen kinderpsychiatrischen Fachliteratur im Jahre 2015 ähnlich wie schon 2005 (*Hölter & Stobbe*, 2005) eine hinreichende Auseinandersetzung bzw. eine intensivere Befassung mit Konzepten, Forschungsbefunden und der Breite möglicher bewegungsorientierter Ansätze vom Funktionellen bis zum Psychosozialen nicht stattfindet, obwohl in der klinischen Praxis offensichtlich dieses Behandlungsspektrum existiert.

Aus wissenschaftstheoretischer und praktischer Sicht ist zu hinterfragen, ob eine externe Evidenzbasierung das einzige Kriterium für die Anwendung bewegungs-, spiel- und sportorientierter Zugänge bei Kindern und Jugendlichen in schwierigen Lebenssituationen sein darf. Denn im Einklang mit den bekannten Wirkuntersuchungen aus der Psychotherapie ist auch für diesen Bereich zu vermuten, dass bei so „quellnahen" (*Heckhausen*) Interventionen wie den leiblichen andere Aspekte eine viel bedeutsamere Rolle für die Beliebtheit und den Therapieerfolg spielen, als es die in der Fachliteratur favorisierten und vielfach empfohlenen Trainingsprogramme nahelegen. Dies weiter aufzuklären, ist eine interessante und herausfordernde interdisziplinäre Forschungsaufgabe.

Aus dieser Perspektive scheint das einleitende Geleitwort der ehemaligen Direktorin der Westfälischen Klinik für Jugendpsychiatrie, Dr. E. Hecker, zu einem der ersten Hefte von E.J. *Kiphard* mit dem Titel „Bewegung heilt" heute noch recht aktuell: „Je jünger ein Kind ist, desto leibhafter reagiert es. Seine Funktionslust zeigt sich v.a. in seiner Bewegungsfreudigkeit, die für die Gemüts- und Willensbildung von erheblicher Bedeutung ist. Durch Üben der natürlichen Funktionslust wird der Körper den Kindern zum Kraftquell, statt, wie so oft, zum Hindernis" (1960, S. 1).

Literatur

Albrecht, B., *Uebel,* H., *Brandeis,* D. *& Banaschewski,* T. (2010). Bedeutung funktioneller psychophysiologischer Methoden in der Kinder- und Jugendpsychiatrie. *Zeitschrift für Kinder- und Jugendpsychiatrie und Psychotherapie*, 38, 395-407.

Asperger, H. (1968). *Heilpädagogik. (5. Aufl.)* Wien: Springer.

Banaschewski, T. *& Rothenberger,* A. (2006). Eine Evaluation des sensomotorischen Trainings bei Kindern mit ADHS. *Motorik,* 29, 57-64.

Basquin M. *& Basquin-Roger,* M.C. (1988). Körpertherapie bei Jugendlichen während einer akuten psychotischen Krise. *Acta Paedopsychiatrica,* 51, 18-27.

Bechstein, M. (2011). AD(H)S – Beziehungsgestaltung und Aufmerksamkeitserleben. Lernentwicklung in sozialen Kontexten. *Praxis der Psychomotorik,* 36 (3), 146-154.

Beckendorf, R. (2005). Therapeutic Touch in der Kinder- und Jugendpsychiatrie: Die Kraft der Berührung. *Praxis der Psychomotorik*, 30, 220-223.

Bergmann, T. (2009). Rudern mit ADHS-Kindern. *Praxis der Psychomotorik*, 34, 84-89.

Beudels, W. *& Hamsen,* R. (2005). Bewegungsorientierte Förderung so genannter ADHS-Kinder. *Motorik,* 28, 70-83.

Blanz, B., *Remschmidt,* H., *Schmidt,* M.H. *& Warnke,* A. (2006). *Psychische Störungen im Kindes- und Jugendalter.* Stuttgart: Schattauer.

Bluhm, S. (2012). Wir spielen ja nur: Erlebnispädagogik in der Kinder- und Jugendpsychiatrie. *Psychiatrische Pflege heute,*18, 289-291.

Bös, K. *& Rieder,* H. (1996). *Sport mit Sondergruppen. Ein Handbuch.* Schorndorf: Hofmann.

Braun, E. (1990). Bewegungstherapie in der Psychiatrie. In H. *Cotta,* W. *Heipertz,* A. *Hüter-Becker &* G. *Rompe* (Hrsg.). *Krankengymnastik. Bd. 10. Psychiatrie, Querschnittslähmung.* S. 60-106. Stuttgart: Thieme.

Bünger, S. *& Kepper-Juckenach,* I. (2013). Die OPD-KJ-Achse „Struktur“ als Instrument zur Konzeptualisierung der klinischen Vorgehensweise in der Körpertherapie. *Praxis der Kinderpsychologie und Kinderpsychiatrie*, 62, 311-326.

Czerny, A. (1919). *Der Arzt als Erzieher des Kindes. Vorlesungen.* Leipzig: Deuticke.

Degener, A. *& Deimel,* H. (2005). Selbstverletzendes Verhalten bei Jugendlichen und jungen Erwachsenen. *Bewegungstherapie und Gesundheitssport,* 21, 215-222.

Deutsche Gesellschaft für Psychiatrie, Psychotherapie und Nervenheilkunde (DGPPN) (Hrsg.) (2013). S3-Leitlinie Psychosoziale Therapien bei schweren psychischen Erkrankungen. S3-Praxisleitlinien in Psychiatrie und Psychotherapie. Berlin: Springer.

Drechsler, R. (2011). Ist Neurofeedbacktraining eine wirksame Therapiemethode zur Behandlung von ADHS? Ein Überblick über aktuelle Befunde. *Zeitschrift für Neuropsychologie,* 22, 131-146.

Eberle-Sejari, R., *Nocon,* A. *& Rosner,* R. (2015). Zur Wirksamkeit von psychotherapeutischen Interventionen bei jungen Flüchtlingen und Binnenvertriebenen mit posttraumatischen Symptomen. Ein systematischer Review. *Kindheit und Entwicklung*, 24, 156-169.

Eckert, A. R. (2010). Mototherapie und Körperpsychotherapie – Annäherungen, Verbindungen, eigene und getrennte Wege. *Motorik,* 33, 65-70.

Emminghaus, H. (1887). *Psychische Störungen des Kindesalters.* Tübingen: Laupp.

Fegert, J.M., *Eggers,* C. *& Resch,* F. (Hrsg.) (2012). *Psychiatrie und Psychotherapie des Kindes- und Jugendalters. (2. Aufl.*). Heidelberg: Springer.

Fegert, J.M. *& Kölch,* M. (Hrsg.). (2012). *Klinikmanual Kinder- und Jugendpsychiatrie und -psychotherapie. (2. Aufl.*). Berlin: Springer.

Fischer, K. & *Behrens,* M. (2012). Motorik – formale Strukturen und inhaltliche Merkmale: Rückblick auf 35 Jahre Zeitschriftenentwicklung. *Motorik*, 35, 151-163.

Flosdorf, P. (1988). *Theorie und Praxis stationärer Erziehungshilfe*. Freiburg: Lambertus.

Gerber-von Müller, G., *Petermann,* U., *Petermann,* F., *Niederberger,* U. *Stephani,* U., *Siniatchkin,* M. & *Gerber,* W.-D. (2009). Das ADHS-Summercamp – Entwicklung und Evaluation eines multimodalen Programms. *Kindheit und Entwicklung,* 18, 162-172.

Gevensleben, H., *Moll,* G.H., *Rothenberger,* A. & *Heinrich,* H. (2011). Neurofeedback bei Kindern mit ADHS – methodische Grundlagen und wissenschaftliche Evaluation. *Praxis der Kinderpsychologie und Kinderpsychiatrie*, 60, 666-676.

Gevensleben, H., *Moll,* G.H. & *Heinrich,* H. (2010). Neurofeedback-Training bei Kindern mit Aufmerksamkeitsdefizit-/ Hyperaktivitätsstörung (ADHS). Effekte auf Verhaltens- und neurophysiologischer Ebene. *Zeitschrift für Kinder- und Jugendpsychiatrie und Psychotherapie,* 38, 409-420.

Grau, K., *Fegert,* J.M. & *Allroggen,* M. (2015). Körperdysmorphe Störung. *Zeitschrift für Kinder- und Jugendpsychiatrie und Psychotherapie*, 43, 29-37.

Grieser, J. (2010). Der Körper als Dritter – Psychosomatische Triangulierungsprozesse am Beispiel der Adoleszenz. *Praxis der Kinderpsychologie und Kinderpsychiatrie,* 59, 140-158.

Göllnitz, G. (1963). Über die Förderung hirngeschädigter Kinder durch eine gezielte rhythmisch-psychomotorische Gymnastik und Heilerziehung. *Zeitschrift für Heilpädagogik*, 14, 111-125.

Göllnitz, G. (1975). *Neuropsychiatrie des Kindes- und Jugendalters*. Stuttgart: Fischer.

Haffner, J., *Roos,* J., *Goldstein,* N., *Parzer,* P. & *Resch,* F. (2006). Zur Wirksamkeit körperorientierter Therapieverfahren bei der Behandlung hyperaktiver Störungen: Ergebnisse einer kontrollierten Pilotstudie. *Zeitschrift für Kinder- und Jugendpsychiatrie,* 34, 37-47.

Hamburger, F. (1939). *Die Neurosen des Kindesalters*. Stuttgart: Enke.

Hanselmann, H. (1958). *Einführung in die Heilpädagogik*. Zürich: Rotapfel.

Hebebrand, J., *Albayrak,* Ö., *Banaschewski,* T., *Dittmann,* R. & *Fegert,* J.M. (2009). Forschungsleistung der deutschen Kinder- und Jugendpsychiatrie, Psychosomatik und Psychotherapie 2003–2008. *Zeitschrift für Kinder- und Jugendpsychiatrie und Psychotherapie*, 37, 229-366.

Hecker, E., *Hünnekens,* H. & *Kiphard,* E.J. (1960). *Bewegung heilt. Psychomotorische Übungsbehandlung bei entwicklungsrückständigen Kindern.* Gütersloh: Flöttmann.

Heller, T. (1904). *Grundriss der Heilpädagogik*. Leipzig: Engelmann.

Herpertz-Dahlmann, B., *Resch,* F., *Schulte-Markwort,* M. & *Warnke,* A. (Hrsg.). *Entwicklungspsychiatrie. (2. Aufl.).* Stuttgart: Schattauer.

Hölter, G. (1984). „Balancieren ist nicht immer genug". Überlegungen zu einer erweiterten Sichtweise von Bewegungsstörungen in der Schule. *Motorik*, 7, 167-172.

Hölter, G. (1987). Als Pädagoge von Therapien lernen. *Sportpädagogik*, 11, 16-28.

Hölter, G. (1990). Psychomotorik aus psychotherapeutischer Sicht. In G. *Huber,* H. *Rieder* & G. *Neuhäuser* (Hrsg.). *Psychomotorik in Therapie und Pädagogik.* S. 93-120. Dortmund: Modernes Lernen.

Hölter, G. (1998). Entwicklungslinien der Psychomotorik im deutschsprachigen Raum. *Motorik,* 21, 43-49.

Hölter, G. (2005). Psychomotorik und Psychotherapie – Ähnlichkeiten und Unterschiede. *Motorik,* 28, 130-137.

Hölter, G. (2011). Bewegungstherapie bei Psychischen Erkrankungen. Köln: Dt. Ärzte-Verlag.

Hölter, G. (2013). Psychomotorik in Deutschland am Beginn des 21. Jahrhunderts. *Motorik,* 34, 9-17.

Hölter, G. & *Stobbe,* C. (2005). Zur Geschichte und Gegenwart der Bewegungstherapie in der Kinder- und Jugendpsychiatrie. *Bewegungstherapie und Gesundheitssport,* 21, 190-198.

Holtmann, M., *Stadler,* C., *Leins,* U., *Strehl,* U., *Birbaumer,* N. & *Poustka,* F. (2006). Neurofeedback in der Behandlung der Aufmerksamkeitsdefizit-Hyperaktivitätsstörung (ADHS) im Kindes- und Jugendalter. *Zeitschrift für Kinder- und Jugendpsychiatrie und Psychotherapie,* 32, 187-200.

Holtmann, M., *Grasmann,* D., *Cionek-Szpak,* E., *Hager,* V., *Panzner,* N., *Beyer,* A., *Poustka,* F. & *Stadler,* C. (2009). Spezifische Wirksamkeit von Neurofeedback auf die Impulsivität bei ADHS. *Kindheit und Entwicklung,* 18, 95-104.

Katterfeldt, R.-N. (2010). Zur Diskussion gestellt: Kritische Betrachtung der Verschreibung von Ergotherapie im Rahmen der Kinder- und Jugendpsychiatrie zur Versorgung von seelisch kranken Kindern. *Forum für Kinder- und Jugendpsychiatrie, Psychosomatik und Psychotherapie,* 20, 104-110.

Kiphard, E.J. (1980). *Leibesübung als Therapie. Bewegungspädagogische und heilpädagogische Grundlagen.* Gütersloh: Flöttmann.

Kiphard, E.J. (1982). *Wie weit ist ein Kind entwickelt? Eine Anleitung zur Überprüfung der Sinnes- und Bewegungsfunktionen.* Dortmund: Modernes Lernen.

Kiphard, E.J. (2001). Die Anfänge. In T. *Irmischer* & R. *Hammer* (Hrsg.). *Psychomotorik in Geschichten. Von Anfang an dabei. Zeitzeugen berichten über Ursprung und Entwicklung der Psychomotorik in Deutschland.* S. 9-12. Lemgo: Verlag Aktionskreis Literatur und Medien.

Knoll, M., *Scheid,* V. & *Wegner,* M. (2015). *Handbuch Behinderung und Sport.* Schorndorf: Hofmann.

Koch, J. (1997). Körper – Gewissheit – Gewalt. Zu Theorie- und Praxisfacetten einer gewaltpräventiven Bewegungsarbeit in Heimen und Psychiatrien. *Unsere Jugend,* 49, 238-249.

Kowerk, H. (2005). Zur Psychodynamik der sensomotorischen Behinderung am Beispiel des ADHS. *Forum der Kinder- und Jugendpsychiatrie und Psychotherapie,* 15, 82-94.

Lehmkuhl, G., *Poustka,* F., *Holtmann,* M. & *Steiner,* H. (Hrsg.) (2013). *Lehrbuch der Kinder- und Jugendpsychiatrie. Bd. 1 u. 2.* Göttingen: Hogrefe.

Lehmkuhl, G., *Poustka,* F., *Holtmann,* M. & *Steiner,* H. (Hrsg.) (2015). *Praxishandbuch Kinder- und Jugendpsychiatrie.* Göttingen: Hogrefe.

Lehnert, K. (2014). Der Einfluss von Sport auf kognitive Funktionen bei Kindern mit ADHS. *Zeitschrift für Sportpsychologie,* 21, 104-118.

Leithäuser, R. & *Beneke,* R. (2013). Sport bei ADHS – Plan für Desaster oder verschenkte Ressource? *Deutsche Zeitschrift für Sportmedizin,* 64, 287-292.

Lemanis, J. (2009). Pflegerische Gruppenaktivitäten zur Gesundheitsförderung in der Kinder- und Jugendpsychiatrie. *Psychiatrische Pflege heute,* 15, 123-130.

Lindermüller, A., *Pogarell,* O. & *Keeser,* D. (2014). Neurofeedback in der kinder- und jugendpsychiatrischen Behandlung. *Forum für Kinder- und Jugendpsychiatrie, Psychosomatik und Psychotherapie,* 24, 51-69.

Löwnau, H. (1957). Leibeserziehung unter heilpädagogischem Aspekt. *Zeitschrift für Heilpädagogik,* 8, 214-223.

Ludolph, A.G. (2015). Sport und Bewegung bei seelischen Erkrankungen im Kindes- und Jugendalter. In V.Z. *Markser* & K.-J. *Bär* (Hrsg.). *Sport- und Bewegungstherapie bei seelischen Erkrankungen. Forschungsstand und Praxisempfehlungen.* S. 188-210. Stuttgart: Schattauer.

Lutz, J. (1961). *Kinderpsychiatrie.* Zürich: Rotapfel.

Metzmacher, B. (1987). Integrative Bewegungstherapie mit Kindern. In H. *Petzold &* G. *Ramin* (Hrsg.). *Schulen der Kinderpsychotherapie.* S. 227-255. Paderborn: Junfermann.

Mühlen, H. *von der* (1976). *Krankengymnastik in Psychiatrie und psychosomatischer Medizin.* München: Pflaum.

Neuhaus, C. (2010). Stellenwert von Verhaltens-, Sport- und Ernährungstherapie bei ADHS. *Pädiatrie,* 16, 23-27.

Neuhäuser, G. (1990). Das Therapiekonzept der Psychomotorik aus medizinischer Sicht. In G. *Huber,* H. *Rieder &* G. *Neuhäuser* (Hrsg.). *Psychomotorik in Therapie und Pädagogik.* S. 121-135. Dortmund: Modernes Lernen.

Noeker, M. (2011). Konversionsstörungen: Störungsbild, Diagnostik, Psychoedukation und Intervention. *Kindheit und Entwicklung,* 20, 139-153.

Oelkers-Ax, R. *&. Resch,* F. (2006). Kopfschmerzen bei Kindern: Auch ein kinder- und jugendpsychiatrisches Problem? *Zeitschrift für Kinder- und Jugendpsychiatrie und Psychotherapie,* 30, 281-293.

Petermann, F. (Hrsg.) (2013). *Lehrbuch der klinischen Kinderpsychologie und-psychotherapie. (7. Aufl.)* Göttingen: Hogrefe.

Pfeffer, C. (1955). Psychomotorische Heilerziehung. *Acta Paedopsychiatrica,* 22, 132-143.

Probst, M. (1997). Body Experience in eating disorder patients. Kortenberg: University Center Sint Jozef.

Reinelt, T. (2004). Tiefenpsychologie und Psychomotorik. In H. *Köckenberger &* R. *Hammer* (Hrsg.). *Psychomotorik. Ansätze und Arbeitsfelder. Ein Lehrbuch.* S. 67-102. Dortmund: Modernes Lernen.

Remschmidt, H. (1979). *Kinder- und Jugendpsychiatrie.* Stuttgart: Thieme.

Remschmidt, H. *(Hrsg.) (2011). Kinder- und Jugendpsychiatrie – eine praktische Einführung. (6. Aufl.).* Stuttgart: Thieme.

Richter, J. *& Siegmund,* A. (2011). Systemisch-psychomotorische und gesprächsorientiert systemische Beratung bei Familien mit psychisch gestörten Kindern. *Praxis der Kinderpsychologie und Kinderpsychiatrie,* 60, 789-804.

Rieder, H. (1960). Sport als Therapeutikum bei neurotischen Kindern. *Praxis Psychotherapie,* 5, 176-187.

Röckerath, S. (2009). Mein Kind, ein Zappelphilipp? Kleiner Wegweiser über bewegungszentrierte Behandlungsmöglichkeiten bei ADHS. *PT – Zeitschrift für Physiotherapeuten,* 61, 967.

Rost, S., *Sarrar,* L., *Schneider,* N., *Klenk,* V., *Staab,* D., *Pfeiffer,* E., *Lehmkuhl,* U. *& Jaite,* C. (2015). Eine Pilotstudie zur Spezifität der Körperbildstörung für Anorexia nervosa. *Zeitschrift für Kinder- und Jugendpsychiatrie und Psychotherapie,* 43, 57-67.

Sant'Unione, A. M. *& Wildermuth,* M. (2007). Zur Therapie des Hyperkinetischen Syndroms inkl. seiner Unterformen (ADS, ADHS, hyperkinetische Störung des Sozialverhaltens) sowie der damit einhergehenden komorbiden Störungen in der sozialpsychiatrischen Praxis. Teil 2. *Forum der Kinder- und Jugendpsychiatrie und Psychotherapie,* 17, 32-104.

Schäfer, I. (1989a). Grundbausteine der Psychomotorischen Übungsbehandlung Entwicklungsabschnitt 1955 bis 1975. In T. *Irmischer &* K. *Fischer* (Hrsg.). *Psychomotorik in der Entwicklung.* S. 19—1. Schorndorf: Hofmann.

Schäfer, I. (1989b): Veröffentlichungen von E.J. Kiphard bis 1975. In T. *Irmischer &* K. *Fischer* (Hrsg.). *Psychomotorik in der Entwicklung.* S. 225-229. Schorndorf: Hofmann.

Scheiblauer, M. (1945). Die musikalisch-rhythmische Erziehung im Dienste der Heilpädagogik. In R. *Briner* (Hrsg.). *Festschrift zum 60. Geburtstag von Professor Dr. phil. Heinrich Hanselmann.* S. 94–103. Erlenbach-Zürich: Rotapfel.

Schmiedeler, S. (2015). Achtsamkeitsbasierte Therapieverfahren bei der Aufmerksamkeitsdefizit-/ Hyperaktivitätsstörung (ADHS). *Zeitschrift für Kinder- und Jugendpsychiatrie und Psychotherapie*, 43, 123–131.

Schmölzer, C. *& Sobek-Kölling, B.* (1998). Körpertherapeutische Ansätze in der Arbeit mit Kindern und Jugendlichen am Beispiel der konzentrativen Bewegungstherapie. *Forum der Kinder- und Jugendpsychiatrie und Psychotherapie*, 8, 70–74.

Schnurrnberger, M. (2011). „Konflikte Bewegen". Stockkampfkunst – neue Perspektive zum Umgang mit herausforderndem Verhalten. Praxis der Psychomotorik, 36, 134-139.

Schönfelder, T. (1988). Zugang zum psychotischen und prä-psychotischen Jugendlichen über körperzentrierte Psychotherapie. In G. *Klosinski* (Hrsg.). *Psychotherapeutische Zugänge zum Kind und zum Jugendlichen.* S. 61–68. Bern: Huber.

Schönfelder, T. (1989). ... am eigenen Leibe spüren – Körpertherapeutische Erfahrungen im Umgang mit psychotischen Persönlichkeitsanteilen. In W. *Rotthaus* (Hrsg.). *Psychotisches Verhalten Jugendlicher.* S. 130-142. Dortmund: Modernes Lernen.

Schulte-Körne, G. *& Krick,* K. (2014). Komplementäre Ansätze zur Behandlung von depressiven Störungen bei Kindern und Jugendlichen. *Praxis der Kinderpsychologie und Kinderpsychiatrie,* 63, 237-263.

Schüürmann, L. (2013). Aus dem Trauma bewegen. Psychomotorische Interventionsmöglichkeiten in der Arbeit mit traumatisierten Kindern. *Praxis der Psychomotorik, 38, 64-71.*

Seewald, J. (1992). *Leib und Symbol. Ein sinnverstehender Zugang zur kindlichen Entwicklung.* München: Fink.

Seewald, J. (2007). *Der verstehende Ansatz in Psychomotorik und Motologie.* München: Ernst Reinhardt.

Séguin, E. (1846/2011). *Moralische Behandlung, Hygiene und Erziehung der Idioten.* Marburg: Tectum.

Seyfert, V. (1976). Krankengymnastik in der Kinder- und Jugendpsychiatrie. *Krankengymnastik*, 28, 372–377.

Simons, J., *Vanderheyden,* V., *Nilius-Hoffmann,* E. *& Vandenbussche,* I (2011). Bewertung der allgemeinen Körperkoordination bei Patienten einer Kinder- und Jugendpsychiatrie anhand des Körperkoordinationstests für Kinder. *Ergotherapie – Zeitschrift für angewandte Wissenschaft,* 12, 28.

Steinhausen, H.-C. (1988). *Psychische Störungen bei Kindern und Jugendlichen. Lehrbuch der Kinder- und Jugendpsychiatrie.* München: Urban & Schwarzenberg.

Steinhausen, H.-C. (2010). *Psychische Störungen bei Kindern und Jugendlichen. (7. Aufl.).* München: Elsevier.

Streit, U., *Nantke,* S., *Jansen,* F., *Wolf,* K., *Gallasch,* M. *& Kohlmann,* T. (2014). Einfluss einer Verbesserung des Körperkontakts auf Regulationsstörungen im Säuglingsalter. *Zeitschrift für Kinder- und Jugendpsychiatrie und Psychotherapie*, 42, 301–313.

Trabi, T. *& Wiesenhofer,* E. (2010). Teamsport als diagnostisches Instrument in der Kinder- und Jugendpsychiatrie am Beispiel von "Extreme-Volleyball". *Pädiatrie & Pädologie*, 45, 34–37.

Timmer, A. *& Wortelkamp,* S. (2003). Kinder- und Jugendpsychiatrie. In B. *Kubny-Lüke* (Hrsg.). *Ergotherapie im Arbeitsfeld Psychiatrie.* S. 214–282. Stuttgart: Thieme.

Volkamer, M. (1972). Leibesübungen als psychotherapeutisches Mittel bei verhaltensgestörten Kindern. In D. *Eggert & E.J. Kiphard* (Hrsg.). *Die Bedeutung der Motorik für die Entwicklung normaler und behinderter Kinder.* S. 41–53. Schorndorf: Hofmann.

Voß, K. (2011). Psychomotorische Förderung in der (s)elektiven Mutismustherapie. *Praxis der Psychomotorik*, 36, 212–216.

Warnke, A. *& Lehmkuhl,* G. (Red.) (2011). *Kinder- und Jugendpsychiatrie und Psychotherapie in Deutschland. Die Versorgung von psychisch kranken Kindern, Jugendlichen und ihren Familien. (4. Aufl.)* .Stuttgart: Schattauer.

Weber-Steinbach, R. *& Tasche,* J. (2012). Verbales und nonverbales Arbeiten mit Affekten im psychotherapeutischen Prozess. *Praxis der Kinderpsychologie und Kinderpsychiatrie*, 61, 122–138.

Welsche, M. (2006). Sherborne's Beziehungsorientierte Bewegungspädagogik als Baustein der klinisch-bewegungstherapeutischen Arbeit mit Jugendlichen. *Praxis der Psychomotorik,* 31, 225–232.

Welsche, M. (2009). Psychomotorik und Bewegungstherapie in der Kinder- und Jugendpsychiatrie. Eine Studie zu Rahmenbedingungen und Akzeptanz. *Praxis der Psychomotorik,* 34, 172–177.

Welsche, M., *Rosenthal,* S. *& Romer,* G. (2005). Bewegungsdiagnostik und bewegungstherapeutische Professionalisierung in der klinischen Kinder- und Jugendpsychiatrie. *Bewegungstherapie und Gesundheitssport, 21, 199-205.*

Welsche, M. *& Romer,* G. (2005). Qualitative Bewegungsbeobachtung in der erlebnis- und bewegungspädagogischen Gruppenarbeit mit Jugendlichen im psychiatrischen Setting. *Bewegungstherapie und Gesundheitssport,* 21, 206-214.

Welsche, M., *Stobbe,* C., *Hölter,* G. *& Romer,* G. (2007). Bewegungsdiagnostik und Bewegungstherapie in der Kinder- und Jugendpsychiatrie. *Zeitschrift für Kinder- und Jugendpsychiatrie*, 6, 435–445.

Welsche, M. (2011). Psychische Erkrankungen im Kindes- und Jugendalter. In G. *Hölter* (Hrsg.). *Bewegungstherapie bei Psychischen Erkrankungen. Grundlagen und Anwendungen.* S. 448-525. Köln: Ärzte-Verlag.

Zimmer, R. (2004). Kindzentrierte psychomotorische Entwicklungsförderung. In H. *Köckenberger* & R. *Hammer* (Hrsg.). Psychomotorik. Ansätze und Arbeitsfelder. Ein Lehrbuch. S. 55–67. Dortmund.. Modernes Lernen.

Körperbild bei psychisch kranken Jugendlichen – eine explorative Vergleichsstudie

Till Thimme[1], Annette Degener[2]

[1] Abteilung für Kinder- und Jugendpsychiatrie, Psychosomatik und Psychotherapie, LVR-Klinik Bonn
[2] Institut für Bewegungstherapie und bewegungsorientierte Prävention und Rehabilitation, Deutsche Sporthochschule Köln

---

Zusammenfassung

Das Körperbild spielt in der Phase der Adoleszenz eine wichtige Rolle. Die pubertätsbedingten Veränderungen führen zu neuen körperbezogenen Wahrnehmungen und Empfindungen, Einstellungen und Bewertungen sowie zu neuen Umgangsformen mit dem eigenen Körper. Eine positive Beziehung zu diesem ist entscheidend für ein stabiles Selbstkonzept und trägt zu einer gesunden psychischen Entwicklung bei. Das Thema Körperbild ist Gegenstand zahlreicher Forschungsbemühungen unterschiedlicher Fachdisziplinen, wobei die Datenlage zum Körperbild Jugendlicher übersichtlich bleibt. Dies trifft insbesondere für psychisch kranke Jugendliche zu. Relevante Erkenntnisse und Befunde hierzu werden nach einer einleitenden definitorischen Skizzierung des Körperbildbegriffes vorgestellt. Des Weiteren werden die Ergebnisse einer klinischen Explorationsstudie präsentiert, die das Körperbild psychisch kranker Jugendlicher mit einer gesunden Kontrollstichprobe mittels Dresdener Körperbildfragebogen (DKB-35) vergleicht und den Einfluss sportlicher Aktivität auf das Körperbild untersucht. Die Ergebnisse zeigen signifikant niedrigere Werte für alle Dimensionen des eingesetzten Fragebogens bei der Patientengruppe. Sportliche Aktivität stellt sich als Einflussfaktor für Teildimensionen des Körperbildes heraus. Die Ergebnisse werden mit gängigen Theorien und Befunden in Verbindung gebracht; Empfehlungen für die Praxis und weitere Forschung werden abgeleitet. Die Eignung des eingesetzten Forschungsinstrumentes wird für den diagnostischen und therapeutischen Prozess im klinisch-psychiatrischen Kontext positiv bewertet.

Summary

Body image plays an important role during adolescence. The puberty-related changes lead to new perceptions and feelings, attitudes and evaluations in dealing with one's own body. A positive relationship with one's own body is crucial for a stable self-concept and contributes to a healthy mental development. Body image is the subject of numerous research efforts of various disciplines, while the available data on the body image of adolescents remains manageable. This is particularly true for mentally ill adolescents. Relevant insights and findings on this will be presented after an introductory outline defining the concept of body image. Furthermore, the results of a clinical exploratory study will be presented, which compares the body image of mentally ill adolescents with a healthy random control group by means of the Dresden body image questionnaire (DKB-35) and studies the influence of physical activity on body image. The results show significantly lower values in the patient group regarding all aspects in the questionnaire used. Physical activity turns out to be a determinant of partial aspects of body image. The results are looked at in connection with current theories and findings, and recommendations for clinical practice and further research are derived. The research instrument used is found to be suitable for the diagnostic and therapeutic process in a clinical psychiatric context.

Körperbild – Begrifflichkeit und Definition

Unter dem Begriff „Körperbild“ haben sich in den letzten Jahrzehnten wissenschaftliche Forschungen und Veröffentlichungen summiert. Da zu diesem Thema Autoren verschiedener Fachdisziplinen mit unterschiedlichen theoretischen Hintergründen in verschiedenen Sprachen veröffentlicht haben, wurde der Begriff „Körperbild“ z.T. uneinheitlich verstanden und genutzt. In dem terminologisch-phänomenologischen Diskurs hat sich im deutschsprachigen Raum zunächst eine Definition von *Bielefeld* (1991) verbreitet. Dieser grenzte in seinem Strukturmodell unter dem Oberbegriff der „Körpererfahrung“ das „Körperbild“ vom „Körperschema“ ab. Das Körperbild wurde als der psychologisch-phänomenologische Teilbereich der Körpererfahrungen definiert, der alle emotional-affektiven Leistungen umfasst. Das Körperschema als der neurophysiologische Teilbereich, der perzeptiv-kognitive Leistungen beinhaltet. Diese Zweiteilung ist inzwischen weiter differenziert worden, wird im wissenschaftlichen Kontext als Bezugsmodell jedoch noch regelmäßig herangezogen.

Weitere Bemühungen, die Terminologie zu vereinheitlichen und die definitorischen Abgrenzungen unterschiedlicher Teilaspekte des Körpererlebens systematisch zusammenzufassen, mündeten in einem Konsensuspapier der multidisziplinären Arbeitsgruppe „Körperbild/Körpererleben – Forschungsmethoden in Diagnostik und Therapie“ (*Röhricht* et al., 2005). Sie berücksichtigte dabei die phänomenologisch-anthropologischen, psychologischen und psychosomatischen Sichtweisen.

In einem anderen gängigen Verständnis wird der Begriff „Körperbild“ in enger Anlehnung an den englischen Begriff „Body Image“ nach *Cash* (2004) für ein mehrdimensionales Konstrukt gebraucht. *Cash* (2004) unterteilt das „Body Image“ in vier Unterpunkte:

- perzeptive Komponenten
- kognitive Komponenten
- affektive Komponenten
- behaviorale Komponenten

Schon diese kurze Skizzierung aktueller Begriffsverwendung veranschaulicht, dass trotz zahlreicher Versuche eine terminologische und definitorische Vereinheitlichung des Körperbildbegriffes nicht Einzug in Theorie und Praxis gefunden hat (ein ausführlicherer historischer Abriss zur Begriffsbildung findet sich bei *Röhricht,* 2006 und 2009). Übereinstimmend kann jedoch festgehalten werden, dass das „Körperbild" ein Phänomen umfasst, das in verschiedene Anteile ausdifferenziert werden kann. Die Differenzierungen beziehen sich zumeist auf perzeptive, kognitive, affektiv-emotionale, verhaltens- und wahrnehmungsbezogenene Aspekte. Das Körperbild schließt zudem implizite und explizite, sprachliche und nichtsprachliche, bewusste wie auch unbewusste Anteile ein. Des Weiteren kann davon ausgegangen werden, dass das individuelle Körperbild veränderbar ist und zahlreichen Einflüssen unterliegt wie z.B. Lebensalter, Geschlecht, sportliche Aktivität, Körpergewicht oder kulturelle Ideale (vgl. *Cash,* 2004; *Pöhlmann* et al., 2008; *Thiel,* 2007; *Roth,* 1998a).

Körperbild bei Jugendlichen

Für Jugendliche ist die Bildung der eigenen Identität ein zentrales Thema. Die Adoleszenz zeichnet sich üblicherweise durch intensive Auseinandersetzungen mit sich und der Umwelt, durch die Suche nach eigenen Werten und Idealen und nicht selten durch Verunsicherungen und Krisen aus. *Remschmidt* (1992) teilt die Entwicklungsaufgaben, mit denen sich Jugendliche konfrontiert sehen, in drei große Bereiche auf:

- Psychosoziale Entwicklungsaufgaben zeigen sich u.a. in der Auseinandersetzung mit der gesellschaftlichen Stellung, in der Rollenfindung- und Übernahme innerhalb verschiedener Bezugsgruppen (Peers) oder in schulischen bzw. ausbildungs- und berufsbezogenen Fragen.
- Psychologische Aspekte zeigen sich z.B in der kognitiven und emotionalen Persönlichkeitsentwicklung, in sexualitäts- und partnerschaftsbezogenen Themen, in der Akzeptanz der Veränderungen des eigenen Körpers oder in Ablösungstendenzen aus der Familie.
- Darüber hinaus erleben Jugendlichen eine Reihe an biologischen Reifungsschritten und Veränderungen in dieser Phase: schnelles Wachstum, veränderte Körperproportionen und Gewichtszunahme, hormonelle Regulation und Geschlechtsreife, Entwicklung der sekundären Geschlechtsmerkmale.

Insbesondere die pubertätsbedingten körperbezogenen Veränderungen spielen für die Jugendlichen oft eine wichtige Rolle. Der sich wandelnde Körper und die damit verbundenen neuen Körpererfahrungen sowie die Reaktionen Anderer auf diesen müssen in das oftmals fragile Selbstkonzept integriert werden (vgl. *Welsche*, 2011). Die Auseinandersetzung mit dem eigenen Körper kann im Rahmen der Identitätsbildung als eine der wichtigsten Herausforderungen im Übergang von der Kindheit in die Adoleszenz betrachtet werden (vgl. *Fend,* 1994; *Bauer & Miethling*, 1991; *Bariaud* et al., 1999).

Neben der individuellen, pubertätsbedingen Bedeutungszuschreibung, die der eigene Körper erfährt, können sich auch gesellschaftliche und soziokultureller Aspekte auf das Körperbild auswirken. *Pöhlmann & Joraschky*

(2006) weisen auf zwei Tendenzen hin: Zum einen existieren konkrete und unrealistische Schönheits- und Körperideale in Form von Schlankheit, Fitness und Attraktivität, welche durch die Medien propagiert werden. In Anlehnung an den Begriff „Bodyismus" (nach *Broek,* 1988) beschreiben die Autoren, dass der Körper zur „generellen Bewertungsunterlage wird, an der der Wert der Person gemessen wird. (...) Die körperliche Erscheinung wird als Ausdruck der inneren Qualitäten eines Menschen interpretiert. Das Körperideal wird damit zum moralischen Ideal." (*Pöhlmann & Joraschky*, 2006, S.1). Zum anderen wird der Körper zunehmend als „gestaltbare Identitätskomponente" begriffen (S.2). Es bestehe eine wachsende Bereitschaft, den Körper durch eigenes Verhalten oder Interventionen zu verändern. Die deutliche Zunahme von körperbildenden und körpergestaltenden Maßnahmen wie Bodyshaping, Diäten, Schönheitsoperationen oder Körpermodifikationen in Form von Tätowierungen, Piercings oder Brandings zeige, dass „der Körper als individuelles Gestaltungsobjekt gesehen wird, das ein wesentlicher Bedeutungsträger für die Persönlichkeit des Einzelnen ist" (S. 2). In Anbetracht der beschriebenen Trends ist davon auszugehen, dass auch insbesondere für die Jugendlichen die Bedeutung des eigenen Körpers im Spannungsfeld von idealorientiertem Bewertungsdruck und individueller Selbstinszenierungsmöglichkeit zunimmt.

Umso mehr erstaunt es, dass dem Körperbild in der Entwicklungspsychologie verhältnismäßig wenig Aufmerksamkeit gewidmet wird, wie *Roth* anmerkt (2014). Es fehle „ein umfassendes Modell des adoleszenten Körperbildes, das sowohl die Multidimensionalität als auch die Ganzheitlichkeit des Phänomens berücksichtigt und somit einerseits zur Integration der bisherigen Befunde dienen kann und andererseits eine gerichtete Hypothesenprüfung in diesem Forschungsbereich ermöglicht" (S. 5).

Bisherige Untersuchungen weisen vor allem darauf hin, dass geschlechtsspezifische Unterschiede im Körperbild Jugendlicher bestehen. Im Fokus vieler Studien stehen Fragestellungen zur Körperzufriedenheit (als Teilaspekt des Körperbildes) und zum Zusammenhang von Körperbild und Selbstwertgefühl. In den Beiträgen von *Roth* (2002), *Buddeberg-Fischer & Klaghofer* (2002) sowie *Mohnke & Warschburger* (2011) werden eigene Studienergebnisse in den Kontext bisheriger Forschungsarbeiten zu diesem Thema gesetzt. Einige relevante Erkenntnisse aus diesen Arbeiten werden im Folgenden zusammenfassend dargestellt:

- Das Körpererleben korreliert hoch mit der physischen und psychischen Befindlichkeit der Adoleszenten.
- Weibliche Jugendliche weisen eine geringere Körperzufriedenheit als ihre männlichen Altersgenossen auf, wobei diese Differenz für verschiedene Altersstufen der Kindheit und Adoleszenz beschrieben wird.
- Qualitative geschlechtsbezogene Unterschiede in der Unzufriedenheit mit dem eigenen Körper scheinen darin zu bestehen, dass sich Mädchen um zu hohes Gewicht sorgen, während Jungen sich um zu geringe Muskelmasse sorgen. Für Mädchen scheinen Unzufriedenheit mit

der Figur und externale körperbezogene Kontrollüberzeugungen eine wichtige Rolle zu spielen – für Jungen Unzufriedenheit mit der Figur, wahrgenommene sportliche Kompetenz und private Körperaufmerksamkeit.

- Die Zufriedenheit mit dem äußeren Erscheinungsbild korreliert hoch mit dem Selbstwertgefühl. Dieser Zusammenhang scheint in stärkerem Maße für Mädchen zuzutreffen und früher zu beginnen.
- Weibliche Jugendliche unterscheiden sich von männlichen Jugendlichen durch ihre höhere auf den eigenen Körper gerichtete Aufmerksamkeit, durch ein geringeres Erleben der Kontrollierbarkeit des eigenen Körpers, durch ihre niedrigere wahrgenommene sportliche Kompetenz und körperliche Effektivität sowie durch ihr stärkeres Gefühl der Körperentfremdung.

Körperbild bei psychisch kranken Jugendlichen

Ein Blick auf verschiedene psychische Störungen verdeutlicht, wie stark sich Symptomkomplexe über den Körper ausdrücken: selbstverletzendes Verhalten bei Borderline-Persönlichkeitsstörungen, restriktives Essverhalten bei Essstörungen oder psychosomatische Beschwerden bei Depressionen sind nur einige Beispiele. *Resch* (2002) spricht in diesem Zusammenhang vom Körper als „Instrument zur Bewältigung psychischer Krisen“ (S. 2266).

Es erstaunt umso mehr, dass auch in der klinisch-psychiatrischen Forschung und Praxis dem Körperbild insgesamt eine eher randständige Aufmerksamkeit zuteil wird. Ausnahme bilden Essstörungen, insbesondere die Anorexia nervosa. Dies ist insofern nicht verwunderlich, da die Körperbildstörung ein wesentliches Symptom der Anorexia nervosa und ein zentrales diagnostisches Kriterium sowohl im ICD-10 als auch im DSM IV darstellt (*Schwiertz*, 2011). Eine aktuelle Zusammenfassung der Befundlage zu Körperbildstörungen bei Kindern und Jugendlichen mit Essstörungen findet sich bei *Legenbauer* et al. (2014). In der Analyse der Studienlage zu den verschiedene Teilaspekten des Körperbildes (perzeptiv, kognitiv, affektiv und behavioral) und dem Vergleich mit Ergebnissen zu erwachsenen Populationen kommen die Autoren zu dem Schluss, „dass ältere adoleszente Patientinnen vergleichbare Auffälligkeiten wie erwachsene Patientinnen mit Essstörungen zeigen, insbesondere hinsichtlich der affektiv-kognitiven Körperbildkomponente. Hinweise auf eine perzeptive Körperbildstörung bei jugendlichen Patientinnen, vor allem mit einer Anorexia nervosa, sind allerdings nicht einheitlich“ (S. 51). Eine entsprechende Übersichtsarbeit zu Körperbildstörungen bei essgestörten Erwachsenen liegt von *Cash & Deagle* (1997) vor.

Neben den Essstörungen liegen für das Krankheitsbild der Depression die meisten weiteren Arbeiten zum Zusammenhang von Körperbild und depressiver Symptomatik bei Jugendlichen vor (z.B. *Waghachavare* et al., 2014; *Eidsdottir* et al., 2014; *Xie* et al., 2010; *Almeida* et al., 2012; *Brausch & Gutierrez*,

2012; *Chaiton* et al., 2009; *Rierdan* et al., 1988). Diese sind in ihren Fragestellungen jedoch höchst unterschiedlich, methodisch heterogen und beziehen sich auf nicht-klinische Stichproben.

Welsche (2009) fand in einer Studie zum Bewegungsverhalten depressiver jugendlicher Mädchen heraus, dass diese Patientengruppe eine deutlich schlechtere Einschätzung des eigenen Körpers zeigte als die nicht auffällige Vergleichsgruppe.

Degener & Deimel (2005) fanden in einer nicht-klinischen Studie mit 138 Jugendlichen mit selbstverletzendem Verhalten verminderte Werte in folgenden Frankfurter Körperkonzeptskalen: *Gesundheit/körperliches Wohlbefinden, Sexualität*, *Selbstakzeptanz des Körpers* und *Akzeptanz des Körpers durch Andere*.

Roth (1999a) untersuchte Körperbild-Typen und psychische Symptombelastung. Er konnte Jugendliche nach ihrem Körperbild in drei homogene Subgruppen einteilen: Körper-uninteressierte, Körper-unintegrierte und Körper-aktive selbstbewusste Jugendliche. Die Gruppe der Körper-unintegrierten (hohe Körperunzufriedenheit, starke Körperentfremdung, eher externale Ursachenzuschreibung körperbezogener Zustände und Kompetenzen) war am deutlichsten mit psychischen Symptomen belastet. Dies konnte global für die allgemeine psychische Symptombelastung und für einzelne Symptome (Depressivität, Angst, Aufmerksamkeitsstörungen) belegt werden. Diese Beobachtungen konnten mit den Daten chronisch kranker Jugendlicher (*Roth* 2000) bestätigt werden (*Roth*, 2014).

Insgesamt bleibt festzuhalten, dass bislang aufgrund der geringen Anzahl klinischer Studien und der erheblichen Heterogenität und Qualität der Studiendesigns keine aussagekräftigen Ergebnisse zu störungs- und diagnosespezifischen Unterschieden im Körperbild psychisch kranker Jugendlicher vorliegen.

Therapeutische Ansätze im kinder- und jugendpsychiatrischen Kontext zeichnen sich in der Regel durch ihr Anliegen aus, dem Patienten ganzheitlich zu begegnen und bio-psycho-soziale Aspekte gleichermaßen in die Behandlung mit einzubeziehen. Wird das Körperbild der Jugendlichen in der Diagnostik nicht ausreichend beachtet, entgehen dem Therapeuten möglicherweise entscheidende Aspekte des Erlebens und der Identitätsentwicklung des Jugendlichen. Hinzu kommt, dass nicht alle Patienten gut über verbal-kognitive Methoden zu erreichen sind. Bewegungs-, sport- und körperorientierte Ansätze stellen einen wichtigen Baustein im interdisziplinären Setting dar. Eine solide Diagnostik und die Möglichkeit einer Evaluation sind dabei ein wichtiger Bestandteil dieser Fachdisziplin (*Hölter*, 2011; *Welsche*, 2007).

Diagnostik des Körperbildes

Die begriffliche Vielfalt des Körperbild-Phänomens spiegelt sich parallel in einer hohen Anzahl diagnostischer Verfahren zum Körperbild wider. Eine entsprechende Übersicht der klinischen Diagnostik des Körpererlebens findet sich bei *Röhricht* (2009a). *Roth* (2014) bemängelt, dass bislang jedoch geeignete Messinstrumente fehlen, die eine spezifische *mehrdimensionale* Erfassung der *adoleszenten* Körpererfahrung ermöglichen. Er entwickelte zu diesem Zweck den Fragebogen zur Körpererfahrung Jugendlicher (FKEJ), der bereits in verschiedenen Untersuchungen zur Beurteilung der Validität eingesetzt wurde (*Roth*, 1998b; 1999a; 2002). Dieser erweist sich als gut geeignet, aufgrund seiner Ausführlichkeit allerdings auch sehr lang, weshalb er möglicherweise in der bisherigen Forschungspraxis wenig Berücksichtigung gefunden hat.

Der Dresdner-Körperbild-Fragebogen-35 (DKB-35) wurde von *Pöhlmann* et al. 2008 mit dem Ziel entwickelt, möglichst viele Dimensionen des Körperbildes ökonomisch, reliabel und valide zu erfassen. Er entstand aus den drei bisher in Deutschland gebräuchlichen Fragebögen: den Frankfurter Körperkonzeptskalen (FKKS), den Fragebogen zu Beurteilung des eigenen Körpers (FBeK) und dem Körperbildfragebogen 20 (FBK-20). Die Mehrdimensionalität des Körperbildes versucht der DKB-35 durch folgende fünf Skalen zu berücksichtigen:

- Vitalität („Ich bin körperlich fit"),
- Selbstakzeptanz („Wenn ich etwas an meinem Körper ändern könnte, würde ich es tun"),
- Körperkontakt („Ich vermeide es bewusst, andere Menschen zu berühren"),
- Sexualität („Ich bin mit meinem sexuellen Erleben völlig zufrieden") und
- Selbstaufwertung/Körpernarzissmus („Ich setze meinen Körper ein, um Aufmerksamkeit zu erhalten") (*Pöhlmann* et al., 2008).

Zusätzlich zu den vorliegenden Befunden an gesunden Stichproben (*Thiel*, 2007; *Matthes* et al., 2012) konnte die faktorielle Struktur in einer klinischen Stichprobe von 560 psychosomatischen Patienten bestätigt werden (*Pöhlmann* et al., 2014). Der DKB-35 stellt somit ein solides und effektives Instrument dar. Gleichzeitig ist er im klinischen Alltag anwendbar und erscheint somit für die Erforschung des Körperbildes psychisch kranker Jugendlicher vielversprechend.

Methodik

Das übergeordnete Ziel der vorliegenden Studie ist die Erfassung des Körpererlebens bei Jugendlichen mit klinisch psychiatrischen Erkrankungen zur Weiterentwicklung bewegungstherapeutischer Interventionen. Im Sinne eines explorativen Vorhabens soll geprüft werden, wie gut sich der DKB-35 als diagnostisches Instrument im klinischen Setting der Kinder- und Jugendpsychiatrie eignet und hinsichtlich seiner Durchführbarkeit und Praktikabilität bewährt.

Des Weiteren sollen folgende Hypothesen überprüft werden:

- Jugendliche mit psychiatrischen Erkrankungen unterscheiden sich hinsichtlich ihres Körperbildes im Vergleich zu einer gesunden Kontrollstichprobe. Die jugendlichen Patienten und Patientinnen weisen ein negativeres Körperbild in Bezug auf Vitalität, Selbstakzeptanz, Körperkontakt, Sexualität und Selbstaufwertung auf.
- Sportliche Aktivität wirkt sich positiv auf das Körperbild der Jugendlichen aus.

Bei der klinischen Stichprobe handelt es sich um 96 männliche und weibliche Jugendliche im Alter von 14-18 Jahren, die zwischen Februar 2012 und Juni 2014 zur stationären Behandlung in der Abteilung für Kinder- und Jugendpsychiatrie, Psychosomatik und Psychotherapie der LVR-Klinik Bonn aufgenommen und mit einer klinischen Diagnose nach ICD-10 entlassen wurden. Ausschlusskriterien für die Teilnahme an der Studie waren ein Intelligenz-Quotient unter 85 und das Auftreten akuter psychotischer Symptomatik. Im Rahmen der klinischen Eingangsdiagnostik füllten die Patienten im Laufe der ersten Behandlungswoche in Anwesenheit des Bewegungstherapeuten den DKB-35 aus, nachdem sie über die thematischen Hintergründe und Teilnahmebedingungen (Anonymität und Freiwilligkeit) aufgeklärt wurden. Als Kontrolldatensatz diente eine Stichprobe von 130 Jugendlichen, die von *Langer* (2008) erhoben wurde.

Der DKB-35 (*Pöhlmann* et al., 2008) wurde im Original verwendet; die Anrede im Einführungstext wurde an die Jugendlichen angepasst. Neben den demographischen Daten wurden Art und Umfang von sportlicher Aktivität erfasst, da diese einen Einfluss auf das Körperbild haben können. Der Fragebogen wurde durch einen halboffenen Frage-Teil ergänzt, indem die Jugendlichen mögliche Verständnis- oder Akzeptanzprobleme mit dem Fragebogen rückmelden konnten.

Ergebnisse

Die statistische Auswertung erfolgte über SPSS 22, vor den angewandten Testverfahren wurden die Daten auf Normalverteilung geprüft.

Die Patientengruppe weist eine Verteilung von 37,5 % männlich (n=36) und 62.5% weiblich (n=60) auf, die Kontrollgruppe ist zu 40% männlich (n=52) und zu 60% weiblich (n=78). In den beiden Stichproben liegt also fast die selbe Geschlechterverteilung vor; auch die Überprüfung mittels Chi-Quadrat-Test zeigt, dass sich die Gruppen im Geschlecht nicht signifikant (p=,703) voneinander unterscheiden.

Signifikante Unterschiede finden sich sowohl im *Alter* als auch im *BMI* der Probanden (siehe Tabelle 1). Die Kontrollgruppe weist mit durchschnittlich 16,7 Jahren ein höheres Alter auf als die Patientengruppe mit 15,6 Jahren. Der BMI der Patientengruppe ist einem Mittelwert von 22,5 höher als der Mittelwert der Kontrollgruppe mit 21,5.

		n	M	SD	p-Wert des T-Test*
Alter	Patientengruppe	96	15,6	1,1	<0,001
	Kontrollgruppe	130	16,7	,63	
BMI	Patientengruppe	92	22,5	4,8	,010
	Kontrollgruppe	120	21,1	2,3	

Tab. 1: Alter und BMI der Probanden (*Varianzgleichheit ist nicht angenommen)

In Tabelle 2 ist die sportliche Betätigung der Probanden dargestellt. 57,9% der Patientengruppe und 75,3% der Kontrollgruppe treiben regelmäßig Sport. Damit ist ein signifikanter Unterschied zwischen den beiden Gruppe vorhanden.

		Sporttreiben	
		ja	nein
Patientengruppe	Anzahl	55	40
	%	57,9%	42,1%
Kontrollgruppe	Anzahl	98	32
	%	75,4%	24,6%
p-Wert des Chi-Quadrat-Tests		,005	

Tab. 2: Regelmäßige sportliche Betätigung der Probanden

Bei denjenigen Probanden, die Sport treiben, gibt es jedoch keinen signifikanten Unterschied in der Dauer der sportlichen Betätigung. 45 Probanden der Patientengruppe gaben die Dauer ihrer sportlichen Betätigung pro Woche an, bei 10 Probanden fehlen die Angaben. Die Patienten treiben durchschnittlich 7,4 Stunden pro Woche Sport (SD=8,4), die Kontrollgruppe (n=98) treibt durchschnittlich 6,8 Stunden pro Woche Sport (SD=4,4).

Im Folgenden werden die Ergebnisse des DKBs dargestellt. In der Skala *Sexualität* konnten rund 80% der Fragebögen ausgewertet werden. 20 Patienten (20,8%) und 25 Jugendliche der Kontrollgruppe (19,2%) beantworteten die Fragen nicht oder unvollständig.

In den Stichproben liegt ein unterschiedliches Bildungsniveau vor: Die Kontrollgruppe wurde in Gymnasien erhoben während die Patienten unterschiedliche Schulformen besuchten. Daher wurde innerhalb der Patientengruppe der Einfluss der Schulform auf die DKB-Werte untersucht. Eine einfaktorielle ANOVA ergab keine signifikanten Unterschiede. Daher wurde in den weiteren Berechnungen das Bildungsniveau nicht berücksichtigt.

Die Ergebnisse des DKBs von Patienten- und Kontrollgruppe sind in Tabelle 3 und Abbildung 1 grafisch dargestellt.

DKB-Skala		n	M	SD	p-Wert des T-Tests
Vitalität	Patientengruppe	96	3,3	,86	<0,001
	Kontrollgruppe	130	3,8	,66	
Selbstakzeptanz	Patientengruppe	96	2,9	1,02	<0,001
	Kontrollgruppe	130	3,6	,81	
Körperkontakt	Patientengruppe	96	3,4	,74	<0,001
	Kontrollgruppe	130	3,9	,59	
Sexualität	Patientengruppe	76	3,1	1,07	<0,001
	Kontrollgruppe	105	3,9	,83	
Selbstaufwertung	Patientengruppe	89	2,5	,65	<0,001
	Kontrollgruppe	130	3,1	,61	

Tab. 3: T-Test der DKB-Ergebnisse

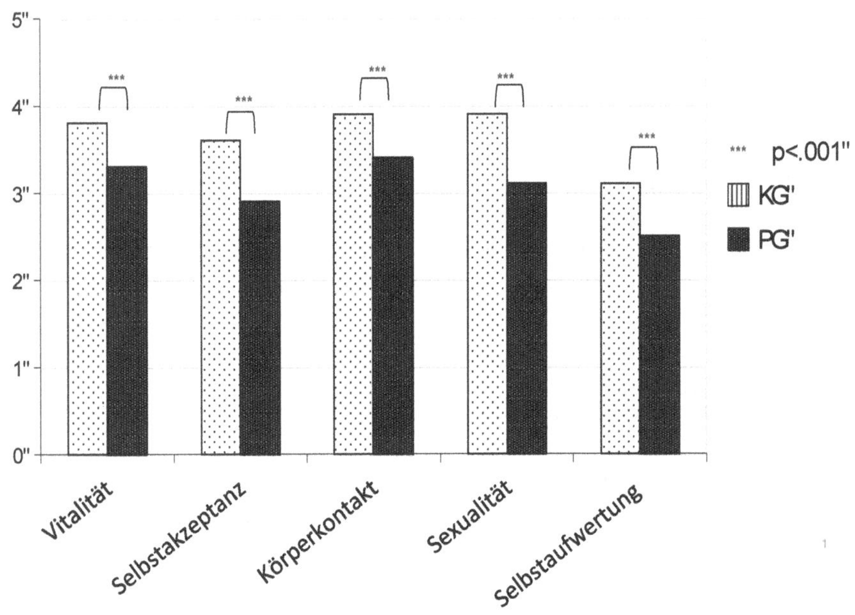

Abb. 1: Mittelwerte des DKBs (PG=Patientengruppe, KG=Kontrollgrupe)

Die Ergebnisse verdeutlichen, dass die Patientengruppe in allen 5 Skalen des DKBs niedrigere Werte aufweist als die Kontrollgruppe. Die statistische Überprüfung der Daten mit dem T-Test zeigt, dass diese Unterschiede in allen Skalen signifikant sind (p<,001).

Es stellt sich jedoch die Frage, ob die signifikaten Ergebnisse nur aufgrund der Unterschiede der Stichproben in Bezug auf Alter, BMI und sportliche Betätigung zustande kommen. Zur statistischen Überprüfung dieser Möglichkeit wurde aufgrund einer bestehenden Varianzeninhomogenität ein verallgemeinertes lineares Modell mit Parameterschätzung durchgeführt. Innerhalb jeder Skala wurde einzeln berechnet, ob die Parameter *Gruppe*, *Alter*, *BMI* und *Sport* einen signifikanten Effekt auf die DKB-Werte haben. Die Gruppenzugehörigkeit zur Patienten- bzw. Kontrollgruppe wird in den folgenden Erläuterung als Parameter *Gruppe* aufgeführt.

In Tabelle 4 wird exemplarisch die statistische Parameterschätzung der Skala *Vitalität* mit Regressionskoeffizient (B-Werte), 95%-Konfidenzintervall und Signizikanzniveau (p-Wert) dargestellt. Für die Skala *Vitalität* finden sich signifikante Effekte, die auf die *Gruppenzugehörigkeit* (Patienten-/bzw. Kontrollgruppe) zurückzuführen sind: Parameter *Gruppe:* B=0,481 und p<0,001. Ebenso finden sich signifikante Effekte für den Parameter *Sport* (B=0,706; p<0,001), jedoch nicht für den *BMI* und das *Alter*.

		Konfidenzintervall		
Parameter	B	Unterer	Oberer	Sig.
Gruppe	-,481	-,703	-,258	<0,001
Sport	,706	,502	,911	<0,001
BMI	-,013	-,038	,013	,340
Alter	-,074	-,180	,033	,174

Tab. 4: Parameterschätzung der Vitalität-Skala

In der Skala *Selbstakzeptanz* konnte kein signifikanter Effekt der Parameter *Alter* (B=-0,004, p=0,948), *BMI* (B=-0,028, p=0,088) und *Sport* (B=0,204, p=0,121) nachgewiesen werden, während der Faktor *Gruppe* einen signifikanten Effekt hat (B=0,791, p<0,001).

In der Skala *Körperkontakt* konnte ebenfalls kein signifikanter Effekt der Parameter *Alter* (B=-0,078, p=0,129), *BMI* (B=-0,017, p=0,166) und *Sport* (B=0,159, p=0,106) nachgewiesen werden, auch hier ist der Faktor *Gruppe* signifikant (B=-0,589, p<0,001).

Die Werte der Skala *Sexualität* zeigen in *Alter* (B=0,27; p=0,730), *BMI* (B=0,025; p=0,182) und *Sport* (B=-0,086: p=0,576) ebenfalls keine Effekte, relevant ist die *Gruppenzugehörigkeit* (B=0,889; p<0,001).

In Bezug auf die Skala *Selbstaufwertung/Körpernarzissmus* findet sich das selbe Ergebnis in Bezug auf *Alter* (B=-0,038; p=0,434) und *BMI* (B=0,005; p=0,669). Signifikante Effekte zeigen sich in den Parametern *Gruppe* (B=-0,499; p<0,001) und *Sport* (B=0,333; p<0,001).

Um die gefundenen Effekte des Parameters *Sport* genauer beurteilen zu können, wurden die Werte der Sporttreibenden und Nicht-Sporttreibenden innerhalb der Patientengruppe und innerhalb der Kontrollgruppe mittels T-Test miteinander verglichen. Die Sporttreibenden weisen höhere Werte in den Skalen *Vitalität* (Patientengruppe: $p<0.001$, Kontrollgruppe $p<0.001$) und *Selbstaufwertung/Körpernarzissmus* (Patientengruppe: $p=0.002$, Kontrollgruppe $p=0.056$) auf.

Fazit: Die signifikanten Unterschiede der beiden Stichproben lassen sich für alle Skalen auf die *Gruppenzugehörigkeit* zurückführen. Der Parameter *Sport* hat für die Skalen *Vitalität* und *Selbstaufwertung/Körpernarzissmus* einen positiven Einfluss auf die Werte. *Alter* und *BMI* habe keinen signifikanten Effekte auf die Ergebnisse.

Diskussion

Da die Studie auch zur Überprüfung der Praktikabilität im Klinikalltag durchgeführt wurde, soll zunächst kurz auf die praktischen Erfahrungen im Einsatz mit dem Fragebogen eingegangen werden. Die Rücklaufquote betrug nahezu 100%, was für eine hohe Bereitschaft der Probandengruppe spricht, im Rahmen einer klinischen Behandlung Selbstaussagen über die Einstellungen zu ihrem Körper zu tätigen. Zudem weist dies auf die sehr gute Akzeptanz des eingesetzten Forschungsinstrumentes hin, wobei die Anonymisierung der Daten, die ausschließliche Nutzen für Studienzwecke und die Anwesenheit des Testleiters für die Compliance der Jugendlichen von Bedeutung schienen.

Die Auswertung des offenen Fragebogen-Teils ergab zusammenfassend, dass die häufigsten Irritationen *inhaltlicher Art* sich bei den Fragen zum Themenbereich *Sexualität* bestanden. Hier zeigten sich Unsicherheiten, inwieweit die Fragen sich ausschließlich auf partnerschaftliche sexuelle Kontakte oder auch auf selbstbezogene Sexualität beziehen. Die Anzahl der unbeantworteten Fragen in Bezug auf die Sexualität sprechen dafür, dass für einen Teil der Jugendlichen die Fragen entweder nicht relevant oder nicht beantwortbar waren. In der Erhebungssituation sollte sich der Testleiter dieser Problematik bewußt sein und auf einen sensiblen Umgang damit achten.

Verständnisfragen *sprachlicher Art* bezogen sich vor allem auf die Wörter „anmutig“ (Frage 1), „angeschlagen“ (Frage 2), „Spannkraft und Elan“ (Frage 3), „aufgewertet“ (Frage 20), „ausdrucksvoll“ (Frage 29). Hier wurden respektiv semantische Alternativen wie z.B. „elegant/ästhetisch“ (Frage 1) zur Verfügung gestellt. Insgesamt spricht der erfolgreiche Erhebungsverlauf für eine gute Anwendbarkeit und Praktikabilität des eingesetzten Forschungsinstrumentes im klinischen Setting der Kinder- und Jugendpsychiatrie.

(1) Körperbild und psychische Erkankungen. Die Ergebnisse bilden das Körperbild der untersuchten Stichprobe durch den DKB-35 gut ab und machen sichtbar, dass Jugendliche mit einer psychischen Erkrankung insgesamt ein deutlich negativeres Körperbild aufweisen als Jugendliche ohne psychische Erkankungen. In der Literatur werden für das Jugendalter zahlreiche Herausforderungen und Entwicklungsaufgaben beschrieben (z.B. *Hurrelmann*, 2010; *Remschmidt*, 2003). Die Studie von *Langer* (2008) zeigt, dass Jugendliche sehr ähnliche Werte im DKB aufweisen wie gesunde Erwachsene. Wenn davon ausgegangen wird, dass gesunde Erwachsene die körperbezogenen Entwicklungsaufgaben befriedigend gelöst haben, dann kann -nach *Langer* (2008)- auch den gesunden Jugendlichen die Erfüllung dieser Herausforderung zugesprochen werden. Die signifikanten niedrigen Werte bei den Patienten sprechen hingegen für ein Problem in der Bewältigung der Entwicklungsaufgabe.

Nach ätiologischen Modellen zur Pathogenese psychischer Störungen im Kindes- und Jugendalter (z.B. *Resch & Fegert*, 2004; *Herpertz-Dahlmann* et al., 2008) spielen die Konfrontation und die Bewältigungsschwierigkeiten von Entwicklungsaufgaben eine wichtige Rolle in der Entstehung psychischer Erkrankungen. Insofern kann angenommen werden, dass eine negative Beziehung zum sich verändernden Körper die Entstehung einer psychischen Erkrankung fördert und umgekehrt eine psychische Krise die Entwicklung eines gesunden Bezuges zum eigenen Körper erschwert.

Als Faktoren, die eine Bewältigung der körperbezogenen Entwicklungsaufgaben erschweren oder eine psychische Krise in der Konfrontation mit derselben hervorrufen, kommen zahlreiche individuelle und familiäre Hintergründe in Frage, wie z.B. sexuelle Missbrauch, Misshandlung oder Deprivation in der Kindheit (vgl. *Herman*, 1994; *Egle* et al., 2005).

Auch die eingangs beschriebenen soziokulturellen Entwicklungstrends von *Pöhlmann* et al. (2014) hinzugezogen werden. Der Körper wird zu einem zentralen Medium der Identitätsentwicklung. Es wird suggeriert, dass er grundsätzlich gestaltbar und veränderbar ist. Zudem verbreiten Medien in zahlreichen Formaten für Jugendliche die Botschaft, dass alles im Leben erreichbar ist. Da jedoch die Körpergestalt in hohem Maße auch von genetischen Faktoren (z.B. Größe, Proportionen, Gesichtszüge) abhängt, ist das Bemühen, dem Körperideal der Gesellschaft zu entsprechen, oft zum Scheitern verurteilt. Es ist zu vermuten, dass Jugendliche mit psychischen Erkrankungen sich weniger von diesem gesellschaftlichen Druck abgrenzen können als die Vergleichsgruppe. Die Befunde stehen somit in Einklang mit den gängigen Theorien und Konzepten der adoleszenten Entwicklung und Entwicklungspsychopathologie.

(2) Sportliche Aktivität und Körperbild. Die Ergebnisse zeigen weiter, dass das Ausüben sportlicher Aktivität einen Einfluss auf die Beziehung zum eigenen Körper hat. Auch diese Ergebnisse stehen in Einklang mit Befunden zum Zusammenhang von Körpererleben und sportlicher Aktivität, wie sie z.B. bei *Hölter* (2011) beschrieben werden. In Bezug auf die *Vitalität* ist davon auszugehen, dass eine bidirektionale Kausalitätsbeziehung zwischen der sportlichen Inaktivität und der psychischen Erkrankung vorliegen kann. So treibt z.B. ein depressiver Jugendlicher weniger Sport, weil sein herabgesetztes Aktivierungsniveau, seine niedrigere Vitalität und sein geringer Antrieb energetische Hürden darstellen, um sich für eine bewegungsbezogene Aktivität zu motivieren. Durch die ausbleibenden Aktivitäten profitiert er jedoch nicht von den vitalisierenden Effekten des Sporttreibens.

Sichtbar ist allerdings auch, dass Sport nicht per se alle Dimensionen des Körperbildes positiv beeinflusst: In der vorliegenden Studie geht das Sporttreiben nur mit erhöhten *Vitalität* und stärkerer *Selbstaufwertung/Körpernarzissmus* einher. Es zeigte sich jedoch kein signifikanter Zusammenhang zwischen der sportlichen Aktivität und der *Selbstakzeptanz* des Körpers. Dies könnte daran liegen, dass die Motivation und die Einstellung zum Sporttreiben sowie die Kontextbedingungen (Art, Umfang, Frequenz usw.) stark variieren und unspezifisch sind. Zwanghaftes und zur Gewichtsreduktion betriebener Sport kann, wie z.B. bei essgestörten Menschen, gleichzeitig mit einer niedrigen Selbstakzeptanz einhergehen. Die Skala *Selbstaufwertung/Körpernarzissmus* erfasst nach *Pöhlmann* et al. (2014) einen spezifischen Aspekt des subjektiven Körpererlebens, in dem der Körper instrumentalisiert wird, um soziale und interpersonelle Aufmerksamkeit auf sich zu ziehen. Bei vielen Jugendlichen der Studie, die Sport treiben, liegt eventuell eine funktionalisierte Sichtweise auf den Körper vor. Die sportliche Betätigung würde dann genutzt um narzisstische Anteile zu regulieren.

(3) Konsequenzen für die Therapie. Insgesamt zeigen die Werte der vorliegenden Studie eindeutig, dass die Beziehung zum eigenen Körper ein zentrales und klinisch relevantes Thema in der Kinder- und Jugendpsychiatrie darstellt.

Die Thematik des Körperbild sollte in der Diagnostik und Therapie daher eine entsprechende Beachtung erfahren. Im Rahmen der Eingangs- oder Verlaufsdiagnostik können wertvolle Ansatzpunkte für konkrete und individuelle Ziele herausgefunden werden. In Bezug auf die Therapie zeigen die Ergebnisse die Notwenigkeit des Einsatzes bewegungsorientierter Verfahren auf, da rein kognitiv-verbale Ansätze nicht genügen, um die körperbezogenen Themen in ihrer Komplexität aufzugreifen und zu bearbeiten. Gerade die perzeptiven, affektiven und behavioralen Komponenten des Körperbildes werden durch die Initiierung einer körperlichen Erfahrung deutlich und bewusst angesprochen. Aus Sicht der Verfasser müssen konkrete leibliche Erfahrungen im Rahmen der Bewegungs- und Sporttherapie in den Behandlungsprozess integriert werden.

Die Angebote der Bewegungs- und Sporttherapie müssen jedoch methodisch, zielgerichtet und fachkompetent angeleitet werden, um positive körperbildbezogene Veränderungen bei den jugendlichen Patienten zu bewirken. Ein Bewegungsangebot, das rein funktionell ausgerichtet ist oder nicht ausreichend therapeutisch begleitet wird, kann kontraproduktiv wirken und eine funktionalisierte Sichtweise auf den Körper unter Umständen verstärkten.

Sport- und bewegungstherapeutische Maßnahmen können sich an den inhaltlichen Dimensionen des Körperbildes orientieren und bieten für die klinische Behandlung gute Ansatzmöglichkeiten. Thematische Schwerpunktsetzungen sind durch eine entsprechende Auswahl an Übungen, Verfahren und Methoden möglich: Eine verbesserte Selbstakzeptanz kann beispielsweise durch die Einbeziehung von wahrnehmenden, achtsamen, nicht-wertenden und nicht-leistungsbezogenen Inhalte gezielt unterstützt werden. Die positive Wirkung gezielter bewegungs-/sporttherapeutischer Interventionen auf die Akzeptanz des Körpers konnte bereits in Studien insbesondere zu Essstörungen nachgewiesen werden (z.B. *Alexandridis* et al., 2007) Zu detaillierteren Konzepten sei auf die bereits bestehende Literatur (*Welsche*, 2011) und die weiteren Kapitel des vorliegenden Buches verwiesen.

Fazit und Ausblick

- Es zeigen sich signifikante Unterschiede im Körperbild bei psychisch kranken Jugendlichen und Jugendlichen der Normalbevölkerung.
- Sportliche Aktivität hat einen Einfluss auf Teildimensionen des Körperbildes.
- Bewegungs- und Sporttherapeutische Interventionen sollten fester Bestandteil des Behandlungsprozesses psychisch kranker Jugendlicher sein.
- Der DKB-35 eignet sich gut für die Erhebung des Körperbildes psychisch kranker Jugendlicher. Sein Einsatz kann für weitere Studien mit dieser Zielgruppe wie auch für die praktische Diagnostik im klinischen Setting empfohlen werden.
- Eine Klassifizierung nach Diagnosegruppen würde in Folgestudien mögliche Unterschiede im Körperbild bei verschiedenen psychischen Störungen aufzeigen.
- Wirksamkeitsstudien mit psychisch kranken Adoleszenten würden Aufschluss über die Effekte spezfischer Interventionen der Bewegungs- und Sporttherapie auf das Körperbild geben.
- Verlaufsstudien könnten die Rolle des Körperbildes als ein Faktor in der Ätiopathogenese von psychischen Störungen beleuchten.

Literaturverzeichnis

Alexandridis, K., *Schüle,* K., *Ehring,* C. & *Fichter,* M. *(2007). Bewegungstherapie bei Bulimia Nervosa. Bewegungstherapie und Gesundheitssport,* 23, 46-51.

Almeida, S., *Severo*, M., *Araújo*, J., *Lopes*, C. & *Ramos*, E. (2012). Body image and depressive symptoms in 13-year-old adolescents. *Journal of paediatrics and child health*, 48 (10), 165-171.

Bariaud, F., *Rodriguez-Tome,* H., *Cohen-Zardi,* M.F., *Delmas,* C. & *Jeanvoine,* B. (1999). Effects of puberty on the self-concepts of adolescents. *Archives de Pédiatrie,* 6 (9), 952-957.

Baur, J. & *Miethling,* W.D. (1991). Die Körperkarriere im Lebenslauf. Zur Entwicklung des Körperverhältnisses im Jugendalter. *Zeitschrift für Sozialisationsforschung und Erziehungssoziologie,* 11, 163-188.

Bielefeld, J. (1991). *Körpererfahrung. Grundlage menschlichen Bewegungsverhaltens.* Göttingen: Hogrefe.

Brausch, A.M. & *Gutierrez*, P.M. (2012). The role of body image and disordered eating as risk factors for depression and suicidal ideation in adolescents. *Suicide & life-threatening behavior*, 39 (1), 58-71.

Broek, L. van den (1998). *Am Ende der Weisheit – Vorurteile überwinden.* Berlin: Orlanda Frauen Verlag.

Buddeberg-Fischer, B. & *Klaghofer*, R. (2002). Entwicklung des Körpererlebens in der Adoleszenz. *Praxis der Kinderpsychologie und Kinderpsychiatrie*, 51 (9), 679-710.

Cash, F.T. (2004). Body image: Past, present, and future. *Body Image*, 1 (1), 1-5.

Cash, F.T. & *Deagle*, E.A. (1997). The nature and extent of body-image disturbances in anorexia nervosa and bulimia nervosa: a meta-analysis. *The International journal of eating disorders*, 22 (2) 107-125.

Chaiton, M., *Sabiston*, C., *O'Loughlin*, J., *McGrath*, J. J., *Maximova*, K. & *Lambert*, M. (2009). A structural equation model relating adiposity, psychosocial indicators of body image and depressive symptoms among adolescents. *International journal of obesity*, 33 (5), 588-596.

Degener, A. & *Deimel*, H. (2005). Selbstverletzendes Verhalten bei Jugendlichen und jungen Erwachsenen – Eine Erkundungsstudie zum Körperkonzept. *Bewegungstherapie und Gesundheitssport*, 21, 215-222.

Egle, U. T., *Hoffmann*, S. O. & *Joraschky*, P. *(2005). Sexueller Missbrauch, Misshandlung, Vernachlässigung 3. Aufl.*, Stuttgart: Schattauer.

Eidsdottir, S.T., *Kristjansson*, A.L., *Sigfusdottir*, I.D., *Garber*, C.E. & *Allegrante*, J.P. (2014). Association between higher BMI and depressive symptoms in Icelandic adolescents: the mediational function of body image. *European journal of public health*, 24 (6), 888-892.

Fend, H. (1994). *Entwicklungspsychologie der Adoleszenz in der Moderne. Band 3: Die Entdeckung des Selbst und die Verarbeitung in der Pubertät.* Bern: Verlag Hans Huber.

Herman, J. L. (1994). *Die Narben der Gewalt.* München: Kindler.

Herpertz-Dahlmann, B., *Resch*, F., *Schulte-Markwort*, M. & *Warnke*, A. (2008). Entwicklungspsychiatrie. In B. *Herpertz-Dahlmann*, F. *Resch*, M. *Schulte-Markwort* & A. *Warnke*, (Hrsg.). *Entwicklungspsychiatrie. Biopsychologische Grundlagen und die Entwicklung psychischer Störungen.* S. 303-351. Stuttgart: Schattauer.

Hölter, G. (2011). *Bewegungstherapie bei psychischen Erkrankungen.* Köln: Deutscher Ärzte-Verlag.

Langer, M. (2008). *Explorationsstudie zum Körperbild 16- bis 18-jähriger Jugendlicher.* Unveröffentlichte Bachelorarbeit. Technische Universität Dortmund.

Legenbauer, T., *Thiemann*, P. & *Vocks*, S. (2014). Body Image Disturbance in Children and Adolescents with Eating Disorders. Current Evidence and Future Directions. *Zeitschrift für Kinder- und Jugendpsychiatrie und Psychotherapie*, 42 (1), 51-59.

Matthes, J., *Franke*, G. H. & *Jäger*, S. (2012). Psychometrische Prüfung des Dresdner Körperbildfragebogens (DKB-35) in einer nicht-klinischen Stichprobe. *Zeitschrift für Medizinische Psychologie*, 21, 21-30.

Mohnke, S. & *Warschburger*, P. (2011). Körperzufriedenheit bei weiblichen und männlichen Jugendlichen: Eine geschlechtervergleichende Betrachtung von Verbreitung, Prädikatoren und Folgen. *Praxis der Kinderpsychologie und Kinderpsychiatrie*, 60 (4), 285-303.

Pöhlmann, K. & *Joraschky*, P. (2006). Körperbild und Körperbildstörungen: Der Körper als gestaltbare Identitätskomponente. *Psychotherapie im Dialog*, 7, 191-195.

Pöhlmann, K., *Thiel*, P. & *Joraschky*, P. (2008). Das Körperbild von Essgestörten – Selbstbeschreibungen auf der Basis des Dresdner Körperbildfragebogens. In P. *Jo-*

raschky, H. *Lausberg*, & K. *Pöhlmann* (Hrsg.). *Körperorientierte Diagnostik und Psychotherapie bei Essstörungen.* S. 57-72. Gießen: Psychosozial.
Pöhlmann, K., *Roth*, M., *Brähler*, E. & *Joraschky*, P. (2014). Der Dresdner Körperbildfragebogen (DKB-35): Validierung auf der Basis einer klinischen Stichprobe. *Psychotherapie, Psychosomatik, medizinische Psychologie*, 64 (3-4), 93-100.
Resch, F. (2002). Der Körper als Instrument zur Bewältigung psychischer Krisen: Selbstverletzendes Verhalten bei Jugendlichen. *Deutsches Ärzteblatt*, 36, 2226-2271.
Resch F. & *Fegert*, J.M. (2004). Ätiologische Modelle. In C. *Eggers*, J.M. *Fegert* & F. *Resch*, (Hrsg.). *Psychiatrie und Psychotherapie des Kindes- und Jugendalters*. S. 93-108. Berlin, Springer.
Rierdan, J., *Koff*, E. & *Stubbs*, M.L. (1988). Gender, depression, and body image in early adolescents. *Journal of early adolescence*, 8 (2), 109-117.
Roth, M. (1998a). *Das Körperbild im Jugendalter. Diagnostische, klinische und entwicklungspsychologische Perspektiven.* Aachen: Verlag Mainz.
Roth, M. (1998b). Prädiktoren gezügelten Essverhaltens im Jugendalter. *Zeitschrift für Medizinische Psychologie*, 7, 158-162.
Roth, M. (1999a). Die Beziehung zwischen Körperbild-Struktur und psychischen Störungen im Jugendalter. *Zeitschrift für Klinische Psychologie*, 28, 121-129.
Roth, M. (1999b). Körperbezogene Kontrollüberzeugungen bei gesunden und chronisch kranken Jugendlichen. *Praxis der Kinderpsychologie und Kinderpsychiatrie*, 48, 481-496.
Roth, M. (2000). Körperbild-Struktur bei chronisch kranken Jugendlichen. *Zeitschrift für Gesundheitspsychologie*, 8, 8-17.
Roth, M. (2002). Geschlechtsunterschiede im Körperbild Jugendlicher und deren Bedeutung für das Selbstwertgefühl. *Praxis der Kinderpsychologie und Kinderpsychiatrie*, 51, 150-164.
Roth, *M.* (2014). Fragebogen zur Körpererfahrung für Jugendliche. In D. *Danner* & A. *Glöckner-Rist* (Hrsg.). *Zusammenstellung sozialwissenschaftlicher Items und Skalen.* doi: 10.6102/zis145
Röhricht, F. (2006). Körperschema, Körperbild und Körpererleben – Begriffsbildung, Definitionen und klinische Relevanz. In H. *Becker*, G. *Marlock* (Hrsg.). *Handbuch der Körperpsychotherapie.* S. 256-263. Stuttgart: Schattauer.
Röhricht, F. (2009). Das Körperbild im Spannungsfeld von Sprache und Erleben – terminologische Überlegungen. In P. *Joraschky*, T. *Loew* & F. *Röhricht* (Hrsg.). *Körpererleben und Körperbild. Ein Handbuch zur Diagnostik.* S. 25-34. Stuttgart: Schattauer.
Röhricht, F., *Seidler*, K.-P., *Joraschky*, P., *Borkenhagen*, A., *Lausberg*, H., *Lemche*, E., *Loew*, T., *Porsch*, U., *Schreiber-Willnow*, K. & *Tritt*, K. (2005). Konsensuspapier zur terminologischen Abgrenzung von Teilaspekten des Körpererlebens in Forschung und Praxis. *Psychotherapie, Psychosomatik, medizinische Psychologie*, 55 (3/4), 183.
Remschmidt, H. (1992). *Psychiatrie der Adoleszenz.* Stuttgart: Thieme.
Schwiertz, H. (2011). Essstörungen. In G. *Hölter* (Hrsg.). *Bewegungstherapie bei psychischen Erkrankungen*. S. 329-376. Köln, Deutscher Ärzte-Verlag.
Thiel, P. P. (2007). *Der Dresdner Körperbildfragebogen: Entwicklung und Validierung eines mehrdimensionalen Fragebogens. Dresden.* Medizinische Fakultät der Technischen Universität Dresden: Dissertation.
Waghachavare, V.B., *Quraishi*, S.R., *Dhumale*, G.B. & *Gore*, A.D. (2014): A Cross-sectional Study of Correlation of Body Image Anxiety with Social Phobia and Their Association with Depression in the Adolescents from a Rural Area of Sangli District in India. *International journal of preventive medicine*, 5 (12), 1626-1629.

Welsche, M. (2009). *Die Analyse des Bewegungsverhaltens jugendlicher Mädchen mit depressiver Symptomatik: Eine explorative Bewegungsanalyse mit Vergleichsgruppe anhand der Laban Bewegungsanalyse.* Universität Hamburg: Dissertation.

Welsche, M. (2011). Psychische Erkrankungen im Kindes- und Jugendalter. In G. *Hölter* (Hrsg.). *Bewegungstherapie bei psychischen Erkrankungen.* S. 448-525. Köln: Deutscher Ärzte-Verlag.

Welsche, M., *Stobbe*, C., *Hölter*, G. & *Romer*, G. (2007). Bewegungsdiagnostik und Bewegungstherapie in der Kinder- und Jugendpsychiatrie. *Zeitschrift für Kinder- und Jugendpsychiatrie*, (6), 435-445.

Xie, B., *Unger*, J.B., *Gallaher*, P., *Johnson*, C.A., *Wu*, Q. & *Chou*, C.-P. (2010). Overweight, body image, and depression in Asian and Hispanic adolescents. *American journal of health behavior,* 34 (4), 476-488.

„Mood Vibes“ – Umsetzbarkeit eines intensiven Sportprogramms als adjuvante Therapie bei depressiven Jugendlichen*

Heidrun Lioba Wunram

Klinik und Poliklinik für Kinder- und Jugendpsychiatrie und –psychotherapie der Universitätsklinik Köln

* Realisiert mit der Unterstützung der Marga und Walter Boll Stiftung

---

Zusammenfassung

Sport als Therapieform für depressive Kinder und Jugendliche ist angesichts der Nebenwirkungen der Pharmakotherapie, der geringen Verfügbarkeit therapeutischer Behandlungsplätze und der einfachen Integration in den Alltag eine wünschenswerte Alternative. Ganz abgesehen von den positiven somatischen Auswirkungen. Im Erwachsenenbereich gibt es zunehmend Studien, die sowohl die klinischen Auswirkungen als auch die biologischen Wirkmechanismen von Sport in der Therapie Depressiver untersuchen. Da sich die kindliche und jugendliche Form der Depression jedoch anders darstellen, bleibt die Frage der Übertragbarkeit dieser Ergebnisse auf Kinder und Jugendliche. Das Studienprogramm „Mood Vibes“ an der Kinder- und Jugendpsychiatrie der Uniklinik Köln, versucht, diesen Fragestellungen nachzugehen. Neben der Akzeptanz und Machbarkeit eines solchen Programmes in der stationären Behandlung, bis hin zu den klinischen Auswirkungen und den biologischen Wirkmechanismen (u.a. hippocampale Neurogenese), wurden umfassende Daten gewonnen. Erste Erfahrungen zur Praktikabilität und Vorab-Ergebnisse sollen nach einer theoretischen Einführung zum Stand der Forschung in diesem Beitrag dargestellt werden.

Summary

Physical activity as therapeutic option in the treatment of adolescent and childhood depression would be a desirable alternative. One should especially think about the prevention of pharmacological adverse effects, the scarceness of therapy places and the easy integration of sports in youth daily routine. Not to mention the general positive impact of exercise per se. In adults there is growing evidence of the psychological effects and biological mechanisms of physical activity. Considering the clinical differences of depression in children and adolescents remains the question of the transferability of those findings. The clinical trial “Mood Vibes” at the department of Children and Adolescent Psychiatry of the University of Cologne, tries to address those issues. From the acceptance and feasibility of an intensive sports program in the daily routine of inpatient treatment, across the clinical impacts to the underlying biological mechanisms (e.g. hippocampal neurogenesis) extensive data have been collected. First experiences and provisional results will be presented here after a theoretical introduction to the current state of research.

Einleitung

In seinem Vorwort zu diesem Band schreibt Professor Lehmkuhl als Fazit zu der Frage, „Hilft Bewegungstherapie bei psychischen Erkrankungen im Kindes- und Jugendalter?“, dass die spezifischen Wirkungen der Sport- und Bewegungstherapie noch weiter wissenschaftlich untersucht werden müssen, um „evidenzbasierte Programme zu implementieren“. Eine „engere wissenschaftliche Kooperation zwischen Kinder- und Jugendpsychiatrie und Sportmedizin" sei daher wünschenswert, um „zu empirisch evaluierten multimodalen Behandlungsprogrammen zu gelangen“.

Das Programm „Mood Vibes“, das mit Hilfe der Marga und Walter Boll-Stiftung für zwei Jahre an der Klinik für Kinder- und Jugendpsychiatrie der Uniklinik Köln implementiert werden konnte, ist ein erster Forschungsansatz in diese Richtung. In Kooperation mit der Deutschen Sporthochschule Köln und der Unireha[1], absolvierten stationär und tagesklinisch behandelte depressive Jugendliche ein intensives Sportprogramm über einen Zeitraum von sechs Wochen. Dabei wurden sie nicht nur hinsichtlich der psychiatrisch-klinischen Effekte untersucht, sondern ebenfalls bezüglich möglicher biologischer Wirkmechanismen. Dem vorangestellt war jedoch eine der wichtigsten Fragen: lässt sich ein derart intensives Sportprogramm überhaupt in der Behandlung jugendlicher Depressiver implementieren?

Randomisierte Interventions-Studien mit Sport in der Depressions-Behandlung Jugendlicher und Kinder sind selten und die Qualität der Studien ist deutlich heterogen (*Larun* et al., 2006). Im Erwachsenenbereich zeigt sich ein etwas besseres Bild, wenn man sich die letzte Cochrane-Review ansieht (*Cooney* et al., 2013). Doch auch hier besteht weiterer Forschungsbedarf, was die differenziellen Effekte der unterschiedlichen Sportarten angeht. Die Frage „Welche Sportart für welches psychiatrische Krankheitsbild und in welcher Intensität“ bleibt auch hier noch größtenteils unbeantwortet (*Stanton* & *Reaburn*, 2014). Markser und Bär schreiben in der Einleitung zu ihrem Buch „Sport und Bewegungstherapie bei seelischen Erkrankungen“ (*Markser* & *Bär*, 2015), dass es nicht nur schwierig sei, „die unterschiedlichen Begrifflichkeiten im Bereich körperorientierter Verfahren auseinanderzuhalten“ sondern auch „die richtige Indikation zu stellen und das Potenzial der jeweiligen Methode auszuschöpfen.“

Bevor wir unserer konkreten Erfahrungen und erste Ergebnisse des Behandlungsprogramms „Mood Vibes“ darstellen, wird kurz der Stand der Wissenschaft in der Erwachsenenpsychiatrie beleuchtet. Gerade die Grundlagenforschung bezüglich biologischer Mechanismen aber auch die Interventionsstudien sind hier deutlich zahlreicher und dienten der Konzeption der Studie „Mood Vibes“ als Grundlage.

[1] Zentrum für Prävention und Rehabilitation der Uniklinik Köln

Sport in der Behandlung depressiver Erwachsener

In der bereits erwähnten Cochrane Meta-Analyse von 2013, die insgesamt 39 Studien zur Behandlung depressiv erkrankter Erwachsener mit Sport untersuchte, konnte ein moderater klinischer Effekt im Vergleich zu Placebo oder keiner Intervention dargestellt werden. Sporttherapie zeigte sich im Vergleich zu Pharmakotherapie oder Psychotherapie gleich effektiv (*Cooney* et al., 2013). In Bezug auf die Art der Sportintervention, waren Kraftsport und Ausdauersport gleich effektiv, mit gering größeren Effektstärken bei einer Kombination aus Kraftsport und Ausdauertraining. Eine Analyse der verschiedenen Intensitäten der Sportprogramme war aufgrund der Heterogenität der Studiendesigns laut Autoren nicht möglich.

Welche Sportart in welcher Intensität?

Folgt man der o.g. Cochrane-Analyse sind die klinischen Studien an Erwachsenen zu Intensität, Frequenz und Art der Sportintervention zu heterogen, um konkrete Empfehlung aussprechen zu können. Eine frühere Meta-Analyse von Teychenne et al. kam zu der Konklusio, dass man für depressive Populationen keine Dosis-Wirkungsbeziehung herstellen könne und damit vielfältige Interventionen denkbar seien (*Teychenne* et al., 2008). Eine kurz darauf erschienene Meta-Analyse von Rethorst et al. gibt dagegen die stärksten Effekte für Interventionen an, die an 5 Tagen pro Woche für 45-60 Minuten über 10-12 Wochen mit einer hohen Intensität (> 75% der maximalen Herzfrequenz) durchgeführt wurden, wobei die Unterschiede in den Effektstärken im Vergleich zu moderaten Intensitäten (61-74%) nicht signifikant waren (*Rethorst* et al., 2009). Perraton et al. dagegen folgerten in ihrer Review, dass eine 3mal wöchentlich supervidierte aerobe Aktivität für 30 min. über eine Dauer von mind. 8 Wochen ausreichend sei (*Perraton* et al., 2010). Für eine Aussage über die Effektivität anaerober Sportarten erlaube die Studienlage dagegen zurzeit keine fundierten Empfehlungen (*Perraton* et al., 2010). Die aktuellste Review von Stanton und Reaborn stellt wiederum eine Synthese dar: die Empfehlung lautet auf eine supervidierte aerobe Aktivität (indoor oder outdoor walking, Fahrrad-Ergometer oder Cross Trainer), als Einzeltraining oder in Gruppe, 3-4mal wöchentlich für 30-40 Minuten über mindestens 9 Wochen (*Stanton & Reaburn*, 2014).

In der klinischen Patientenversorgung sind die britischen Guidelines zur Therapie der Depression Erwachsener die einzigen, die konkrete Behandlungsempfehlungen für Sport geben: supervidiertes Einzel- oder Gruppentraining dreimal pro Woche für 45-60 Minuten über 10-14 Wochen (*NICE*, 2009). In den deutschen Leitlinien der unipolaren Depression wird dagegen „Körperliches Training“ nur als „Klinischer Konsenspunkt“ genannt, welcher aus „klinischer Erfahrung heraus empfohlen werden kann“ (*DGPPN*, 2009). Die US-amerikanischen und kanadischen Leitlinien nennen Sport nicht unter den Therapieempfehlungen (*APA*, 2010).

Biologische Wirkmechanismen

Die Studien über die Wirkmechanismen von Sport in der Behandlung der adulten Depression werden immer zahlreicher. Dabei verzeichnet sich ein Trend in Richtung biologisch-translationaler Grundlagenforschung. Bisher gibt es kein abschließendes Erklärungsmodell für den therapeutischen Effekt körperlicher Aktivität, am ehesten muss von einer komplexen Interaktion psychologischer und neurobiologischer Mechanismen ausgegangen werden (*Ströhle*, 2009). An psychologischen Faktoren werden ein erhöhtes Maß an Selbst-Effizienz, das Gefühl der Beherrschung einer Sache, Ablenkung und Veränderungen im Selbst-Konzept gesehen (*Ströhle*, 2009). An biologischen Mechanismen werden in der älteren Literatur v.a. die Monoamin-Hypothese, Veränderungen im Hypothalamo-Cortico-Adrenalen System, eine Steigerung der Serotonin Synthese sowie die erhöhte Ausschüttung von ß-Endorphinen diskutiert (*Paluska & Schwenk*, 2000; *Ströhle*, 2009). Aktuelle Untersuchungen legen den Schwerpunkt auf die anti-inflammatorische Wirkung der Muskelaktivität und diskutieren die erhöhte Produktion von BDNF und Aufnahme von IGF-1 über die Blut-Hirn-Schranke als laborchemisch nachweisbare Faktoren (*Dantzer* et al., 2008; *Eyre* et al., 2013; *Ploughman* et al., 2005). Eine aktuelle Arbeit von Agudelo et al. untersucht die präventive Wirkung von Sport vor Stress-induzierter Depression anhand der Aktivierung des Kynurenin-Stoffwechsels (*Agudelo* et al., 2014). Auch hier kann bisher kein Modell die ganze Wahrheit für sich beanspruchen, und es bleibt eine Interaktion der verschiedenen Effekte zu vermuten.

Als morphologisches Korrelat der anti-depressiven Effekte körperlicher Aktivität wird heute vor allem die hippocampale Neurogenese betont (*Kempermann*, 2012; *Kempermann* et al., 2010; *Overall* et al., 2012). Während man früher annahm, dass die Neurogenese postnatal abgeschlossen wäre, konnten mittlerweile viele Studien nachweisen, dass über die ganze Lebensspanne unter bestimmten Bedingungen im Bereich des Hippocampus und des Bulbus olfactorius eine Neurogenese stattfindet (*Eriksson* et al., 1998; *Kempermann*, 2012). An Mausmodellen konnte gezeigt werden, dass alle gängigen anti-depressiven Behandlungen die Proliferation hippocampaler Progenitor-Zellen stimulieren. Dabei zeigt körperliche Betätigung interessanterweise ähnliche und teilweise sogar überlegene Neurogenese-Effekt wie Medikamente aus unterschiedlichen Substanzklassen oder die Elektro-Krampf-Therapie (*Madsen* et al., 2003; *Malberg* et al., 2000; *Marlatt* et al., 2010). Die Mechanismen, über die die hippocampale Neurogenese dann anti-depressiv wirkt, sind weiterhin unklar. Kempermann et al. zeigten, dass durch körperliche Aktivität neuronale Vorläuferzellen gebildet werden, die dann bei kognitiven Herausforderungen zur Differenzierung in Neurone herangezogen werden und damit vermutlich die hippocampalen Gedächtnisleistungen erhöhen. Die hippocampalen Gedächtnisfunktionen wiederum sind wichtig für Anpassungsleistungen an neue Situationen. Somit könnten die kognitiven Einschränkungen bei fehlender hippocampaler Neurogenese maßgeblich an depressiven Denkmustern und der Entstehung einer Depression beteiligt sein (*Aimone* et al., 2010; *Kempermann* et al., 2010).

Sind diese Modelle auf Kinder und Jugendliche übertragbar?

Dass Kinder und Jugendliche keine „kleinen Erwachsenen" sind, zeigt sich in vielen Bereichen von Medizin und Psychologie. Die Unterschiede in Physiologie, Anatomie, Stoffwechsel und Entwicklungsstufen bedingen, dass viele Studienergebnisse an Erwachsenen nicht auf Kinder und Jugendliche übertragbar sind. Gerade im Bereich der Behandlung neurologischer und psychischer Erkrankungen sind die Besonderheiten des „sich entwickelnden Gehirns" zu bedenken (*Konrad* et al., 2013). Dies hat zur Folge, dass sich sowohl die Symptome der kindlichen und jugendlichen Depression als auch die Therapiemöglichkeiten von denen Erwachsener unterscheiden.

Hirnentwicklung in Kindheit und Jugend

Das menschliche Gehirn ist ein äußerst dynamisches Gebilde. Umbauprozesse sind zum Teil genetisch programmiert und Entwicklungsphasen-typisch, so z.B. die regionale Hirnentwicklung in bestimmten Zeitfenstern von Sprach- oder Sehrinde (*Kolb* & *Gibb*, 2011). Andere neuronale Anpassungsprozesse, sind dagegen abhängig von gemachten Erfahrungen und finden über die ganze Lebensspanne statt (*Hollmann* et al., 2009). In den ersten zwei Lebensjahren nach Geburt ist der Größenzuwachs des Gehirns durch den rapiden Zuwachs an synaptischen Verbindungen am größten, sodass schon im Alter von 2 Jahren etwa 80% des Gehirngewichts von Erwachsenen erreicht wird. Ab diesem Alter intensiviert sich dann der zweite wichtige Umbauprozess, das sog. Pruning, der in der Pubertät eine erneute Hochphase erreicht. Synapsen, die nicht genutzt werden, werden wieder abgebaut, sodass nur intensiv genutzte Bahnen bestehen bleiben. Dieser Prozess läuft parallel zu der zunehmenden Myelinisierung ab, die für die schnelle Reizleitung wichtig ist. Insgesamt nimmt also die weiße Substanz im Lebensverlauf zu und die graue Substanz dünnt sich aus (*Lenroot* & *Giedd*, 2006).

Für das Verständnis psychischer Erkankungen im Kindes- und Jugendalter ist es wichtig, sich die durch diese aktiven Umbauprozesse bedingte Vulnerabilität des sich entwickelnden Gehirns bewusst zu machen. Ein besonderes Dilemma der Adoleszenten, die im Fokus unserer Studie „Mood Vibes" stehen, ist dabei, dass die limbischen Regionen, die maßgeblich für die emotionalen Prozesse sind, in dieser Phase starken hormonellen Einflüssen und Schwankungen ausgesetzt sind. Dem steht eine Unreife des präfrontalen Kortex entgegen, der für die kognitive Kontrolle und Steuerung benötigt wird, und erst zu Ende der Adoleszenz voll ausgebildet ist (*Herpertz-Dahlmann* et al., 2013). Bei aller Vorsicht vor zu biologistischer Interpretation psychiatrischer Erkrankung, sind affektive Störungen in dieser Lebensspanne durch das neuronale Ungleichgewicht in Verbindung mit parallel dazu auftretenden erhöhten Anforderungen der Gesellschaft (Familie, Schule, Peers) mit erklärbar.

Die aktuelle Forschung zur Neuroplastizität und psychischer Erkrankung hier umfassender darzustellen, geht leider über den Rahmen dieses Beitrages hinaus. Der interessierte Leser sei auf die angegebene Literatur verwiesen (*Gapp* et al., 2014).

Depressionssymptome im Kindes und Jugendalter

Die alterstypischen Manifestationsformen depressiver Störungen im Kindes- und Jugendalter werden von verschiedenen Autoren in die Phasen „Kleinkindalter, Vorschulalter, Schulkinder und Adoleszente“ unterteilt (*Mehler-Wex & Kölch*, 2008). Bei noch gering ausgebildeter Symbolisierungskompetenz durch Sprache, zeigen sich umso mehr körperliche Symptome, je jünger die Kinder sind. Die frühesten Manifestationsformen sind damit u.a. fehlende Selbstregulierungskompetenzen wie Fütterstörungen, selbststimulierendes Verhalten, oder Schlafstörungen, im Vorschulalter dann auch Enuresis, Enkopresis und Spielunlust. Aggressiv-expansive Verhaltensweisen, aber auch Konzentrationsdefizite sind ebenfalls häufige Fehldiagnosen larvierter Depressionen. Erst im Schulalter beginnen Kinder über traurige Gedanken verbal zu berichten (*Mehler-Wex & Kölch*, 2008). In der Adoleszenz gleichen sich die depressiven Symptome zunehmend denen Erwachsener an. Selbstwertprobleme, Schamgefühl und Angst vor Stigmatisierung bei Offenbarung psychischer Problemen bedingen aber häufig eine erneute Verschiebung der psychischen Probleme auf körperliche Symptome. Somatisierungsstörungen, und damit verbundene Schulabstinenz sind alltäglich gesehene Probleme in der kinder- und jugendpsychiatrischen Praxis. Auch das heute häufig praktizierte selbstverletzende Verhalten in Form von „Ritzen“ kann Ausdruck einer depressiven Störung sein und muss sich nicht zwangsläufig in eine Persönlichkeitspathologie entwickeln (*Herpertz-Dahlmann* et al., 2013).

Therapie der Depression im Kindes und Jugendalter

Dass die Behandlungsoptionen aus dem Erwachsenenbereich nicht auf Kinder- und Jugendliche übertragbar sind, ist eine logische Schlussfolgerung aus den vorhergehenden Abschnitten. Alter und Entwicklungsstand entscheiden über die Anwendbarkeit der Therapieformen. Die aktuellen Leitlinien empfehlen bei einer mittleren bis schwer ausgeprägten depressiven Erkrankung Psychotherapie (Kognitive Verhaltenstherapie oder Interpersonale Therapie) oder Pharmakotherapie (Fluoxetin) oder eine Kombination aus beiden Behandlungsformen, wobei der Psychotherapie wenn möglich der Vorrang gegeben werden sollte (*Dolle & Schulte-Körne*, 2013). Eine nicht ausreichende Evidenzlage für andere Therapieansätze, wie z.B. die tiefenpsychologische, analytische oder systemische Therapie, bedeutet nicht, dass diese nicht wirksam sind. Die Studienlage erlaubt jedoch aufgrund fehlender oder qualitativ mangelhafter Studien keine Evidenzempfehlung (*Muratori* et al., 2003).

Bezüglich der Pharmakotherapie sind die Optionen im Vergleich zu denen Erwachsener ebenfalls deutlich eingeschränkt: eine ausreichende Evidenzlage gibt es bisher nur für den Selektiven Serotonin Rückaufnahme Inhibitor (SSRI) Fluoxetin (*Dolle & Schulte-Körne*, 2013). Trizyklische Antidepressiva, Moclobemid, Paroxetin, Venlafaxin oder Mirtazapin sollten laut deutscher Leitlinien nicht eingesetzt werden. Abgesehen von der unterschiedlichen Wirksamkeit, sind viele Fragen bezüglich der langfristigen neuronalen Veränderungen durch Pharmakotherapie im Kindes- und Jugendalter und den damit verbundenen Spätfolgen unbeantwortet (*Hetrick* et al., 2012; *Picouto & Braquehais*, 2013).

Wäre Sport als adjuvante Therapie eine Alternative?

Aus dem bisher dargestellten Stand der Forschung, entwickelte sich an der Uniklinik Köln das Projekt „Mood Vibes“. In einer Synthese aus Grundlagenforschung und klinischer Forschung wurden folgende Fragen untersucht:

1. Ist ein intensives Sportprogramm an 3-5 Tagen pro Woche mit depressiven Jugendlichen im Stationssetting einer Kinder- und Jugendpsychiatrie durchführbar und wird es von den Jugendlichen akzeptiert?
2. Wäre eine Behandlung mit Galileo-Vibrationsplatten (ähnlich den sog. „Power Plates“ aus den Fitness-Studios), die wenig Eigeninitiative benötigt, genauso effektiv wie eine aerobe Sportart?
3. Kann man bei Jugendlichen einen Volumenzuwachs im Hippocampus darstellen und wenn ja, korreliert dieser mit der Verbesserung der Depression?
4. Bessern sich mit diesem Volumenzuwachs auch die Gedächtnisleistungen und korreliert dies mit der Verbesserung der Depression?

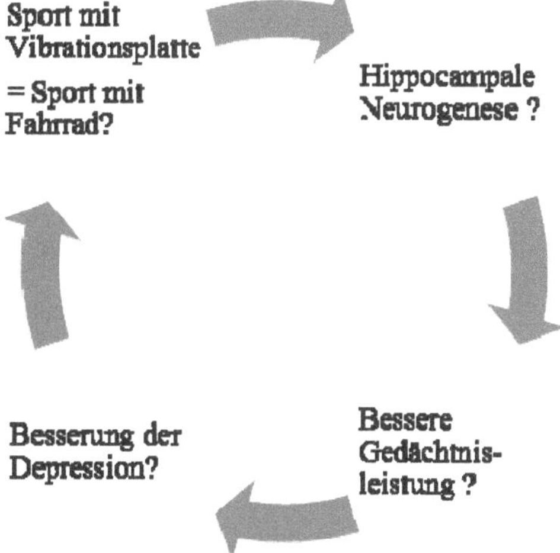

Abb. 1: Hypothesen-Kreis

Das Programm „Mood Vibes“ in der Praxis

Von Juli 2013 bis heute nahmen 64 Jugendliche im Alter von 13 bis 18 Jahren an der von der Walter und Marga Boll Stiftung finanzierten Studie teil. Zum Zeitpunkt der Entstehung dieses Artikels steht der Abschluss von vier Kontroll-Probanden aus, womit dann insgesamt N=51 Probanden die Studie beendet hätten. Die beiden Interventionsgruppen Vibrationsplatte (N=18) und Fahrradergometer (N=17) wurden randomisiert, 23 weitere Jugendliche (wovon voraussichtlich N=16 alle Messzeitpunkte beenden werden) stellten sich als nicht-randomisierte Kontrollgruppe zur Verfügung. Sie erhielten „Treatment as Usual", d.h. die Standardtherapien auf den Jugendstationen 1-3. Die Studie geht gerade in die Phase der Auswertung, sodass hier nur Vorab-Daten dargestellt werden.

Probandeneinschluss

Die Probanden wurden aus dem Patientenkollektiv der Jugendstationen 1-3 der Klinik und Poliklinik für Kinder- und Jugendpsychiatrie und Psychotherapie rekrutiert. Die Patienten waren zwischen 13,5 und 18 Jahre alt, mit Dominanz des weiblichen Geschlechts. Eine normwertige Intelligenz war Voraussetzung, und bei allen Probanden musste eine zumindest mittelgradige depressive Störung gemäß ICD-10 und DSM-IV Kriterien im klinischen Urteil vorliegen. Psychiatrische Komorbiditäten waren erlaubt, mit Ausnahme von Psychosen, schweren Persönlichkeitsstörungen, tiefgreifenden Entwicklungsstörungen oder aktuellem Substanzmissbrauch. Ausgeschlossen waren ebenfalls Patienten mit Morbus Addison oder unbehandelter Hypothyreose sowie Patienten mit psychotroper Dauer-Medikation (Antikonvulsiva, Steroide, Methylphenidat, Antidepressiva, Neuroleptika, Benzodiazepine, Mood-Stabilizer).

Vor Aufnahme in die Studie absolvierten die Jugendlichen eine umfassende Sport-Leistungsdiagnostik mit Spiroergometrie, Belastungs-EKG und Laktatmessung. An den drei Messzeitpunkten wurden Selbst- und Fremdbeurteilungsfragebögen ausgefüllt, es erfolgten Computer gestützte neurokognitive Testungen sowie eine MRT-Untersuchung des Kopfes.

Drei Messzeitpunkte T0=Einschluss T1= nach 6 Wochen Sport T2= 8 Wochen nach T1	**Körperliche Parameter**: – Spiroergometrie – Sprungkraftmessung – Kalipometrie, BMI – Labor – Bildgebung: Schädel MRT	**Psycholog. Parameter:** – klin. Interview (SKID I) – Depressionsfragebögen (DIKJ, BDI II, SBB-DES, FBB-DES) – Sportfragebögen (u.a. EZK, WKV, MSES) – Tagebücher/ Borg-Skalen – Neurokognition mit CANTAB©-Testbatterie
Nacherhebung 3 Monate post T2		Depressionsfragebögen (DIKJ, BDI II, SBB-DES, FBB-DES)

Abb. 2: Untersuchungen und Messzeitpunkte

Ablauf der Studie

Die teilnehmenden Jugendlichen trainierten unter Supervision sechs Wochen lang an vier Tagen der Woche, sie durften einen Tag in der Woche als „Joker-Tag“ frei nehmen. Die 13 DoktorandInnen aus den Bereichen Sport, Psychologie und Medizin der „Mood Vibes“ Arbeitsgruppe leiteten die Untersuchungen und Trainings jeweils zu zweit oder zu dritt an. Das Fahrrad-Training wurde in einem Gruppenraum durchgeführt, das Vibrationsplattentraining in einem Nachbarraum mit jeweils zwei Platten, an denen insgesamt vier Probanden parallel trainieren konnten. Die sechs Übungen an der Platte dauerten die ersten 12 Tage jeweils zwei Minuten, danach drei Minuten, mit jeweils gleich lang dauernden Erholungspausen für die Muskulatur, sodass die Gesamt-Trainingszeit 24 bzw. 36 Minuten betrug. Das 30-minütige Fahrra-Training bestand aus einem Intervalltraining mit Belastungen zwischen 40 und 85% der maximal erreichten Wattstufe in der Spiroergometrie. In der 8 Wochen dauernden Nachbeobachtungszeit wurde kein Training durchgeführt. Der Probandeneinschluss erfolgte konsekutiv, sodass die Gruppenzusammensetzung und -größe ständig wechselte.

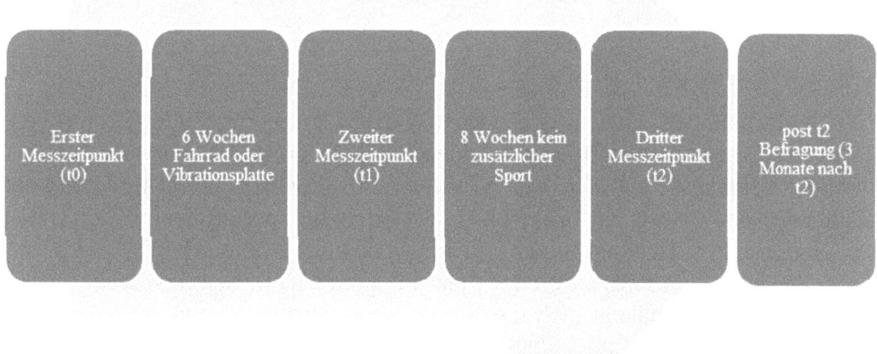

Abb. 3: Studienplan

Einer der klinisch schwierigen Punkte in der Realisierung des Programms bestand in der Motivation der per definitionem antriebslosen und niedergestimmten depressiven Jugendlichen zu einem täglichen Trainingsprogramm. Die Vibrationsplatte war unter anderem als Vergleichs-Sport zur Fahrrad-Ergometrie gewählt worden, weil sie einen geringeren Eigenantrieb der Jugendlichen voraussetzt und somit eine einfachere Akzeptanz durch die depressiven Jugendlichen vermutet wurde.

Nach den ersten Erfahrungen mit Dropouts wurde im weiteren Verlauf ein „Motivationsfragebogen“ eingesetzt. Darin benannten die Jugendlichen ihre Gründe, an dem Programm mitzumachen, ihre Stärken und Fähigkeiten, um das Programm durch zu halten, und mögliche Motivationshilfen für antriebslose Tage. Das vom Studienkonzept gewünschte Heraushalten psychologisch motivierender Faktoren war somit in der Praxis nicht konsequent umsetzbar. Trotzdem zeigten sich die meisten Dropouts in den Kontrollen, was wiederum für eine Attraktivität der Sportaktivität spricht. Die statistische Auswertung der täglich ausgefüllten Tagebücher mit Borg-Skala und Befindlichkeits-Einschätzung vor und nach der Aktivität, steht noch aus. In der anonymen Feed-Back Befragung zum Sport-Programm gaben die Jugendlichen positive Bewertungen ab.

		Dropout		männlich	weiblich	Alter MW
		nein	ja			
Gruppe	Fahrrad	17	3	6	11	15,53
	Galileo	18	3	5	13	15,5
	Kontrolle	16	7	2	14	15,19
Gesamt		51	13	13	38	15,41

Abb. 4: Stichprobenbeschreibung

Erste Ergebnisse

Aufgrund der noch ausstehenden Werte der vier laufenden Kontrollen, wurden bisher nur Vorab-Daten für den DIKJ (Depressions- Inventar für Kinder- und Jugendliche (*Stiensmeier-Pelster* et al., 1989), primärer Endpunkt der Studie) berechnet. Es zeichnet sich ab, dass sich die Sportgruppen in den ersten 6 Wochen statistisch signifikant schneller und stärker klinisch verbessern, ungeachtet ob Vibrationsplatte oder Fahrradergometer. In den 8 Wochen Nachbeobachtungszeit nähern sich die Werte der Kontrollen denen der Sportgruppen an, wobei aktuell noch 25% der Kontrollen die Untersuchungen nicht abgeschlossen haben und somit in den Berechnungen fehlen. Die endgültigen Ergebnisse zur Wirksamkeit werden demnächst an anderer Stelle berichtet.

Von den Eltern wurde das Programm sehr begrüßt, da dadurch in der Behandlung keine Medikation eingesetzt wurde. Interessanterweise waren im Eltern-Urteil (FBB-DES, Fremdbeurteilungsbogen Depression) die klinischen Verbesserungen der Sport treibenden Jugendlichen am stärksten ausgebildet. Hier bleibt der durch die fehlende Verblindung der Eltern bestehende „Bias“ zu diskutieren.

Neben den oben bereits erwähnten positiven Feedbacks der Jugendlichen in der anonymen Befragung nach dem Programm, zeigten sich auch in den „Magglinger Sportenjoyment Skalen (MSES)“, ein Messinstrument zur Erfassung der Sportfreude, positive Werte in den Bereichen Freude, Spaß und Mögen der Sportaktivität (*Birrer & Stirnimann*, 2009). Die MSES bestehen 20 Items, die zum Teil aus dem bekannten englisch-sprachigen Messinstrument „Physical Activity Enjoyment Scale (PACES) übersetzt, zum Teil neu konstruiert und validiert wurden (*Kendzierski & De Carlo*, 1991). Auf 7-stufigen Likert-Skalen mit positivem (7) und negativem (1) Anker, geben die Probanden an, inwieweit eine Aussage für sie zutrifft. Zum aktuellen Zeitpunkt liegen für die MSES noch keine Normen vor.

Items	N	Minimum	Maximum	Mittelwert	Standard-Abweichung
Freude	34	1	7	4,50	2,093
Spaß	34	1	7	4,18	1,914
Mögen Sportaktivität	34	1	7	4,50	1,728
Energie	33	1	7	4,24	2,031
Körperliches Wohlbefinden	34	1	7	4,53	2,063
Ausführen Aktivität	34	1	7	4,53	1,911

Abb. 5: Magglinger Sportenjoyment Skalen

Fazit und Ausblick

Die ersten Daten bezüglich der Machbarkeit und klinischen Wirksamkeit eines intensiven Sportprogrammes als adjuvante Therapie bei depressiven Jugendlichen sind viel versprechend. Es zeichnet sich eine ausgeprägtere und schnellere klinische Verbesserung für die Sportinterventionen im Vergleich zu „Treatment As Usual“ ab, ohne signifikante Unterschiede zwischen Galileo-Vibrationsplattengruppe und Fahrrad-Ergometrie. Das intensive Sport-Programm ließ sich in den Stationsalltag integrieren und wurde sowohl von Eltern als auch von Jugendlichen gut angenommen. Die Anzahl der Dropouts war in der Kontrollgruppe am höchsten. Die Erfassung der Sportfreude erbrachte positive Werte, auch wenn während der Durchführung häufig Motivations-Arbeit von Seiten der Trainer zu leisten war. Damit sind psychologisch-motivationale Faktoren eingeflossen, die einen „Bias“ für die biologisch ausgerichtete Perspektive der Studie darstellen.

Ob sich die Hypothesen bezüglich der biologischen Wirkmechanismen bestätigen, wird die Auswertung der Daten zu Neurokognition und Neurogenese zeigen. Aufgrund der ermutigenden ersten Daten ist geplant, das Sportprogramm in die klinische Routine zu integrieren und um weitere Wirkmechanismen (Laborparameter, Neurophysiologie) zu erweitern.

Die endgültigen Ergebnisse der Studie werden in nächster Zeit in den einschlägigen Zeitschriften publiziert und dem interessierten Leser zur Verfügung stehen.

Literatur

Agudelo, L.Z., *Femenia*, T., *Orhan*, F., *Porsmyr-Palmertz*, M., *Goiny*, M., *Martinez-Redondo*, V. & *Ruas*, J.L. (2014). Skeletal muscle PGC-1alpha1 modulates kynurenine metabolism and mediates resilience to stress-induced depression. *Cell,* 159 (1), 33-45.

Aimone, J.B., *Deng*, W., & *Gage*, F.H. (2010). Adult neurogenesis: integrating theories and separating functions. *Trends Cogn Sci,* 14 (7), 325-337.

APA. (2010). Practice guideline for the treatment of patients with major depressive disorder. *American Psychiatry Association, 3rd edition.*

Birrer, D., & *Stirnimann*, R. (2009). Magglinger Sportenjoyment Skalen (MSES). Magglingen: Eidgenössische Hochschule für Sport.

Cooney, G.M., *Dwan*, K., *Greig*, C.A., *Lawlor*, D.A., *Rimer*, J., *Waugh*, F.R., (…) & *Mead*, G.E. (2013). Exercise for depression. *Cochrane Database Syst Rev,* 9, CD004366.

Dantzer, R., *O'Connor*, J.C., *Freund*, G.G., *Johnson*, R.W., & *Kelley*, K.W. (2008). From inflammation to sickness and depression. when the immune system subjugates the brain. *Nat Rev Neurosci,* 9 (1), 46-56.

DGPPN, B., *KBV*, *AWMF*, *AkdÄ*, *BPtK*, *BApK*, *DAGSHG*, *DEGAM*, *DGPM*, *DGPs*, & *DGRW (Hrsg.)* (2009). *S3-Leitlinie/Nationale VersorgungsLeitlinie Unipolare Depression-Kurzfassung (1. Auflage ed.).* Berlin, Düsseldorf, DGPPN, ÄZQ, AWMF.

Dolle, K., & *Schulte-Körne*, G. (2013). Leitlinie Behandlung von depressiven Störungen bei Kindern und Jugendlichen. *AWMF.*

Eriksson, P.S., *Perfilieva*, E., *Bjork-Eriksson*, T., *Alborn*, A.M., *Nordborg*, C., *Peterson*, D.A., & *Gage*, F.H. (1998). Neurogenesis in the adult human hippocampus. *Nat Med,* 4 (11), 1313-1317.

Eyre, H.A., *Papps*, E., & *Baune*, B.T. (2013). Treating depression and depression-like behavior with physical activity: an immune perspective. *Front Psychiatry,* 4, 3.

Gapp, K., *Woldemichael*, B.T., *Bohacek*, J., & *Mansuy*, I.M. (2014). Epigenetic regulation in neurodevelopment and neurodegenerative diseases. *Neuroscience,* 264, 99-111.

Herpertz-Dahlmann, B., *Buhren*, K., & *Remschmidt*, H. (2013). Growing up is hard: mental disorders in adolescence. *Dtsch Arztebl Int,* 110 (25), 432-439; quiz 440.

Hetrick, S.E., *McKenzie*, J.E., *Cox*, G.R., *Simmons*, M.B., & *Merry*, S.N. (2012). Newer generation antidepressants for depressive disorders in children and adolescents. *Cochrane Database Syst Rev,* 11, CD004851.

Hollmann, W., *Strüder*, H., *Diehl*, J., & *Tagarakis*, C. (2009). Gehirn, Geist und körperliche Aktivität. *Brennpunkte der Sportwissenschaft: Ausgewählte Artikel der Sportmedizin,* 31, 11-24.

Kempermann, G. (2012). Neuroscience. Youth culture in the adult brain. *Science,* 335 (6073), 1175-1176.

Kempermann, G., *Fabel*, K., *Ehninger*, D., *Babu*, H., *Leal-Galicia*, P., *Garthe*, A., & *Wolf*, S.A. (2010). Why and how physical activity promotes experience-induced brain plasticity. *Front Neurosci,* 4, 189.

Kendzierski, D., & *De Carlo*, K.J. (1991). Physical Activity Enjoyment Scale: two validation studies. *Journal of Sport and Exercise Psychology*, 13, 50-64.

Kolb, B., & *Gibb*, R. (2011). Brain plasticity and behaviour in the developing brain. *J Can Acad Child Adolesc Psychiatry,* 20 (4), 265-276.

Konrad, K., *Firk*, C., & *Uhlhaas*, P.J. (2013). Brain development during adolescence: neuroscientific insights into this developmental period. *Dtsch Arztebl Int,* 110 (25), 425-431.

Larun, L., *Nordheim*, L.V., *Ekeland*, E., *Hagen*, K.B. & *Heian*, F. (2006). Exercise in prevention and treatment of anxiety and depression among children and young people (Review). *Cochrane Database of Systematic Reviews* (Issue 3), Art. No.: CD004691.

Lenroot, R.K. & *Giedd*, J.N. (2006). Brain development in children and adolescents: insights from anatomical magnetic resonance imaging. *Neurosci Biobehav Rev,* 30 (6), 718-729.

Madsen, T.M., *Newton*, S.S., *Eaton*, M.E., *Russell*, D.S. & *Duman*, R.S. (2003). Chronic electroconvulsive seizure up-regulates beta-catenin expression in rat hippocampus: role in adult neurogenesis. *Biol Psychiatry,* 54 (10), 1006-1014.

Malberg, J.E., *Eisch*, A.J., *Nestler*, E.J. & *Duman*, R.S. (2000). Chronic antidepressant treatment increases neurogenesis in adult rat hippocampus. *J Neurosci*, 20 (24), 9104-9110.

Markser, V.Z. & *Bär*, K.-J. (2015). *Sport und Bewegungstherapie bei seelischen Erkrankungen*. Stuttgart: Schattauer.

Marlatt, M.W., *Lucassen*, P.J. & *van Praag*, H. (2010). Comparison of neurogenic effects of fluoxetine, duloxetine and running in mice. *Brain Res*, 1341, 93-99.

Mehler-Wex, C. & *Kölch*, M. (2008). Depression in children and adolescents. *Dtsch Arztebl Int*, 105 (9), 149-155.

Muratori, F., *Picchi*, L., *Bruni*, G., *Patarnello*, M. & *Romagnoli*, G. (2003). A two-year follow-up of psychodynamic psychotherapy for internalizing disorders in children. *J Am Acad Child Adolesc Psychiatry*, 42 (3), 331-339.

NICE. (2009). *Depression – The treatment and management of depression in adults (updated edition)*. London: The Britisch Psychological Society and The Royal College of Psychiatrists.

Overall, R.W., *Paszkowski-Rogacz*, M. & *Kempermann*, G. (2012). The mammalian adult neurogenesis gene ontology (MANGO) provides a structural framework for published information on genes regulating adult hippocampal neurogenesis. *PLoS One,* 7 (11), e48527.

Paluska, S.A. & *Schwenk*, T.L. (2000). Physical activity and mental health: current concepts. *Sports Med*, 29 (3), 167-180.

Perraton, L.G., *Kumar*, S. & *Machotka*, Z. (2010). Exercise parameters in the treatment of clinical depression: a systematic review of randomized controlled trials. *J Eval Clin Pract*, 16 (3), 597-604.

Picouto, M.D. & *Braquehais*, M.D. (2013). Use of antidepressants for major depressive disorder in children and adolescents: clinical considerations. *Int J Adolesc Med Health*, 25 (3), 213-219.

Ploughman, M., *Granter-Button*, S., *Chernenko*, G., *Tucker*, B.A., *Mearow*, K.M. & Corbett, D. (2005). Endurance exercise regimens induce differential effects on brain-derived neurotrophic factor, synapsin-I and insulin-like growth factor I after focal ischemia. *Neuroscience*, 136 (4), 991-1001.

Stanton, R. & *Reaburn*, P. (2014). Exercise and the treatment of depression: a review of the exercise program variables. *J Sci Med Sport*, 17 (2), 177-182.

Stiensmeier-Pelster, J., *Schürmann*, M. & *Duda*, K. (1989). *DIKJ Depressionsinventar für Kinder und Jugendliche (2. ed.)*. Göttingen: Hogrefe.

Ströhle, A. (2009). Physical activity, exercise, depression and anxiety disorders. *J Neural Transm*, 116 (6), 777-784.

Teychenne, M., *Ball*, K. & *Salmon*, J. (2008). Physical activity and likelihood of depression in adults: a review. *Prev Med,* 46 (5), 397-411.

Bewegungs- und Sporttherapie bei expansiven Verhaltensstörungen – ein Überblick der aktuellen Studienlage

Anette Ludwig; Hubertus Deimel

Institut für Bewegungstherapie und bewegungsorientierte Prävention und Rehabilitation, Deutsche Sporthochschule Köln

---

Zusammenfassung

Kinder und Jugendliche mit expansiven Verhaltensstörungen zählen zu den am häufigsten auftretenden Störungsbildern in der Kinder- und Jugendpsychiatrie. Aufgrund der vielfältigen Symptomatik und der hohen Komorbiditätsraten stellen diese Kinder und Jugendliche eine besondere Herausforderung an alle Personen, die in dem therapeutischen und pädagogischen Prozess mit involviert sind. Bewegungs- und Sportangebote sind für Kinder und Jugendliche mit expansiven Verhaltensstörungen ein günstiges Betätigungsfeld, um das Selbstwertgefühl zu verbessern, Affektregulation zu erlernen und soziale Kompetenzen zu entwickeln. Hinsichtlich der Evidenz der Bewegungs- und sporttherapeutischen Interventionen existieren im deutschsprachigen Raum jedoch kaum Studien. Der vorliegende Beitrag basiert auf einer Literaturrecherche internationaler Beiträge, um darauf aufbauend die Qualität der Studien sowie die Effekte dieses Behandlungsansatzes zu dokumentieren und zu kommentieren. Insgesamt wird deutlich, dass viele Studien unter kontrollierten Bedingungen durchgeführt wurden, sie jedoch nicht dem ‚Goldstandard' (RCT) entsprechen. Die Studien zeigen mehrheitlich positive Effekte bezüglich bewegungs- und sporttherapeutischer Interventionen speziell bei ADHS auf, wobei die Heterogenität hinsichtlich der Methodik und der untersuchten Parameter wie Länge, Häufigkeit oder Intensität der Intervention eine Vergleichbarkeit kaum zulässt. Zu expansiven Verhaltensstörungen konnten nur Studien im förderpädagogischen Bereich gefunden werden.

Summary

Disruptive disorders in children and adolescents are among the most common disorders seen in Child and Adolescent Psychiatry. Due to the diversity of symptoms and high comorbidity rates, these children and adolescents represent a special challenge to all those involved in the therapeutic and educational process. For children and adolescents with disruptive disorders, exercise and sports are activities that are helpful in boosting self-esteem, learning affect regulation and developing social skills. However, in the German-speaking countries there are hardly any evidence-based studies dealing with therapeutic movement and sports interventions. This article is based on a literature review of international contributions in order to document and comment on the quality of the studies and the effects of a treatment approach that is based on this. Overall, it is clear that many studies were conducted under controlled conditions but don't meet the 'gold standard' (RCT). The majority of studies show positive effects with respect to therapeutic movement and sports interventions, specifically for ADHD, while the heterogeneity in methodology and the studied parameters such as duration, frequency or intensity of interventions hardly permits a comparison. Studies on disruptive disorders could only be found in the field of special needs education.

Einleitung

Expansive Verhaltensstörungen umfassen sowohl einfache Aktivitäts- und Aufmerksamkeitsstörungen (ADHS) als auch Störungen des Sozialverhaltens, wenn diese über einen Zeitraum von mehr als sechs Monaten in verschiedenen Lebensbereichen (Familie, Schule, Untersuchungssituation oder in Beziehungssituationen mit Eltern oder Erziehern) mit erheblich normabweichender Qualität aufgetreten sind. Sie dürfen zudem nicht durch eine andere psychische Erkrankung verursacht sein. Persistierende Verhaltensmuster – besonders im Kindesalter – führen häufig zu gravierenden Beeinträchtigungen der kindlichen Entwicklung, wenn nicht frühzeitige Therapiemaßnahmen zur Anwendung kommen, und bedingen prognostisch ein höheres Risiko für spätere vielfältige Gesundheits- und Lebensschwierigkeiten (vgl. *Steinhausen,* 2010, 317f.) Das problematische Verhalten äußert sich schwerpunktmäßig in

- trotzigem und oppositionellem, verweigerndem Verhalten
- aggressivem Verhalten Personen, Tieren und der materiellen Umwelt gegenüber
- fortgesetzten schweren Regelverstößen und Normverletzungen
- impulsivem und motorisch unruhigem Verhalten
- Eigentumsverletzungen (vgl. *Blanz,* 2011).

Zu beachten sind darüber die hohen Komorbiditätsraten bei diesen Störungsbildern. Expansive Störungen gehören zu den häufigsten psychiatrischen Erkrankungsbildern in der Kinder- und Jugendpsychiatrie und stellen aufgrund ihres problematischen Verhaltens große Herausforderungen an alle an der Therapie und Versorgung beteiligten Personen.

Bewegungs- und sporttherapeutische Interventionen werden in den multimodalen Therapieansätzen als integraler Bestandteil aufgeführt; in der Praxis nehmen psychomotorische und sporttherapeutische Angebote einen bedeutsamen Platz allein vom zeitlichen Umfang ein (*Welsche*, 2011). Bemängelt wird in der Forschung jedoch der geringe Wirksamkeitsnachweis dieser Interventionen.

Die folgende Literaturrecherche dient dazu, aktuelle Studien und Forschungsergebnisse zu diesen Störungsbildern darzustellen und zu bewerten. Dabei steht die Frage nach Effekten von Bewegungsinterventionen im klinischen, gelegentlich auch sonderpädagogischen Setting im Mittelpunkt. Hierzu wurde eine systematische Suche nach relevanten Studien durchgeführt, um den aktuellen Forschungsstand umfassend darstellen zu können.

Vorgehensweise

Für die Literaturrecherche wurden die aufgeführten Datenbanken in der angeführten Reihenfolge benutzt:

- PubMed
- Cochrane Library
- Pubpsych
- SPORTDiscus
- Spolit
- DIMDI

Ergänzend dazu wurde in weiteren Quellen (z.B. Universitätsbibliotheken) nach zusätzlicher Literatur gesucht.

Da es sich bei expansiven Verhaltensstörungen um komplexe Erscheinungsbilder handelt, die unter expansiven Störungen zusammengefasst werden, wurden hauptsächlich Studien gesucht, welche ausschließlich eines der oben genannten Störungsbilder als Forschungsgegenstand verwendet haben. Dabei lag der Schwerpunkt auf Studien zu ADHS, da es derzeit eine große Gesellschaftsrelevanz hat.

Kriterien, die bei der Recherche zum Einschluss geführt haben, waren:

- Studien mit jeder Art von körperlicher Aktivität, Bewegung, Sport oder Übungen mit Kindern mit ADHS / sozialen Störungen / expansiven Störungen
- Zusammenhang zwischen Ergebnissen und Bewegungsintervention

Folgende Kriterien führten bei der Recherche zum Ausschluss:

- Ausschließlicher Medikamentenbezug
- Alleinige Messung der körperlichen Leistung ohne Intervention
- weniger als 5 Teilnehmer
- Überschreiten des maximalen Alters von 18 Jahren
- Studien mit Publikation vor dem Jahr 2000
- Studien mit Tierversuchen

Durch das primäre Interesse an den verschiedenen Möglichkeiten von Bewegungsinterventionen und den resultierenden Effekten bei Kindern mit expansiven Verhaltensstörungen war bei der Suche die "Bewegungsintervention" die unabhängige Variable und die durch sie erreichten Ergebnisse die abhängige Variable. Tabelle 1 zeigt einen detaillierten Überblick der stattgefundenen Recherche in den verschiedenen Literaturdatenbanken für das Störungsbild ADHS. Die Recherche hat im Zeitraum vom 1. August 2014 bis Ende April 2015 stattgefunden.

Beim Eingeben des Begriffs ADHD („Attention deficit hyperactivity disorder“) in die Datenbank Pubmed lieferte diese zu diesem Zeitpunkt 25817 Treffer. Um die umfangreichen Trefferzahlen auf relevante Inhalte einzuschränken, war eine Kopplung der Variablen nötig sowie das Wählen verschiedener Stichworte. Die verschiedenen Kombinationen der Variablen führten oft dazu, dass schon verwendete oder bereits gesichtete Studien in einer anderen Auflistung erschienen. Diese Studien wurden in Tabelle 1 hinter der Gesamtzahl der Ergebnisse der jeweiligen Stichwortkombination in Klammern dargestellt und im weiteren Rechercheverlauf nicht mehr aufgeführt. Ganz unten in der Tabelle findet man die Angabe „Andere". Die drei darunter fallenden Studien sind durch Literaturrecherche in sportwissenschaftlichen Universitätsbibliotheken gefunden worden. Insgesamt sind 21 Studien zum Störungsbild ADHS und Bewegung als zutreffend aufgelistet worden.

Suchmaschinen	Verwendete Stichwörter	Gesamttreffer*	1. Prüfung nach Einsicht der Titel	2. Prüfung nach Einsicht der Abstracts	3. Prüfung ggf. nach Einsicht der Volltexte	Ergebnisse Aufgeführte Studien
1. PubMed	– ADHD	→ 2733	→ x	→ x	→ x	18
	– adhd physical activity	→ 967	→ 64	→ 25	→ 13	
	– adhd and yoga	→ 13 (1)	→ 4	→ 1	→ 1	
	– adhd and exercise	→ 150 (23)	→ 14	→ 4	→ 4	
2. Cochrane Library	– ADHD	→ 1763	→ x	→ x	→ x	
	– ADHD AND Sport	→ 4 (2)	→ 1	→ 0	→ 0	
	– ADHD AND exercise	→ 15 (5)	→ 5	→ 1	→	
	– ADHD physical activity	→ 6 (3)	→ 0	→ 0	→ 0	
	– ADHS Bewegungstherapie	→ 0	→ 0	→ 0	→ 0	
3. Pubpsych	– ADHS	→ 1033	→ x	→ x	→ x	
	– ADHS Sport	→ 18	→ 2	→ 0	→ 0	
	– ADHS Bewegungstherapie	→ 14 (5)	→ 3	→ 1	→ 0	
4. SPORT-Discus	– ADHD	→ 611	→ x	→ x	→ x	
	– ADHD physical activity	→ 7	→ 3	→ 0	→ 0	
	– ADHD and exercise	→ 41 (7)	→ 4	→ 0	→ 0	
	– ADHD and sport	→ 78 (6)	→ 1	→ 0	→ 0	
	– ADHS sport	→ 10 (1)	→ 2	→ 0	→ 0	
5. DIMDI	– ADHD	→ 44836	→ x	→ x	→ x	
	– ADHD and exercise	→ 0	→ 0	→ 0	→ 0	
	– ADHS	→ 1449	→ x	→ x	→ x	
	– ADHS Sport	→ 15	→ 1	→ 0	→ 0	
	– ADHS Bewegungstherapie	→ 1	→ 0	→ 0	→ 0	
6. Spolit	– ADHS ; Bewegung	→ 4	→ 2	→ 0	→ 0	
7. Andere	– x	x	x	x	x	3
*in (Klammer) sind die darin enthaltenen Duplikate, welche desweiteren ausgeschlossen werden						

Tab. 1: Verfahren der Literaturrecherche zu ADHS

Bei der Suche nach relevanten Studien zu „Bewegungsintervention und deren Auswirkungen auf Symptome der Störungen des Sozialverhaltens“ wurde das gleiche Schema befolgt wie bei der Suche nach relevanten Studien im Zusammenhang mit ADHS. Der Unterschied bestand lediglich darin, dass die Stichwörter „soziale Störungen“, „Störungen des Sozialverhaltens“ und „social behaviour disorders“ verwendet wurden. Hierbei konnten drei Studien gefunden werden, die im Anschluss an die umfangreichen Studien zu ADHS aufgeführt sowie diskutiert und interpretiert werden, um eine mögliche Wirksamkeit von Bewegungsinterventionen auch auf das Störungsbild der expansiven Verhaltensauffälligkeiten beurteilen zu können.

Darstellung der Studien

Die durch die Literaturrecherche gefundenen Studien wurden aus Gründen einer besseren Übersichtlichkeit in drei Teilbereiche untergliedert und jeweils alphabetisch geordnet. Im ersten Teilbereich sind bewegungsinterventionsbezogene Langzeitstudien zu ADHS aufgeführt, deren Interventionslänge sich über einen Zeitraum von mindestens fünf Wochen erstreckte. Im zweiten Teilbereich sind Kurzzeitstudien und Untersuchungen mit einer Interventionslänge bis zu fünf Wochen aufgelistet. Im dritten Teil werden anschließend die Studien zu expansiven Verhaltensstörungen aufgelistet. In allen drei Teilbereichen sind jeweils Autor und Jahr, Teilnehmer, Intervention, Datenerhebung, Datenauswertung und Ergebnisse aufgeführt. In der Tabelle 2 werden zudem einige der benutzten Testverfahren zum besseren Verständnis erläutert. Diese sind in den jeweiligen Teilbereichen mit einem * gekennzeichnet.

Wenn man sich den Zeitraum anschaut, in denen die Studien zu Bewegungsinterventionen bei ADHS publiziert worden sind, so ist zu erkennen, dass 12 Studien in den Jahren 2010 bis 2015 veröffentlicht wurden. Dies könnte mit dem wachsenden Interesse an den Möglichkeiten von alternativen oder ergänzenden Behandlungsmethoden wie z.B. der Bewegungs- und Sporttherapie zusammenhängen. Hierbei stehen vor allem die Beeinflussung neurokognitiver Funktionen sowie die Entwicklung von Handlungs-, Affekt- und Selbstkontrolle durch sportliche Aktivitäten im Vordergrund. Zudem sind bewegungs- und sporttherapeutische Aktivitäten allein unter motivationalen Aspekten gut für diesen Personenkreis zu nutzen. Anzumerken ist schon an dieser Stelle, dass aufgrund der großen Heterogenität der aufgeführten Studien Vergleiche schwierig sind. Die einzelnen Interventionen unterscheiden sich z.B. jeweils in Dauer und Intensität, dem Alter der Teilnehmer sowie dem gewählten Untersuchungsdesign stark voneinander.

Im ersten Teilbereich erfolgt nun die Auflistung und Kommentierung der Langzeitstudienstudien zu ADHS.

Autor (Jahr): Ahmed et al. (2011)
Teilnehmer: N = 84 (54 männlich, 30 weiblich), Alter = 11-16 Jahre; randomisierte Einteilung der Gruppen, Teilnehmergruppe = 42, Kontrollgruppe = 42
Intervention: Interventionsdauer: 10 Wochen 3x/Woche. Erste 4 Wochen: 40 Min. Einheit davon 10 Min. Warm-up, 20 Min. aerobe Übungen, gesamt 5 Min. laufen zwischen Übungen und 5 Min. gemeinsam gehen am Ende als cool down. Nächste 6 Wochen: 50 Min. Einheit 10 Min. Warm-up, 30 Min. aerobe Übungen, gesamt 5 Min. laufen zwischen Übungen und 5 Min. gemeinsam gehen am Ende als cool down plus Entspannungsübungen, Home-Training ab Woche 6 bis 10-30 Min. Outdoor gehen am Wochenende.
Datenerhebung: Prä-post-Test, Behaviour Rating Scale (modifizierte Version der Conner Rating Scale*)
Datenauswertung: Einfaktorielle Varianzanalyse (ANOVA), Turkey's post-hoc Test
Ergebnisse: Signifikante Veränderungen von Variablen der Behaviour Rating Scale bei der Teilnehmergruppe im Gegensatz zur Kontrollgruppe: Aufmerksamkeit, Motorik, schulisches Verhalten und das Verhalten im Klassenraum.

Autor (Jahr): Chang et al. (2014)
Teilnehmer: N = 30; Zuteilung in Wassergymnastik- Testgruppe und Wartelisten-Kontrollgruppe
Intervention: Pilotstudie, 8-wöchige Trainingsintervention Wassergymnastik, (zweimal pro Woche, 90 Min. pro Sitzung), oder Kontrollintervention
Datenerhebung: Prä-post-Test, Go/No-go Association Task (GNAT)*, Basic Motor Ability Test – Revisited.
Datenauswertung: T-Test für unabhängige Variablen; Chi-Quadrat-test; zweifaktorielle Varianzanalyse (ANOVA)
Ergebnisse: Signifikante Verbesserungen in der Genauigkeit im GNAT (Inhibitionsleistung) und der Koordination der motorischen Fähigkeiten im Vergleich zur Kontrollgruppe. Die Kombination von qualitativen und quantitativen Übungen verbessert die Verhaltenskontrolle.

Autor (Jahr): Choi et al. (2015)
Teilnehmer: N = 35 männlich, Alter = 13-18 Jahre, randomisierte Einteilung in Testgruppe und Kontrollgruppe
Intervention: Teilnehmer: 6 Wochen Bewegungsintervention 3x/Woche, 90 Min.. davon 60 Min. aerobes Training mit 60% der HFmax + MPH, Kontrollgruppe = 6 Wochen Verhaltenstherapie 12 Sitzungen a 50 Min. + MPH
Datenerhebung: DuPaul's ADHD Rating Scale scores, Eltern- und Lehrerversion (K-ARS)*, Wisconsin Card Sorting Test (WCST)*, 3-T functioning magnetic resonance Imaging
Datenauswertung: Mann-Whitney U-Test; F-Test; ; Korrelationstest; einfaktorielle Varianzanalyse ANOVA
Ergebnisse: Signifikante Verbesserungen in den kognitiven und klinischen Tests im Vergleich zur Kontrollgruppe; aerobes Training unterstützt die Effektivität von Methylphenidat (MPH) auf klinische Symptome; Abnahme von Perseverationsfehlern; verbesserte Hirnaktivität mit einigen positiven Plastizitätsveränderungen.

Autor (Jahr): Haffner et al. (2006)
Teilnehmer: N = 19 (13 männlich, 7 weiblich), Alter = 8-10, 8 Teilnehmer medikamentös eingestellt

Intervention: 2x wöchentlich 60 Min.; 8 Wochen lange Intervention. Yoga (Haltungs-, Atemwegs- und Meditationstraining) im Vergleich zu aktiven Spielen, Cross-Over-Design
Datenerhebung: Elternbeurteilung zur Aufmerksamkeit
Datenauswertung: Varianzanalyse mit Messwiederholung
Ergebnisse: Yoga-Training hatte einen stärkeren Effekt auf die Messkriterien, aber alle Kinder zeigten beträchtliche Verringerung der ADHS Symptome. Kein signifikanter Unterschied zwischen den Gruppen. Besonders positive Wirkung bei medikamentös eingestellten Kindern.

Autor (Jahr): Hoza et al. (2015)
Teilnehmer: N = 202, davon 94 Kinder mit ADHS und 108 normalentwickelte Kinder, Alter Ø 6,83, randomisierte Einteilung in 2 Gruppen
Intervention: 12 Wochen 31 min/Tag, 1. Sportintervention, 2. Unterrichtsintervention im Sitzen
Datenerhebung: Eltern & Lehrer Rating zur ADHS-Symptomatik, Verhaltenssteuerung und soziale Kompetenz.
Datenauswertung: T-Test; zweifaktorielle Varianzanalyse ANOVA
Ergebnisse: Sportintervention effektiver in der Reduktion der Unaufmerksamkeit, des oppositionellen Verhaltens, sozialer Fähigkeiten und häuslicher Stimmungsschwankungen. Unterrichtsintervention ohne Bewegungsaktivitäten zeigte schwächere Effekte.

Autor (Jahr): Jensen & Kenny (2004)
Teilnehmer: N = 19 Jungen, Teilnehmer = 11, Kontrollgruppe = 8
Intervention: Teilnehmer hatten 20 Yoga Sitzungen, Kontrollgruppe = Kooperative Aktivitäten
Datenerhebung: Prä-post-Test, Conners' Parent and Teacher Rating Scales-Revised (CPRS & CTRS) *, Test of Variables of Attention*, Motion Logger Actigraph.
Datenauswertung: Einfaktorielle Varianzanalyse (ANOVA)
Ergebnisse: Teilnehmergruppe zeigte signifikante Verbesserungen in 5 Unterkategorien des CPRS

Autor (Jahr): Kang et al. (2011)
Teilnehmer: N = 28 (männlich), Alter Ø 8.5, Teilnehmer = 13, Kontrollgruppe = 15, medikamentös eingestellt
Intervention: Teilnehmer = 6 Wochen, 2x wöchentlich, 12 Einheiten, 90 Minuten Sporttherapie: Athletiktraining (Aerobisches, zielgerichtete Bewegung, Springseil), Kontrollgruppe: Schulung zur Verbesserung der Selbst- und Verhaltenskontrolle (Verhaltenstherapeutische Intervention)
Datenerhebung: DuPaul's ADHD Rating Scale scores, Eltern- und Lehrerversion (K-ARS-PT)*, Digit symbol and Trail-Making Test part B (TMT B)*
Datenauswertung: Mann-Whitney U-Test; einfaktorielle Varianzanalyse ANOVA, Spearman‘s Rangkorrelation
Ergebnisse: Größere Verbesserungen der Versuchsgruppe im Vergleich zu der Kontrollgruppe im K-ARS-PT (ADHD-Symptomatik) Die kognitiven Funktionen im TMT B waren in der Teilnehmergruppe verbessert; in der Kontrollgruppe keine wesentlichen Veränderungen, Die Kooperationsfähigkeit in der Teilnehmergruppe war stark erhöht im Vergleich zu Kontrollgruppe. Positive Korrelation zwischen Sport und sozialer Kompetenz in der Versuchsgruppe.

Autor (Jahr): Pan et al. (2014)
Teilnehmer: N = 48, Versuchsgruppe = 12 Kinder mit ADHS; Kontrollgruppe = 12 Kinder mit ADHS und 24 Kinder ohne ADHS

Intervention: 12 Wochen Intervention, Reitprogramm (SDHRP), Fitness Training, Kontrollgruppe keine Intervention
Datenerhebung: Prä-post-Test, Standardisierte Testverfahren
Datenauswertung: Keine Angaben
Ergebnisse: Verbesserung der motorischen Fähigkeiten, der Fitness und der Flexibilität bei der Versuchsgruppe.

Autor (Jahr): Smith et al. (2013)
Teilnehmer: N = 17 (6 männlich, 8 weiblich,), Alter = Ø 6.7 Jahre
Intervention: Täglich vor der Schule 26 Min. moderate bis hohe körperliche Aktivität, 8 Wochen, 4 Stationen je 6 Minuten, spielerisches Training motorischer Fähigkeiten. 1-2 Min. „Warm-up" laufen im aeroben Bereich zum Erwärmen. Instruktionen: vorgeführt und verbale Instruktionen während der Ausführung, nicht davor. Ein Betreuer an jeder Station. Betreuer ausgebildet
Datenerhebung: Prä-post-Tests in den Bereichen: Motorische Fähigkeiten, Soziale Fähigkeiten und Verhaltensteuerung, Wöchentliche Messungen im Bereich der Verhaltenskontrolle sowie der Impulshemmung, tägliche Verhaltensbeobachtung
Datenauswertung: Abhängiger t-Test
Ergebnisse: Positive Effekte auf motorische, feinmotorische, kognitive und soziale Fähigkeiten sowie auf die Verhaltenssteuerung (Selbstkontrolle); Drop out von 3 Teilnehmern.

Autor (Jahr): Verret et al. (2012)
Teilnehmer: N= 21, Alter Ø 9.1 (7-12 Jahre), Testgruppe 10 Kinder, (1 weiblich), 30% Medikamentös eingestellt, Kontrollgruppe 11 Kinder, (1 weiblich), alle medikamentös behandelt
Intervention: Im Gymnasium während der Mittagszeit. 10 Wochen, 3 x wöchentlich für 45 Min.; eine Einheit beinhaltete: Warm-up, fortschreitende aerobe, muskuläre und motorische Übungen (Beispiel Ballspiele oder Zirkeltraining). cool down, Ziel: das Halten mäßiger bis hoher Intensität in jeder Sitzung
Datenerhebung: Prä-post-Test, Fitness und Motorik Test (Gross Motor Development 2: TGMD-2) sowie körperliche, anthropmetrische Faktoren: Prä = 10 Tage vor Programmbeginn, Post = 7 Tage nach Programmende, Verhaltensbeobachtung, durch Eltern und Lehrer, Child Behaviour Checklist; Intensität wurde anhand der HF einmal pro Woche bei jedem Kind, überprüft (Polar S-810)
Datenauswertung: T-Test für unabhängige Variablen; ANCOVA
Ergebnisse: Signifikante Verbesserungen in den Bereichen der allgemeinen Verhaltensproblematik, sozialen Probleme, kognitiven Funktionen sowie bei Aufmerksamkeitsdefiziten und Angst/Depressionen in der Beurteilung von Eltern /Lehrern; Verbesserung der motorischen Fähigkeiten, aber keine Verbesserung in Fitness-Parametern oder einzelnen anthropometrischen Variablen (body composition).

Autor (Jahr): Ziereis & Jansen (2015)
Teilnehmer: N = 59, Alter = 7-12, 2 Teilnehmer Gruppen (N= 43, 32 männlich, 11 weiblich), 1 Gruppe N = 12, 2 Gruppe N = 14, 1 Wartelisten Kontrollgruppe (N=16)
Intervention: 12 Wochen Intervention, 1 Gruppe = Spezifisches Training mit dem Ball → Gleichgewicht, Geschicklichkeit, 2 Gruppe = Sporttraining ohne speziellen Fokus, Kontrollgruppe = Keine Intervention
Datenerhebung: Prä-post Test, Tests zum Arbeitsgedächtnis und motorischen Leistungsfähigkeit vor Beginn der Intervention, eine Woche nach Beginn und eine Woche nach der letzten Intervention
Datenauswertung: Varianzanalyse (zweifaktorielle ANOVA)

Ergebnisse: Signifikante Verbesserungen in beiden Gruppen in den Tests zum Arbeitsgedächtnis & zur motorischen Leistungsfähigkeit im Vergleich zur Kontrollgruppe.

Effekte von Bewegungslangzeitinterventionen bei ADHS

Bei den 11 aufgeführten Langzeitstudien handelt es sich um zeitliche Interventionen zwischen 6 bis 12 Wochen. *Ahmed* et al. (2011) führte eine Intervention durch, welche eine Dauer von 10 Wochen hatte, mit drei Einheiten pro Woche und eine Teilnehmerzahl von 84 Kindern. Das langfristige moderate aerobe Training führte in dieser Studie zu signifikanten Verbesserungen im Prä-post-Vergleich der Lehrerbeurteilung in den gewählten Messkriterien. Für „klassisches" Langzeittraining entschieden sich auch *Kang* et al. (2011), *Verret* et al. (2012), *Smith* et al. (2013), *Hoza* et al. (2015) und *Choi* et al. (2015).

Kang et al. (2011) führte über einen Zeitraum von 6 Wochen ein aerobes Athletiktraining durch und verglich dieses mit einer Kontrollgruppe, die zeitgleich an einer Verhaltenstherapie teilgenommen hatte. Das Ergebnis war eine signifikante Verbesserung der Teilnehmergruppe zu der Kontrollgruppe im ‚Digit Symbol and Trail-Marking Test part B', welcher eine koreanische Version des Wechsler Digit Symbol Substitution Testes ist. Auch in der Lehrerbeurteilung verbesserte sich die Teilnehmergruppe signifikant, besonders in den Punkten Kooperation und Hilfsbereitschaft. Obwohl keine signifikanten Verbesserungen in den Hyperaktivität-Werten gefunden werden konnte, wurde eine Steigerung der Aufmerksamkeit in der Teilnehmergruppe festgestellt

Positive Ergebnisse brachte auch die Langzeitstudie von *Verret* et al. (2012) hervor, welche nach zehnwöchiger Intervention signifikante Verbesserung in fast allen Messkriterien zeigte. *Smith* et al. (2013) ließ seine Intervention 8 Wochen lang täglich vor dem Schulunterricht stattfinden. Die 17 Teilnehmer zeigten auch nach dieser moderaten bis intensiven Belastung im Prä-post-Vergleich gute Effekte. Die im Jahr 2015 stattgefundenen Studien von *Hoza* et al. und *Choi* et al. wählten eine Interventionsdauer von 12 Wochen und von 6 Wochen. *Hoza* et al. (2015) verglich eine in 12 Wochen täglich stattfindende Sportintervention mit einer genau so häufigen Unterrichtseinheit, welche eine Kontrollgruppe im Sitzen absolvierte. Dabei stellte sich heraus, dass die Sportintervention die Unaufmerksamkeit und Stimmungsschwankungen im häuslichen Umfeld effektiver bessert als die Unterrichtsintervention, diese aber ebenfalls positive Ergebnisse aufweist. In der Studie von *Choi* et al. (2015) wurde ein schwerpunktmäßig aerobes Fitnesstraining durchgeführt; im Vergleich zur Kontrollgruppe, welche eine Verhaltenstherapie absolvierte, zeigte sich neben verbesserter Verhaltenssteuerung vor allem eine verbesserte Medikamentenwirksamkeit (MPH); zudem konnte eine verbesserte Hirnaktivität nachgewiesen werden.

Ziereis & Jansen (2015) verglichen als einzige zwei verschiedene Modelle einer Sportintervention mit einer Kontrollgruppe ohne Intervention und konnten in beiden Trainingsgruppen signifikante Verbesserungen im Gegensatz zur Kontrollgruppe nachweisen.

Haffner et al. (2006) wiederum verglich eine achtwöchige Yoga Intervention und eine achtwöchige Intervention mit aktiven Spielen. Er stellte in der Yoga Gruppe eine stärkere Verbesserung der Messkriterien im Vergleich zur Spiel-Gruppe fest, die jedoch nicht signifikant ausfielen im Vergleich zur Spiel-Gruppe. Auch *Jensen & Kenny* (2004), *Peck* et al. (2005) und *Hariprasad* et al. (2013) wählten Yoga als Intervention, wobei es in allen drei Studien zu teilweise signifikanten Verbesserungen in den verwandten Messvariablen kam. *Pan* et al. (2014) wählte eine Kombination aus Reiten und einem Fitnesstraining, wodurch eine Verbesserung der motorischen Fähigkeiten der Teilnehmer erreicht wurde. Die Interventionslänge erstreckte sich über 12 Wochen. 30 Teilnehmer wurden in einer Pilotstudie von *Chang* et al. (2014) acht Wochen lang zweimal die Woche in einer 90 minütigen Sitzung im Wasser bewegt. Die durchgeführte Wassergymnastik führte zu einer Verbesserung der Koordination und Genauigkeit im GNAT.

Übergeordnet und unabhängig vom jeweiligen methodischen Untersuchungsdesign zeigt sich mehrheitlich ein Trend, dass neben der Verbesserung motorischer Variablen durch Training oder Übungsprogramme eine deutliche, teilweise signifikante Verbesserung ausgewählter kognitiver und psychosozialer Variablen erfolgt ist.

Kurzzeitinterventionen

Im folgenden zweiten Teilbereich werden die Studien mit Kurzzeitinterventionen mit körperlicher bzw. sportlicher Aktivität bei ADHS in gleicher Systematik aufgeführt.

ADHS-Studien mit Kurzzeitinterventionen

Autor (Jahr): Chang et al. (2012)
Teilnehmer: N = 40 (37 männlich, 3 weiblich), Alter = 8-13 Jahre; randomisierte Zuteilung in Testgruppe und Kontrollgruppe
Intervention: 30 minütige Trainingseinheit im unteren aeroben Intensitätsbereich, Kontrollgruppe ohne physische Intervention. In der Zeit wurde ein Video mit Sportbezug geschaut
Datenerhebung: Prä-post-Test, Stroop Test*, Wisconsin Card Sorting Test (WCST)*
Datenauswertung: T-Test, Varianzanalyse (ANOVA), Bonferroni Methode, Levene Test
Ergebnisse: Verbesserung in den Tests (exekutive Funktionen; Aufmerksamkeit) nach der körperlichen Belastung in der Versuchsgruppe; Kontrollgruppe zeigte keine nachweisbaren Verbesserungen.

Autor (Jahr): Gapin et al. (2010)
Teilnehmer: N = 18 männlich, Alter Ø 10.61, Medikamentös eingestellt
Intervention: Häusliche Aktivitätsmessung in 7 aufeinanderfolgenden Tagen

Datenerhebung: Messungen der Schrittzahl und Geschwindigkeit (moderat bis intensiv) durch einen Beschleunigungsmesser, Auswertung Beschleunigungsmesser, Exekutivfunktionen Tests: Turm von London*, Digit Span Test*, CCTT 1 und 2*, CPT II, Elternbeurteilung: ADHD Rating Scale IV, BASC, 2nd Edition*,
Datenauswertung: F-Test
Ergebnisse: Signifikanter Zusammenhang zwischen körperlicher Aktivität und verbesserten Exekutivfunktionen (Turm von London-Test. Weiteren Messungen stehen in einem positiven Zusammenhang mit körperlicher Aktivität, weisen aber keine Signifikanz auf.

Autor (Jahr): Kiluk et al. (2009)
Teilnehmer: N = 97, Teilnehmer = 65, Alter = 6-14 Jahre, Kontrollgruppe = 32 Kinder mit einer Lernstörung
Intervention: Messung der sportlichen Aktivität und Teilnahme an Sport
Datenerhebung: Retrospektive Studie, Stimmungs- und Verhaltensbewertung, Child Behaviour Checklist
Datenauswertung: Pearson's Produkt-Moment- Korrelation; Kovarianz ANOVA
Ergebnisse: Bei Kindern mit ADHS, welche öfter als 3x/Woche Sport treiben, verringerte Depression im Verhältnis zu Kindern, die weniger Sport treiben. Bei Kontrollgruppe (Lernbehinderung) keine Verbesserungen.

Autor (Jahr): McKune et al. (2003)
Teilnehmer: N = 19, Alter = 5-13 Jahre, Teilnehmer = 13 (10 männlich, 3 weiblich), Kontrollgruppe = 6 (3 männlich, 3 weiblich)
Intervention: 5-wöchiges Trainingsprogramm, 5 mal die Woche, mit 60 minütiger Trainingsintervention, 15 Min. Warm-up, 30 Min. Training, 10 Min. cool down, Davon mindestens 20 Min. mit 50-75% der maximalen Herzfrequenz, Kontrollgruppe = keine Intervention
Datenerhebung: Prä-post-Test, modifizierte Conner´s Parent Rating Scale, 1 Woche vor Beginn der Intervention, nach 3 Wochen und direkt nach 5 Wochen
Datenauswertung: Varianzanalyse (ANOVA) mit Messwiederholungen, Turkey´s post-hoc Test, Signifikanzniveau, bei $p < 0.05$
Ergebnisse: Signifikante Verbesserungen in der Versuchsgruppe in der Verhaltenskontrolle und Konzentration.

Autor (Jahr): Medina et al. (2010)
Teilnehmer: N = 25, Alter Ø 9.5, 2 Gruppen, 1. ADHS mit Medikamenten, 2. ADHS ohne Medikamente
Intervention: Aerobe-Laufband Intervention, High intensity training, 1 Min. Dehnung vor Kontrollmessung
Datenerhebung: Prä-post-Test, Vergleich zwischen Gruppen, Conner's Continuous Performance Test-II (CPT)
Datenauswertung: Varianzanalyse
Ergebnisse: Direkt nach starker körperliche Belastung verbessert sich die Arbeitsgeschwindigkeit, die Aufmerksamkeits- / Konzentrationsfähigkeit und Verhaltenskontrolle; es vermindert sich Hyperaktivität/Impulsivität unabhängig von der Methylphenidat Behandlung.

Autor (Jahr): Peck et al. (2005)
Teilnehmer: N = 10, Grundschulkinder mit Aufmerksamkeitsstörungen und eine Kontrollgruppe
Intervention: 3 Wochen, 2mal pro Woche eine halbe Stunde, Yoga anhand eines Yoga Videos, Atemübungen, Übungen für die Körperhaltung und Entspannungsübungen

Datenerhebung: Verhaltensbeobachtung; Time on Task Messung: Prozentsatz an Zeitintervallen, in denen die Schüler auf Ihre Aufgaben oder den Lehrer konzentriert waren.
Datenauswertung: Keine Angaben
Ergebnisse: Keine Auswirkungen auf die Aufmerksamkeit im Vergleich zur Kontrollgruppe.

Autor (Jahr): Pontifex et al. (2013)
Teilnehmer: N = 40, Alter = 8-10, Teilnehmer = 20 (6 weiblich), Kontrollgruppe = 20 (6 weiblich)
Intervention: 3 verschiedene Tage im Labor, Within-subjects-Design, Einteilung in verschiedene Reihenfolgen: Versuchsgruppe: Tag 2: 20 Min. lesen; Tag 3: 20 Min. Sport. Kontrollgruppe: Tag 2: 20 Min. Sport; Tag 3: 20 Min. lesen. Aerobe Belastung auf einem Laufband bei 65%-75% der maximalen Herzfrequenz.
Datenerhebung: Messung der Aufgabenleistung, neurologische Messungen und Messung der schulischen Leistung. Erikson-Flanker-Task*
Datenauswertung: T-Test, Bonferroni – Methode, Varianzanalyse (ANOVA)
Ergebnisse: Stärkere Verbesserung der Genauigkeit und der Reaktionszeit der Kinder in der Kontrollgruppe und in der Versuchsgruppe mit Sportintervention. Bessere Ergebnisse in den schulischen Leistungen, Lesen und Arithmetik in beiden Gruppen, ADHS Kinder zeigen selektiv bessere Leistungen in regulatorischen Prozessen nach Sportintervention im Verhältnis zur Leseintervention.

Autor (Jahr): Silva et al. (2015)
Teilnehmer: N = 56, Teilnehmer = 28 (14 mit ADHS, 14 ohne ADHS), Kontrollgruppe = 28 (14 mit ADHS, 14 ohne ADHS)
Intervention: Teilnehmer = 5 Min. Laufen mit Intervallen aber ohne Pause dann 5 Min. Pause vor Testung, Kontrollgruppe = Keine Intervention
Datenerhebung: Messung der Aufmerksamkeit durch ein Computerspiel
Datenauswertung: D´Agostino Normalverteilung, Kruskal-Wallis Varianzanalyse, Post –Hoc-Dunn Test
Ergebnisse: Teilnehmer mit ADHS zeigten eine um 30,5 % verbesserte Leistung in dem Konzentrationstest im Vergleich zu den Teilnehmern mit ADHS ohne Intervention; verbesserte Impulskontrolle.

Autor (Jahr): Tantillo et al. (2002)
Teilnehmer: N = 43, Alter = 8-12 Jahre, Teilnehmergruppe = 18 Kinder (10 männlich, 8 weiblich), Kontrollgruppe = 25 Kinder (11 männlich, 14 weiblich)
Intervention: 3 aufeinanderfolgende Tage, Laufbandtest, 1. Maximale Intensität, 2. Submaximale Intensität, 3. Ruhezeit (Cartoon), Einnahme der Medikamente vor und während der Intervention eingestellt
Datenerhebung: Prä-post-Test, Spontaneous eye blinks (SEB), The acoustic startle eye blink response (ASER), Motorische Impersistenz (MI)
Datenauswertung: F-Test, T-Test, Varianzanalyse ANOVA
Ergebnisse: Männliche Testteilnehmer hatten eine Erhöhung in SEB, eine Abnahme in ASER und eine Abnahme in MI nach maximaler Belastung. Weibliche TN hatten einen Anstieg in der Amplitude bei ASER und eine Abnahme der Latenzzeit bei ASER nach submaximaler Belastung.

Autor (Jahr): Wigal et al. (2006)
Teilnehmer: N = 18 (männlich), Alter = 7-12, Teilnehmer = 10 Kinder, ADHS ohne pharmakologische Behandlung; Kontrollgruppe = 8 Kinder ohne ADHS

Intervention: Innerhalb 1 Woche zwei Fahrradergometer Messungen: 1. Rampenmodell, 2. Intervallfahren: 30 Min. Trainingsintervention, davon 20 Min. Fahrradergometer durchsetzt mit insgesamt 10 Min. Pause
Datenerhebung: Prä-post-Test, Leistungsmessung, Blutwerte, Catecholamin, Konzentration, Lactat-Messung
Datenauswertung: Regressionsanalyse; gepaarter T-Test
Ergebnisse: Catecholamin-Reaktion auf körperliche Bewegung ist bei Kindern mit ADHS mangelhaft. Kinder mit ADHS haben niedrigere CA Reaktionen auf pharmakologische, physiologische & kognitive Herausforderungen.

Die Ergebnisse der 10 Kurzzeitinterventionen zeigen, dass der Gedanke an einem positiven Zusammenhang zwischen körperlicher Aktivität und einer Verbesserung der ADHS-Symptomatik eine Berechtigung hat, da in den Studien überwiegend positive Verbesserungen verzeichnet werden konnten.

Bei neun der 10 Kurzzeitinterventionen sind deutliche Verbesserungen in den zugrunde liegenden Messkriterien aus den Ergebnissen zu entnehmen. Die Zielvariablen waren meistens die motorischen Fähigkeiten, soziale Fähigkeiten, kognitive Fähigkeiten und Aufmerksamkeit. Drei der vier anderen Studien hatten andere Messkriterien. *Tantillo* et al. (2002) und *Wigal* et al. (2006) erforschten den Effekt von körperlicher Aktivität auf die Catecholamine. Die Studie von *Tantillo* et al. (2002) ließ durchaus positive Rückschlüsse von körperlicher Aktivität auf das Dopaminlevel zu, wohingegen *Wigal* et al. (2006) entgegengesetzte Ergebnisse aufwies. In seiner Studie, die zwei Einheiten mit Fahrradergometer in einer Woche beinhaltete, war das Ergebnis der darauffolgenden Messungen eine mangelhafte Reaktion der Catecholamine und es ergab sich kein signifikanter Anstieg von Dopamin im Vergleich zu der Kontrollgruppe. *Medina* et al. (2010) legten den Fokus auf einen Vergleich von der Wirkung körperlicher Aktivität einerseits auf medikamentös eingestellte Kinder mit ADHS und andererseits auf ADHS Kinder ohne medikamentöse Behandlung. Als Ergebnis wurde eine Verbesserung in den Testparametern festgestellt, welche unabhängig von der Catecholamin Reaktion war. Es wurde ein Training mit hoher Intensität gewählt und abschließend eine Minute gedehnt. Der Zeitpunkt der Kontrollmessung wurde nach dem Dehnen gewählt.

Die Studie von *Peck* et al. (2005) hatte, wie die Mehrheit, die Zielvariable der Aufmerksamkeit gewählt, konnte jedoch keine Auswirkungen von körperlicher Aktivität nachweisen. Das negative Ergebnis könnte mit dem Design der Studie zusammenhängen, in welchem die Kinder nur anhand eines Videos Yoga erlernen sollten und kein Übungsleiter die Übungen beaufsichtigt und angeleitet hat. Auch die damit verbundene, geringe externe Motivation könnte für die Ergebnisse ausschlaggebend sein.

Auch die Ergebnisse von *McKune* et al. (2003) lassen die überwiegend positiven Ergebnisse der Studien in einem etwas anderen Licht erscheinen. In dieser Studie wurde ein 5-wöchiges Trainingsprogramm durchgeführt und mit einer Kontrollgruppe ohne Trainingsprogramm verglichen. Beide Gruppen hatten signifikante Verbesserungen in dem Prä-post-Test, der aus einer Elternbeurteilung bestand. Das lässt vermuten, dass nicht nur die Intervention selbst, sondern auch die durch sie erzeugte Aufmerksamkeit der Eltern gegenüber ihrem Kind oder auch das größere Interesse Gleichaltriger zu einer Verbesserung der Symptome führen könnte. Auch die Möglichkeit einer Verbesserung durch den Glauben an die Möglichkeit einer Verbesserung ist zu erwägen.

Chang et al. führten 2012 eine Studie durch, in welcher allerdings der direkte Effekt von einer einmalig stattfindenden Intervention gemessen wurde. Der Vergleich fand zwischen einer Teilnehmergruppe, welche eine 30 minütige Trainingseinheit im aeroben Bereich absolvierte, und einer Kontrollgruppe, welche ein Video mit Sportbezug schaute, statt. Es zeigte sich nach dem Training eine Verbesserung in der Handlungskontrolle sowie in einigen Aufgaben des Wisconsin Card Sorting Tests in der Teilnehmergruppe. Jedoch hatte die körperliche Aktivität nicht auf alle Parameter Einfluss. Eine weitere Studie, die auf die direkten Auswirkungen von körperlicher Aktivität zielt, ist die Studie von *Pontifex* et al. (2013). Er verwendete eine Messwiederholungs-Methode (Within-Subject-Design), um den Effekt einer 20-minütigen moderaten bis intensiven sportlichen Belastung zu messen. Nach den Übungen wurden bessere Ergebnisse im Erikson Flank Test erreicht, welcher die Fähigkeit der Impulshemmung testet.

Zusammenfassend kann man konstatieren, dass die Effekte körperlicher oder sportlicher Aktivität bei ADHS als positiv zu bewerten sind; zudem treten keine zusätzlichen unerwünschten Nebenwirkungen bei gleichzeitiger pharmakologischer Behandlung auf. Weitere Forschung im Bereich der Bewegungsinterventionen ist jedoch schon allein aufgrund der geringen Anzahl an vorhandenen Studien notwendig und wünschenswert. Zukünftige Studien sollten genauer die Dosis-Wirkungs-Beziehungen untersuchen, um die Bewegungstherapie als integralen Bestandteil der Therapie von ADHS wissenschaftlich zu etablieren.

Bewegungs- und Sportinterventionen bei expansiven Störungen

In dem abschließenden dritten Teilbereich sind die Studien aufgeführt, in denen die Effekte von Bewegungsinterventionen bei Kindern und Jugendlichen mit sozialen Störungen bzw. expansiven Störungen im förderpädagogischen Setting untersucht wurden, da für den klinischen Bereich explizit keine Studien vorzufinden waren. Dies erklärt sich u.a. damit, dass bei diesem Störungsbild kurzfristige Verbesserungen im klinisch-stationären Setting speziell bei älteren Kindern und Jugendlichen schwer zu erreichen sind und dass die langfristige therapeutische Betreuung eher im ambulanten Bereich (z.B. Jugendhilfe; Förderschule) oder im Heimbereich erfolgt. Es fanden sich drei Studien zu dieser Fragestellung, wobei anzumerken ist, dass ADHS in diesen Studien nicht zwangsläufig aus den Versuchs- und Kontrollgruppen selektiert wurde.

Studien zu sporttherapeutischen Interventionen bei Störungen des Sozialverhaltens

---

Autor (Jahr): Basile (1993)
Teilnehmer: N = 58, Zufällige Zuweisung zu einer von drei Gruppen, mit unterschiedlicher unabhängiger Variablen a), b) und c)
Intervention: a) Joggen/Walken, 16 Einheiten über 4 Wochen, auf dem Schulhof, b) "mastery" Aufgabe, c) keine Intervention
Datenerhebung: – Vergleich zwischen den Gruppen, – Prä-post-Test, Piers-Harris Children's Self-Concept Scale (PHCSCS)*
Datenauswertung: Kovarianz-Analyse
Ergebnisse: Bei a) signifikante Verbesserung des expansiven Verhaltens im Vergleich zu c), aber keinen stat. nachweisbaren Einfluss auf das Selbstkonzept, im Vergleich von a) und b) keine signifikanten Unterschiede. Keine signifikanten Unterschiede der Gruppen beim Selbstkonzept

---

Autor (Jahr): Palermo et al. (2006)
Teilnehmer: N = 16 (13 männlich, 3 weiblich), Alter = 8-10 Jahre, Teilnehmer = 8 Kinder, Kontrollgruppe = 8 Kinder
Intervention: 10 Monate Intervention, 3x proWoche Wa Do Ryu Karate-Unterricht in einer Gruppe zusammen mit „normal" entwickelten Kindern. Kontrollgruppe = keine Intervention
Datenerhebung: Prä-post-Test, Tests zur Intensität, Anpassungsfähigkeit und Stimmungsregulierung
Datenauswertung: T-Test
Ergebnisse: Signifikante Verbesserung der Teilnehmergruppe in getestetem Verhalten im Vergleich zur Kontrollgruppe.

Autor (Jahr): Parish-Plass et al. (1997)
Teilnehmer: N = 43 (männlich), Teilnehmer Kontrollgruppe
Intervention: 1 Schuljahr, Sport- und Verhaltensintervention
Datenerhebung: Prä-post-Test, Tennessee Self-Concept Scale (TSCS)*
Ergebnisse: Signifikante Abnahme von Verhaltensauffälligkeiten in der Selbstbeurteilung des Selbstkonzepts

Bei der Studie von *Palermo* et al. (2006), handelte es sich um eine Langzeitintervention von 10 Monaten, in der Kinder mit Störungen im Sozialverhalten dreimal die Woche ein spezielles Karate Training absolvierten. Dabei trainierten sie zusammen mit Kindern im gleichen Alter ohne auffälliges Verhalten. Gleichzeitig gab es eine Kontrollgruppe ohne Intervention.

Die Studie zeigt signifikante Verbesserungen bei den auffälligen Kindern in der Stimmungs- und Affektregulation sowie der Anpassungsfähigkeit im Vergleich zu der Kontrollgruppe, welche an keiner Intervention teilnahm. Dies entspricht den Erkenntnissen anderer Studien allerdings im Erwachsenenbereich, dass nämlich Kampfkünste in therapeutischen Settings wirksam sind (vgl. dazu *Wolters,* 1992; *Thimme & Deimel,* 2012). Der Erfolg der Intervention könnte nicht allein durch die körperliche Aktivität und der damit verbundenen physischen Anstrengung liegen, sondern könnte auch durch die im Karate vermittelten Rituale, Regeln und Werte sowie dem in der Sportart nötigen Anteil an Selbstkontrolle und Verantwortungsbewusstsein begründet sein.

Die Werte und Rituale, die man in den therapeutisch modifizierten Kampfkünsten vermittelt bekommt und die Regeln, ohne die ein gemeinsames Trainieren von Kampfkunst gar nicht möglich wäre, machen diese Sportarten als Therapiemaßnahme immer populärer und begründen ihren Einsatz auch bei Kindern und Jugendlichen mit expansiven Verhaltensstörungen (*Thimme & Deimel,* 2012).

Einen erfolgsversprechenden Zusammenhang von Bewegung und expansiven Störungen erforschten bereits *Basile* (1993) und *Parish-Plass* et al. (1997). Auch diese Interventionen führten zu signifikanten Verbesserungen in ausgewählten Verhaltensbereichen. *Basile* (1993) führte eine Jogging- und Walking-Intervention mit 16 Einheiten über 4 Wochen durch und verglich die Interventionsgruppe mit zwei weiteren Kontrollgruppen. Eine der Kontrollgruppen hatte keine Intervention, die Teilnehmer der anderen Kontrollgruppe mussten kognitiv eine Aufgabe erfüllen, in der soziale Kompetenzen zur Lösung erforderlich waren. Es gab keine signifikanten Unterschiede zwischen der Gruppe mit Bewegungsintervention und der Kontrollgruppe mit dieser Aufgabe. Zwischen Bewegungsintervention und Kontrollgruppe ohne jede Art von Intervention hingegen bestand ein signifikanter Unterschied. Das könnte ein Hinweis darauf sein, dass alleine das intensivere Arbeiten mit den Kindern in einer Gruppe, egal in welcher Form, zu einer Verbesserung führt und dass Bewegungsinterventionen auf jeden Fall auch positive Veränderungen bewirken. Die Studie von *Parish-Plass* et al. (1997) hatte einen Interventionszeitraum von einem Jahr und ist somit die längste hier aufgeführte Studie. Die signifikanten Verbesserungen im Verhalten und im Selbstkonzept zeigen, dass eine Sport- und eine Verhaltensintervention, die beide in dieser Studie Teil der Intervention waren, sich als Verbindung nicht negativ beeinflussen und somit die Bewegungstherapie auch in Kombination und ergänzend zu anderen Therapieformen eingesetzt werden sollte.

Abschließende Bemerkungen

Bewertet man die vorliegenden Studien hinsichtlich ihrer Evidenzbasierung, so muss erst einmal festgehalten werden, dass nur wenige der aufgeführten Studien dem festgelegten Regelwerk von RCT-Studien (randomized controlled trial) entsprechen, die im medizinischen System hinsichtlich der Evidenzbasierung als ‚Goldstandard' gelten. Inwieweit dies bei den in der Regel multimodalen Therapiekonzepten mit pharmakologischen, psychotherapeutischen, förderpädagogischen und komplementären Therapien umsetzbar ist, kann sicher kontrovers diskutiert werden. Zudem ist die Teilnehmerzahl bei etlichen kontrollierten Studien sehr gering, so dass ihre Ergebnisse nicht generalisierbar sind. Bezüglich der hier zitierten Untersuchungen erfüllt jedoch eine größerer Anteil von Studien den Grad von nichtrandomisierten kontrollierten

Studien; dies entspricht einer IIa – Evidenzgraduierung. Die restlichen Studien können in die IIb – Evidenzstufe eingeordnet werden. Insgesamt lässt sich für die (regelmäßig überarbeiteten) Leitlinien zur Behandlung von expansiven Verhaltensstörungen folgern, dass bewegungs- und sporttherapeutische Interventionen auf dieser Grundlage mit in das Behandlungsprogramm einbezogen werden ‚sollten'. Zukünftig müsste ihre Evidenz mit methodisch noch genaueren Studien untermauert werden, um ein „Soll" zu erreichen.

Anhang

Testname	Inhalt	Messparameter
Connors rating scale	Fragebogen. Existiert für Eltern, Lehrer und zur Selbstbeurteilung.	Erfasst Verhaltensweisen des Kindes um Hyperaktivität zu messen.
Stroop Test (Stop-Signal-Task)	Farbe-Wort-Interferenztest.	Erfasst Inhibitionsprozesse bei Aufmerksamkeitsproblemen und somit die Kontrolle von Handlungsimpulsen.
Wisconsin Card Sorting Test	Ein neuropsychologischer Test der mit Zuordnung von Karten arbeitet. Sortierregeln müssen erkannt und auf Veränderungen reagiert werden.	Erfasst Teile der Exekutivfunktionen, wie abstrakte Denkfähigkeit und kognitive Flexibilität.
Go/No-go-Association-Test (GNAT)	Treffer- Fehlerrate. Person soll auf bestimmte Reize reagieren, auf andere wieder nicht.	Erfasst implizite Einstellungen, Sensitivität, Assoziationsstärke.
Turm von London Test	Transformationsaufgabe Kugeln auf Stäben anordnen.	Erfasst Exekutivfunktionen, Problemlösungsfähigkeit.
Digit Span Test	Zahlen Sequenzen müssen gemerkt und wiedergegeben werden. Anzahl der Ziffern steigt.	Erfasst die Gedächtnisleistung und die Fähigkeit gemerktes wiederzugeben.
Children Colors Trails Test	Erkennen von Farben und Zahlen.	Misst Aufmerksamkeit, geteilte Aufmerksamkeit und die Geschwindigkeit der mentalen Verarbeitung.
Behaviour Assessment System for Children	Beurteilungsskalen	Erfasst Verhalten und Emotionen
Test of Variables of Attention	Computertest im Spielformat.	Misst die Aufmerksamkeit.
DuPaul's ADHD Rating Scale scores	Eltern- oder Lehrerfragebogen/ Skalen.	Erfasst das Verhalten des Kindes durch Fremdbeurteilung.
Trail- Marking Test part B	So schnell wie möglich Zahlen und Buchstaben verbinden.	Erfasst Exekutivfunktionen

Erikson Flanker Test	Reaktion	Kognitive Funktionen
Piers-Harris Children's Self-Concept Scale	Selbstbeurteilung	Erfasst Auffälligkeiten im Kinder- und Jugendalter
Tennessee Self-Concept Scale	Selbstbeurteilung	Erfasst Auffälligkeiten im Kinder- und Jugendalter

Tab. 2 Ausgewählte Testbeschreibungen

Literatur

Ahmed, G. M. & *Mohamed* S. (2011). Effect of Regular Aerobic Exercises on Behavioral, Cognitive and Psychological Response in Patients with Attention Deficit-Hyperactivity Disorder. *Life Sci J*, 8, 366-371.

*Basile,*V.C. (1993). *Effects of physical Exercise and a mastery task on disruptive behaviors and self-concept.* Diss. New York: Hofstra University.

Blanz, B. (2011). Störungen des Sozialverhaltens und Jugenddelinquenz. In G. *Esser* (Hrsg.). *Lehrbuch der klinischen Psychologie und Psychotherapie bei Kindern und Jugendlichen.* 4. Aufl. S. 227-239. Stuttgart: Thieme,.

Chang, Y.K., *Hung,* C.L., *Huang*, C.J., *Hatfield*, B. D. & *Hung,* T.M. (2014). Effects of an Aquatic Exercise Program on Inhibitory Control in Children with ADHD: A Preliminary Study. *Arch Clin Neuropsychol*, 29, 217-223.

Chang, Y.K., *Liu*, S., *Yu*, H.H. & *Lee*, Y.H. (2012). Effect of Acute Exercise on Executive Function in Children with Attention Deficit Hyperactivity Disorder. *Arch Clin Neuropsych*, 27, 225-237.

Choi, J.W., Han, D.H., Kang, K.D., Jung, H.Y. & Renshaw, P. (2015). Aerobic exercise and attention deficit hyperactivity disorder: brain research. *Med. Sci. Sports Exerc,* 47, 33-39.

Gapin, J. I. & *Etnier,* J. L. (2010). The Relationship between Physical Activity and Executive Function Performance in Children with Attention-Deficit Hyperactivity Disorder. *JSEP*, 32, 753-763.

Haffner, J., *Roos,* J., *Goldstein,* N., *Parzer,* P. & *Resch*, F. (2006). The effectiveness of body-oriented methods of therapy in the treatment of attention-deficit hyperactivity disorder (ADHD): results of a controlled pilot study. *Z Kinder Jugendpsychiatr Psychother*, 34, 37-47.

Hariprasad, V.R., Arasappa, R., Varambally, S., Srinath, S. & Gangadhar, B.N. (2013): Feasibility and efficacy of yoga as an add-on intervention in attention deficit-hyperactivity disorder: An exploratory study. *Indian J. Psychiat*, 55, 379-384.

Hoza, B.; Smith, A.L.; Shoulberg, E.K.; Linnea, K.S.; Dorsch, K.S. & Blazo, J.A. (2015). Effects of Aerobic Physical Activity on Attention Deficit / Hyperacitivity Disorder Symptoms in Young Children. *J. Abnorm. Child Psychol,* 43, 655-667.

Jensen, P.S. & *Kenny,* D.T. (2004). The effects of yoga on the attention and behavior of boys with Attention-Deficit/hyperactivity Disorder (ADHD). *J Atten Disord*, 7, 205-216.

Kang, K. D., *Choi* J. W., *Kang,* S. G. & *Han,* D. H. (2011). Sports therapy for attention, cognitions and sociality. *Int J Sports Med*, 32, 953-999.

Kiluk, B. D., *Weden*, S. & *Culotta*, V. P. (2009). Sport participation and anxiety in children with ADHD. *J Atten Disord,* 12, 499-50.

McKune, A. J., *Pautz*, J. & *Lombard,* J. (2003). Behavioural response to exercise in children with Attention-Deficit/Hyperactivity Disorder. *SA Sports Medicine*, 15, 17-21.

Medina, J. A., *Netto*, T. L., *Muszkat*, M., *Medina*, A. C., *Botter*, D., *Orbetelli*, R., et al. (2010). Exercise impact on sustained attention of ADHD children, methylphenidate effects. *Atten Defic Hyperact Disord*, 2, 49-58.

Palermo, M., *Di Luigi*, M., *Dal Forno*, G., *Dominici*, C., *Vicomandi*, D. & *Sambucioni*, A. (2006). Externalizing and oppositional behaviours and Karate-do: the way of crime prevention: a pilot study. *Int J Offender Ther Comp Criminol*, 50, 654-660.

Pan, C.Y., *Chang*, Y.K., *Tsai*, C.L., *Chu*, C.H., *Cheng*, Y.W. & *Sung*, M.C. (2014). Effects of Physical Activity Intervention on Motor Proficiency and Physical Fitness in Children with ADHD: An Exploratory Study. *J Atten Disord*, [Epub ahead of print]

Parish-Plass, J. & *Lufi*, D. (1997). Combining Physical Activity with a Behavioral Approach in the Treatment of Young Boys with Behavior Disorders. *Small Group Research*, 28, 357-369.

Peck, H. L., *Kehle*, T. J., *Bray*, M. A. & *Theodore*, L. A. (2005). Yoga as an intervention for children with attention problems. *School Psychol Rev*, 34, 415-424.

Pontifex, M. B., *Saliba*, B. J., *Raine*, L. B., *Picchietti*, D. L. & *Hillman*, C. H. (2013). Exercise improves behavioral, neurocognitive, and scholastic performance in children with attention-deficit/hyperactivity disorder. *J Pediatr*, 162, 543-551.

Silva, A.P.; Prado, S.; Scardovelli, T.A.; Boschi, S.R.; Campos, L.C. & Frere, A. (2015). Measurement of the Effect of Physical Exercise on the Concentration of Individuals with ADHD. *PLoS One*. 2015; 10(3): e0122119.

Smith, A. L., *Hoza*, B., *Linnea*, K., *McQuade*, J. D., *Tomb*, M., *Vaughn*, A. J., et al. (2013) Pilot physical activity intervention reduces severity of ADHD symptoms in young children. *J Atten Disord*, 17, 70-82.

Steinhausen, H.-C. (2010). *Psychische Störungen bei Kindern und Jugendlichen: Lehrbuch der Kinder- und Jugendpsychiatrie und –psychotherapie*. 7. Aufl. München: Elsevier Verlag.

Tantillo, M., *Kesick*, C., *Hynd*, G. & *Dishman*, R. (2002). The effects of exercise on children with ADHD. *Med Sci Sports Exerc*, 34, 203-212.

Thimme, T., *Deimel*, H. (2012). Zur therapeutischen Wirksamkeit von Kampfkünsten. In H. *Deimel* (Hrsg.). *Facetten der Bewegungs -und Sporttherapie in Psychiatrie, Psychosomatik und Suchtbehandlung*. S. 128-148. Sankt Augustin: Academia Verlag.

Verret, C., *Guay*, M. C., *Berthiaume*, C., *Gardiner*, P. & *Béliveau*, L. (2012). A Physical Activity Program Improves Behavior and Cognitive Functions in Children With ADHD: An Exploratory Study. *J Atten Disord*, 16, 71-80.

Welsche, M. (2011). Psychische Erkrankungen im Kindes- und Jugendalter. In G. *Hölter* (Hrsg.). *Bewegungstherapie bei psychischen Erkrankungen – Grundlagen und Anwendung*. S. 448-526. Köln: Deutscher Ärzte-Verlag.

Wigal, T., *Greenhill*, L., *Chuang*, S., *McGough*, J., *Vitiello*, B., *Skrobala*, A. et al. (2006). Safety and tolerability of methylphenidate in preschool children with ADHD. *J Am Acad Child Adolesc Psychiat*, 45, 1294-1302.

Wolters, J.M. (1992). *Kampfkunst als Therapie: die sozialpädagogische Relevanz asiatischer Kampfsportarten; aufgezeigt am Beispiel des sporttherapeutischen "Shorinji-Ryu" (-Karatedo) zum Abbau der Gewaltbereitschaft und Aggressivität bei inhaftierten Jugendlichen.* Frankfurt a.M.: Peter Lang Verlag.

Ziereis, S. & Jansen, P. (2015). *Motorische Fähigkeiten und exekutive Funktionen bei Kindern mit einer Aufmerksamkeitsdefizit- /Hyperaktivitätsstörung*. Universität Regensburg: Dissertation.

Hochintensives Intervalltraining (HIIT) als neuer Ansatz in der Sporttherapie bei Kindern mit Aufmerksamkeitsdefizit-/ Hyperaktivitätsstörung

Carolin Friederike Meßler

Fliedner Fachhochschule Düsseldorf

Zusammenfassung

Das hochintensive Intervalltraining (HIIT) stellt einen neuen, nebenwirkungsfreien und kindgerechten Therapieansatz bei Kindern mit ADHS dar. Dabei werden ähnliche Ergebnisse wie bei moderaten Belastungsformen erreicht. Es konnte belegt werden, dass sowohl die Leitsymptomatik als auch die motorischen Fähigkeiten, die sozialen Kompetenzen, das Selbstwertgefühl und die Lebensqualität durch ein HIIT nach nur drei Wochen Face-to-Face-Training positiv beeinflusst werden können. Vorteile des Face-to-Face-Trainings liegen in der individuellen Betreuung der Patienten, bei der man direkt Einfluss auf die Motivation und so indirekt auch auf die Compliance der Kinder nehmen kann. Im Gegensatz zu moderaten Belastungsformen profitieren die Teilnehmer zudem von den kurzen, aber sehr hohen Belastungszeiten, die dem natürlichen Bewegungsverhalten der Kinder entspricht, da bereits im Kindesalter die Therapie- und Trainingszeiten aufgrund der Ganztagsschule häufig zeitlich begrenzt sind. Dies ermöglicht neben weiteren Therapieoptionen, dass die Kinder trotzdem an sporttherapeutischen Einheiten teilnehmen können.

Summary

The high-intensity interval training (HIIT) is a new, free of side effects and child-oriented approach to therapy in children with ADHD. Similar results to those in moderate exercise forms of intensity are achieved. Both, the leading symptoms, as well as motor skills, social skills, self-esteem and quality of life can be positively influenced by a three-week face-to-face high intensity interval training. Advantages of face-to-Face training are in the individual patient care and contact. Influence can be taken directly on the motivation and thus indirectly influence the compliance of children. Unlike to moderate forms of exercise, the participants will also benefit from the short but very high load times, which corresponds to the natural movement behavior of children. Since the therapy and training times are often limited in time due to the full-time school in childhood, HIIT allows additionally to other treatment options that children can still participate in sport therapeutic units.

Einführung

Als eines der häufigsten psychiatrischen Störungsbilder im Kindes- und Jugendalter wird die Aufmerksamkeitsdefizit-/Hyperaktivitätsstörung (ADHS) mit einer weltweiten Prävalenz von 5,3% (*Polanczyk* et al., 2007) diagnostiziert. Laut der *APA* (2000) sind Jungen vier Mal häufiger davon betroffen als Mädchen (*Schmidt & Petermann*, 2009). Die internationale Klassifizierung ICD-10 kennzeichnet die Leitsymptomatik einer kindlichen ADHS durch Unaufmerksamkeit, Hyperaktivität und Impulsivität (*APA*, 2000). Die Leitsymptomatik geht mit einer Vielzahl an sekundären Begleiterscheinungen einher, welche sich inbesondere im Kontakt mit Gleichaltrigen (in Form von sozialer Isolation, aggressivem und/oder distanzlosem Verhalten) und durch oppositionelle Verhaltensweisen gegenüber Erwachsenen zeigen (*Childress & Berry*, 2012). Ebenso zeigen die betroffenen Kinder häufig eine geringe Frustrationstoleranz, welche mit Wutausbrüchen einhergeht (*Childress & Berry*, 2012). Kinder mit einer ADHS sind zudem häufig emotional beeinträchtigt, da sie nicht nur ein geringeres Selbstvertauen aufweisen als gesunde Gleichaltrige, sondern häufig auch Zeichen sozialer Unsicherheit, depressiver Verstimmungen, Ängste und Schulschwierigkeiten aufweisen (*Childress & Berry*, 2012). Somit resultiert eine geringere gesundheitsbezogene Lebensqualität sowohl aus der Leitsymptomatik als auch aus den Komorbiditäten im kognitiven, emotionalen und psychosozialen Bereich (*Schlack* et al., 2007).

Neben der medikamentösen Behandlung der jungen Patienten werden von der *agADHS* (2009) Gespräche/Psychoedukation, Verhaltenstherapie, Interventionelle Maßnahmen (Schule, Jugendhilfe, (teil-) stationäre Rehabilitation, Behandlung von Entwicklungsstörungen) und Selbsthilfegruppen sowie Neurofeedback als Behandlungsmaßnahmen der kindlichen ADHS genannt. In der alltagspraktischen Umsetzung findet die Heilpädagogik, die Ergotherapie sowie die Psychomotorik (*agADHS*, 2009), jedoch trotz wissenschaftlicher Belege (*Gapin* et al., 2011; *Kamp* et al., 2014) bisher nicht explizit die Sporttherapie ihre Anwendung.

Stand der Forschung

Die Effekte von Sport wurden in kürzerer Vergangenheit in zwei Übersichtsartikeln dargestellt (*Gapin* et al., 2011; *Kamp* et al., 2014), jedoch werden hier aufgrund der Ein- bzw. Ausschlusskriterien fünf Studien beschrieben. In der Arbeit von *Kamp* (2015) wurden die peer-reviewed Studien durch weitere Untersuchungen kompletiert. Die Studienübersicht gibt sowohl Aufschluss über die bisher untersuchten Belastungsarten, Intensitäten, Dauer, Häufigkeit und den Zeitraum des Trainings als auch über Trainingseffekte auf die Leitsymptomatik und Begleiterscheinungen, auf das Sozialverhalten, auf Kraft und motorische Fähigkeiten sowie auf neuropsychologische und neurophysiologische Parameter (*Kamp*, 2015). Zusammenfassend lässt sich sagen, dass trotz unterschiedlicher Studiendesigns und stark variierender Trainingsmodalitäten sich sowohl die Leitsymptomatik als auch die Begleiterscheinungen der kindlichen ADHS durch die beschrieben Trainings- und Testinterventionen positiv beeinflussen lassen (*Kamp*, 2015).

Die Effekte von Sport bei Kindern mit ADHS sind vielseitig. *Haffner* et al. (2006) und *Jensen* und *Kenny* (2004) geben eine Verbesserung der Leitsymptomatik durch Yoga an. Gleiches kann laut *Kang* et al. (2011) durch ein Athletiktraining erreicht werden. Die Hyperaktivität kann positiv durch ein angeleitetes Thai Chi-Programm, (*Hernandez-Reif* et al., 2001) und therapeutische Eurythmie (*Majorek* et al., 2004), die Unaufmerksamkeit durch Ballspiele (*Verret* et al., 2012), ein aerobes Übungsprogramm (*Ahmed & Mohamed*, 2011) oder ein interaktives Metronomtraining und die Impulsivität durch therapeutische Eurythmie (*Majorek* et al., 2004), Ballspiele (*Verret* et al., 2012) oder ein Metronomtraining (*Shaffer* et al., 2001) beeinflust werden.

Mindestens ebenso vielseitig wie die Effekte auf die Kernsymptome sind die Effekte von körperlicher Aktivität im Bereich der Komorbiditäten. Sowohl *Hernandez-Reif* et al. (2001), *McKune* et al. (2003), als auch *Majorek* et al. (2004) beschreiben ein insgesamt verbessertes Sozialverhalten. Bereits bei geringen Intensitäten wird die Hemmschwelle (*Gapin & Etnier*, 2010) gelindert. Das Aggresionsniveau (*Shaffer* et al., 2001) sowie das Kooperationsverhalten (*Kang* et al., 2011) werden bei moderater Belastung durch ein Athletiktraining positiv beeinflusst. Ebenso verbessern sich soziale Probleme sowie Anzeichen von Angst und Depressionen (*Verret* et al., 2012). Bereits nach 5-10 Wochen moderatem Training kann bei Kindern mit ADHS neben einer gesteigerten muskulären Kapazität (*Verret* et al., 2012) eine gesteigerte motorische Leistungsfähigkeit (*Ahmed & Mohamed*, 2011; *McKune* et al., 2003) und nach sieben Wochen Metronomtraining eine gesteigerte Reaktionszeit, Geschicklichkeit und Gleichgewichtsfähigkeit (*Bartscherer & Dole*, 2005) beschrieben werden. Bei neuropsychologischen Untersuchungen zeigen sich positive Effekte im Bereich der Konzentration (*Taylor & Kuo*, 2009), Erinnerung, des Arbeitsgedächtnis und der Bearbeitungsgeschwindigkeit (*Gapin & Etnier*, 2010), Intelligenz (*Kang* et al., 2011), Informationsverarbeitung (*Verret* et al., 2012), Emotionsstabilisierung (*McKune* et al., 2003), sensorischen Datenverarbeitung, Sprachverarbeitung und Lesen (*Shaffer* et al., 2001), Verbesserung der visuell-motorischen Kontrolle (*Bartscherer & Dole*, 2005), Steigerung der schulischen Leistungsfähigkeit (*Ahmed* und *Mohamed*, 2011; *Pontifex* et al., 2013) und Arithmetik (*Pontifex* et al., 2013). Durch die neurophysiologischen Parameter konnte heraus gestellt werden, dass nicht medizierte Kinder mit einer ADHS eine höhere Herzfrequenz aufweisen als nicht medizierte Probanden (*Medina* et al., 2010) und dass das Plasmalaktat sowie die Katecholamie bei Kindern mit und ohne ADHS gleichermaßen ansteigen (*Wigal* et al., 2003), jedoch das Noradrenalinplasma bei Kindern ohne ADHS höher ansteigt.

Hochintensives Intervalltraining bei Kindern mit ADHS

Umfangreiche und aussagekräftige wissenschaftliche Studien zur Evaluation von HIIT-Interventionen liegen bisher nicht vor. Drei Studien befassen sich mit einmaligen Testuntersuchungen (*Medina* et al., 2010, *Tantillo* et al., 2002, *Wigal* et al., 2003) und eine Studie untersucht die Effekte von hochintensiver Bewegungstherapie bei Kindern mit ADHS über einen Zeitraum von drei Wochen (*Kamp,* 2015).

Die bisherigen Ergebnisse zeigen, dass es nach einer hochintensiven Belastung auf dem Fahrradergometer von 10x2 min zu einem signifikanten Anstieg des Plasmalaktates und der Katecholamine kommt. Das Noradrenalinplasma ist in der Baseline signifikant geringer bei Kindern mit ADHS und der Anstieg höher bei Kindern ohne ADHS. Die EPI-Baseline zeigt signifikant höhere Werte in der Kontrollgruppe, wohingegen der Dopaminwert bei der Baseline in der ADHS-Gruppe höher ist. Ein signifikanter Anstieg ist jedoch nicht in der Kontrollgruppe zu erkennen (*Wigal* et al., 2003). Ebenso ist nach 20x2 min Belastung eine signifikante Verbesserung der Aufmerksamkeit und eine nicht signifikante Verbesserung der Impulsivität zu verzeichnen. Die Verbesserungen der Kognition nach der körperlichen Belastung sind nicht katecholaminabhängig. Zusätzlich geben die Autoren an, dass die nicht-medizierten Teilnehmer eine höhere Herzfrequenz aufweisen als medizierte Probanden (*Medina* et al., 2010). Bei einem Walking-Test bis zur maximalen Ausbelastung wurde eine Wechselwirkung zwischen dem Geschlecht und der Intensität und den ADHS-Betroffenen gefunden. In der Kontrollgrupe hingegen zeigten sich keine Veränderungen (*Tantillo* et al., 2002).

Kamp (2015) erfasste anhand von 28 Teilnehmern (17 Interventionsgruppenkinder, 11 Kontrollgruppenkinder) die Effektivität von HIIT auf psychische, physische und motorische Parameter im Rahmen einer dreiwöchigen stationären Behandlung von Kindern mit ADHS im Alter von acht bis 13 Jahren. Innerhalb von drei Wochen, zusätzlich zum bestehenden Therapieprogramm, konnte bei den Interventionskindern eine klinische Verbesserung der Leitsymptomatik von „sehr auffällig“ zu „auffällig“ erreicht werden. Zusätzlich zeigte sich eine deutlich reduzierte Leitsymptomatik im direkten Anschluss an die hochintensiven Intervalltrainingseinheiten. Mittels des KINDL-R Fragebogens (*Ravens-Sieberer & Bullinger*, 1998; *Ravens-Sieberer & Bullinger*, 1998b) konnte ein signifikant gesteigerter Selbstwert, ein verbesserter Kontakt zu Gleichaltrigen sowie eine insgesamt gesteigerte Lebensqualität festgestellt werden. Diese Ergebnisse werden von *Guiraud* et al. (2012) gefestigt, die eine verbesserte Lebensqualität nach einem hochintensiven Intervalltraining mit Herzpatienten feststellen konnten. *Kamp* (2015) schlussfolgerte, dass der gesteigerte Selbstwert von Kindern mit ADHS durch ein hochintensives Intervalltraining möglicherweise auf die häufige (bis zu sechs Kontaktzeiten pro Woche) und somit intensive Zusammenarbeit mit der Therapeutin zurück zu führen ist, da innerhalb dieser Kontaktzeiten mit hoher Frequenz an den individuellen Schwächen der Probanden gearbeitet werden konnte. Die Teilnehmer gaben im Angstfragebogen für Kinder (*Wieczerkowski* et al., 1974) an, dass sie bereits nach drei Wochen Intervention weniger sozial erwünscht handelten. Die motorischen Fähigkeiten wurden mittels des Movement ABC-II gemessen. Sowohl die Handgeschicklichkeit als auch die Ballfertigkeiten und somit auch der Gesamtwert steigerten sich signifikant innerhalb von drei Wochen. Die Leistungssteigerung der motorischen Fähigkeiten wird auf das HIIT zurück geführt, da man eine Verbesserung durch medikamenöse Umstellungen ausschließen kann. Ebenso ist eine signifikant gesteigerte Leistung (in Watt) (P_{max}) sowie ein signifikanter Abfall der submaximalen VO_2 in der Interventionsgruppe zu verzeichnen. Somit zeigen zwei der drei untersuchten leistungsphysiologischen Kenngrößen, welche Aussagen über die Effektivität des Trainings machen (*Midgley* et al., 2007; *Stratton* et al., 2009), positive Effekte. Sowohl die Eltern der betroffenen Probanden als auch die Teilnehmer selbst beurteilen das HIIT-Bewegungsprogramm für Kindern mit ADHS als positiv.

Vorteile von HIIT im Alltag der kindlichen Bewegungstherapie

Die Ergebnisse der Studie zeigen sowohl bei motorischen als auch psychologischen und physiologischen Parametern positive Effekte (*Kamp,* 2015). Auch in den weiteren Untersuchungen zur Effektivität von Sport bei Kindern mit ADHS wird nicht von Nebenwirkungen durch die körperliche Aktivität berichtet. Somit bietet die Sporttherapie eine nebenwirkungsfreie und kostengünstige Therapieoption, welche sich an dem natürlichen, intervallartigen Bewegungsverhalten von Kindern (*Massicotte* & *Macnab*, 1974) orientiert. Zusätzlich wird das dreiwöchtige HIIT-Bewegungsprogramm sowohl von den Eltern als auch von den Teilnehmern selbst als positiv bewertet. Eine positive Bewertung ist sowohl für die dauerhafte Compliance einer Therapie als auch für die Langzeiteffekte und den damit verbundenen Therapieerfolg von großer Bedeutung.

Aus der therapeutischen Praxis heraus betrachtet, bietet ein hochintensives Intervalltraining zudem den Vorteil, dass ähnliche Effekte mit geringerem Zeitaufwand erreicht werden können als bei submaximalen Belastungsformen. Für die jungen Patienten bietet dies den Vorteil, dass a) weitere Therapieoptionen in das Wochenprogramm eingebaut werden könnten oder b) die Teilnehmer mehr Zeit zum Freispiel, für Hausaufgaben oder persönliche Anliegen haben, welche im klinischen Alltag häufig zu wenig Zeit finden.

Hinweise zur praktischen Umsetzung eines HIIT mit Kindern

Hochintensive Intervallbelastungen sind durch Belastungszeiten zwischen 15 Sekunden und 4 Minuten bei > 90% der maximalen Herzfrequenz gekennzeichnet (*Earnest*, 2008). Im Rahmen der vorgestellten Studie wurde eine Belastungszeit von 4x4 min Training mit jeweils 3 Minuten Pause bei einer Herzfrequenz > 90% der maximalen Ausbelastung gewählt, so dass man auf eine reine Trainingszeit von ca. 25 Minuten kommt. Die Teilnehmer wurden in der vierminütigen Belastungszeit von aktueller Musik begleitet. In der dreiminütigen Pause hörten die Teilnehmer Entspannungsmusik, so dass ohne Erklärungen deutlich wurde, in welchem Segment (Belastung/Entlastung) man sich befindet. Vor dem Training erfolgte ein kurzes Warm-up, nach dem Training ein kurzes Cool-Down. Dieses Modell hat sich insgesamt bei den untersuchten Kindern mit ADHS als praktikabel erwiesen. Zu kurze und zu häufige Belastungszeiten verlangen von den jungen Patienten extrem viel Motivation, welche bei instabilen Patienten oft nicht gegeben ist. Um einen Trainingseffekt durch das HIIT zu erreichen, muss das Training 3x/Woche durchgeführt werden. Die Teilnehmer sollten zwischen den Tagen mit Belastung immer einen Ruhetag haben. Im Rahmen der vorliegenden Studie wurde montags, mittwochs und freitags trainiert. Die Überwachung der Herzfrequenz erfolgte mittels einer RPE-Skala für Kinder (*Daley* et al., 2005) sowie einem Pulsgurt mit Pulsuhr. Die Daten wurden in ein Trainingsprotokoll eingetragen, so dass die Probanden jederzeit Einsicht darüber bekamen, „was sie bisher geschafft hatten". Die maximale Herzfrequenz sollte vor Beginn des Trainings mittels eines Stufentests auf dem Fahrradergometer festgestellt werden.

Da sich das Training (aufgrund der hohen Belastung) möglicherweise auf die Einschlafphase auswirken könnte, sollte das Training nicht am späten Nachmittag durchgeführt werden. In der vorliegenden Studie wurde das Training stets am Vormittag durchgeführt und in den Schulalltag integriert. Die Probanden wurden für ca. 30 Minuten vom Unterricht befreit und im Anschluß in den Unterricht zurück geschickt. Schlafstörungen wurden nicht beobachtet.

Die durchgeführten Inhalte orientierten sich an den Vorlieben und sportlichen Interessen der Probanden. Ziel war es, dass die Herzfrequenz über 90% der maximalen Ausbelastung lag bzw. der Patient einen Wert >17 auf der RPE-Skala erreichte, um einen Trainingseffekt zu erzielen. Somit stehen bei einem HIIT mit Kindern nicht die Inhalte oder eine Technikschulung im Mittelpunkt des Trainings, sondern die Intensität. Da es sich im Rahmen der Therapie nicht um ein sportartspezifisches Training handelt, standen die Übungen nicht im Vordergrund, sondern die Belastungsintensität. Wie diese bei den Kindern erreicht wurde, war sekundär. Eine an den Interessen orientierte HIIT-Therapieeinheit erhöht die Compliance der Kinder, da sie das Gefühl haben, dass sie mitbestimmen, bzw. eigenständig entscheiden dürfen, was in der Einheit gemacht wird. Der Vorteil bei diesem Vorgehen bei Kindern mit ADHS liegt darin, dass die Motivation der Kinder hoch gehalten wird, so dass es nicht zu einer Verweigerung ihrerseits gegenüber der Aufgabe/ dem Training kommt. Dies ist durch das Mitbestimmen weitestgehend umgangen, da man (möglichst) das umsetzt, was ihnen Spaß macht. Das Training kann /muss somit auf die individuellen Vorstellungen der Teilnehmer abgestimmt werden, um sie überdauernd an das Training zu binden. Im Rahmen des vorliegenden

Projektes wurde das Training ausschließlich mit Jungen durchgeführt. Somit orientierten sich die Inhalte an den Interessen der Teilnehmer. Inhalte waren unter anderem: Staffelläufe, Treppenläufe, Fußballübungen und Torwarttraining, kindgerechte Kraftübungen, Lauf-, Kraft- und Sprungübungen im Zirkel mit Lagenwechsel (Hüpfen, Springen, Kriechen) in Form eines Athletikparcours, Seilspringen u.a.

Die Trainingsbetreuung und –durchführung, unter Beachtung der individuellen Ziele und Probleme der Kinder, ist am einfachsten im 1:1-Training umzusetzen. So kann gezielt auf die Schwächen und Vorlieben der Patienten eingegangen werden. Je nach Alter, Motivation und Schweregrad des Störungsbildes ist auch ein 2:1-Training umsetzbar, wenn die Probanden es ausdrücklich wünschen, mit einem Freund zu trainieren. Dieser ebenso von ADHS betroffene Freund hilft manchmal ausschlaggebend, die Motivation über die Wochen hinweg aufrecht zu erhalten (Konkurrenzgedanke während der Übungen („ich will besser sein")) und weiterhin zur Therapie zu kommen (Gemeinschaftgefühl („wir schaffen das schon gemeinsam!")).

Besondere Kinder benötigen besondere Maßnahmen

In der Zusammenarbeit mit psychisch beeinträchtigten und kranken Kindern sind die Grundvoraussetzungen eines Sporttherapeuten Empathie, Echtheit, Akzeptanz, unabdingbar (*Bergmann Späti* & *Whybra-Döttelbeck*, 2002), um in den unterschiedlichen Funktionen (Trainer, Pädagoge, Organisator und Moderator) adäquat handeln zu können (*Kamp*, 2015). Dies setzt ein gewisses Maß an Erfahrungen sowie an (non-) verbalen Kommunikationsstrategien voraus.

Kinder mit hyperkinetischem und oppositionellem Verhalten verlangen vom Therapeuten ein gewissen Repertoire an besonderen Regeln, damit der Umgang miteinander und innerhalb der Gruppe reibungslos ablaufen kann und das betroffene Kind durch seine Verhaltensauffälligkeiten nicht stets in eine Außenseiterrolle gerät.

Aufgrund ihres Sozialverhaltens geraten Kinder mit ADHS häufig in Konflikte. Um dem vorzubeugen, sollten mit den Kindern zu Beginn jeder Stunde (Gruppen-) Regeln und Konsequenzen besprochen werden, die im Verlauf der Stunde für alle Kinder gleichermaßen umgesetzt werden. Dazu gehört auch, dass alle Teilnehmer gleich viel Aufmerksamkeit und Redezeit bekommen, um möglichst alle Kinder gleich zu behandeln. Zielführend erscheint neben den Ermahnungen für Fehlverhalten, die betroffenen Kinder ausreichend positiv zu bestärken, indem ihnen Lob für ihr adäquates Verhalten oder Erfolge zugesprochen wird. Dadurch erfolgt eine stetige Bestärkung des positiven Verhaltens und es lenkt die Aufmerksamkeit des Patienten auf seine Stärken, die zunehmend von allen Beteiligten vermehrt wahrgenommen werden. Sollten die positiven Bestärkungen oder die Ermahnungen in Bezug auf das Fehlverhalten nicht ausreichen, sollte mit Konsequenzen gearbeitet werden. Diese müssen direkt umsetzbar sein, damit den Kindern die Konsequenz deutlich und spürbar wird (z.B „Fünf Minuten Auszeit auf der Bank“, aber weniger „nächste Woche darfst du nicht mitkommen“). Zudem kann das Kind sein Fehlverhalten nur dann langfristig ändern, wenn die Konsequenzen regelmäßig umgesetzt werden. Hilfreich sind im klinischen Kontext die Absprachen mit der jeweiligen Station und dem pädagogisch-erzieherischen Dienst (*Kamp*, 2015). Aufgrund der Aufmerksamkeitsstörung erscheint es sinnvoll, in Konfliktsituationen stets nur eine Aufforderung an das betroffene Kind auszusprechen, damit es den Anforderungen gerecht werden kann oder mit einem Ampelsystem/Sternchensystem/Punkteplan (Systeme zur Vermeidung von Bestrafungen, bzw. Belohnungssysteme) zu arbeiten (*Döpfner* et al., 2011), die im familiären und schulischen Kontext ebenso Anwendung finden können. Dies hat den Vorteil, dass die betroffenen Kinder in mehreren Settings mit den gleichen Maßnahmen konfrontiert werden und keine neuen Strategien erlernen müssen.

Um Konflikte in der Gruppe zu vermeiden, können zudem in Einzelgesprächen vor den Sportstunden besondere Abmachungen mit den Kindern getroffen werden (*Kamp*, 2015). Beispielsweise kann das Thema „Aggressivität“ offen besprochen und gemeinsam mit dem Kind eine Lösung erarbeitet werden (z.B.: Wenn du wütend bist, dann darfst du aufhören mitzuspielen. Du darfst zwar die anderen in der Zeit nicht stören, darfst dich aber frei in meinem Blickfeld bewegen, damit ich weiß, dass dir nichts passiert und du nicht wegläufst. Wenn du meinst, dass du wieder mitspielen kannst, kommst du wieder zu mir zurück und sobald wie möglich kannst du wieder am Spielgeschehen teilnehmen.) Dies führt zu einer engeren Bindung an das Kind, welches sich verstanden und beachtet fühlt, ohne dass es „vorgeführt“ wird. Ein solches offenes Verhalten dem Kind gegenüber kann oppositionellem Verhalten z.T. vorbeugen, da mit dem Kind gemeinsam Ursachen und Lösungen erarbeitet werden und dem Kind gespiegelt wird, dass es ernst genommen wird. Sollte es dennoch zu Wutausbrüchen kommen, kann ein solches Gespräch erst dann stattfinden, wenn das Kind den emotional belastenden Moment überwunden und sich wieder beruhigt hat.

Zusammenfassend lässt sich somit sagen, dass im therapeutischen und pädagogischen Kontext die Arbeit mit psychisch belasteten Kindern mit ADHS komplex ist und dem Therapeuten eine Vielzahl an Aufgaben abverlangt. Zielführend ist jedoch, dass der Therapeut ein Umfeld schafft, in dem sich das Kind wohl und verstanden fühlt. Dazu gehört, dass sowohl das Kind als auch der Therapeut sich stets erklären muss und dass der professionell arbeitende Therapeut dem Kind stets sein Fehlverhalten verzeihen (vollkommenes Vergeben) sollte, damit die Kinder aus ihren Fehlern lernen können und der therapeutische Kontext stets ein Ort bleibt, in dem man den Kindern einen „Schonraum“ schafft, um schwierige Situationen zu erproben, das Verhalten zu verbessern und das „eigenverantwortliche und selbstständige Handeln“ (*Kamp*, 2015) zu fördern. Da Gruppensituationen von Kindern andere soziale Kompetenzen verlangen als Einzeltherapien, sollte das Team ggf. gemeinsam mit dem

Kind entscheiden, welche Therapieform geeigneter erscheint, damit die betroffenen Kinder ihre Verhaltensmaßnahmen erfolgreich und spielerisch erproben können.

Fazit

Umfangreiche und aussagekräftige Studien zur Effektivität von HIIT bei Kindern mit ADHS sind bisher noch nicht ausreichend dokumentiert (*Gapin* et al., 2011; *Kamp*, 2015; *Kamp* et al., 2014), so dass man bisher noch keine gefestigten Aussagen zu hochintensiven Bewegungsprogrammen bei psychisch kranken Kindern machen kann. *Wahl* et al. (2010) konnten jedoch zeigen, dass intensive Ausdauerbelastungen nicht nur metabolische und kardiovaskuläre Grunderkrankungen positiv beeinflussen können, sondern teils effektivere Therapieerfolge mit sich bringen, als submaximale Ausdauerbelastungen. Zusätzlich lässt sich mit der derzeitigen Datenlage noch keine Aussage über mögliche neurophysiologische Effekte machen. Diese Erkenntnisse wären von besonderem Interesse, da sich ein submaximales Ausdauertraining auf die hypothalamisch-hypophysäre-adrenale Achse sowie auf das sympathische Nervensystem auswirken kann (*Leal-Cerro* et al., 2003) und bei gesunden Probanden eine Linderung der typischen ADHS-Symptome erkennbar ist (*Hollmann & Strüder*, 2009). Nichtsdestoweniger sind kindgerechte Therapieoptionen, welche in den alltäglichen Tagesablauf zu integrieren sind, aufgrund der hohen Prävalenzraten der ADHS unabdingbar. HIIT als mögliche kindgerechte (nonverbale) Therapieoption mit alltagspraktischer Umsetzungsmöglichkeit bietet Kindern mit seinem gezielten Wechsel von Be- und Entlastung im Gegensatz zu konventionellen Interventionsformen vielseitige störungsspezifische und altersbezogene Möglichkeiten.

Sport und insbesondere HIIT, stellen somit einen attraktiven und speziell auf Kinder ausgerichteten Interventionsansatz dar, welcher von Kindern gut tolerierbar, effektiv, kostengünstig und nebenwirkungsfrei ist.

Literatur

AGADHS. 2009. *Leitlinie der Arbeitsgemeinschaft ADHS der Kinder- und Jugendärzte e.V.* [Online]. http://www.agadhs.de/uploads/Leitlinie2009.pdf: ag ADHS. [Accessed 03.06.2014.

A*hmed*, G.M. & *Mohame*d, S., (2011). Effect of Regular Aerobic Exercise ob Behavioral, Cognitive and Psychological Response in Patients with Attention Deficit-Hyperactivity Disorder. *Life Science Journal,* 8, 366-371.

APA, *A. P. A.* (2000). *Diagnostic and statistical manual of mental disorders DSM-IV-TR,* Washington, DC.

Bartscherer, M.L. & Doler, R.L. (2005). Interactive metronome training for a 9-year-old boy with attention and motor coordination difficulties. *Physiother Theory Pract,* 21, 257-69.

Bergmann Späti, D. & *Whybra-Döttelbeck*, N. (2002): *Praxisbuch Sporttherapie.* Aachen: Meyer & Meyer.
Childress, A.C. & *Berry*, S.A. (2012). Pharmacotherapy of attention-deficit hyperactivity disorder in adolescents. *Drugs,* 72, 309-25.
Daley, A.J., *Copeland*, R.J., *Wright*, N.P. & *Wales*, J.K. (2005). Protocol for: Sheffield Obesity Trial (SHOT): a randomised controlled trial of exercise therapy and mental health outcomes in obese adolescents [ISRCNT83888112]. *BMC Public Health,* 5, 113.
Döpfner, M., *Schürmann*, S. & *Lehmkuhl*, G. (2011): *Wackelpeter und Trotzkopf: Hilfen für Eltern bei ADHS-Symptomen, hyperkinetischen und oppositionelem Verhalten.* Weinheim: Beltz.
Earnest, C.P. (2008). Exercise interval training: an improved stimulus for improving the physiology of pre-diabetes. *Med Hypotheses,* 71, 752-61.
Gapin, J. & *Etnier*, J.L. (2010). The relationship between physical activity and executive function performance in children with attention-deficit hyperactivity disorder. *J Sport Exerc Psychol,* 32, 753-63.
Gapin, J.I., *Labban*, J.D. & *Etnier*, J.L. (2011). The effects of physical activity on attention deficit hyperactivity disorder symptoms: the evidence. *Prev Med,* 52 Suppl 1, S70-4.
Gutraud, T., *Nigam*, A., *Gremeaux*, V., *Meyer*, P.,*Juneau*, M. & *Bosquet*, L.(2012). High-intensity interval training in cardiac rehabilitation. *Sports Med,* 42, 587-605.
Haffner, J., *Roos*, J., *Goldstein*, N., *Parzer*, P. & *Resch*, F. (2006). [The effectiveness of body-oriented methods of therapy in the treatment of attention-deficit hyperactivity disorder (ADHD): results of a controlled pilot study]. *Z Kinder Jugendpsychiatr Psychother,* 34, 37-47.
Hernandez-Reif, M., *Field*, T.M. & *Thimas*, E. (2001). Attention Deficit Hyperactivity Disorder: benefits from Tai Chi. *Journal of Bodywork and Movement Therapies,* 5, 120-123.
Hollmann, W. & *Strüder*, H.K. (2009): *Sportmedizin Grundlagen von körperlicher Aktivität, Training und Präventivmedizin.* Stuttgart: Schattauer.
Jensen, P.S. & *Kenny*, D.T. (2004). The effects of yoga on the attention and behavior of boys with Attention-Deficit/ hyperactivity Disorder (ADHD). *J Atten Disord,* 7, 205-16.
Kamp, C.F. (2015): *Auswirkungen von moderater, naturbezogener und hochintensiver Bewegungstherapie auf psychosoziale, motorische sowie leistungsphysiologische Parameter bei Kindern mit Aufmerksamkeitsdefizit-/ Hyperaktivitätsstörung.* Berlin: Winter Industries.
Kamp, C.F., *Sperlich*, B. & *Holmberg*, H.C. (2014). Exercise reduces the symptoms of Attention Deficit Hyperactivity Disorder and improves social behaviour, motor skills, strength and neuropsychological parameters. *Acta Paediatr.*
Kang, K.D., *Choi*, J.W., *Kang*, S.G. & *Han*, D.H. (2011). Sports therapy for attention, cognitions and sociality. *Int J Sports Med,* 32, 953-9.
Leal-Cerro, A., *Gippini*, A., *Amaya*, M.J., *Lage*, M., *Mato*, J.A., *Dieguez*, C. & *Casanueva*, F.F. (2003). Mechanisms underlying the neuroendocrine response to physical exercise. *J Endocrinol Invest,* 26, 879-85.
Majorek, M., *Tuchelmann*, T. & *Heusser*, P. (2004). Therapeutic Eurythmy-movement therapy for children with attention deficit hyperactivity disorder (ADHD): a pilot study. *Complement Ther Nurs Midwifery,* 10, 46-53.
Massicotte, D.R. & *Macanab*, R.B. (1974). Cardiorespiratory adaptations to training at specified intensities in children. *Medicine and science in sports,* 6, 242-6.
MCKune, J.A., *Pautz*, J. & *Lombard*, J. (2003). Behavioural response to exercise in children with attention-deficit/hyperactivity disorder. *Sports Med,* 2, 17-21.

Medina, J.A., *Netto*, T.L., *Muszkat*, M., *Medina*, A.C., *Botter*, D., *Orbetelli*, R., *Scaramuzza*, L.F., *Sinnes*, E.G., *Vilela*, M. & *Miranda*, M.C. (2010). Exercise impact on sustained attention of ADHD children, methylphenidate effects. *Atten Defic Hyperact Disord,* 2, 49-58.

Midgley, A.W., *MCNaughton*, L.R. & *Jones*, A.M. (2007). Training to enhance the physical determinants of long-distance running performance: can valid recommandations be given to runners and coaches based on current scientific knowledge? *Sports Med,* 37, 857-80.

Polanczyk, G., *De Lima*, M.S., *Horta*, B.L., *Biederman*, J. & *Rohde*, L.A. (2007). The worldwide prevalence of ADHD: a systematic review and metaregression analysis. *Am J Psychiatry,* 164, 942-8.

Pontifex, M.B., *Saliba*, B.J., *Raine*, L.B., *Picchietti*, D.L. & *Hillman*, C.H. (2013). Exercise improves behavioral, neurocognitive, and scholastic performance in children with attention-deficit/hyperactivity disorder. *J Pediatr,* 162, 543-51.

Ravens-Sieberer, U. & *Bullinger*, M. (1998). Assessing health-related quality of life in chronically ill children with the German KINDL: first psychometric and content analytical results. *Qual Life Res,* 7, 399-407.

Ravens-Sieberer, U. & *Bullinger*, M. (1998b). News from the KINDL-Questionnaire – A new version for adolescents. . *Quality of Life Research,* 7, 653.

Schlack, R., *Holling*, H., *Kurth*, B.M. & *Hus*, M. (2007). [The prevalence of attention-deficit/hyperactivity disorder (ADHD) among children and adolescents in Germany. Initial results from the German Health Interview and Examination Survey for Children and Adolescents (KiGGS)]. *Bundesgesundheitsblatt Gesundheitsforschung Gesundheitsschutz,* 50, 827-35.

Schmidt, S. & *Petermann*, F. (2009). Developmental psychopathology: Attention Deficit Hyperactivity Disorder (ADHD). *BMC Psychiatry,* 9, 58.

Shaffer, R.J., *Jacokes*, L.E., *Cassily*, J.F., *GREENSPAN*, S.I., *Tuchman*, R.F. & *Stemmer*, P.J. (2001). Effect of interactive metronome training on children with ADHD. *Am J Occup Ther,* 55, 155-62.

Stratton, E., B.J., O.B., *Harvey*, J., *Blitvich*, J., A.J., M., *Janissen*, D., *Paton*, C. &*Knez*, W. (2009). Treadmill Velocity Best Predicts 500-m Run Performance. *International Journal of Sports Medicine,* 30, 40-45.

Tantillo, M., *Kesick*, C.M., *Hydn*, G.W. & *Dishman*, R.K. (2002). The effects of exercise on children with attention-deficit hyperactivity disorder. *Med Sci Sports Exerc,* 34, 203-12.

Taylor, A.F. & *Kuo*, F.E. 2009. Children with attention deficits concentrate better after walk in the park. *J Atten Disord,* 12, 402-9.

Verret, C., *Guay*, M.C., *Berthiaume*, C., *Gardiner*, P. & *Beliveau*, L. (2012). A physical activity program improves behavior and cognitive functions in children with ADHD: an exploratory study. *J Atten Disord,* 16, 71-80.

Wahl, P., *Hägele*, M., *Zinner*, C., *Bloch*, W. & *Mester*, J. (2010). High Intensity Training (HIT) für die Verbesserung der Ausdauerleistungsfähigkeit von Normalpersonen und im Präventions- & Rehabilitationsbereich. *Wien Med Wochenschrift,* 160, 627-636.

Wieczerkowski, W., *Nickel*, H., *Hjanowski*, A., *Fittkau*, B. & *Rauer*, W. (1974). *Angstfragebogen für Schüler (AFS).* Braunschweig: Westermann.

Wigal, S.B., *Nemet*, D., *Swanson*, J.M., *Regino*, R., *Trampush*, J., *Ziegler*, M.G. & *Cooper*, D.M. (2003). Catecholamine response to exercise in children with attention deficit hyperactivity disorder. *Pediatr Res,* 53, 756-61.

Depression und Jugendleistungssport – Hintergründe, Prävention und Früherkennung

Jens Kleinert, Marion Sulprizio & Moritz Anderten

Abt. Gesundheit & Sozialpsychologie
Psychologisches Institut
Deutsche Sporthochschule Köln

Zusammenfassung

Der Jugendleistungssport geht mit belastenden Bedingungen einher, die das grundsätzlich positive Potenzial des Sports für die Entwicklung der psychischen Gesundheit gefährden. Psychische und soziale Ressourcen können einen solchen negativen Effekt abpuffern und somit das Beanspruchungserleben und die Gefahr für depressive Störungen im Jugendleistungssport mindern. Vor diesem Hintergrund beschreibt der Beitrag eine seit 2007 bestehende psycho-soziale Betreuungskonzeption (mentaltalent), die sich u.a. der Persönlichkeitsentwicklung und dem Erhalt der psychischen Gesundheit jugendlicher Leistungssportler widmet. Im Anschluss wird ein Früherkennungssystem für Depressionen und stressorientierte Störungen im Jugendsport dargestellt. Erste empirische Ergebnisse dieser Früherkennung werden auf der Basis einer Gruppe von 192 jugendlichen Leistungssportlerinnen und Leistungssportlern beschrieben und diskutiert. Abschließend wird eine praxiserprobte Gesamtkonzeption erläutert, in der die Förderung der psychischen Gesundheit, die Prävention von Erkrankungen, Früherkennung und die therapeutische Vermittlung miteinander verzahnt sind.

Summary

Elite sport in youth is associated with potentially harmful circumstances that endanger the principally positive outcomes of sport and physical activity participation. Psychological and social resources may protect against such negative effects and reduce young athletes' risk of stress and affective disorders. With this in mind, the present chapter describes a psycho-social care concept (mentaltalent) that has been operating since 2007 to support young athletes' personality development and mental health. Furthermore, the chapter details a screening system used to detect depression and stress-related disorders before discussing empirical results of this screening system from a sample of 192 elite youth athletes. Finally, a practice-approved concept is outlined, comprising the promotion of mental health, the screening of mental disorders, the prevention of mental disorders, and the recommendation of therapists.

Die *positive Wirkung von Sport* auf die psychische Gesundheit ist vielfach bestätigt. Neben einer Reihe von Metaanalysen zeigen dies inzwischen sogar Übersichten von Übersichtsarbeiten (sogenannte „reviews of reviews; *Biddle &*

Asare, 2011; *Daley*, 2008). Allerdings wird bezogen auf dieses, generell sehr positive, Bild bemängelt, dass zu wenig differenziert mit dem Zusammenhang zwischen Sportaktivität und psychischer Gesundheit umgegangen wird (*Biddle & Asare*, 2011). Differenziert betrachtet werden sollte beispielsweise, ob und wie günstige Effekte von der Verschiedenheit der Zielgruppen, der Art von Sport- und Bewegungsaktivität und letztlich auch dem Umfang oder der Intensität des Sporttreibens abhängig sind.

Besonders in Hinsicht auf den Aspekt des Umfangs und der Intensität von Sportaktivität geben die meisten der Analysen und Metaanalysen gute Belege dafür, dass weder niedrige noch hohe, sondern insbesondere moderate Sport- und Bewegungsaktivitäten sich positiv auf die psychische Gesundheit auswirken (*Biddle & Asare*, 2011); dies gilt vor allem für die Steigerung des Wohlbefindens, teils aber auch für die Reduzierung von Missbefinden oder die Symptome psychischer Erkrankungen (z. B. Depressivität). Demgegenüber ist die Forschungslage in Bezug auf die positiven Effekte von Hochleistungssport (also Sport mit höchsten Umfängen und Intensitäten) auf die psychische Gesundheit uneindeutig (*Hoyer & Kleinert*, 2010). Dies liegt einerseits an der geringen Anzahl von Studien in diesem Bereich, andererseits sicherlich auch an der inneren Ambivalenz des Leistungssports in Bezug auf die psychische Gesundheit, denn er beinhaltet gleichermaßen ein förderliches als auch ein hinderliches Potenzial für die psychische Gesundheit und die persönliche Entwicklung der Athletinnen und Athleten.

Diese Ambivalenz des Leistungssports betrifft auch –oder sogar in besonderem Maße– den Jugendleistungssport. Beobachtungen und Berichte aus der Praxis legen einerseits nahe, dass Jugendliche vom Leistungssport profitieren können. Sie erproben ihre Grenzen und Möglichkeiten, lernen mit Zielen und eigenen sowie fremden Erwartungen umzugehen, erfahren sich selbst und andere im sozialen Kontakt, sowohl im Miteinander als auch im Gegeneinander. Unterstrichen werden solche Annahmen durch Studien, die bei sporttreibenden Jugendlichen eine bessere psychische Gesundheit finden, als bei sportabstinenten (*Hartmann*, 1987) und teils sogar im Längsschnitt eine bessere Gesundheitsentwicklung bei aktiven Jugendlichen zeigen (*Roethlisberger*, 1995). Anderseits provoziert diese positive Darstellung insbesondere im Leistungssport eine vermutlich ebenso große Gegenposition: Jugendliche werden durch hohen psychischen Druck überfordert, sind mehr fremd- als selbstbestimmt, verlieren durch Misserfolge nicht nur die Lust am Sport, sondern auch das Vertrauen zu sich selbst. Noch mehr als im Bereich des Leistungssports Erwachsener fehlt der Wissenschaft in diesem Bereich jedoch eine gute Belegbarkeit sowohl der Pro- als auch der Kontraposition.

Der Beitrag besitzt vor diesem Hintergrund vier grundsätzliche Anliegen. Zum ersten sollen mögliche psychische und sozio-strukturelle Risikofaktoren im Leistungssport beschrieben werden, die das Auftreten einer psychischen Störung oder gar Erkrankung begünstigen. Auf dieser Grundlage werden zweitens präventive Ansätze und die hiermit verbundenen Wirkmechanismen erläutert. Der empirische Abschnitt beschäftigt sich mit Möglichkeiten der Früherkennung und stellt erste Erfahrungen im Einsatz solcher Methoden dar. Im abschließenden Teil des Beitrags werden die konzeptionelle Verbindung von Prävention und Früherkennung sowie ein Modell der Verknüpfung von sportpsychologischer Beratung und therapeutischer Arbeit beschrieben.

1. Psychische und sozio-strukturelle Risikofaktoren für Depression im Leistungssport Jugendlicher

Die Häufigkeit depressiver Störungen nimmt vom Kindes- bis zum Jugendalter stark zu. Während bei unter 12-jährigen nur Prävalenzen von 1 % erfasst werden, liegen am Ende der Adoleszenz Prävalenzraten zwischen 17 % – 25 % vor (*Kessler* et al., 2001). Der größte Zuwachs ist zwischen 15 und 18 Jahren zu beobachten (*Hankin* et al., 1998). Die Depression Jugendlicher geht hierbei zumeist mit einer anderen Störung (z. B. Angststörung) oder Verhaltensauffälligkeit (z. B. Drogenkonsum) einher (*Lewinsohn* et al., 1998).

Affektive Störungen und Depressionen im Jugendalter können durch Stress und soziale Belastungen ausgelöst werden (*Lewinsohn* et al., 1998). Hierbei sind aus pathogenetischer Sicht zwei Mechanismen zu unterscheiden. Zum einen können psychosoziale Belastungen im Jugendalter dazu führen, dass eine latente Depression ausgelöst wird; hierbei wird zugleich diskutiert, dass diese Auslösung im Jugendalter in ungünstiger Weise mit vulnerablen Entwicklungsphasen des Gehirns zusammenfällt (*Andersen & Teicher*, 2008). Zum zweiten könnten psychosoziale Belastungen in einem bestimmten Kontext (z. B. Schule) dazu führen, dass eine kontextspezifische, stressassoziierte depressive Erkrankung ausgelöst wird, die vergleichbar mit einem Burnout wäre (*Plieger* et al., 2015).

Im Falle Jugendlicher im Leistungssport scheint insbesondere die Doppelbelastung durch Schule und Leistungssport ein hohes Stresspotenzial zu beinhalten (*Elbe* et al., 2003). Hierbei spielen nicht nur Misserfolge in Folge zu großer Anforderungen eine Rolle, sondern auch strukturelle Bedingungen, die die Belastung erhöhen. Solche strukturellen Faktoren sind vor allem zeitlich bedingt (z. B. geringe Lernzeiten) oder räumlich bedingt (z. B. große Entfernung zu Wettkampfstätten). Letztendlich sind die krankheitsbestimmenden Faktoren bei der jugendlichen Depression Teil eines bio-psycho-sozialen Krankheitsgeschehens (*Petersen* et al., 1993), das heißt körperliche (jugendspezifische) Veränderungen, psychische Belastungen (und der Umgang hiermit) sowie soziale Einflussfaktoren stehen pathogenetisch in Wechselwirkung.

Eine stressmoderierende Wirkung (und somit eine Pufferfunktion für die Auslösung stressinduzierter Depressionen) besitzen verschiedene psychische und soziale Ressourcen (*Richartz* et al., 2009). So können emotionale Beanspruchungen reduziert werden, in dem unterschiedliche personale Bewältigungskapazitäten optimiert werden (z. B. günstige Bewertungsmuster, Lernfähigkeit, Erholungsfähigkeit), soziale Ressourcen verfügbar sind (z. B. familiäre

Unterstützung) oder strukturelle Schwierigkeiten behoben werden (z. B. Optimierung von Mobilität).

Letztendlich ist das Wissen über die Häufigkeit von depressiven Störungen im Jugendleistungssport gering (*Reardon & Factor*, 2010). Zumeist werden lediglich Fallstudien beschrieben (*Dubuc* et al., 2010) oder es werden Daten über subjektive Befindlichkeitseinbußen oder Stresssymptome vorgelegt statt über die Häufigkeit an diagnostizierten Störungen (*Kleinert,* 2010). So fanden *Verkooijen* et al. (2012) eine schlechtere Befindlichkeit bei jungen Talenten als bei einer Vergleichsgruppe. *Kleinert* et al. (2006) untersuchten in ihrer Studie an über 900 Fußballerinnen im obersten Leistungsbereich (Auswahlmannschaft) zwischen 13 und 20 Jahren unter anderem emotionale Befindlichkeitsstörungen (z. B. Angstgefühl, Neigung zum Weinen, trübe Gedanken, innere Gespanntheit). Mehr als 22 % der Befragten gaben bei drei oder mehr Symptomen eine mäßige bis starke Ausprägung an. Nach *Richartz* et al. (2009) unterscheiden sich Mädchen und Jungen in Hinsicht auf solche Symptome kaum.

Insgesamt betrachtet geben solche Zahlen zwar gewisse Hinweise auf die Problematik, lassen jedoch keine Schlussfolgerungen für Prävalenzen zu. Stresssymptome und Befindlichkeitsstörungen sind im Sinne gedrückter Stimmung (depressed mood; *Petersen* et al., 1993) zwar mit einer Depression korreliert, lassen es aber nicht zu, hieraus Angaben zur Häufigkeit einer klinisch behandlungsbedürftigen Depression abzuleiten.

Noch weniger belastbares Material als zur Häufigkeit von Depressionen im Jugendleistungssport liegt zur Verursachung oder den Mechanismen derartiger Störungen vor. Ein wichtiges Problemfeld ist zweifellos der Umgang mit Erfolg und Misserfolg, insbesondere deshalb, weil das jugendliche individuelle Wertesystem stark von gesellschaftlich geprägten Werten abhängt. Ein verringerter Selbstwert als Konsequenz eines gefühlten sozialen Versagens erscheint als plausible Gefahr (*Eppright* et al., 1997). Darüber hinaus sind die Mechanismen von Stresserhöhung und Selbstwertminderung im Jugendleistungssport vielfältig, wobei vor allem der soziale Druck und familiäre Probleme den größten Stellenwert besitzen (*Richartz* et al., 2009). Insgesamt scheinen interessanterweise eher Alltagsprobleme mit emotionalen Störungen verbunden zu sein als sportbezogene Probleme (*Kleinert* et al., 2006; *Richartz* et al., 2009).

Aufgrund der unklaren (spezifischen) Genese einer Depression im Jugendleistungssport erscheint für die vorbeugende Arbeit eher ein unspezifischer Ansatz (Gesundheitsförderung) als ein spezifischer Ansatz (Prävention) sinnvoll. Der gesundheitsförderliche Ansatz akzentuiert die Stärkung von Schutzfaktoren der psychischen Gesundheit (Salutogenese; *Antonovsky,* 2009). Der präventive Ansatz, das heißt die Fokussierung von Risikofaktoren der Depression, würde sich am ehesten auf sehr allgemeine Risiken, wie unterschiedliche Formen der emotionalen Beanspruchung beziehen lassen.

2. mentaltalent: Psychologische Gesundheitsförderung und Prävention stressbedingter Störungen im Jugendleistungssport

mentaltalent ist eine seit 2007 bestehende, psycho-soziale Betreuungskonzeption, die sich sowohl der Leistungsoptimierung, der Gesundheitsförderung als auch der Persönlichkeitsentwicklung jugendlicher Leistungssportlerinnen und -sportler widmet. Die Initiative organisiert hierzu eine Vielzahl von Maßnahmen (z. B. Einzelbetreuungen, sportpsychologische Workshops, Internatsbetreuungen). mentaltalent wird personell durch eine Geschäftsführung am Psychologischen Institut der Deutschen Sporthochschule Köln und 16 in NRW verteilt lebende, teils selbstständige, teils universitär verankerte sportpsychologische Expertinnen und Experten getragen. Die Qualifikation der Letzteren wird über das grundständige Studium sowie angemessene Zusatzausbildungen sichergestellt. Der grundlegende konzeptionelle Gedanke von mentaltalent besteht darin, Nachwuchsleistungssportlerinnen und -sportlern aus NRW sportpsychologische Basiskompetenzen zur Selbstregulation zu vermitteln und über diesen Weg zur Ressourcenstärkung bzw. Gesundheitsförderung sowie auch zur Prävention affektiver Störungen beizutragen.

Im Rahmen von mentaltalent wird die Selbstregulation unter anderem in den beiden Bereichen Handlungs- und Emotionsregulation vermittelt. Unter Handlungsregulation wird die Fähigkeit verstanden, alle zum Gelingen einer Handlung notwendigen kognitiven, emotionalen und automatischen Ressourcen zum richtigen Zeitpunkt aktivieren und aufeinander abstimmen zu können (vgl. *Gabler* et al., 2000). Unter Emotionsregulation wird die Fähigkeit verstanden, emotionale Reaktionen hinsichtlich ihrer Tiefe, Dauer und Art (z. B. körperliche oder psychische Spannungen wie Muskeltonus oder Nervosität) zunächst als leistungsmindernd oder –fördernd zu erkennen und Maßnahmen zur Veränderung, Stabilisierung oder Kontrolle emotionaler Prozesse zu ergreifen (*Baumann*, 2006).

Die gesundheitsorientierte Komponente im Rahmen von mentaltalent besteht aus Ressourcenstärkung (Gesundheitsförderung) und Betreuung bei auftretenden Gesundheitsrisiken (Prävention). Ressourcenstärkung beinhaltet insbesondere die drei Prinzipien der (a) Wissensvermittlung, (b) Selbstreflexion und (c) Handlungserweiterung. (a) Wissensvermittlung bezieht sich dabei auf das Verstehen von Strukturen und Mechanismen wesentlicher psychologischer Phänomene (z. B. Stress, Motivation) und deren Wirkzusammenhängen. Auch einfach nachvollziehbare psychologische Modelle können Gegenstand der Wissensvermittlung im Jugendleistungssport sein. (b) Selbstreflexion beinhaltet die Strukturierung der eigenen Erfahrungen. Die Jugendlichen lernen diese unter Anleitung systematisch einzuordnen und sich selbst besser zu verstehen. In der Phase der (c) Handlungserweiterung erarbeiten die Nachwuchstalente mit Hilfe eines moderierenden Sportpsychologen Methoden, die ihnen zukünftig helfen, mit neuen Tools ihre körperliche und psychische Gesundheit besser zu schützen bzw. auszubilden.

Als Medium sowohl zur Optimierung der Leistungsfähigkeit als auch zur Stärkung und Bewusstmachung gesundheitsfördernder Ressourcen dient eine mehrteilige Workshopkonzeption (*Sulprizio & Kleinert*, 2014), die der didaktischen Grundidee des peer-teaching folgt. Unter peer-teaching wird vor allem der unter Moderation von sportpsychologischen Expertinnen bzw. Experten stattfindende, intensive Austausch unter „Gleichbetroffenen" verstanden, die zunächst ihre Erfahrungen austauschen und sich hinsichtlich neuer oder geeigneterer Lösungen gegenseitig „beraten" dürfen. Der Expertinnen- bzw. Experten-Input rückt zwar in den Hintergrund, ist aber ein weiterhin Bestandteil der Lehrkonzepts.

Die präventive, das heißt an Risikofaktoren und Warnsignalen ausgerichtete Arbeit findet im Rahmen von sportpsychologischen Einzelbetreuungen statt. Diese Betreuungen werden von mentaltalent für Nachwuchssportlerinnen und -sportler organisiert und optional von einer vor- und nachgelagerten sportpsychologischen Basisdiagnostik eingerahmt, die zur Evaluation von Akzeptanz und Effektivität der Maßnahmen beiträgt. Warnsignale, die eine Betreuung notwendig erscheinen lassen, können körperliche, psychische und soziale Befindlichkeitsschwankungen sein, deren weiteres Voranschreiten die psychische oder körperliche Gesundheit beeinträchtigen oder sogar gefährden können.

Auf körperlicher Ebene gehören z.B. das Auftreten von Schmerzen, Müdigkeit, ungewöhnliche Reaktionen wie Schwitzen oder Frieren und Verdauungsprobleme zu früh erkennbaren Symptomen. Psychische Frühwarnsignale äußern sich beispielsweise durch Stimmungsschwankungen wie schnelles Gereizt- oder Angespannt-sein, innere Unruhe, Konzentrationsprobleme aber auch Antriebsschwäche und Gleichgültigkeit. Auffälligkeiten im Sozialverhalten können ebenfalls als Risiko bzw. Warnsignalen interpretiert werden. Ungewöhnlich häufiges Aufsuchen von Gruppen oder Einzelpersonen sowie das Bedürfnis nach Nähe, vornehmlich zu Vertrauenspersonen, gepaart mit einem hohen Mitteilungsbedürfnis können Hinweise auf eine problematische Phase, Vereinsamung oder Traurigkeit-sein. In die gleiche Richtung wirken auch die gegenteiligen Verhaltensweisen wie das ungewohnte Fernbleiben und Vermeiden von Sozialkontakten sowie eine eingeschränkte Kommunikation.

Anlässe für sportpsychologische Betreuungen stehen häufig im Zusammenhang mit emotionaler Beanspruchung und Stress und sind hiermit Themen der psychischen Gesundheit. Dies geht auch aus den Analysen von Gründen für die Inanspruchnahme von Einzelbetreuungen und der praktischen Betreuungsarbeit selber hervor (*Anderten & Kleinert*, in press). Emotionale Beanspruchungen und Stress sind im Nachwuchsleistungssport in mehreren Kontexten relevant. (I) Der attraktive Gedanke, Leistungssport und Schule im Sinne einer dualen Karriere miteinander zu verbinden, bedeutet gleichzeitig eine enorme zeitliche Beanspruchung der Jugendlichen. Ein normaler Tagesablauf besteht neben den schulischen Anforderungen (wie Anwesenheit, Hausaufgaben, Vorbereiten von Klausuren) aus mehrstündigem Training vor Schulbeginn, in Freistunden und am Nachmittag bis in den Abend hinein. Erschwert wird diese Situation durch veränderte Bildungsbedingungen (z. B. G8), die Handlungsfreiräume zunehmend eingrenzen (*Harring*, 2015). Demzufolge ist eine 50-Stunden Woche zuzüglich einer hohen Wettkampf- und Turnierdichte an den Wochenenden eher die Regel als die Ausnahme. Ein dadurch häufig entstehender Risikofaktor ist der chronische Mangel an Erholung und Schlaf (*Erlacher* et al., 2012). (II) Die Zeitbelastung geht häufig zu Lasten sozialer Bedürfnisse und anderer psychologischer Entwicklungsaufgaben innerhalb der Systeme Familie, Freundschaft, Beziehung oder anderer Interessen außerhalb des Sportsystems (*Ohlert & Kleinert*, 2014). (III) Dem Leistungssport eigen ist die ständige Auseinandersetzung mit der eigenen körperlichen und psychischen Leistungsfähigkeit im intra- und interpersonellen Vergleich. Dazu gehören u. a. der Umgang mit Misserfolgen, Leistungsstagnationen und Konkurrenzkämpfe. Dadurch intern und extern (z.B. durch Trainer oder Eltern) entstehende Erwartungshaltungen können den subjektiv wahrgenommenen Leistungsdruck der jungen Talente erhöhen (*Kleinert & Mickler*, 2003).

Hinsichtlich des Schutzes der psychischen Gesundheit müssen alle Verantwortlichen (Verbände, Funktionäre, Trainer, Eltern u.a.) dafür Sorge tragen, die individuellen Grenzen der psychischen Belastbarkeit von jugendlichen Leistungssportlerinnen und –sportlern zu achten, um hohe Leistungen ohne langfristige Einbußen der psychischen Gesundheit zu ermöglichen. In diesem Sinne entwickelt und stärkt mentaltalent nunmehr seit fast 10 Jahren psychosoziale Ressourcen von Nachwuchsathletinnen und –athleten und hilft ihnen beim (frühzeitigen) Erwerb von Maßnahmen zur psychischen Gesundheitsförderung und Prävention.

Für eine rechtzeitige Organisation präventiver Maßnahmen ist das frühzeitige Erkennen von präklinischen Symptomen (z. B. Schlafstörungen, Stimmungstief, unspezifische Beschwerden) notwendig. Solche Symptome sind Elemente von üblichen Screeninginstrumenten, durch die nicht nur vorklinische Problematiken, sondern auch behandlungsbedürftige Störung frühzeitig erkannt werden (Prävention durch Früherkennung; *Caplan & Grunebaum*, 1967).

3. Früherkennung und Screening von affektiven Störungen und Depressionen

Ein Screening der psychischen Gesundheit (oder von psychischen Erkrankungen) ist im Bereich des Leistungssports noch nicht etabliert. Während internistische oder orthopädische Vorsorgeuntersuchungen im Leistungssport – insbesondere im Jugendbereich – zum Standard gehören, sind Vorsorgeuntersuchungen im psychischen Bereich die Ausnahme. Mehr Erfahrungen zum Screening psychischer Erkrankungen liegen demgegenüber im Bereich des schulischen Settings vor (*Dowdy* et al., 2010).

Eine wichtige Anforderung an Screening-Verfahren ist, dass sie praktikabel und valide sind. Die Praktikabilität des Verfahrens hängt insbesondere mit seiner Länge (d. h. der Bearbeitungsdauer) zusammen; hiermit verbunden ist auch die Akzeptanz auf Seiten der Zielgruppe. Zur Verminderung der Bearbeitungsdauer wurden in der Vergangenheit immer kürzere Screenings entwickelt, die dennoch eine noch akzeptable Verlässlichkeit und Aussagekraft haben. So besitzt der Patient Health Questionnaire in seiner kürzesten Version nur noch zwei Items (PHQ-2; *Kroenke* et al., 2003; *Löwe* et al., 2005). Akzeptanz auf Seiten der Adressaten (hier Jugendlichen) wird außerdem nicht nur durch die Kürze, sondern auch durch die Einfachheit und Verständlichkeit der Fragen erreicht.

Neben der Praktikabilität ist für Screeningverfahren besonders der inhaltliche Wert (die Validität) des Verfahrens entscheidend, also: Messen die Verfahren das, was sie messen sollen? Ein wichtiger Parameter für die Validität des Screenings ist seine Sensitivität. Je sensitiver ein Verfahren, desto eher wird mit ihm eine bestimmte Erkrankung tatsächlich erkannt. Beispielsweise besitzt der von uns verwendete PHQ-2 beim empfohlenen Cut-off-Wert von ≥ 3 (von 6) Punkten eine Erkennensrate von 83 % (*Kroenke* et al., 2003) – das heißt 17 % der Erkrankten werden nicht erkannt. *Richardson* et al. (2010) fanden für den PHQ-2 bei 499 13-17-jährigen eine Sensitivität von 74 %. Im Vergleich mit anderen Screeningtests sind diese Werte als akzeptabel bis gut zu bezeichnen. Zugleich zeigt sich bereits hier jedoch eine gewisse Einschränkung der Aussagekraft eines Screenings.

Ein Screening zu Depression lässt jedoch nicht nur Aussagen zur Depressivität, sondern auch bedingt zu anderen Störungsbildern zu. So sind beispielsweise Depressionen und Angststörungen eng verbunden, weshalb sie in manchen Screenings in einem Testwert erfasst werden (*Hampel & Petermann*, 2006). Zugleich hängen depressive Symptome auch mit anderen Störungen des Jugendalters (z. B. Verhaltensauffälligkeiten) zusammen. Der gemeinsame Depressions-/Ängstlichkeitsindex des Screenings psychischer Störungen im Jugendalter (SPS-J) korreliert zum Beispiel hoch (r = .75) mit dem Gesamtwert des SPS-J, in dem alle wichtigsten Störungssymptome des Jugendalters erfasst werden (*Hampel & Petermann*, 2006).

Neben dem Screening von Depression, das heißt einer psychischen Erkrankung, existieren auch Kurzverfahren, die das Gegenteil, nämlich psychische Gesundheit screenen. Solche gesundheitsorientierte Screenings (z. B. der WHO-5; *Blom* et al., 2012; *Bonsignore* et al., 2001) sind eine Art Invers-Diagnostik, das heißt durch das Fehlen von Gesundheit soll ein Krankheitsrisiko erfasst werden. Hiermit sind gesundheitsorientierte Screenings bezogen auf Krankheiten jedoch konzeptionell unspezifisch, da sie keine spezifischen Krankheitssymptome messen. Dennoch ist damit ein Vorteil verbunden, weil durch die Unspezifität mit einem Gesundheitsscreening ein größeres Spektrum an (invers erfassten) Krankheiten abgedeckt werden kann als mit krankheitsspezifischen Screenings.

Unabhängig davon, ob sie gesundheits- oder krankheitsorientiert ausgerichtet sind, sollen alle Screenings neben dem Krankheitsrisiko auch eine Gesundheitschance erfassen. Wie sicher ein Screening die psychische Gesundheit erfasst, sagt das Ausmaß seiner *Spezifität* aus. Je spezifischer ein Screeninginstrument ist, desto sicherer ist seine Aussage in Richtung „nicht erkrankt" (bei krankheitsorientierten Screenings; z. B. PHQ-2; Löwe et al., 2005) bzw. „gesund" (bei gesundheitsorientierten Screenings; z. B. WHO-5; World Health Organization, Regional Office for Europe, 1998). Der in unserer Studie angewendete WHO-5 besitzt beispielsweise in der Studie von (*Löwe* et al., 2004) eine Spezifität von mindestens 76 % (bei einem Cut-off von ≤ 9 von 25 Gesamtpunkten). Hiermit würden 24 % der getesteten Gesunden fälschlich als krank eingestuft.

Die Festlegung eines Cut-off und hiermit die Entscheidung, wie sehr falsch negative oder falsch positive Ergebnisse akzeptiert werden, hängt von mehreren Faktoren ab. Wenn Screenings in der Praxis eingesetzt werden, so geschieht dies häufig in zweistufigen Verfahren. Nach einem positiven Screening folgt dann in der Regel ein diagnostisches Interview, in dem ein falsch positiver Wert korrigiert wird. Trotzdem sollte die Testspezifität nicht unter 75-80 % liegen, da sonst in zu vielen Fällen „Fehlalarm" ausgelöst wird (bei einer Prävalenz von 5 % würde ein Test mit 76 % Spezifität 24 von 100 Jugendlichen fälschlicherweise nachdiagnostizieren). Andererseits stellt sich die Frage, wie viele Kranke durch das Screeningraster fallen dürfen. Bei einer Sensitivität von 82 % (und Prävalenz von 5 %) würde ca. einer von fünf kranken Jugendlichen nicht erkannt. Letztlich ist die Festlegung eines Cut-off in der Praxis eine Entscheidung aufgrund verfügbarer Ressourcen und vertretbarer Fehlerrate, die Einrichtungen gewissenhaft auf der Basis bestehender Empfehlungen fällen müssen.

Praxisrelevante Cut-offs eignen sich nicht für epidemiologische Aussagen. Die zumeist niedrigere Spezifität (bei gleichzeitig relativ niedriger Prävalenz) führt zu einer immensen Überschätzung der tatsächlichen Prävalenz. Bei den oben beispielhaft genannten Zahlen (82 % Sensitivität, 76 % Spezifität, 5 % Prävalenz) würde ein Screening zu einer Überschätzung von 19.8 % führen (d. h. statt 5 % tatsächlicher Prävalenz stuft der Test 24.8 % der Jugendlichen als krank ein).

4. Häufigkeit auffälliger Screeningwerte zur Depression im Jugendleistungssport

Auf der Basis der beschriebenen Ausgangslage wurden im Rahmen einer sportpsychologischen Standarddiagnostik (vgl. Abschn. 5) bei jugendlichen Leistungssportlerinnen und –sportlern zwei Screeningverfahren (PHQ-2, WHO-5) eingesetzt. Hierbei sollten Erfahrungen mit der Ausprägung der Testwerte und der Einstufung in Abhängigkeit von verschiedenen Cut-offs gesammelt werden.

Untersuchungsgruppe. Die befragte Gruppe bestand aus 249 jugendlichen Leistungssportlerinnen (61.9 %) und Leistungssportlern (38.1 %). Die Befragten waren zwischen 11 und 21 Jahre alt (M = 16.12; SD = 2.15) und gehörten zum Zeitpunkt der Befragung einem Leistungskader an (D-, D/C- oder C-Kader). Von den Befragten waren 45.8 % im Individualsport (inkl. Kampfsport) aktiv, 43.8% im Mannschaftssport und 10.4% im Bereich der Rückschlagspiele. Alle Befragten waren Teilnehmerinnen und Teilnehmer an einer sportpsychologischen Basisdiagnostik an der Deutschen Sporthochschule Köln (vgl. Abb. 2, Schritt 1). Die Daten wurden über ein Online-Tool personifiziert erfasst.

Messinstrumente. Zur Früherkennung wurden sowohl ein krankheits- als auch ein gesundheitsorientiertes Screeningtool eingesetzt. Als krankheitsorientiertes Tool wurde der PHQ-2 (Patient Health Questionnaire; *Löwe* et al., 2005) eingesetzt. Hierbei wird auf einer vierstufigen Skala erfasst, wie häufig („nie", „an wenigen Tagen", „an den meisten Tagen", „beinahe jeden Tag") die Befragten in den letzten Wochen zwei Kernsymptome der Depression erlebten („Ich hatte wenig Interesse oder Freude an Dingen, die ich getan habe."; „Ich habe mich niedergeschlagen, schwermütig oder hoffnungslos gefühlt."). Als gesundheitsorientiertes Screening-Tool wurde der WHO-5 eingesetzt. Mit fünf Items (vgl. Tabelle 1) sollen die Befragten auf einer 6-stufigen Likertskala beschreiben, wie sie sich in den letzten zwei Wochen gefühlt haben.

In den letzten 2 Wochen
... war ich froh und guter Laune.
... habe ich mich ruhig und entspannt gefühlt.
... habe ich mich energisch und aktiv gefühlt.
... habe ich mich beim Aufwachen frisch und ausgeruht gefühlt.
... war mein Alltag voller Dinge, die mich interessieren.

Tab. 1: Items und Antwortskala des WHO-5 (*Blom* et al., 2012; *Bonsignore* et al., 2001).

Anmerkung: Antwortskala: (5) Die ganze Zeit, (4) Meistens, (3) Etwas mehr als die Hälfte der Zeit, (2) Etwas weniger als die Hälfte der Zeit, (1) Ab und zu, (0) Zu keinem Zeitpunkt.

Cut-off-Werte. Der Cut-off des PHQ-2 wird üblicherweise bei ≥ 3 festgelegt (*Kroenke* et al., 2003). Hierbei werden jedoch lediglich für eine Major Depression gute Werte erreicht (Sensitivität 82.9 %, Spezifität 90 %), während für alle depressiven Störungen eine deutlich verringerte Erkennensrate vorliegt (Sensitivität 62.3 %, Spezifität 95.4 %). Dieser Cut-off wird auch für Jugendliche empfohlen (*Richardson* et al., 2010). Für den WHO-5 empfiehlt die WHO selbst einen Cut-off ≤ 12 (d. h. unter 50 % des Maximalwerts). Allerdings finden Löwe et. al (2004) an einer umfangreichen deutschen Stichprobe einen optimalen Cut-off von ≤ 9 (mit einer Sensitivität von 82 % und einer Spezifität von 76 %). Differenzierte Ergebnisse finden *Christensen* et al. (2015) an einer jugendlichen Stichprobe. Die Autoren definieren zur Feststellung einer mittleren bis schweren depressiven Störung als optimal den von der WHO empfohlenen Cut-off (mit Sensitivität 75 %, Spezifität 89 %), zur Erfassung auch milder Formen sogar einen Cut-off von ≤ 14. Unter Einbezug der inkonsistenten

Lage wurde in der vorliegenden Studie in Anlehnung an *Löwe* et al. (2004) ein Cut-off von ≤ 9 gewählt.

Ergebnisse. Der mittlere PHQ-2-Wert der Gesamtgruppe liegt bei 1.50 (SD = 1.34); gemäß dem hier gewählten PHQ-2-cut-off von ≥ 3 sind 16.5 % der Werte als auffällig (positiv) zu werten. In Tabelle 2 kann abgelesen werden, wie die Prävalenzraten sich bei einem höheren oder niedrigeren Cut-off verändern würden.

Wert	Häufigkeit	Prozent	kumulativ
6	4	1.6	1.6
5	6	2.4	4.0
4	12	4.8	8.8
3	19	7.6	16.5
2	68	27.3	43.8
1	78	31.3	75.1
0	62	24.9	100.0

Tab. 2: Häufigkeiten von PHQ-2-Werten im Jugendleistungssport. Die starke Linie verdeutlicht den hier angewendeten Cut-off (n = 249).

Bezogen auf den WHO-5 liegen die Werte im Mittel bei 15.06 (SD = 4.62). Unter Berücksichtigung des hier gewählten Cut-off für den WHO-5 von ≤ 9 sind 11.6 % der Werte auffällig (vgl. Tabelle 3). Würde man der WHO-Empfehlung (und zugleich der Empfehlung von *Christensen* et al. (2015) zum Screening moderater und schwerer Depressionen) folgen, wären 30.5 % aller Fälle auffällig und hiermit nachzuverfolgen.

Wert	Häufigkeit	Prozent	kumulativ
2-7	15	6.0	6.0
8	6	2.4	8.4
9	8	3.2	11.6
10	13	5.2	16.9
11	17	6.8	23.7
12	17	6.8	30.5
13	13	5.2	35.7
14	19	7.6	43.4
15-25	141	56.6	100.0

Tab. 3: Häufigkeiten von WHO-5-Werten. Die starke Linie verdeutlicht den hier angewendeten Cut-off (n = 249).

In 5.6 % der Fälle sind beide Cut-offs auffällig (vgl. Abbildung 1). In 16.9 % der Fälle zeigen WHO-5 und PHQ-2 ein gegenläufiges Testergebnis (in 6.0 % ist der WHO-5 jedoch nicht der PHQ-2 positiv; in 10.8 % der Fälle ist es umgekehrt). In 77.5 % der Fälle ist keiner der Tests positiv.

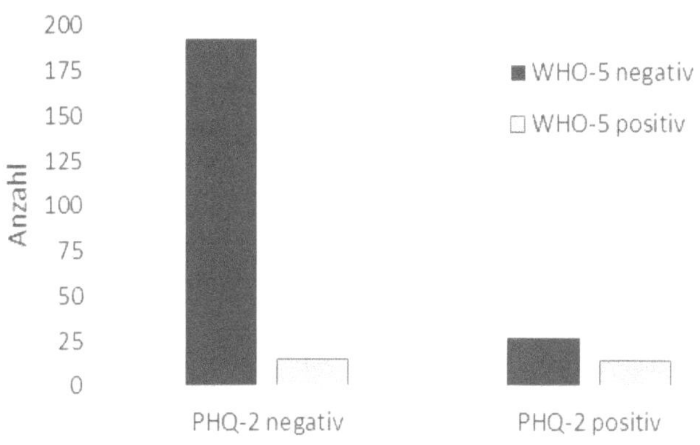

Abb. 1: Häufigkeiten auffälliger (positiv) und unauffälliger (negativ) Werte für den PHQ-2 (Cut-off $\geq$ 3) und den WHO-5 (Cut-off $\leq$ 12).

Der PHQ-2 und der WHO-5 korrelieren moderat miteinander ($r = -.43$; $p < .001$; vgl. auch Abb. 1). Allerdings wird hiermit lediglich 18.5 % der gemeinsamen Varianz durch die beiden Verfahren aufgeklärt.

Zwischen verschiedenen Altersgruppen und zwischen männlichen und weiblichen Befragten zeigen sich Unterschiede: Jüngere (<15 Jahre) weisen geringere PHQ-2-Werte auf (M=1.05, SD=1.23) als 15-17-jährige (M=1.73, SD=1.38) oder über 18-jährige (M=1.64, SD=1.28; $F(2,246)=6.771$, $p<.001$). Außerdem besitzen Jüngere höhere WHO-5-Werte (M=16.41, SD=4.01) als 15-17-jährige (M=14.18, SD=4.82; $F(2,246)=5.813$, $p=.003$). In Hinsicht auf das Geschlecht weisen männliche Befragte höhere WHO-5-Werte (M=15.91, SD=4.90) als weibliche auf (M=14.53, SD=4.38; $F(1,247)=5.275$, $p=.022$).

Diskussion. Gemessen am üblichen Cut-off des PHQ-2 von $\geq$ 3 zeigt jeder Sechste (16.5 %) der von uns befragten Jugendlichen ein erhöhtes Depressionsrisiko. Im Verhältnis zur Studie von *Richardson* et al. (2010), in der jeder achte (12 %) von 2291 13-17 jährigen auffällig war, ist dieser Wert als eher hoch einzuschätzen. Die tatsächliche Prävalenz lässt sich aus diesen Daten nur annähernd ableiten. Geht man von sehr guten Werten für Spezifität und Sensitivität aus (jeweils 85 %), so würden sich die vorliegenden Werte aus einer tatsächlichen Prävalenz von 3 % ergeben.

Die meisten der befragten Jugendlichen fühlen sich eher wohl. Mit einem Mittelwert von 15.1 liegt das mittlere Wohlbefinden (WHO-5) der Befragten im leicht positiven Bereich, wobei jedoch eine hohe Streuung der Werte von 4.6 berücksichtigt werden sollte. Im Vergleich zu anderen Studien ist das Wohlbefinden der Kaderathletinnen und –athleten jedoch eher gering einzuschätzen, da sowohl die sportaktive Erwachsenengruppe bei *Spengler* et al. (2013; M=15.6) als auch die Jugendlichen in der Studie von *Christensen* et al. (2015; M=16.7) ein deskriptiv besseres Wohlbefinden berichten.

Die Anzahl kritischer Werte beim WHO-5 ist in unserer Untersuchungsgruppe im Vergleich zu Erwachsenen ähnlich, zu Jugendlichen außerhalb des Leistungssports vergleichsweise hoch: so sind 11.6 % der Fälle in unserer Gruppe auffällig, während *Spengler* bei Erwachsenen beim gleichen Cut-off (≤ 9) 15 % kritische Werte berichtet. Bei einem konservativeren Kriterium (WHO-5 ≤ 12) ergeben sich in unserer Gruppe 30.5 % auffällige Werte; bei *Spengler* et al. (2013) sind es 25 %. Deutlich geringer sind die Prävalenzraten jedoch in der norwegisch-dänischen jugendlichen Stichprobe (Nichtsportler) bei *Christensen* et al. (2015). Die Autoren finden lediglich bei 11 % der Befragten einen kritischen Wert.

Die zuvor geschätzte tatsächliche Prävalenz von 3 % lässt sich auch aus den WHO-5-Werten plausibel herleiten. Ausgehend von dieser Prävalenz und der Anzahl kritischer Werte würden sich eine Spezifität von 90 % und eine Sensitivität von 75 % ergeben. Diese Werte entsprechen den Erfahrungen mit dem WHO-5, der bei niedrigen Cut-offs zwar eine sehr gute Spezifität, aber deutlich schlechtere Sensitivität besitzt.

Das krankheitsorientierte (PHQ-2) und gesundheitsorientierte (WHO-5) Screening korreliert nur mäßig miteinander (r = -.43). Hiermit können vorhergehende Studien nicht bestätigt werden, bei denen der Zusammenhang der Skalen deutlich höher war (r = -.73 bei *Löwe* et al., 2004). Hieraus lässt sich folgern, dass ein gemeinsamer Einsatz beider Screenings einen deutlichen diagnostischen Mehrwert erbringt. Insbesondere die gleichzeitige Auffälligkeit von PHQ-2 und WHO-5 (bei unser Studie 5.6 % der Fälle) könnte helfen, kritische Fälle zu identifizieren, ohne zu viele falsch-positive Fälle zu riskieren. Dies müssten zukünftige Validierungsstudien jedoch noch belegen.

Praxispassung der Screeningwerte. Die Praxis zeigt, dass viele Verdachtsfälle sich im Interview als unbegründet herausstellen (falsch positives Testergebnis). Die Jugendlichen beschreiben dann beispielsweise, dass zum Erhebungszeitpunkt ungünstige situative Bedingungen vorlagen und sie sehr stark belastet waren (z.B. durch Klausurphasen in der Schule kombiniert mit wichtigen Wettkämpfen) oder dass es aufgrund für sie typischer Stimmungsschwankungen zu ihren Angaben gekommen ist. Manchmal wird auch eine vorübergehende Veränderung des Trainingsalltags als stressauslösend empfunden und kann zu Befindlichkeitsstörungen führen, die dann nach einiger Zeit wieder nachlassen.

Häufig ergibt sich auch ohne Intervention eine kurzfristige Verbesserung der Situation. So wird beispielsweise von den Athletinnen und Athleten angegeben, dass die Situation zwischenzeitlich wieder „unter Kontrolle“ ist und daher kein Bedarf besteht, therapeutisch oder sportpsychologisch zu arbeiten. Dennoch ist es auch in solchen Fällen wichtig, den Jugendlichen die Sicherheit vermittelt zu haben, dass sie bei schwerwiegenderen oder länger anhaltenden Stimmungsproblemen eine unabhängige Anlaufstation haben, an die sie sich wenden können, um diskrete und zeitnahe Hilfe zu bekommen.

5. Gesamtkonzeption von Prävention, Früherkennung und Therapie im Rahmen sportpsychologischer Beratung und psychotherapeutischer Arbeit

Prävention (bzw. Gesundheitsförderung), Früherkennung und Behandlung depressiver Störungen im Bereich des Jugendleistungssports sind im besten Fall im Rahmen einer Gesamtkonzeption verknüpft. Eine solche Konzeption wird seit 2014 an der Deutschen Sporthochschule Köln umgesetzt. Hierbei werden drei, an der DSHS Köln verankerte Arbeitsbereiche miteinander verknüpft, nämlich das Deutsche Forschungszentrum für Leistungssport (momentum) sowie die Initiativen mentaltalent und MentalGestärkt. Durch die Verbindung dieser Bereiche ergibt sich ein 6-schrittiger Prozessablauf (vgl. auch Abbildung 2).

Abb. 2: Prozessablauf zur Früherkennung und Versorgung depressiver Störungen im Jugendleistungssport im Modell der DSHS Köln.

Im ersten Schritt wird eine standardisierte Screening-Diagnostik durchgeführt. Dieses Screening findet im Rahmen des sogenannten Basischecks des Deutschen Forschungszentrums für Leistungssport (momentum) statt, in dem neben körperlichen Tests auch psychologische Diagnostik durchgeführt wird. Neben üblichen sportpsychologischen Parametern (wie z.B. Selbstvertrauen, emotionale Kontrolle oder Teamgefühl) werden hierbei auch Screeningwerte zur Depressivität (PHQ-2) und zum psychischen Wohlbefinden (WHO-5) in Selbstauskunft erhoben.

Der zweite Schritt beinhaltet die Feststellung auffälliger Werte. Hierzu werden die Screeningwerte hinsichtlich des Unter- bzw. Überschreitens kritischer Cut-Off-Werte geprüft. Als auffällig werden Werte behandelt, die beim PHQ-2 ≥ 3 und beim WHO-5 Werte ≤ 10 sind. Der WHO-cut-off basiert dabei auf einer Kompromisslösung der sehr unterschiedlichen in der Literatur beschriebenen Empfehlungen. In der Gesamtbewertung beider Verfahren wird ein Verdachtsfall festgelegt, wenn einer der beiden Screeningwerte positiv (verdächtig) ist.

Der dritte Schritt besteht aus der Weitergabe der Information an die jugendlichen Leistungssportlerinnen und Leistungssportler durch Mitarbeiterinnen oder Mitarbeiter der Initiative MentalGestärkt; bei unter 16-Jährigen werden ebenfalls die Eltern kontaktiert. In diesem Schritt erhält die Athletin oder der Athlet mittels E-Mail die Information, dass sich bei der Diagnostik ein Hinweis auf (stark) reduziertes Wohlbefinden ergeben hat. Gleichzeitig hiermit werden unterschiedliche Wege des Umgangs mit dem auffälligen Wert beschrieben (z. B. Betreuungsformen; s. nachfolgender Absatz). Eines der wichtigsten Ziele in diesem Schritt ist es, eine subjektive Stigmatisierung „psychisch krank" zu verhindern (*Gulliver* et al., 2012) und hiermit die Akzeptanz für Angebote zu fördern.

Vierter Schritt: Falls der Wunsch nach einem Betreuungsangebot besteht, lassen sich drei Fälle unterscheiden. (1) Im Falle einer stärker empfundenen Problematik (z. B. intensive, länger anhaltende Stimmungsstörung) werden vom Netzwerk MentalGestärkt Kinder- und Jugend-Psychotherapeuten bzw. – Psychiater genannt, an die sich die Athletinnen und Athleten wenden können. (2) Wenn von Seiten der Betroffenen kein Wunsch nach therapeutischer Hilfe besteht, werden für Einzelbetreuungen sportpsychologische Experten empfohlen. Bei Athletinnen und Athleten aus NRW, die im D- oder D/C-Kader ihrer Sportverbände gelistet sind, können solche Einzelbetreuungen durch die Initiative mentaltalent abgedeckt werden (vgl. Abschn. 2; *Sulprizio & Kleinert*, 2014). Bei Bundeskader-Athletinnen und Athleten wird der jeweils zuständige Olympiastützpunkt mit den dort zuständigen sportpsychologischen Experten als Kontaktadresse weitergegeben. (3) Wenn vom Betroffenen Gruppenangebote präferiert werden, können (insbesondere für den Bereich NRW) Workshops mit starker Orientierung auf die Stärkung der psychischen Gesundheit angeboten werden (vgl. Abschn. 2).

In diesem vierten Schritt kann die Initiative MentalGestärkt bei allen genannten Angeboten einen Erstkontakt zu den Betreuenden herstellen, so dass die Inanspruchnahme des Angebots (z. B. therapeutische Betreuung) durch die Athletinnen und Athleten erleichtert wird (Prinzip der Niederschwelligkeit). Außerdem garantieren die im Netzwerk von MentalGestärkt gelisteten Ansprechpartner eine zeitnahe Versorgung bzw. ein möglichst kurzfristiges Angebot zu einem Erstgespräch.

Im fünften Schritt ist die Durchführung der Betreuung (sportpsychologisch, psychotherapeutisch oder psychiatrisch) verortet. Hieran schließt der sechste und letzte Schritt an, der aus einem Controlling der Maßnahme besteht: ca. zwei bis drei Wochen nach der Vermittlung eines konkreten Angebots oder einer Ansprechperson wird die Athletin bzw. der Athlet erneut von MentalGestärkt per E-Mail angeschrieben und nach der Zufriedenheit der Versorgung gefragt. Wenn die Sportlerin oder der Sportler zwischenzeitlich den Kontakt mit den empfohlenen Betreuerinnen oder Betreuern herstellen konnte und sich gut „aufgehoben“ fühlt, ist der Vermittlungsprozess seitens MentalGestärkt beendet. Wenn die Sportlerinnen bzw. Sportler jedoch nicht zufrieden sind, werden weitergehende Kontaktangebote gemacht.

Ausblick

Dass Jugendleistungssport mit belastenden Bedingungen einhergeht, liegt in der Natur der Sache. Inhaltliche und strukturell-organisatorische Bedingungen beanspruchen in hohem Maße die jugendliche Psyche und stellen für die psychische Gesundheit eine potenzielle Gefahr dar. Unsere Daten zeigen jedoch, dass in den allermeisten Fällen diese Belastungen offensichtlich gut bewältigt werden. Allerdings lässt sich bei den befragten Kaderathletinnen und –athleten im Vergleich zu anderen Untersuchungen ein leicht erhöhter Risikowert für Depressionen und ein (deskriptiv) schlechteres Wohlbefinden feststellen.

Umso wichtiger erscheint es, sowohl sozial-organisatorische und vor allem auch psychische Ressourcen im Jugendleistungssport verstärkt aufzubauen. Der Umgang mit hohen Belastungen oder die Bewältigung von (natürlich auftretenden) Misserfolgen kann und muss gelernt und geübt (d. h. trainiert) werden. Dies gilt letztlich auch bei Veränderungen der jugendlichen Sportkarriere, z. B. dem Aussteigen aus dem Kadersystem (*Brand* et al., 2012) oder dem Umgang mit Verletzungen (*Kleinert & Hermann*, 2007). Ein derartiges Training von Bewältigungs- und Entwicklungsfähigkeiten wird im besten Fall durch sportpsychologische Expertinnen und Experten angeleitet und betreut (wie in der Initiative „mentaltalent“ der DSHS Köln). Unter diesen Voraussetzungen können hohe Belastungen als Lernreize verstanden werden, an denen sich die jugendliche Persönlichkeit misst, selbst reflektiert und weiterentwickelt.

Früherkennung eines Depressionsrisikos sollte im Rahmen des Jugendleistungssports zur festen und regelmäßigen Untersuchungsgröße werden. In diesem Sinne sollten einfache und schnell ausführbare Verfahren wie der PHQ-2 oder WHO-5 ebenso wie sportmedizinische Screenings flächendeckend etabliert werden. Wenn der Verdacht auf eine mögliche Störungen sich durch persönliche Gespräche und/oder Wiederholungsmessungen erhärtet hat, ist die Empfehlung an therapeutisches Fachpersonal der nächste Schritt (wie in der Initiative MentalGestärkt der DSHS Köln praktiziert). Unsere Erfahrungen zeigen jedoch, dass in den meisten Fällen aufgrund des früh- und insbesondere vorzeitigen Erkennens von Warnsignalen bereits eine Hilfe auf niederschwelligem Niveau (Betreuung statt Therapie) mit hoher Akzeptanz und gutem Erfolg angenommen wird.

Die letztliche Aussagekraft von Früherkennungsinstrumenten und die sinnvollsten Cut-Offs sind allerdings noch nicht abschließend gesichert. Vor allem die Besonderheit der jugendlichen Stimmung und ihre Schwankungsanfälligkeit sind in ihren Mechanismen weitgehend unerforscht. Ein positiver Effekt von Screeningergebnissen ist allerdings, dass die Auseinandersetzung mit den Werten (und ihrer möglichen Bedeutung) sehr häufig die Selbstreflexion und das Problembewusstsein bei Eltern und Kindern oder Jugendlichen fördert.

Abschließend ist zu empfehlen, dass psychologische Gesundheitsförderung, Prävention, Früherkennung, sportpsychologische Beratung und therapeutische Arbeit vernetzt und konzeptionell verknüpft werden müssen. Die im Rahmen von MentalGestärkt stattfindende Vernetzung von sportpsychologischer Beratung und Psychotherapie stellt inzwischen mehr als einen Modellversuch dar: In diesem Bereich konnte ein stabiles Informationsnetzwerk, insbesondere aber auch ein funktionsfähiger Prozess etabliert werden. Das vor allem regional wirksame Kölner Modell bietet sich für die Ausweitung auf andere Regionen an. Auf der Basis weiterer Dokumentationen und Evaluationen wird hiermit ein Argument für die Ausweitung der systematischen Förderung der psychischen Gesundheit im Jugendleistungssport gegeben.

Literatur

Andersen, S.L. & *Teicher*, M.H. (2008). Stress, sensitive periods and maturational events in adolescent depression. *Trends in Neurosciences, 31* (4), 183–191.

Anderten, M. & *Kleinert*, J. (in press). MentalTalent – Sportpsychologische Betreuung für den Nachwuchsleistungssport in NRW. *Leistungssport.*

Antonovsky, A. (2009). *Die salutogenetische Perspektive: Zu einer neuen Sicht von Gesundheit und Krankheit.* Göttingen: Vandenhoek & Ruprecht.

Baumann, S. (2006). *Psychologie im Sport. (4. überarb. Aufl.).* Aachen: Meyer & Meyer.

Biddle, S.J.H. & *Asare*, M. (2011). Physical activity and mental health in children and adolescents. A review of reviews. *British Journal of Sports Medicine, 45*, 886–895.

Blom, E.H., *Bech*, P., *Högberg*, G., *Larsson*, J.O. & *Serlachius*, E. (2012). Screening for depressed mood in an adolescent psychiatric context by brief self-assessment scales. Testing psychometric validity of WHO-5 and BDI-6 indices by latent trait analyses. *Health and Quality of Life Outcomes, 10* (12), 1–6.

Bonsignore, M., *Barkow*, K., *Jessen*, F. & *Heun*, R. (2001). Validity of the five-item WHO Well-Being Index (WHO-5) in an elderly population. *European Archives of Psychiatry and Clinical Neuroscience, 251* (Suppl. 2), 27–31.

Brand, R., *Wolff*, W. & *Hoyer*, J. (2012). Psychological symptoms and chronic mood in representative samples of elite student-athletes, deselected student-athletes and comparison students. *School Mental Health, 5*, 166–174.

Caplan, G. & *Grunebaum*, H. (1967). Perspectives on primary prevention. A review. *Archives of General Psychiatry, 17* (3), 331–346.

Christensen, K.S., *Haugen*, W., *Sirpal*, M.K. & *Haavet*, O.R. (2015). Diagnosis of depressed young people – criterion validity of WHO-5 and HSCL-6 in Denmark and Norway. *Family Practice, 32* (3), 359–363.
Daley, A.J. (2008). Exercise and depression. A review of reviews. *Journal of Clinical Psychology in Medical Settings, 15*, 140–147.
Dowdy, E., *Ritchey*, K. & *Kamphaus*, R.W. (2010). School-based screening: A population-based approach to inform and monitor children's mental health needs. *School Mental Health, 2* (4), 166–176.
Dubuc, N.G., *Schinke*, R.G., *Eys*, M.A., *Battochio*, R. & *Zaichkowsky*, L. (2010). Experiences of burnout among adolescent female gymnasts: Three case studies. *Journal of Clinical Sport Psychology*, 4, 1–18.
Elbe, A.-M., *Beckmann*, J. & *Szymanski*, B. (2003). Das Dropout-Phänomen an Eliteschulen des Sports – ein Problem der Selbstregulation? *Leistungssport, 33* (6), 46–49.
Eppright, T.D., *Sanfacon*, J.A., *Beck*, N.C. & *Bradley*, J.S. (1997). Sport psychiatry in childhood and adolescence: An overview. *Child Psychiatry and Human Development, 28* (2), 71–88.
Erlacher, D., *Gebhart*, C., *Ehrlenspiel*, F., *Blischke*, K. & *Schredl*, M. (2012). Schlaf und Sport. *Zeitschrift für Sportpsychologie, 19* (1), 4–15.
Gabler, H., *Nitsch*, J.R. & *Singer*, R. (Hrsg.). (2000). *Einführung in die Sportpsychologie. Teil 1: Grundthemen (Sport und Sportunterricht)*. Schorndorf: Hofmann.
Gulliver, A., *Griffith*, K.M. & *Christensen*, H. (2012). Barriers and facilitators to mental health help-seeking for young elite athletes: a qualitative study. *BMC Psychiatry, 12*, 157–174.
Hampel, P. & *Petermann*, F. (2006). Fragebogen zum Screening psychischer Störungen im Jugendalter (SPS-J). *Zeitschrift für Klinische Psychologie und Psychotherapie, 35* (3), 204–214.
Hankin, B.L., *Abramson*, L.Y., *Moffitt*, T.E., *Silva*, P.A., *McGee*, R. & *Angell*, K.E. (1998). Development of depression from preadolescence to young adulthood: Emerging gender differences in a 10-year longitudinal study. *Journal of Abnormal Psychology, 107* (1), 128–140.
Harring, M. (2015). Sozialisation in der Lebensphase Jugend. In K. *Hurrelmann*,. K. *Bauer*,. U. *Grundmann*, & M. Walper (Hrsg.). *Handbuch Sozialisationsforschung* (S. 850–870). Weinheim/Basel: Beltz.
Hartmann, I. (1987). Körperbezogene Informationsinteressen und Kontrollüberzeugungen von Kindern und Jugendlichen. *Brennpunkte der Sportwissenschaft* (1), 105–120.
Hoyer, J. & *Kleinert*, J. (2010). Leistungssport und psychische Störungen. *Psychotherapeutenjournal, 9* (3), 252–260.
Kessler, R.C., *Avenevoli*, S. & *Ries Merikangas*, K. (2001). Mood disorders in children and adolescents: an epidemiologic perspective. *Biological Psychiatry, 49* (12), 1002–1014.
Kleinert, J. (2010). Leistungssport im Talentbereich. Stress oder Herausforderung? In T. Wörz & J. Lecheler (Hrsg.). *Die Psyche des Leistungssportlers. Die komplexe Herausforderung, ein Talent zu begleiten; Schulen für Leistungssport im internationalen Vergleich* (S. 15–22). Lengerich: Pabst.
Kleinert, J. & *Hermann*, H.-D. (2007). Umgang mit Verletzungen aus sportpsychologischer Sicht. *Leistungssport, 37* (2), 43–49.
Kleinert, J., *Kleinknecht*, C. & *Tritschoks*, J. (2006). Psychosomatische Beschwerden in Abhängigkeit von Alltagsproblemen und Trainingszufriedenheit bei U15-, U18 und U21-Landesauswahlspielerinnen im Fußball. In K. Weber, D. Augustin, P.

Mayer. & K. Roth (Hrsg.). *Wissenschaftlicher Transfer für die Sportpraxis der Sportspiele. Gemeinsames Symposium der dvs-Kommissionen Sportspiele, Fußball und Tennis vom 18.-20.November 2004 an der Deutschen Sporthochschule Köln* (S. 113–116). Köln: Sport und Buch Strauß.

Kleinert, J. & *Mickler*, W. (2003). Erfolgsdruck. Wenn Ansprüche über den Kopf wachsen. In J. Kleinert (Hrsg.). *Erfolgreich aus der sportlichen Krise. Mentales Bewältigen von Formtiefs, Erfolgsdruck, Teamkonflikten und Verletzungen* (BLV Sportwissen, S. 93–124). München: BLV.

Kroenke, K., *Spitzer*, R.L. & *Williams*, J. (2003). The patient health questionnaire-2. Validity of a two-item depression screener. *Medical Care, 41*, 1284–1294.

Lewinsohn, P.M., *Rohde*, P. & *Seeley*, J.R. (1998). Major depressive disorder in older adolescents. Prevalence, risk factors, and clinical implications. *Clinical Psychology Review, 18* (7), 765–794.

Löwe, B., *Kroenke*, K. & *Gräfe*, K. (2005). Detecting and monitoring depression with a two-item questionnaire (PHQ-2). *Journal of Psychosomatic Research, 58* (2), 163–171.

Löwe, B., *Spitzer*, R.L., *Gräfe*, K., *Kroenke*, K., *Quenter*, A., *Zipfe*l, S., *Buchholz*, C., *Witte*, S. & *Herzog*, W. (2004). Comparative validity of three screening questionnaires for DSM-IV depressive disorders and physicians' diagnoses. *Journal of Affective Disorders, 78* (2), 131–140.

Ohlert, J. & *Kleinert*, J. (2014). Entwicklungsaufgaben jugendlicher Elite-Handballerinnen und -Handballer. *Zeitschrift für Sportpsychologie, 21* (4), 161–172.

Petersen, A.C., *Compas*, B.E., *Brooks-Gunn*, J., *Stemmler*, M., *Ey*, S. & *Grant*, K.E. (1993). Depression in adolescence. *American Psychologist, 48* (2), 155–168.

Plieger, T., *Melchers*, M., *Montag*, C., *Meermann*, R. & *Reuter*, M. (2015). Life stress as potential risk factor for depression and burnout. *Burnout Research, 2*, 19–24.

Reardon, C.L. & *Factor*, R.M. (2010). Sport Psychiatry. A systematic review of diagnosis and medical treatment of mental illness in athletes. *Sports Medicine, 40* (11), 961–980.

Richardson, L.P., *Rockhill*, C., *Russo*, J.E., *Grossman*, D.C., *Richards*, J., *McCarty*, C., *McCauley*, E. & *Katon*, W. (2010). Evaluation of the PHQ-2 as a brief screen for detecting major depression among adolescents. *Pediatrics, 125* (5), e1097.

Richartz, A., *Hoffmann*, K. & *Sallen*, J. (2009). *Kinder im Leistungssport. Chronische Belastungen und protektive Ressourcen.* Schorndorf: Hofmann.

Roethlisberger, C. (1995). Sport, Alltagsbewältigung und seelische Gesundheit. *Magglingen* (1), 16–18.

Spengler, A., *Schneider*, G. & *Schröder*, E. (2013). Depressivität – Screening und Vorkommen in der sportmedizinischen Praxis. *Deutsche Zeitschrift für Sportmedizin, 64* (2), 65–68.

Sulprizio, M. & *Kleinert*, J. (2014). Psychische Gesundheit für Nachwuchsleistungssportler – ein Workshopkonzeption. In T Wörz,. & J. Lechele (Hrsg.). *Coaching im Nachwuchsleistungssport. Stärken stärken, Defizite beheben und Drop-Outs reduzieren* (S. 29–39). Lengerich: Pabst Science Publishers.

Verkooijen, K.T., *van Hove*, P. & *Dik*, G. (2012). Athletic identity and well-being among young talented athletes who live at a dutch elite sport center. *Journal of Applied Sport Psychology, 24* (1), 106–113.

World Health Organization, Regional Office for Europe. (1998). *Use of well-being measures in primary health care – the DepCare project health for all.* Target 12. E60246. Geneva: WHO.

Bewegung in Autismus bringen.

Die Gestaltung von Bewegungsaktivitäten für Menschen mit Autismus

Roswitha Nass[1], Richard Hammer[2]

[1] Abteilung für Kinder- und Jugendpsychiatrie, Psychosomatik und Psychotherapie, LVR-Klinik Bonn
[2] Katholische Fachschule für Sozialpädagogik, Saarbrücken

Zusammenfassung

Bewegung, Spiel und Sport zeigen sich immer wieder als geeignete Medien, Menschen mit psychischen, körperlichen oder sozialen Beeinträchtigungen die Teilhabe an der Gesellschaft zu ermöglichen. Wie zahlreichen Studien belegen, gilt dies auch für Menschen mit Autismus. Um der Frage nachzugehen, wie diese Bewegungsgelegenheiten zu gestalten sind, werden die qualitativen Beeinträchtigungen von Menschen mit Autismus vor dem Hintergrund verschiedener Erklärungsmodelle dargestellt um dann differenziert auf die Probleme im Bereich Wahrnehmung und Bewegung einzugehen. Dazu ist es hilfreich, sich über Selbstaussagen dem Erleben dieser Menschen anzunähern. Sie nehmen Umwelt anders wahr und verzweifeln oft an den gegebenen Strukturen, auch und vor allem im Sportunterricht. Vergleichen wir nach einer differenzierten Analyse die strukturellen, personalen und sozialen Anforderungen von Bewegungsgelegenheiten mit den vorhandenen Möglichkeiten und Beeinträchtigungen der Menschen mit Autismus, so zeigt sich, dass Bewegung, Spiel und Sport ein Bereich ist, in dem Inklusion ermöglicht werden kann, wenn Inhalte und die Methodik der Vermittlung sorgfältig und adäquat gewählt werden.

Summary

Time and again, movement, play and sports prove to be suitable agents to enable people with mental, physical or social disabilities to participate in society. As numerous studies have shown, this also applies to people with autism. To answer the question of how to design these movement opportunities, the qualitative disabilities of people with autism are presented against the background of various explanatory models, which then allows one to differentiate in addressing their problems in the field of perception and movement. Here it is helpful to approach the experience of these people by listening to their own accounts. They perceive their environment differently and often despair of the existing structures, also and especially in physical education. If we use a differentiated analysis to compare the structural, personal and social requirements of movement opportunities to the existing capabilities and disabilities of people with autism, it turns out that movement, play and sports is an area in which inclusion can be made possible, provided the content and the methodology of mediation are carefully and adequately selected.

Einleitung

Menschen mit Störungen aus dem autistischen Spektrum zeigen vielfältige Verhaltensauffälligkeiten die ihnen häufig aus sehr verschiedenen Gründen die Teilnahme am sozialen Leben erschweren. Das klinische Erscheinungsbild von Autismus fasst unterschiedliche Verhaltensbesonderheiten zu zwei Kardinalssymptomen, soziale Kommunikation und Interaktion, sowie Stereotypien und Rituale, zusammen. Neben der Kernsymptomatik zeigen sich bei Menschen mit Störungen aus dem autistischen Spektrum verschiedene begleitende Symptome wie zum Beispiel Sprachstörungen, Intelligenzminderung und motorische Auffälligkeiten, vor allem im Bereich der Fein- sowie Grobmotorik. Dies führt dazu, dass Kinder und Jugendliche aus dem autistischen Spektrum häufig an Bewegungsangeboten nicht oder nur eingeschränkt teilnehmen können. Es betrifft im Besonderen den Sportunterricht an Schulen, aber auch die Teilhabe an der Gestaltung der Freizeit. Im Folgenden werden wir einen knappen Überblick geben über das Krankheitsbild Autismus im Allgemeinen, um dann den Focus auf den Bereich von Wahrnehmung und Bewegung zu richten und die Folgen für die Organisation von Bewegungsangeboten zu bedenken. Studien, vor allem aus dem englischsprachigen Bereich, verweisen auf die große Bedeutung, die der Bewegungsförderung von Menschen mit Autismus zuzurechnen ist. Für die Gestaltung von Bewegungssituationen ist es hilfreich, sich dem Erleben dieser Menschen anzunähern, da sie Umwelt anders wahrnehmen und an den gegebenen Strukturen oft verzweifeln und damit von der Teilnahme von Bewegungsaktivitäten ausgeschlossen werden. Gelingt es uns, Bewegungsangebote nach ihren Möglichkeiten zu gestalten, dann ist Teilhabe unter Inklusion möglich.

Historisches

Der Schweizer Psychiater Egon Bleuler beschrieb Anfang des 20. Jahrhunderts Verhaltensweisen schizophrener Erkrankungen als autistisch. Er stellte fest, dass bei den betroffenen Menschen Störungen des Realitätsbezuges entstehen, sowie Auffälligkeiten im Kontaktverhalten und Rückzugstendenzen zu beobachten sind.

Leo Kanner verwendete „den Begriff Autismus 1943 erstmals für Kinder, die sich nicht aktiv in ihre Phantasiewelt zurückziehen, sondern von Geburt an Defizite im Aufbau sozialer Interaktionen haben" (*Sinzig*, 2011, S.2). Er beschrieb 11 Kinder, die deutliche Auffälligkeiten im Bereich der Kommunikation sowie der Sprache aufwiesen und erhebliche Beziehungs- und Kontaktstörungen zeigten.

Nahezu zeitgleich veröffentlichte der Wiener Kindearzt Hans Asperger, ohne Kenntnis der Beobachtungen von Kanner, seine Habilitationsschrift und beschrieb vier Kinder im Alter von 6-11 Jahren, deren übereinstimmendes Verhaltensmerkmal eine ausgeprägte Störung des Kontaktverhaltens war. In

Abgrenzung zu den Beobachtungen von Kanner, sah er bei ihnen keine Sprachentwicklungsverzögerungen und keine Einschränkungen der kognitiven Entwicklung. Wie Kanner ging er von einer angeborenen Störung aus, da er „das Auftreten von auffälligen Persönlichkeiten in der Familie" (*Noterdaeme*, 2011, S.1) beobachtete.

Die Schriften von Asperger blieben bis zu den Übersetzungen aus dem Deutschen ins Englische von Lorna Wing 1981 international nahezu unbeachtet und so orientierte man sich an der kanner'schen Beschreibung und bewertete diese als eine Frühform der Schizophrenie.

Erst mit Einführung des ICD-10 wurde Autismus nicht mehr als Psychose, sondern als tiefgreifende Entwicklungsstörung verstanden.

Klassifizierung

Autismus gehört heute nach der von der Weltgesundheitsorganisation herausgegebenen internationalen Klassifikation psychischer Störungen (ICD-10) zur Gruppe der tiefgreifenden Entwicklungsstörungen, „die durch qualitative Beeinträchtigungen in gegenseitigen sozialen Interaktionen und Kommunikationsmustern sowie durch ein eingeschränktes, stereotypes, sich wiederholendes Repertoire von Interessen und Aktivitäten charakterisiert sind. Diese qualitativen Abweichungen sind in allen Situationen ein grundlegendes Funktionsmerkmal der betroffenen Person, variieren jedoch im Ausprägungsgrad. (...) Meist besteht eine gewisse allgemeine kognitive Beeinträchtigung, die Störungen sind jedoch durch das Verhalten definiert, das nicht dem Intelligenzalter des Individuums entspricht (sei dieses nun altersentsprechend oder nicht)" (*Weltgesundheitsorganisation*, 2008).

Das bedeutet, es sind (nach dem ICD – 10) drei Kernbereiche vorhanden, eine Trias der Symptomatik, die durch die qualitative Beeinträchtigung in der Kommunikation, der Beeinträchtigung der gegenseitigen sozialen Interaktion und der eingeschränkten, sich wiederholenden Interessen und Aktivitäten gekennzeichnet ist.

Qualitative Beeinträchtigung der sozialen Interaktion beinhaltet Auffälligkeiten im Gebrauch von Mimik und Gestik sowie eine relative Unfähigkeit den Blick sozial reziprok zur Regulation der Interaktion nutzen zu können. Des Weiteren ist ein Mangel an Kontakten zu Gleichaltrigen zu beobachten und die sozioemotionale Gegenseitigkeit ist eingeschränkt. Die spontane Freude, Interessen und/oder Aktivitäten mit anderen zu teilen, erscheint – wenn überhaupt zu sehen- dann meist reduziert.

Der Bereich der Kommunikation und Sprache beinhaltet bei Kindern mit einem frühkindlichen Autismus ein Ausbleiben oder eine ausgeprägte Verzögerung der Sprachentwicklung, die nicht nonverbal kompensiert wird.

Beim Asperger-Syndrom erscheinen die kommunikativen und sprachlichen Fertigkeiten vor dem dritten Lebensjahr unauffällig. Es ist das Fehlen einer eindeutigen allgemeinen und schwerwiegenden Verzögerung der gesprochenen und rezeptiven Sprache und /oder der kognitiven Entwicklung zu beobachten. Trotzdem ist eine Beeinträchtigung zu beobachten, den sprachlichen Kontakt zu beginnen oder aufrecht zu erhalten sowie ein stereotyper oder repetitiver Gebrauch von Sprache. Im Spiel ist ein Mangel an spontanen *Als-ob* Spielen oder sozialen Imitationsspielen kennzeichnend.

Das dritte Merkmal im Sinne der Trias sind die eingeschränkten und stereotypen Verhaltensmuster, Interessen und Aktivitäten. Entweder findet sich ein Umgang mit begrenzten Interessen, die in Inhalt abnorm sind oder eine ungewöhnliche Intensität. Bei der Exploration von Spielmaterialien kann ein nicht funktionaler Umgang mit Teilobjekten oder nicht funktionalen Elementen der Spielgegenstände beobachtet werden. Motorisch können umfassende stereotype Körperbewegungen oder stereotype Manierismen der Hände und Arme vorkommen.

Merkmal der tiefgreifenden Entwicklungsstörung ist ein stetiger Verlauf und die enge Kopplung der Beeinträchtigungen an die Entwicklung des zentralen Nervensystems. „Es handelt sich um eine Störung mit einer schweren qualitativen Abweichung vom normalen Entwicklungsverlauf, die zu keinem Alterszeitpunkt normal ist" (*Schmidt* & *Sinzig*, 2008, S.173). In der ICD-10 werden die verschiedenen autistischen Formen noch kategorial erfasst und als klar voneinander abgetrennte unterschiedliche Störungsbilder verstanden.

In der DSM-5 (Diagnostic and Statistical Manual of Mental Disorders) dagegen, die Mai 2013 veröffentlich wurde, verlässt man die kategoriale Sichtweise und nimmt den Begriff der Autismus-Spektrums Störungen (ASS) in die Klassifizierung auf. Unter dem Begriff der ASS werden die Erscheinungsbilder frühkindlicher Autismus, Asperger Syndrom, atypischer Autismus, desintegrative Störungen und nicht näher bezeichnete tiefgreifende Entwicklungsstörung zusammengefasst. „Das Spektrum reicht von geistig behinderten Kindern ohne Sprachentwicklung mit ausgeprägt autistischen Symptomen hin zu überdurchschnittlich begabten Personen mit einer sehr gut entwickelten Sprache und milderen Symptomenausprägung" (*Sinzig*, 2011, S.26).

Ätiologie und Prävalenz

Bereits die Erstbeschreiber Leo Kanner und Hans Asperger gingen bei ihren Beobachtungen von einer genetischen Komponente bei der Entstehung von Autismus aus. In der Folge wurde vor allem durch Bruno *Bettelheim* eine psychosoziale Entstehung von Autismus forciert. Er sah einen Mangel an mütterlicher Wärme und Zuwendung ursächlich für die Entstehung von ASS und entwickelte 1967 in seinem Buch „Die Geburt des Selbst"(1989) den Begriff der „Kühlschrankmutter", was bei vielen Müttern massive Schuldgefühle erzeugt hat.

Unter anderem aufgrund von Zwillingsstudien geht man heute davon aus, dass genetischen Aspekte bei der Entstehung aller tiefgreifenden Entwicklungsstörungen grundlegend sind und ASS wird „als genetisch bedingte, neurobiologisch verankerte Entwicklungsstörung“ (*Kamp-Becker,* 2014, S.39) beschrieben. Es liegen augenblicklich jedoch noch keine ausreichenden Hinweise auf einen genetischen Marker vor. „Die Tatsache, dass die Befundlage inkonsistent ist, viele Genorte nicht bestätigt werden können und zahlreiche unterschiedliche Gene für die Verursachung unterschiedlicher Symptome von Autismus-Spektrum Störungen angenommen werden, zeigt, dass der alleinige Blick auf ein Genom ein zu enger Ansatz für die Aufklärung der biologischen Hintergründe autistischer Störungen sein könnte“ (*Sinzig*, 2011, S.32).

Neben der genetischen Komponente werden folgende drei neuropsychologische Aspekte als Erklärungsmodell benutzt, die in unterschiedlicher Ausprägung vorliegen können.

Theorie of Mind (ToM): Hiermit wird die Fähigkeit beschrieben, „eigene Gefühle, Gedanken und Absichten und diejenigen anderer zu erkennen, zu verstehen und vorherzusagen“ (*Schmidt* & *Sinzig*, 2008, S.182). Diese Kompetenzen bilden sich bei neurotypischen Kindern im Alter von ca. 4 Jahren aus und hängen stark von Kognition und Sprachentwicklung ab. Die Ausbildung der ToM- Funktionen ermöglichen Perspektivübernahme, wodurch emotionale und soziale Situationen verstanden, psychische Vorgänge interpretiert und metaphorische Bedeutungen wie Witz und Ironie erfasst werden können.

Exekutive Funktionen beschreiben mentale Funktionen wie kognitive Flexibilität, Antizipation, Handlungsplanung und Impulskontrolle, Arbeitsgedächtnis und Zielüberwachung. ASS kann mit Einschränkungen der exekutiven Funktionen einhergehen und Probleme bei der flexiblen Handlungs- und Lösungsplanung begründen.

Zentrale Kohärenz meint die Kompetenz einzelne Reize kontextgebunden wahrzunehmen und interpretieren zu können. Einschränkungen in der zentralen Kohärenz können „den detailfokussierten, lokalen Denkstil von Personen mit Autismus-Spektrum-Störungen gut erklären“ (*Freitag*, 2008, S.54), wodurch die Interpretation komplexer sozialer Situationen erheblich erschwert wird.

Aktuell wird die Frage, ob Autismus überdiagnostiziert wird, an unterschiedlichsten Stellen diskutiert. Die Zahlen zeigen zwar, dass die Prävalenzrate seit der Jahrtausendwende zugenommen hat, aber dies im Wesentlichen auf bessere diagnostische Kenntnisse und die Veränderungen der diagnostischen Kriterien zurückzuführen ist. Nach einer Metastudie von *Fombonne* (2005, nach *Sinzig*, 2011) bewegen „sich die Prävalenzraten zwischen 0,7/10000 und 72,6/10000“ (S.24).

Interventionen

Bezüglich wirksamer Interventionen ist man sich einig, dass verhaltenstherapeutisch-lerntheoretische Ansätze den höchsten Effekt bezüglich Verhaltensmodifikation und Selbstständigkeit zeigen. Allerdings ist es unumgänglich die Spezifität der autistischen Störung zu verstehen und daraus entsprechende autismusfreundliche Lern- und Übungsformate zu entwickeln.

Autistische Menschen profitieren von hochstrukturierten, kleinschrittigen Angebotsformaten, die individuell auf ihr Begabungs- und Fähigkeitsprofil zugeschnitten sein müssen und berücksichtigen, dass Reize aufgrund der schwachen zentralen Kohärenz wenig zueinander in Beziehung gebracht und soziale Situation darüber schlechter decodiert werden können. Des Weiteren erfordern die eingeschränkten exekutiven Funktionen unter Umständen ein hohes Maß an Außensteuerung, damit Handlungsplanung eigenständig vorgenommen und ausgeführt werden können. Die Vermittlung über Sprache, der wir uns im allgemeinpädagogischen Kontext bedienen, gelingt bei Menschen mit ASS nur unzureichend, da sie Sprache und deren Bedeutung sowie die sprachbegleitende Hinweise wie Mimik, Blick und Gestik oft nicht verstehen oder missverstehen. Dies begründet die Visualisierung relevanter Informationen in der therapeutisch-pädagogischen Arbeit mit Kindern, die von ASS betroffen sind, wodurch „nachweislich zu besserem Lernerfolg und zur Verminderung von Verhaltensauffälligkeiten" beigetragen wird" (*Symalla & Feilbach*, 2009, S.277). Der 1964 in North Carolina entwickelte TEACCH Ansatz (Treatment and Education of Autistic and related Communication handicapped Children) macht sich die spezifischen Wahrnehmungsbesonderheiten und der daraus resultierenden Förderungsbedingungen zunutze, indem die Lern- und Erfahrungswelt strukturiert und dadurch vorhersehbar wird. Verhaltenshinweisen und Aufträge werden visualisiert dargeboten, damit eine möglichst große Selbstständigkeit des Einzelnen ermöglicht wird.

Studien zu Autismus und Bewegung

Forschungsergebnisse, die Bewegungsaktivität von Menschen mit Autismus betreffend, sind in deutscher Sprache nicht zu finden. Auch im englischsprachigen Bereich liegen nur wenige Studien vor und auch diese zeigen ein sehr vielfältiges und uneinheitliches Bild.

In einem Überblicksartikel listen *Downey & Rapport.* (2012) einige Ergebnisse auf, nach denen bei Babys aus dem autistischen Spektrum mit 6 Monaten noch keine motorischen Auffälligkeiten zu beobachten sind. Ab 14 Monaten jedoch ist die motorische Entwicklung von Kindern mit Autismusspektrumstörung (ASS) verlangsamt. Während der ersten 2 Lebensjahre zeigen Kinder mit ASS eine Beeinträchtigung ihrer Nachahmungsfähigkeit, erhöhte Schwerfälligkeit, und schlechte Koordination. Sie haben eine verringerte Haltungskontrolle und schwanken signifikant mehr im Stehen als eine Vergleichsgruppe von Kindern, vor allem dann, wenn der visuelle Input fehlt und der somatosensorische modifiziert wird. Dies weist darauf hin, dass Kinder mit ASS für die Gleichgewichtssteuerung auf visuellen Input angewiesen sind (vgl. S.3f). Für die Autorinnen legen diese Ergebnisse nahe, dass die Evaluation der motorischen Aktivität bei einer frühzeitigen Diagnose von ASS eine Rolle spielen könnte (vgl. ebd.).

Miyahara (2013) hingegen meint, dass zwar motorische Auffälligkeiten mit ASS einher zu gehen scheinen, dass es jedoch zu früh ist, um Bewegungsstörung als ein Schlüsselsymptom von ASS zu bezeichnen. Die Auswirkungen bewegungsorientierter Interventionen auf Schlüsselsymptome von ASS müssen noch durch weitere Studien validiert und verifiziert werden (vgl. S.2).

Bandini et al. (2013) weist in ihrer Vergleichsstudie auf die nur sehr spärlich vorhandene Literatur zur Bewegungsaktivität von Kindern mit ASS hin und stellt fest, dass die meisten Studien sich darüber hinaus auf sehr kleine Gruppen beziehen und bei den Untersuchungen auch keine Kontrollgruppen vorweisen (S.45). Nach ihren Untersuchungsergebnissen zeigen 79% der Kinder mit ASS motorische Auffälligkeiten und nehmen auch wesentlich weniger an sportlichen Aktivitäten teil als ihre Alterskohorte (41% vs. 27%).

Macdonald et al. (2011) hingegen konnte in Vergleichsuntersuchungen an Kindern und Jugendlichen im Alter von 9-18 Jahren keine signifikanten Unterschiede bzgl. der Bewegungsaktivität von Kindern und Jugendlichen mit und ohne Autismus finden.

In einem Forschungsartikel stellen *Dickinson & Maurice* (2014) fest, dass Kinder mit Autismus wegen ihrer motorischen Probleme sowohl zu Hause, als auch in den Schulpausen weniger an Bewegungsaktivitäten teilnehmen. Ihre Probleme fokussieren hauptsächlich auf die Bereiche „Gleichgewicht, Haltungsstabilität, Gang, die Beweglichkeit der Gelenke und Bewegungsgeschwindigkeit“ (S.6). Allerdings zeigen die Ergebnisse nach der Durchführung von Bewegungsprogrammen, dass dadurch der Aktivitätslevel gesteigert werden kann und damit ein erhöhter Body Mass Index gesenkt, das stereotype Verhalten und die Selbststimulierung reduziert und das allgemeine Verhalten verbessert werden kann (ebd.).

Dies unterstreichen *Tyler* et al. (2014), wenn sie aus ihren Untersuchungen schließen, dass Kinder und Jugendliche mit einer ASS die Fähigkeit haben, den Ansprüchen für körperliche Fitness und Aktivität im Alltag zu genügen (vgl. S.3).

Nach Durchsicht, der im englischsprachigen Bereich vorliegenden Studien, zeigt sich ein recht uneinheitliches Bild bezüglich der Bedeutung von Bewegung, Spiel und Sport bei Menschen mit ASS. Es scheint sich ein positiver Effekt für die Gesundheit und auch die Lebensqualität anzudeuten, wenn es gelingt, Menschen mit Autismus für sportliche Aktivitäten zu aktivieren.

Zu klärende Fragen sind noch:

- Können Bewegungsauffälligkeiten diagnostisch als Indikator für ASS in Betracht gezogen werden.
- Inwieweit können Bewegungsangebote förderlich sein für die Teilhabe am Alltag von Menschen mit ASS und wie müssen diese Angebote strukturiert werden.
- Schließlich wäre noch zu fragen, ob eine Arbeit mit Körper und Bewegung therapeutisch genutzt werden kann.

Wahrnehmung und Bewegung

Das vielfältige und uneinheitliche Bild, welches die vorliegenden Studien über die motorischen Besonderheiten von Menschen mit Autismus bietet, reicht nicht aus, um das Problem dieser Menschen genügend gut verstehen zu können und ihnen damit die Teilhabe an Bewegungsgelegenheiten zu ermöglichen. Wir gehen deshalb der Frage nach, wie diese Bewegungsgelegenheiten gestaltet werden können. Erste Antworten darauf können wir in den Selbstaussagen von Betroffenen finden, die uns zu einem vertieften Verständnis ihrer Problematik verhelfen.

„Sich im Körper zu fühlen, ist die Basis, um sich als Person gewiss zu sein, man ist da und ist lebendig und klar ist es die Voraussetzung dafür, sich zielgerichtet bewegen zu können und damit auch handeln zu können, so wie man in tiefer Absicht es tun möchte. Ich habe als Autist oft große Probleme mit dem Körpergefühl (...), ich spüre meinen Körper so schlecht, dass ich die Hände nicht fühle, auch die Beine nicht, noch meinen Rumpf oder meinen Kopf. Die Hoffnung verliert man, sich bewegen zu können und sich als Mensch zu fühlen." (Bayer, 2015).

Bayer formuliert mit dieser Aussage eine Grundannahme menschlichen Daseins und stellt damit auch eine Grundbedingung für motorisches Verhalten und motorischer Leistungsfähigkeit in den Vordergrund: die „Behausung“ des eigenen Körpers, ohne die eine Teilhabe an gemeinschaftlichen Bewegungsaktivitäten nur schwer möglich ist.

Dies wird bestätigt von Zöller, der in seinen Veröffentlichungen immer wieder die Bedeutung der Körperwahrnehmung in den Vordergrund stellt, weil er selbst sich in seinem Körper nicht zu Hause fühlt und dadurch massive Einschränkungen erlebt:

„Den Körper wahrnehmen zu können, ist die Voraussetzung dafür, dass man sich kontrolliert verhalten kann. Im körperlosen Zustand habe ich kein Ich und mache Sachen, die mir fremd sind, die gar nicht zu mir gehören“ (Zöller, 2001, S.48).

Er fühlt sich, als falle er auseinander, weil er seinen Körper nicht spürt, er kämpft verzweifelt dagegen an:

„Da, wo ich mich schlage, ist nichts. (...) Ich tue das in der Hoffnung, mich wiederzufinden, an einer Stelle etwas zu spüren. Erst dann kann ich realisieren, dass ich noch da bin. Ausprobieren, ob man noch da ist, das ist der tägliche Kampf“ (Zöller, 2001, S.19).

Er sucht deshalb immer wieder Situationen, in denen er durch starke Stimulation seinen Körper spüren kann, um damit dem Auflösen entgegen zu wirken:

„Ich glaube, dass Laufen und Fußmassage am besten sind, und zwar dann, wenn nur Füße und Beine gefühllos werden. Wenn der ganze Körper sich auflöst, brauche ich den Druck auf den ganzen Körper, indem man z.B. eine Matratze auf mich legt und diese noch schwerer gemacht wird, indem sich jemand darauf legt“ (Zöller, 2001, S.90).

Auf ähnliche Hilfestellungen greift Bayer zurück, um dem drohenden Verlust des Körpergefühls zu begegnen:

„Alles was am Körper direkt gemacht wird, wie starkes Drücken der Hände oder Massieren des Körpers oder Bürsten oder Beleben der Fußsohlen mit Holzrollen ist wirksam und hilfreich. Wenn mir unterwegs das Körpergefühl fast abhandenkommt, vielleicht auch mal, wenn mir zu schriller Lärm zu schaffen macht oder zu viel Lichtergefunkel die Augen reizt, hilft mir schon ein Händedrücken oder an der Schulterberühren, damit ich den Körper wieder fühlen kann" (Bayer, 2015*).*

Auch die Selbstberührung hilft, sich seiner selbst zu vergewissern: „Das In-Kontakt-Kommen mit dem eigenen Körper bringt zwei Sinnesempfindungen gleicher Qualität hervor und diese beiden führen zur Unterscheidung zwischen dem Selbst und dem Nicht-Selbst, zwischen Körper und dem, was später Umgebung wird. Daher trägt dieser Faktor zum strukturellen Differenzierungsprozess bei. Abgrenzung zwischen dem Selbst-Körper und der äußeren Welt, der Welt, in welcher die Objekte zu finden sind, wird so eingerichtet" (*Hoffer*, 1993, S.187).

Berührt zu werden oder die Haut einem starken Reiz auszusetzen kann also eine hilfreiche Maßnahme sein, sich zu spüren und damit seinen Körper zu behausen. Berührungsreize werden aber oft auch als unangenehm erlebt:

„Wenn mir mein Vater die Haare schneidet, dreh' ich immer noch durch und die Aktion endet mit einem handfesten Krach. Es ist, als wenn lauter Nadeln in den Kopf pieksen und als ob innen alles revoltiert gegen den gewaltsamen Eingriff" (*Zöller*, 2001, S.44).

Diesen Zwiespalt, einerseits nach Körperkontakt zu lechzen, ihn gleichzeitig aber auch abzuwehren beschreibt Grandin: „Ich sehnte mich danach, geliebt und in den Arm genommen zu werde. Gleichzeitig war mir jedwede Zudringlichkeit (...) höchst zuwider. (...) Ich wollte Berührung – und wich ihr aus" (*Grandin*, 2014, S.37). Sie fand für sich eine Not-Lösung dieses Problems, indem sie sich selbst den wohltuenden Druck zufügte durch ihre selbstentwickelte und selbstkonstruierte „Quetschmaschine", in der sie den auf ihren Körper ausgeübten Druck autonom steuern konnte.

Diese Selbstaussagen zeigen, weshalb Menschen mit Autismus Probleme haben, an Bewegungsaktivitäten teilzunehmen. Ihnen fehlt das Gefühl für die Ganzheit ihres Körpers, was erhebliche Auswirkungen auf die Bewegungssteuerung und Bewegungskoordination hat. Möglich, dass deshalb schon in früher Kindheit motorische Auffälligkeiten zu beobachten sind: Dem ganzheitlich Bewegungsablauf fehlt es an Harmonie und Dynamik, der Muskeltonus ist entweder zu hoch oder zu gering, der Krafteinsatz ist unangemessen, die Koordination von oberen und unteren Gliedmaßen, die Auge-Handkoordination sind unzureichend, das Gleichgewichtsvermögen ist eingeschränkt, es stehen zu wenig automatisierte Bewegungsabläufe zur Verfügung.

Additiv zu diesen umfassenden Einschränkungen, die Menschen mit ASS bezüglich Ihres Körper-Selbst und ihrer Motorik erleben, wirken sich die beeinträchtigten kommunikativen und sozialen Kompetenzen als erschwerender Aspekt bei der Teilnahme an Bewegungssituationen aus.

Autismus und Bewegungsaktivitäten

Diese Probleme wahrzunehmen, sie zu akzeptieren und im Sinne des Betroffenen aktiv damit umzugehen, sind Voraussetzung dafür, Menschen mit Autismus an Bewegungsaktivitäten teilnehmen zu lassen, sie zu „inkludieren".

Dies ist sicher keine leichte Aufgabe, da Bewegungsaktivitäten für Kinder und Jugendliche mit ASS wegen der beschriebenen Einschränkungen stets eine Herausforderung darstellen. Allerdings bewerten wir die Teilnahme an Bewegungsangeboten im Sinne der Selbst- und Bewegungserfahrung sowie der Bewegungsschulung und der Kontaktaufnahme mit Gleichaltrigen im Rahmen einer ganzheitlichen Förderung als geboten. Kinder, die fähig sind, sich selbstständig und sicher in der Umwelt zu bewegen, besitzen eine grundlegende Kompetenz, sich die Welt anzueignen und Lernerfahrungen zu machen. „Sie ermöglicht ein Erkunden der Umwelt und wirkt sich damit positiv auf die Raumorientierung, allgemein auf Lernen und Intelligenz aus. Sie fördert die Selbstständigkeit (...). So wird das Kind unabhängig von anderen und lernt für sich selbst zu sorgen" (*Rollett*, 2001, S.102) – eine Voraussetzung „bei der Kontaktaufnahme mit Gleichaltrigen" und als Hilfe „ihre Freizeit sinnvoll zu gestalten" (ebd., .107).

Dieser schwierigen Aufgabe gerecht zu werden ist es sicher hilfreich, sich an das Erleben von Kindern und Jugendlichen mit Autismus heranzutasten, auch hier wieder mit Hilfe von Selbstaussagen von Menschen aus dem ASS:

„Ein weiteres Fach, welches mir noch größeres Grausen und auch körperliche und Seelische Qualen bescherte, war der Sportunterricht. Ich bekam die verlangten Übungen einfach nicht richtig hin. Beim Geräteturnen hatte ich Angst und beim Bodenturnen wurde mir schwindelig und ich hatte Kopfschmerzen. Ganz schlimm waren die Ballspiele, ich hatte immer Angst, vom Ball getroffen zu werden, was mir wehtat, da ich ihn einfach nicht fangen konnte"(Bröker, 2015*).*

Ähnlich formuliert es Gabrijela Zaragoza:

„Ich war eine Niete im Schulsport. (...) Der Sport an meiner Schule wurde bestimmt durch Leichtathletik, Gymnastik, Geräteturnen und Ballspiele – und in all diesen Sportarten war ich unterdurchschnittlich bis schlecht. Das hatte rückblickend vor allem körperliche Ursachen: obwohl ich durch das tägliche Schwimmen von Kopf bis Fuß durchtrainiert war, hatte ich gewisse Probleme mit der Koordination und Konzentration, mit dem Gleichgewicht und der Gelenkigkeit, mit dem Reaktions- und Raumsehvermögen. Und weil ich diese Probleme hatte, hatte ich Angst (...) ich hatte Angst vor Bällen. Bälle kamen für mich immer zu schnell, zu unerwartet, zu hart angeflogen. Dass mich beim Ballspielen keiner in der Gruppe haben wollte, fand ich verständlich"(*Zaragoza*, 2012, S.69f).

Vorliegende Studien zeigen, dass Bewegung, Spiel und Sport einen positiven Effekt auf das Gesamtverhalten und auf die **Er-Lebensqualität** von Menschen mit Autismus bewirken, dass es also erstrebenswert ist, ihnen die Teilhabe an sportlichen Angeboten zu ermöglichen. Welche Anforderungen werden in Bewegungsgruppen an Kinder und Jugendliche gestellt und welche autismusbedingten *Stolpersteine* könnten auftreten? Tabellarisch werden hier mögliche Probleme dargestellt, die keinen Anspruch auf Vollständigkeit erheben:

Anforderung in der Bewegungsgruppe	**Mögliche Einschränkungen bei einem Kind mit ASS**
Sensorische Anforderungen Wahrnehmungsflexibilität	Hypersensibilität einzelheitlichesWahrnehmen und Denken
Motorische Geschicklichkeit und Schnelligkeit	Unsicherheiten in Körperschema und Körperbild Stereotypes Verhalten Motorische Abweichungen vokale und motorische Ticstörungen
Lernen durch Vormachen	Mangelndes Imitationsvermögen
Kommunikation	Mangelndes Sprachverständnis Fehlendes Verständnis für Mimik/Gestik/Blick
Kooperation, Teamgeist, Spielverständnis	Sozialer Rückzug, Mangelnde Einsicht in soziale Gefüge, Fehlendes Interesse an Gewinnen und Verlieren
Fokussierung auf ein Gruppenziel – Empathie	Schwierigkeiten beim Perspektivwechsel – Fokussierung auf individuelle Ziele
Wettbewerb, Spielfreude	Einschränkungen im Bereich Joint-attention
Räumliche Orientierung	Mangelnde Raumorientierung
Orientierung aufs Ganze	Fokussierung auf Details
Komplexe Bewegungs- und Spielabläufe	Einschränkungen der exekutiven Funktionen
Spontane Wechsel des Angebotformates, der Gruppenzusammenstellung, des Ortes	Veränderungsängstlichkeit

Tabelle 1: Mögliche Einschränkungen bei Menschen mit ASS bei Anforderungen in Bewegungsgruppen

Folgende Fragestellungen sind zu beantworten, um sinnvolle Angebote zu gestalten, damit Bewegungserfahrungen und soziale Situationen gelingen und als zunehmend positiv erlebt werden können.

Welche strukturellen Bedingungen sind zu schaffen (1), welche Bewegungs-, Spiel- und Sportarten sind mehr oder weniger geeignet (2) und welche Methoden der Vermittlung sind hilfreich (3)?

(1) Die gestellten Anforderungen sollten an den Möglichkeiten der Betroffenen orientiert sein. Sie nehmen ihre Umwelt, vor allem den Raum, anders wahr und ihr Körpergefühl ist oft nicht so gut ausgebildet. Ihre kognitiven Strategien zur Handlungsplanung sind – auch bei guter Intelligenz – oft eingeschränkt. Aufgrund ihres sehr detailverliebten Denkstils ist die Wahrnehmung komplexer sportliche Aktivitäten in der Regel nicht oder nur eingeschränkt möglich. Hilfreich sind immer wiederkehrende Rituale, welche dem Bewegungsangebot klare Strukturen geben. Es gilt also beim Einstieg den gleichen Versammlungsort wählen, den Aufbau des Angebots mit Einleitung, Hauptteil und Ausklang wiedererkennbar zu strukturieren und dies auch zu visualisieren. Damit wird der zeitliche Ablauf vorhersehbar, wodurch Sicherheit vermittelt wird. Ergeben sich räumliche, personelle und zeitliche Veränderungen, so müssen diese rechtzeitig angesprochen werden, damit sich der Betroffene darauf einstellen kann. Spontane Veränderungen können umfangreiche Unsicherheit erzeugen. Auch der, bei manchen Menschen mit Autismus vorhandener Überempfindlichkeit des Gehörsinns ist Rechnung zu tragen. Die Geräuschkulisse in den Turn- und Schwimmhallen ist sehr laut, was zu großen Belastungsproben führen kann.

(2) Zahlreiche Studien aus dem englischsprachigen Raum und ein Überblick über Selbstaussagen von Menschen mit Autismus machen deutlich, dass generell massive Schwierigkeiten bei der Durchführung von Mannschaftssportarten bestehen, dass es aber je nach Neigung eine Vielzahl an Möglichkeiten zur Teilhabe an Individualsportarten gibt:

> *„Doch gibt es Sportarten, die für einen Autisten nicht besonders geeignet sind. Das sind vor allem die Mannschaftssportarten. Denn bei diesen muss man sich mit dem Team auseinandersetzen und auch nach deren Logik spielen. Es ist auch so, dass man nicht einfach mit der Tätigkeit stoppen kann. Denn bei einer Mannschaft sind immer alle wichtig. Besser sind da Einzelsportarten wie Biken, Schwimmen oder Krafttraining. Es sind Sportarten die eine immer gleiche Abfolge von Bewegungen erfordern. Und sie können ohne Probleme alleine durchgeführt werden. So muss auf niemanden Rücksicht genommen werden und man kann damit aufhören wann man will" (Gaudart,* 2015*).*

Diese Problematik wird von vielen anderen Beiträgen bestätigt. In Mannschaftsspielen muss man sich in Mitspieler, aber auch Gegner hineinversetzen um deren Strategien zu erkennen und sich darauf einzustellen. „Absprachen" werden häufig kurz und schnell über den Blickkontakt getroffen und die Freude am Sieg verbindet die Spieler zu einer emotional verbundenen Gemeinschaft. Was aber, wenn kein Interesse am Sieg besteht, wenn der Autist lieber alleine spielen will, wie es Spielbeobachtungen in der Regel zeigen (vgl. *Lohre*, 2013, S.5). Hier wirken vor allem die

Einschränkungen im sozial-kommunikativen Bereich. Menschen, die sich nur bedingt in den anderen hineinversetzen können und zusätzlich die sprachbegleitende Mimik und Gestik nicht oder nur bedingt verstehen können, scheitern oft an Mannschaftssportarten, da diese Sportarten die Decodierung einer sehr komplexen Situation erfordert.
Das Münchner Modell NETSITUA, ein Netzwerk zur Entwicklung, Erprobung und Evaluation von Bewegungs-, Spiel- und Sport Situationen bei Autismus zeigt, dass es nicht einfach, aber möglich ist, Menschen mit Autismus in Bewegungsaktivitäten einzubinden. In einem weitgehend offenen Angebot werden hier neben grundlegenden Bewegungsmöglichkeiten wie Schaukeln und Schwingen, Rutschen, Rotieren, Fangen und Werfen von A bis Z folgende Sportarten angeboten: Badminton spielen, Balancieren, Bergwandern, Einrad fahren, Fitnesstraining, Fußball „spielen"/kicken, Inline skaten, Klettern, Laufen, Rad und Roller fahren, Schlitten fahren, Schlittschuh laufen, Schwimmen, Ski fahren, Tauchen, Trampolin springen (vgl. *Banik*, 2009, S.428), ein Angebot, das der Heterogenität des Adressatenkreises gerecht wird, also nicht „als Empfehlung von Sportarten/-aktivitäten für alle Menschen mit Störungen aus dem autistischen Spektrum zu verstehen (ist)" (ebd.). Deutlich wird hierbei: es gibt viele Möglichkeiten zur Teilhabe an Bewegungsaktivitäten. Das Angebot muss die Besonderheiten, die Stärken und Schwächen des Einzelnen berücksichtigen.

(3) Dies gilt auch für die Methode der Vermittlung von Bewegungs- und Spielfertigkeiten. Auch hier zeigen sich immer wieder die Wahrnehmungsbesonderheiten von Menschen mit Autismus. Nicole Schuster meint:

„Man kann mir Dinge noch so oft vormachen, ich lernte sie deshalb trotzdem nicht schneller, sondern werde bei motorischen Übungen nur noch mehr verwirrt. Was ich mir wünschte, war ein schriftlicher Plan, wie man einen bestimmten Bewegungsablauf Schritt für Schritt auszuführen hat" (*Schuster*, 2007, S.79).

Das Vor- und Nachmachen von Bewegungsabläufen – ein bewährtes Mittel der Vermittlung von Sporttechniken – führt bei Menschen mit Autismus nicht immer zum Erfolg, wie folgendes Zitat verdeutlicht:

„So ist mir heute klar, weshalb ich beispielsweise im Sportunterricht so große Schwierigkeiten hatte. Jemand machte die Übungen vor, meinen Klassenkameraden gelang es danach scheinbar mühelos, sie selbst auszuführen, während ich selbst gar nicht wusste, was ich tun sollte. Ich hätte die Möglichkeit gebraucht, in Ruhe separat und unter Anleitung die Dinge zu erlernen, die verlangt wurden" (*Preißmann*, 2009, S.34).

Die Erfahrung zeigt, dass Visualisierungen über Bildkarten, wie sie im TEACCH-Ansatz verwendet werden, zur Förderung und Ausbildung neuer Kompetenzen und größerer Selbstständigkeit von zentraler Bedeutung sind. Dies sollte man sich auch im Rahmen von Bewegungsgruppen zu Nutze machen. Visualisierte Strukturierungshilfen sollten nach den Fähigkeiten und Fertigkeiten des Einzelnen gestaltet werden und so individualisiertes Lernen ermöglichen. Dadurch werden die Handlungsanweisungen und Arbeitsaufträge, die Abfolge von Übungen oder die Abläufe verschiedener sportlicher Techniken anschaulich, überschaubar und nachvollziehbar dargestellt. „Die meist ausgeprägte Stärke in der visuellen Verarbeitung sollte unbedingt genutzt werden, um die Schwierigkeiten in der Verarbeitung der sprachlichen Informationen zu überbrücken“ (*Häußler*, 2005, S.40).

Hier ein Beispiel für eine Akrobatikeinheit, bei dem unterschiedliche Möglichkeiten der Visualisierung angeboten werden:

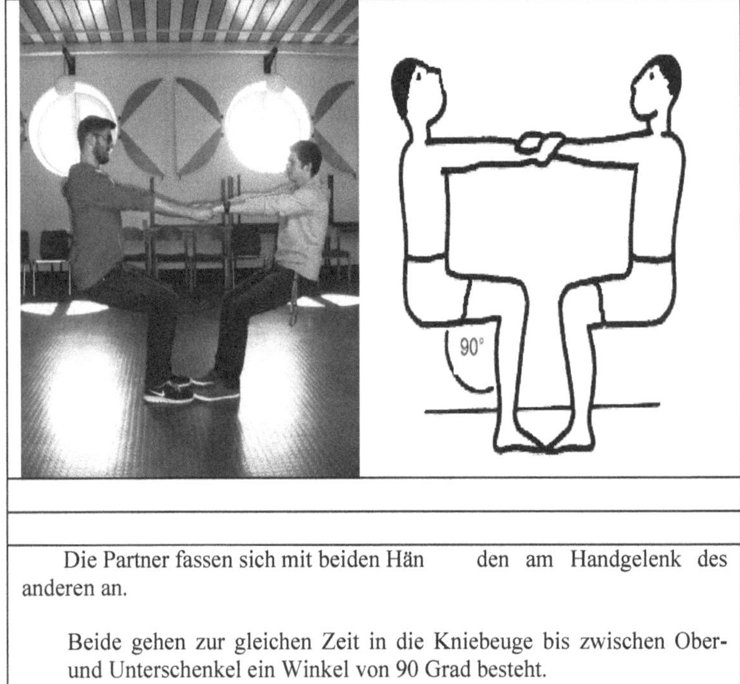

Die Partner fassen sich mit beiden Hän den am Handgelenk des anderen an.

Beide gehen zur gleichen Zeit in die Kniebeuge bis zwischen Ober- und Unterschenkel ein Winkel von 90 Grad besteht.

Die Zehnspitzen sollen sich berühren.

Abb. 1: Beispielhafte Visualisierungsmöglichkeiten für eine akrobatische Partnerübung

Schluss

Die Teilhabe von Menschen mit Autismus an Bewegung, Spiel und Sport zu ermöglichen stellt eine große Herausforderung dar für diejenigen, welche Bewegungssituationen gestalten, aber vor allem für die Betroffenen selbst. Dabei sind bei unserer Analyse nur die Probleme angesprochen, die in den Bewegungssituationen selbst entstehen. Nicht angesprochen wurden Schwierigkeiten, die schon auf dem Weg zur Sporthalle oder in der Umkleidekabine entstehen können. Besonders die Beziehung zum eigenen Körper und die Beziehungsgestaltung zu anderen Menschen stellen dabei ein großes Hindernis dar.

Diese Anstrengungen lohnen sich, denn die Erfahrungen – belegt durch wenige Studien – zeigen, dass es möglich und sinnvoll ist, Menschen mit ASS für Bewegungsaktivitäten zu motivieren und einzubinden. Dadurch kann zu einer erheblichen Verbesserung der Lebensqualität von Menschen mit Autismus beitragen werden.

In weiteren Studien sollte überprüft werden, wie Bewegungs- und Spielaktivitäten genutzt werden können zur Förderung der sozialen Kompetenzen von Menschen mit ASS und vor allem, wie diese Aktivitäten gestalten werden müssen um den Beeinträchtigungen dieser Menschen gerecht zu werden.

Literatur

Bandini, L.G., *Gleason*, J., *Curtin*, C., *Lividini*, K., *Anderson*, S. E., *Cermak*, S. A., *Maslin*, M. & *Must*, A. (2013). Comparison of physical activity between children with autism spectrum disorders and typically developing children. *Autism: the international journal of research and practice*, 17 (1), 44-54.

Banik, B. (2009). Bewegung, Spiel und Sport. In S. *Bölte* (Hrsg.). *Autismus Spektrum, Ursachen, Diagnostik, Intervention, Perspektive.* S. 420-430. Bern: Verlag Hans Huber.

Bettelheim, B. (1989). *Die Geburt des Selbst*. Frankfurt: Fischer.

Downey, R. & *Rapport*, M. J. K. (2012). Motor activity in children with autism: a review of current literature. *Pediatric physical therapy*, 24 (1), 2-20.

Freitag, C. (2008). *Autismus-Spektrum-Störung*. München: Ernst Reinhardt Verlag.

Grandin, T. (1997). *Ich bin die Anthropologin auf dem Mars.* München: Droemer Knaur.

Grandin, T. (2014*). Durch die gläserne Tür*. Leipzig: Verlag Rad und Soziales.

Häußler, A. (2005). *Der TEACCH-Ansatz zur Förderung von Menschen mit Autismus. Einführung in Theorie und Praxis*. Dortmund: Borgmann Media.

Hoffer, W. (1993). Die Entwicklung des Körper-Ichs. In G. *Overbeck* (Hrsg.). *Seelischer Konflikt – körperliches Leiden: Reader zur psychoanalytischen Psychosomatik.* S. 185-191. Eschborn: Klotz.

Kamp-Becker, I. (2014). Autismus-Spektrum-Störung. Eine valide Diagnose? In *Autismus Deutschland e.V.* (Hrsg.). *Autismus in Forschung und Gesellschaft*. S. 39-64. Karlsruhe: Loeper Literaturverlag.

Macdonald, M., *Esposito*, P. & *Ulrich*, D. (2011). The physical activity patterns of children with autism. *BMC research notes*, 4.

Miyahara, M. (2013). Meta review of systematic and meta analytic reviews on movement differences, effect of movement based interventions and the underlying neural mechanisms in autism spectrum disorder. *Frontiers in integrative neuroscience*, 7.

Preißmann, C. (2009). Neuropsychologische Hintergründe – Persönliche Erfahrungen. *Behinderte Menschen*, 4, 26-39.

Rollett, B. & *Kastner-Koller*, U. (2001). *Autismus. Ein Leitfaden für Eltern, Erzieher, Lehrer und Therapeuten*. München: Urban-Fischer Verlag.

Schmidt, M. & *Sinzig*, J. (2008). Tiefgreifende Entwicklungsstörung. In F. *Petermann* (Hrsg.). *Lehrbuch der Klinischen Kinderpsychologie*. S. 173-188. Göttingen: Hogrefe Verlag.

Schuster, N. (2007). *Ein guter Tag ist ein Tag mit Wirsing. (M)ein Leben in Extremen. Das Asperger-Syndrom aus der Sicht einer Betroffenen.* Berlin: Weidler Buchverlag.

Sinzig, J. (2011). *Frühkindlicher Autismus*. Heidelberg: Springer-Verlag.

Symalla, R. & *Feilbach*, T. (2009). Der TEACCH-Ansatz. In S. *Bölte* (Hrsg.). *Autismus Spektrum, Ursachen, Diagnostik, Intervention, Perspektive.* S. 273-287. Bern: Huber Verlag.

Tyler, K., *MacDonald*, M. & *Menear*, K. (2014). Physical activity and physical fitness of schoolaged children and youth with autism spectrum disorders. *Autism research and treatment.*

Weltgesundheitsorganisation (2008). *Internationale Klassifikation psychischer Störungen, ICD-10.* Bern: Huber Verlag.

Zaragoza, G.M. (2012). *Meine andere Welt. Mit Autismus leben.* Göttingen: Vandenhoeck&Ruprecht.

Zöller, D. (2001). *Autismus und Körpersprache*. Berlin: Weidler Buchverlag.

Internetquellen:

Bayer, L.(2015). *http://maximilianplassmann.jimdo.com/k%C3%B6rpergef%C3%BChl-text-von-lutz-bayer/(17.3.2015.).*

Bröker, A. (2015). *http://www.autismus-karlsruhe.de/resources/Meine+Schulzeit+als+Asperger-Autistin.pdf (10.8.2015).*

Dickinson, K. & *Place*, M. (2014). *A randomised Control trial of the impact of a computer-based activity program upon the fitness of children with autism. Hindawi Publishing Corporation, autism research and treatment, http:// dx.doi.org/10.1155/2014/419653.*

Gaudart, G. (2015). *http://riddler-gedankenwelt.blogspot.de/2011/12/autismus-und-sport.html (22.3.2015).*

Lohre, J. (2013). *Autistische Kinder und Jugendliche im Sportunterricht – (K)ein Problem?! https://www.uni-bielefeld.de/sport/events/pdf/tds2013/Lohre_Autismus_TdS_2013.pdf (17.8.2015)*

Noterdaeme, M. (2011). *Autismus-Spektrum-Störungen – ein Überblick zum aktuellen Forschungsstand http://www.asperger-ooe.at/documents/ASS_Forschungsstand%202011.pdf (3.9.2015).*

Mutmacher: Methodische Ansätze der Bewegungstherapie bei Angststörungen im Kindes- und Jugendalter

Marianne Eberhard-Kaechele, Pia Gotthardt

Institut für Bewegungstherapie und bewegungsorientierte Prävention und Rehabilitation, Abteilung Neurologie, Psychosomatik, Psychiatrie
Deutsche Sporthochschule Köln

Zusammenfassung

Angststörungen sind die häufigste Störungsart im Kindes- und Jugendalter, genauso wie im Erwachsenenalter. Um dieser Relevanz Rechnung zu tragen, werden in diesem Artikel Grundlagen für störungsspezifische bewegungstherapeutische Interventionen geschaffen. Nach einer Definition pathologischer Angst gibt der Artikel eine Übersicht seiner Erscheinungsformen im Kontext der Bewegungstherapie und stellt grundsätzliche methodische Modelle sowie Ätiologie-basierte Interventionsansätze für die Bewegungstherapie vor.

Summary

Anxiety disorders are the most common form of psychological disorder found in children and adolescents, as is the case with adults. In accordance with the clinical relevance of anxiety disorders, this article will lay foundations for specific movement therapy interventions. Following a definition of pathological anxiety, the article gives an overview of manifestations of anxiety in the movement therapy context. Subsequently, basic methodological models and aetiology-based interventions in movement therapy are presented.

Einleitung

Behandlungsbedürftige Angststörungen stellen die häufigsten psychischen Störungen bei Kindern und Jugendlichen dar. Studienübersichte zeigen eine (6-Monats bis Lebenszeit) Prävalenzrate von 10 % (*Mattjetat* et al., 2011; *Schneider,* 2008). Danach folgen erst Störungen des Sozialverhaltens (7,6%), Depressionen (5,4%) und Aufmerksamkeitsdefizit- und Hyperaktivitätsstörungen (2,2%) (*Ravens-Sieberer* et al., 2007).

Im Vergleich zu den anderen genannten Störungen existiert in der Literatur zur Bewegungstherapie bei Kinder und Jugendliche kaum Information zum spezifischen Vorgehen bei Angststörungen. Bei *Welsche* (2012) finden sich

Hinweise zum Umgang mit soziale Phobien und bei *Seeck* (1990) werden Ziele und einige Beispiele für Interventionen der Bewegungstherapie erwähnt. In diesem Artikel werden interdisziplinär bewährte, auf diverse Ätiologiemodelle basierende Ansätze der Angstbehandung und dazu passende bewegungstherapeutische Interventionen vorgestellt.

Definitionen

Normale Angst

Angst ist eine Emotion mitsamt einem biologisch verankerten Verhaltensmuster der Flucht und Vermeidung, das dem Schutz des Menschen vor Bedrohungen dient (*Holodynski & Oerter,* 2008). Sowohl normale wie pathologische Angst äußern sich auf drei Ebenen:

1. Im subjektiven Erleben in Gedanken und Gefühle
2. In körperlichen Begleiterscheinungen
3. Im beobachtbaren Verhalten
(*Mattjetat* et al., 2011)

Die Bewegungstherapie ist gut geeignet, alle diese Ebenen kindgerecht anzusprechen und angstregulierende Interventionen einzusetzen.

Pathologische Angst

Normale und pathologische Angst unterscheiden sich nach verschiedenen Kriterien, die in Tabelle 1 in ihren differierenden Ausprägungen dargestellt sind.

Normale Angst	Kriterium	Pathologische Angst
Mittlere Ausprägung	Intensität	Starke Ausprägung
Vorübergehend	Dauer	Dauerhaft (chronifiziert)
Übliche Quellen der Angst (siehe Tab. 2)	Inhalte	Ungewöhnlich Quellen der Angst
Dem Alter angemessen	Passung zur Entwicklungsstufe	Nicht dem Alter angemessen
Situationsadäquate Reaktion	Verhältnis zur Situation	Reaktion ist der Situation nicht angemessen
Fähigkeit, sich zu beruhigen bzw. Angst zu überwinden. Auseinandersetzung mit angstbesetzten Objekten, Situationen	Regulation	Fehlende Möglichkeiten, die Angst zu reduzieren oder zu bewältigen. Vermeidungsverhalten gegenüber angstbesetzten Objekten, Situationen

Normale Angst	Kriterium	Pathologische Angst
Umfeld kann den Angstbetroffenen beruhigen. Umfeld kann sich frei entfalten und regt den Betroffenen ebenfalls zu Entfaltung an.	**Relation zum sozialen Umfeld**	Angstfreiheit oder Beruhigungsversuche anderer tragen nicht zur Reduktion der Angst bei. Umfeld wird durch die Symptomatik belastet oder ist in die Angst verstrickt.
Sinnvolle Angst unterstützt die Alltagsbewältigung und die Entwicklung	**Wirkung auf Alltag und Entwicklung allgemein**	Alltägliche Lebensvollzüge und die Entwicklung werden durch Angst beeinträchtigt, Leidensdruck

Tab. 1: Vergleich normaler und pathologischer Angst (vgl. *Remschmidt,* 1992; *Schwenk,* 2012; *Steinhausen,* 2010)

Klassifikation der Angststörungen

In der ICD 10 werden vier Haupt-Angststörungen im Kindes- und Jugendalter im Kapitel „Emotionale Störungen des Kindesalters“ differenziert:

- Emotionale Störung mit Trennungsangst des Kindesalters
- Phobische Störung des Kindesalters (Unangemessene Angstreaktion gegenüber bestimmten Objekten, Situationen oder Tieren, von denen keine reale Gefahr ausgeht)
- Störung mit sozialer Ängstlichkeit des Kindesalters
- Emotionale Störung mit Überängstlichkeit (ICD 10 GM 2015, früher: Generalisierte Angststörung des Kindesalters)

Unabhängig von den Klassifikationen lassen sich für die Bewegungstherapie gemeinsame Merkmale von angstgesteuertem Verhalten feststellen, die im Folgenden näher erläutert werden.

Manifestationen der Angst in Bezug zu Körper/Bewegung

In der Bewegungstherapie lassen sich vielfältige Phänomene von ängstlichem Verhalten bei Kindern und Jugendlichen beobachten, die Anlässe für Interventionen werden können:

- Körper und Bewegung im Fokus der Angst
- Angst vor Verletzung, Schmerz
- Angst vor Inkompetenz, Fehler, Versagen, Bewertungen
- Angst vor Ablehnung, Beschämung, Nähe/Autonomieverlust
- Angst vor dem Umgang mit unbekannten Menschen, vor dem Verhalten anderer in Bewegungssituationen (Misstrauen; evtl. auch Angst vor dem/der Bewegungs-u. SporttherapeutIn)
- Angst vor Bewegungssituationen oder Geräten (Höhe, Enge, Stäbe, Bälle, Wasser etc.)

- Angst vor Körpersymptomen wie Schwindel, Schwitzen, Zittern, Herzklopfen, Atembeschwerden, Mundtrockenheit
- Körperliche Begleitfaktoren der Angst im Verhalten
- Körperliche Inaktivität, Passivität, Rückzug
- Körperliche Unruhe, Impulsivität, Aggressivität, Risikoverhalten
- Körperliche Anspannung, Hemmung, Ungeschicktheit
- Konzentrationsprobleme
- Körperliche Symptome (s.o.)

Ziele der Bewegungstherapie bei Angststörungen

Bei der bewegungstherapeutischen Behandlung von Ängsten bei Kindern und Jugendlichen können Therapeuten generelle und spezifische Ziele anstreben, die resilienzfördernd wirken können. Diese werden im Folgenden aufgeführt.

Für alle Störungsformen

- Erlernen von Entspannungstechniken und anderen Methoden der psychophysischen Regulation
- Erlernen angemessener Bewertung körperbezogener Wahrnehmungen
- Verbesserung der allgemeinen Fitness (Kraft, Ausdauer, Beweglichkeit) zur Erhöhung von Stressresistenz und Resilienz
- Verbesserung des Selbstwertgefühls, Selbstvertrauens und der Selbstbehauptung
- Verbesserung der Selbstwirksamkeit
- Förderung der Autonomie
- Verminderung von Vermeidungsverhalten/Förderung von Explorationsverhalten
- Erlernen von adaptiven kognitiven Mustern

Für spezifische Angststörungen

- Verbesserung der sozialen Kompetenz (bei sozialen Phobien)
- Verbesserung der Impulskontrolle (bei Unruhe, Impulsivität, Aggressivität, Risikoverhalten)
- Schrittweise, aktive Auseinandersetzung mit spezifischen Angstquellen und der Erprobung und Einübung von Bewältigungsmöglichkeiten
- Erhöhung der Toleranz für vegetative Effekte der körperlichen Betätigung
- Angemessene Attribuierung und Umgang mit Leistung, Erfolg und Misserfolg (erweitert nach *Seeck*, 1990)

Die Gestaltung der Interventionen zur Erreichung dieser Ziele sollte theoretisch begründet sein. Hierzu eignen sich allgemeine evidenzbasierte Modelle und Interventionskonzepte die sich auf Aspekte der Ätiologie der Angststörungen beziehen (vgl. *DGKJPP*, 2007).

Theoriebezogene Methoden-Ansätze

In der bewegungstherapeutischen Arbeit mit dieser Klientel lassen sich einige theoretisch unterschiedlich begründete Konzepte heranziehen.

Ressourcenorientierung

Ressourcenorientierung ist eine Bezeichnung für eine Perspektive, die Klient und Therapeut im therapeutischen Prozess einnehmen, bei der sie auf die unproblematischen oder förderlichen Aspekte des Patienten fokussieren: seine Eigenschaften, seine Situation, sein Verhalten oder konstruktive, problemlösende Aspekte seiner Erkrankung. (*Grawe & Grawe-Gerber*, 1999; *Wöller & Kruse*, 2005). Werden bei der Indikationsstellung die Aktivitäten ausgewählt, die am besten die vom Patienten mitgebrachten Ressourcen aktivieren, verbessert sich nachweislich das Therapieergebnis (*Grawe,* 2005). Das Therapeutenverhalten sollte auf die vorhandenen Bereitschaften, Erwartungen und Fähigkeiten des Patienten abgestimmt sein. Angepassten Personen bietet man in diesen Zusammenhängen zuerst Führung an; nach Autonomie strebende Personen lässt man hingegen viel Selbständigkeit (*Grawe*, 2005). Es gilt das Motto: ‚Mit den gesunden Anteilen des Klienten ein Bündnis eingehen'.

Zuerst werden unspezifische Wirkfaktoren eingesetzt wie z.B.:

- Verbesserung des subjektiven Wohlbefindens
- Induktion positiver Erwartungen an die Umwelt
- Stärkung der Selbstwirksamkeitserwartung
- Erleben der eigenen Stärken
- Verbesserung der Selbstwahrnehmung bzgl. eigener Stärken (*Wöller & Kruse*, 2005).

Dies ist ein besonders wichtiger Baustein in der Bewegungstherapie, weil es Kindern und Jugendlichen mit Angststörungen häufig an diesen Stärken mangelt. Zudem tragen ein gestärktes Selbstvertrauen und gesteigerte Ich-Kompetenzen zu einem besseren Umgang mit angstauslösenden Situationen bei. Das Handlungsrepertoire der Kinder und Jugendlichen wird somit gestärkt und wird dem sonst häufigen Vermeidungsverhalten entgegengesetzt (*Welsche,* 2012). Zudem wird der therapeutische Beziehungsaufbau erleichtert. Erst im Anschluss an derartige Prozesse findet die Bearbeitung des spezifischen Problemverhaltens statt. Dabei werden herausfordernde Situationen genau dosiert und mit Ressourcen sinnvoll verknüpft, um die Motivation des Patienten auf ein hohes Niveau zu halten. Hierzu bieten sich zwei alternative Strategien an (vgl. Abb. 1). Die *Sandwich Strategie* rahmt die Herausforderung zwischen zwei Aktivitäten ein, die die Ressourcen des Patienten hervorheben. Zum Beispiel könnte ein Kind, dass soziale Ängste hat, aber gut mit Bällen umgehen kann, zuerst mit einem Ball spielen, dann eine Übung zur Interaktion mit einem Partner durchführen und anschließend wieder ein Ballspiel spielen.

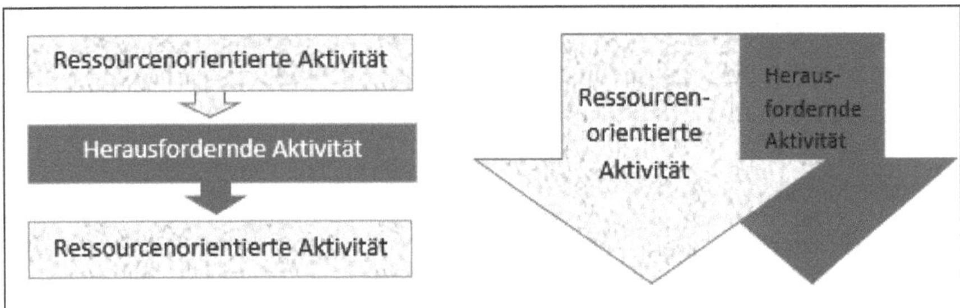

Abb. 1: Sandwich- vs. Parallele Methode des ressourcenorientierten Vorgehens.

Die *parallele Strategie* bezieht gleichzeitig eine Ressource ein, während eine Herausforderung angegangen wird, z.B. könnte das Kind in dem vorherigen Beispiel direkt innerhalb eines Ballspiels (Ressource) mit einem Partner interagieren (Herausforderung der sozialen Angst).

Lernzonen-Modell

In der Erlebnispädagogik (z.B. *Senninger*, 2004) wird mit dem empirisch gesicherten Prinzip der optimalen Reizstärke (*Kent*, 2007) gearbeitet, in dem dieses in anschauliche „Lernzonen" eingeteilt wird (siehe Abb. 2). Diese Zonen reichen von der Komfortzone über die Lernzone bis zur Panikzone. Mit der Zeit dehnt sich die Komfortzone immer weiter aus, wenn Erfahrungen in der Lernzone vertraut werden und im Erleben somit zur Komfortzone umgewandelt werden. Das Lernzonenmodell bezieht sich direkt auf das Vermeidungsverhalten und bietet eine patientenfreundliche Möglichkeit, dieses Symptom zu überwinden.

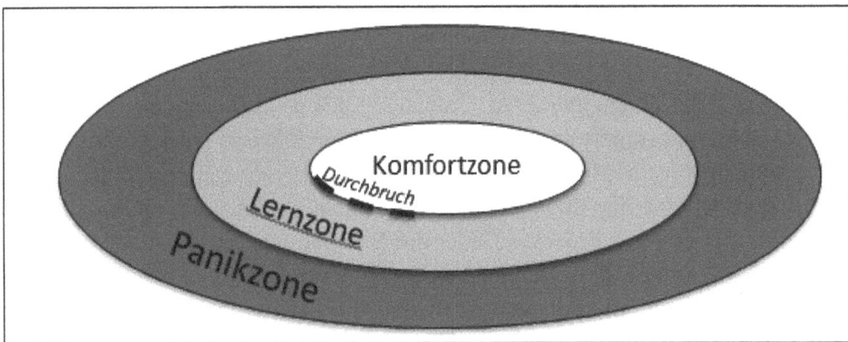

Abb. 2: Das Lernzonen Modell (*Senninger*, 2004)

Das Vorgehen und die Aufgabenstellungen des Pädagogen sollten mit den von Teilnehmern individuell empfundenen Lernzonen abgestimmt sein. Zuerst wird die Komfortzone hergestellt durch ein gutes Lernklima und die Beschäftigung mit Aufgaben, die einfach sind und den Stärken der Teilnehmer entsprechen. Daraufhin wird die persönliche Notwendigkeit für Veränderung geklärt. Zweitens wird das Lernziel vereinbart und eine angemessene Herausforderung gewählt. Im dritten Schritt sollen Teilnehmer motiviert werden, ihre Komfortzone zu verlassen, bei einem „Durchbruch“ die Hemmschwelle der Angst zu überwinden und sich in die Lernzone zu wagen, ohne sich jedoch der Panikzone auszusetzen. Nach einer Reflexionsphase beginnt der erfahrungsbasierte Lernzyklus von neuem.

Ätiologie-Modelle und entsprechende Interventionen

Basierend auf unterschiedlichen Ätiologie-Modellen wurden eine Reihe von Therapieansätzen entwickelt und ihre Wirksamkeit empirisch belegt; eine Übersicht hierzu findet sich bei *Mattejat* et al. (2011). In diesem Abschnitt werden für die Bewegungstherapie relevante Modelle kurz vorgestellt, das Hauptziel genannt und jeweils eine exemplarische theoriegeleitete Übung sowie weitere mögliche Interventionen beschrieben. Einzelne Übungen können durchaus mehreren Theorieansätzen zugeordnet werden und die Zuordnung hier ist beispielhaft gemeint. Die Übungsvorschläge entstammen zum Teil der Untersuchung von *Gotthardt* (2013), die klinisch tätige Bewegungs- und Sporttherapeuten nach praxisbewährten Interventionen befragte.

Das Modell zur Entwicklung der Angststörungen von Rapee (2001)

Angststörungen resultieren aus dem Zusammenspiel diverser interner und externer Risikofaktoren. Rapee (2001) bezieht sich spezifisch auf die Situation von Kindern, dass in Abbildung 3 dargestellt wird.

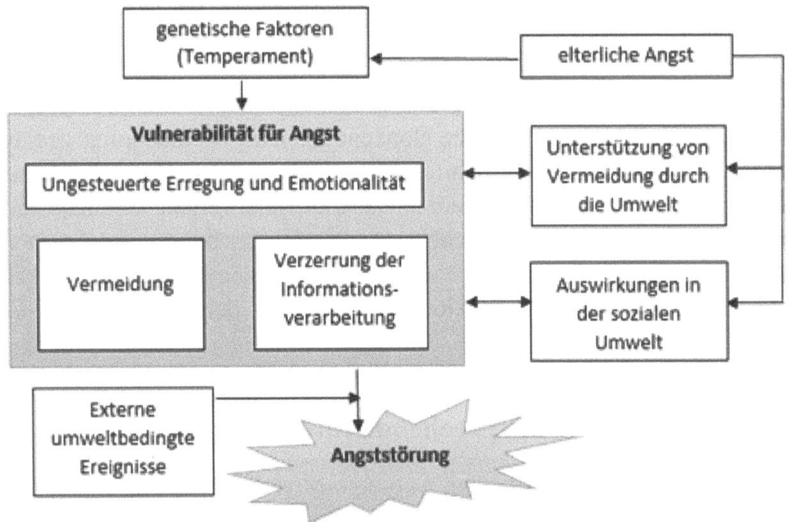

Abb. 3: Modell der Entstehung einer Angststörung (nach *Rapee,* 2001; *Schneider,* 2008)

Die folgenden Übungsansätze greifen einzelne Faktoren aus *Rapees* Modell auf und schlagen entsprechende Interventionsmöglichkeiten vor.

Entspannungstraining und Psychophysische Regulation (PPR)

Bei diesem Ansatz wird einerseits die von Rapee angesprochene Vulnerabilität für Angst behandelt, indem die ängstliche Grundstimmung der Person beruhigt wird. Zudem dienen Entspannung und PPR als konkrete Bewältigungsstrategien unter Angstbedingungen. Die Kinder und Jugendliche lernen ihre vegetative und psychische Reaktivität zu beeinflussen und erkennen deren Zusammenhänge. So lernen die Patienten selbstständig, Verspannungen entgegenzuwirken. Diese Fähigkeit ermöglicht es den Kindern und Jugendlichen, in Angstsituationen das Gefühl zu haben, die Kontrolle und Selbstbeherrschung zu behalten und nicht, wie oft befürchtet, hilflos der Situation gegenüber zu stehen. Bei der PPR geht es darum, „...über ein individuell oder situativ zu gestaltendes Verhältnis von Belastungsintensität und Belastungsdauer (Aktivierungsphase) sowie nachfolgender kurzfristiger Entspannung (De-Aktivierungsphase) eine entlastende und erholende Wirkung im physischen und psychischen Bereich zu erzielen." (*Deimel*, 2012, S.274).

Exemplarische Übung PPR: Tiere bei Tag und Nacht Die Kinder stellen Tiere dar, die tagsüber aktiv spielen und einander jagen, nachts dann schlafen gehen. Durch An- und Ausschalten der Lichter im Raum wird die Tageszeit simuliert. Alternativ können nachtaktive Tiere gespielt werden, die dann schlafen gehen, wenn das Licht angeschaltet wird. (Zusätzliche Themen: Angstquellen, Dunkelheit, Tiere)

Weitere Interventionsmöglichkeiten für den Personenkreis der Kinder- und Jugendlichen können sein: Kindgerechte Formen der Entspannung wie Autogenes Training (Käpt'n Nemo-Geschichten), Progressive Muskelrelaxation, Phantasiereisen, Yoga.

Weitere PPR Übungen wie das Autospiel (verschiedene Gang Geschwindigkeiten, Pausen in der Werkstatt, Waschanlage oder Garage) oder Fangspiele mit längeren Pausen für Gefangene wie das Sanitäter Spiel (Abgeschlagene Kinder werden von noch nicht abgeschlagenen Kindern ins Krankenhaus transportiert und verweilen dort eine Zeitlang bis zu ihrer Heilung, bevor sie wieder in das Spiel einsteigen).

Lernen am Modell

Da die Eltern von Patienten mit Angststörungen häufig selbst eine Angststörung haben, geht man davon aus, dass Kinder und Jugendliche vom Modell ihrer Eltern lernen (*Schneider*, 2004, 2008) Zudem schränken die Eltern in ihrer Angst die Bewegungsfreiheit der Kinder und Jugendlichen ein. Umgekehrt können Kinder und Jugendliche in der Therapie durch mutige Modelle lernen, ihre Angst zu bewältigen.

Exemplarische Übung zu Modelllernen: Schattenlaufen Paarweise geht eine Person hinter dem anderen und greift alle seine Bewegungen auf, wie ein Schatten. Als Variation kann ein Parcours aufgebaut werden mit kleinen, situationspassenden Herausforderungen.

Weitere Interventionsmöglichkeiten: Aktivitäten, bei denen beobachtet werden darf, wie mutige Vorbilder, die Aufgaben bewältigen. Auf dieser Weise können Phasen, wo Patienten zu ängstlich sind, um eine Aufgabe mitzumachen, sinnvoll genutzt werden. Übungsformen, bei der ein Akteur durch andere ermutigt bzw. angefeuert wird. Geschichten von Superhelden und andere mehr realistische Vorbilder vorlesen und nachspielen.

Kognitive Methoden

Diese Gruppe der Interventionen hilft dem Patienten, seine verzerrte Informationsverarbeitung zu erkennen und zu korrigieren. In gezielten Bewegungsexperimenten werden die Kinder gefragt, welche Befürchtungen sie vor der Aktivität haben; während und nach der Aktivität wird überprüft, inwieweit ihre Befürchtungen eingetreten sind. Eine weitere Interventionsmethode ist die Selbstinstruktion, bei der Patienten eine ermutigende Ansprache schrittweise verinnerlichen können, um die womöglich von den Eltern gelernten entmutigende Ansprachen, die ihnen durch den Kopf gehen, zu überschreiben (*Schneider*, 2008).

Exemplarische Übung: Selbstinstruktion
Der Patient wird durch den Therapeuten oder einen Mitpatienten verbal ermutigt, vor, während und nach einer Herausforderung wie „von einem Kasten springen“ sich folgende Instruktionen zu geben, z.B. vorher: „Trau dich!“, während: „Du schaffst das!“, nachher: „Das war super mutig!“
Wiederholung der Übung: der Patient sagt sich die Sätze nun selbst laut vor.
Wiederholung der Übung: der Patient sagt sich die Sätze nun leise selbst vor.

Weitere Interventionsmöglichkeiten: Talisman als „Mutbringer“ eine Zeitlang mit sich führen, Psychoedukation über die Wechselwirkung von Gedanken und Gefühlen, Rituale zur Einprägung von Selbstinstruktionen.

Exemplarische Übung: Das Ich-bin-Ich Ritual (nach *Sparmann & Baer*, 1997).
Bei diesem Bewegungsritual wird gesprochen und zeitgleich eine Bewegung ausgeführt. Das Ritual beginnt mit: „Ich lasse mich hängen“, dabei wird der Oberkörper nach vorne hängen gelassen. „Ich richte mich auf“, man macht sich ganz groß. „Ich stehe mit beiden Beinen fest“, beide Füße werden nacheinander bewusst auf den Boden aufgesetzt. „Ich stütze mich“, beide Hände werden in die Hüfte gestemmt. „Ich schütze mich“, man umarmt sich mit beiden Armen selbst und umfasst seinen Oberkörper. „Ich kämpfe“, die Arme werden zu einer Schlaghaltung hochgeführt. „Ich öffne mich“, die Arme werden vor der Brust geöffnet. „Ich wachse“, man streckt sich in die Höhe. „Ich atme“, man atmet hörbar ein und aus. „Ich gebe“, man gibt etwas imaginär mit den Händen, „Ich nehme“, man nimmt imaginär etwas mit den Händen an. „Ich bin ich“, man legt die Hand auf dem Herzen.

Nach dem Ritual wird die Frage gestellt: „Welche Aspekte werden zur Zeit im Alltag besonders beansprucht?“ Der Bewegungstherapeut greift daraufhin die Aussagen des Patienten auf und kann so die Stunde ganz individuell, im Sinne des Patienten gestalten. Berichtet der Patient beispielsweise davon, dass er momentan keinen festen Stand hat, könnte der Therapeut z.B. darauf eingehen mit Gleichgewichtsübungen, zentrierenden Übungen oder Übungen aus dem Qi Gong reagieren. Das Ritual und die Reflexion darüber sind eher bei Jugendlichen indiziert.

Reizkonfrontationsmethoden

Bei diesen Methoden geht es darum, sich gezielt und dosiert mit beängstigenden Aufgaben zu konfrontieren statt sie zu vermeiden. Entweder wird bei der Konfrontation das Kind dazu angeleitet, angstreduzierende Strategien einzusetzen, oder es wird dabei begleitet, die Aufregung auszuhalten und zu erleben, dass die Angst von selbst verschwindet aufgrund des Ausbleibens negativer Folgen (*Schneider*, 2008).

Exemplarische Übung Reizkonfrontation: Die Gletscherspalte
Es werden zwei große Weichbodenmatten mit der Längsseite gegeneinander aufgestellt. Die Teilnehmer verteilen sich an der Längsseite der beiden Matten. Die Matten berühren sich nicht, sondern es wird ein kleiner Spalt frei gelassen durch den ein Teilnehmer hindurch passt. Während ein Teilnehmer versucht, durch den Spalt hindurchzukommen, drücken die anderen Teilnehmer die Matten gegeneinander, so fest wie der Bewegte es möchte. Er kann mit Kommandos wie „Mehr!“ oder „Weniger!“ den Druck bestimmen. Wichtig hierbei ist es, ein eindeutiges „Stopp-Signal“ auszumachen. Während der gesamten Zeit muss gewährleistet sein, dass die Signale auch gehört werden können. (Zusätzliche Themen: Körper spüren durch den Druck, Vertrauen in der Gruppe)

Weitere Interventionen: Ungewohnte Bewegungen mit besonderen Qualitäten wie Fallen, Schwingen, „Fliegen“, Rutschen, Klettern, etc. (*Seeck*, 1990). Gewöhnung an den Aufenthalt im Wasser, im Freien.

Während das Modell von *Rapee* (2001) die altersübergreifenden Faktoren für die Entwicklung einer Angststörung betrachtet, wird im nächsten Modell die Bedeutung von altersspezifischen Entwicklungsschritten im Hinblick auf die Ausbildung spezifischer Angststörungen erläutert.

Ontogenetisches Modell der Entwicklung der Angststörungen

Entwicklungsschritte der Ontogenese sind nicht nur positive Errungenschaften, sondern, wie in Tabelle 2 zu sehen, schaffen diese auch die Bedingungen dafür, dass gewisse Ängste entstehen können. Diese Tabelle vereint verhaltenstherapeutische und psychodynamische Betrachtungsweisen des Zusammenhanges zwischen Entwicklungsschritten und Angststörungen. Diese entwicklungspsychologische Perspektive ermöglicht ein Verständnis für den Sinn der Erkrankung und zeigt therapeutische Ansatzpunkte auf.

Alter	**Neue Psychologische/ soziale Kompetenz**	**Quelle entwicklungsphasen-typischer Ängste**	**Entsprechende Angststörung**
0-6 Monate	– Sensorische Fähigkeiten – Bindungsfähigkeit	– Intensive sensorische Reize (akustisch, haptisch, etc.) – Verlust von Zuwendung, – unsichere Bindung	Ängstliche Prädisposition
6-12 Monate	– Sensomotorische Schemata – zwischen sich und anderen unterscheiden können	– Fremde Menschen – Trennung – unsichere Bindung – Ängstliche Reaktion der Umwelt auf Explora-	Generalisierte Angststörung

	– kausales Denken – Objektkonstanz – Bindungs- und Explorationsfähigkeit	tion	
2-4 Jahre	– Präoperationales Denken: Imaginationsfähigkeit, ohne Realität und Phantasie differenzieren zu können – Motorische Expansivität – Trotzphase/ Selbstbehauptung – Erwerb der Folgsamkeit	– Fantasiegestalten – potentielle Einbrecher – Dunkelheit – Angst oder Unachtsamkeit der Umwelt bzgl. der Aktivität des Kindes – Verbote und Gebote – Erziehung zur Unterdrückung spontaner Impulse	– Trennungsangst – spezifische Phobie vor Dunkelheit, Monster etc. – Panikstörung* – Agoraphobie* – Externalisierendes Verhalten
5-7 Jahre	– Konkret operationales Denken – Fähigkeit, konkretlogisch zu denken	– Naturkatastrophen (Feuer, Überschwemmung) – Verletzungen – Tiere – Medienbasierte Ängste	– Spezifische Phobien vor Tieren, Blut, medizinische Eingriffe
8-11 Jahre	– Selbstwert basiert auf akademischen und sportlichen Leistungen	– schlechte schulische und sportliche Leistungen	Leistungsangst
12-18 Jahre	– formal-operationales Denken – Fähigkeit, Gefahr zu antizipieren – Selbstwert durch Alterskameraden bestimmt	– Ablehnung durch Gleichaltrige	– Panikstörung – Agoraphobie – Soziale Phobie

Tab. 2: Phasentypische Ängste und entsprechende Angststörungen. Eigene Darstellung in Anlehnung an *Carr*, 1999; *Elsner & Pauen*, 2012; *Grossmann & Grossmann*, 2005; *Jaeggi*, 2003; *Schneider*, 2008; *Steinhausen*, 2010; *Scheibe* et al., 1997 (* = psychodynamische Zuordnung aufgrund gestörter Autonomieentwicklung).

Die Entwicklung der Sinne, der Kognition, der Motorik und der sozialen Kompetenzen sind störanfällig und können bei der Ausbildung einer Angststörung eine Rolle spielen. Während behaviorale Theorien eher die kognitiven

Faktoren im Mittelpunkt stellen, sehen psychodynamische Theorien eher Beziehungserfahrungen als ausschlaggebend an. Dementsprechend wird der Zeitpunkt der Entstehung der Panikstörung und Agoraphobie (Angst vor Orte, die einen Kontrollverlust begünstigen könnten) unterschiedlich zugeordnet. Die Spalte „Entsprechende Angststörungen“ weist auf Entwicklungsphasen hin, in der ein *Risiko* für diese Art der Störung entstehen kann. Was den Zeitpunkt des *Ausbruchs* betrifft, wird im ICD 10 nur bei zwei Störungen ein Zeitpunkt als diagnostisches Kriterium festgehalten: Die emotionale Störung mit Trennungsangst des Kindesalters und die Störung mit sozialer Ängstlichkeit des Kindesalters beginnen jeweils vor dem 6. Lebensjahr. Die folgenden Strategien beziehen sich auf Aspekte aus der obigen Tabelle.

Körperwahrnehmung und Edukation über physiologische Prozesse

Durch gezielte Wahrnehmung werden Kinder und Jugendliche vertraut gemacht mit ihrem Körper, wenn er selbst zur Quelle der Angst geworden ist. Es wird die Wahrnehmung der verschiedenen Körpersysteme gefördert, die bei der Angstsymptomatik eine Rolle spielen: Muskulatur, Hautoberfläche, Knochen, Gelenke, Herz, Lunge, Ausscheidungsorgane (Spüren, ob ich auf Toilette muss oder nicht), Sinnessysteme inklusive dem vestibulären Sinn, usw.

Exemplarische Übung zu Körperwahrnehmung: Sandsäckchen auflegen Es werden auf dem liegenden Körper Sandsäckchen auf unterschiedliche Körperteile gelegt. Die Sandsäckchen sollen erfühlt werden, es soll ihre Schwere und die Reaktion des Körpers (An- oder Entspannung?) nachempfunden werden. Sandsäckchen, die auf den Körper aufgelegt werden, können die Wahrnehmung verstärken und das Gefühl für den eigenen Körper intensivieren. Der Moment soll fokussiert werden, damit die Gedanken nicht abschweifen (Zusätzliches Thema: Ablenkung als Technik der Emotionsregulation)

Weitere Interventionsmöglichkeiten: Gymnastik zur Spannung und Entspannung, Abklopfen des Körpers, Gleichgewichtsübungen, schrittweise Herz-Kreislauf-Belastungen erproben und die dadurch ausgelöste Reaktionen beobachten und wieder zur Ruhe bringen.

Bindungs- und Explorationsförderung

Wenn davon ausgegangen wird, dass negative Bindungserfahrungen ein Grund für eine Angststörung sein können, dann sind alle Interventionen, die die Bindungsfähigkeit des Patienten fördern, angebracht. Bindung ist die Fähigkeit, Nähe zu schützenden Menschen herzustellen, wenn man in Not ist, und die Fähigkeit, zu explorieren und selbständig zu sein, wenn die Situation sicher und angenehm ist. Dementsprechend sollten neben Zuverlässigkeit und Zugewandheit die Ermutigung des Patienten zu selbständigem Handeln und das Unterlassen von voreiliger Hilfestellung zum Repertoire des Therapeutenverhaltens bei dieser Klientel gehören, um die Autonomie zu fördern.

Exemplarische Übung zu Bindung/Exploration: Blindgang
Paarweise, einige Hindernisse und Erlebnisbereiche (Matten, schiefe Ebenen etc.) wurden aufgebaut. Ein Partner hat die Augen geschlossen (evtl. verbunden), der andere Partner begleitet ihn. Der blinde Partner hat die Möglichkeit, sich durch den Raum zu bewegen. Der sehende Partner schützt ihm vor Gefahren, aber lässt ihn so viel Freiraum für Erforschung von Medien, Raum und anderen Menschen wie nur möglich, greift nur ein, wenn es notwendig ist. Beide Rollen (blind oder beschützend/fördernd) sind bedeutsam für das Störungsbild.

Weitere Interventionen: Vertrauensspiele, Bedürfnisse ausdrücken und erfüllt bekommen, Übungen, in denen zwei Personen mit einem Medium (Seile, Stäbe, Fäden, Tücher etc.) verbunden sind.

Soziales Kompetenztraining

Durch Erfahrungen mit überfürsorglichen oder einschränkenden Bezugspersonen lernen Patienten, durch passives oder aggressives Verhalten auf Stress zu reagieren. Ihnen werden diese Verhaltenstypen vermittelt und dann durch verschiedene Spielsituationen alternatives Verhalten (aktiv, aber nicht destruktiv) eingeübt.

Exemplarische Übung zur Kraftdosierung: Federball und Co.
Partner spielen sich verschiedene Medien zu, mit der Betonung auf das Miteinander und die passende Dosierung der Kraft, um das Medium zum Partner zu bewegen, ohne ihn zu gefährden. Als Medien eignen sich z.B. ein Federball, der mit sehr viel Kraft bewegt wird, oder ein Flummi, das mit nur wenig Kraft bewegt werden kann.

Weitere Interventionen: Interaktionssituationen, in denen eigene Positionen bezogen und vertreten werden, Gefühle ausgedrückt werden, Konflikte gelöst werden; Aufgaben aus der Erlebnispädagogik (*Seeck*, 1990).

Körperliches Kompetenztraining

Die eingeschränkten körperlichen Erfahrungen der Patienten führen zu diversen motorischen Defiziten, die das Unsicherheitsempfinden noch verstärken. Insofern kann eine Verbesserung der motorischen Fähigkeiten wie Kraft, Ausdauer, Gleichgewicht, Geschicklichkeit oder Schnelligkeit zu einer Verbesserung der Beziehung zum eigenen Körper, zu mehr Selbstbewusstsein und zu positiven Kontrollüberzeugungen führen.

Externalisierung

Oft erleben die Patienten ihre Angst wie ein getrenntes Wesen, dass über sie bestimmt. Möglicherweise ist dies ein verinnerlichtes Bild der Eltern oder ein Ausdruck einer externalen Kontrollüberzeugung. Die internale Kontrollüberzeugung beschreibt die Einstellung, dass Handlungen auf die eigene Initiative und Kompetenzen zurückgeführt werden. Bei der externalen Kontrollüberzeugung werden äußere Umstände für das eigene Handeln verantwortlich gemacht (*Burrmann*, 2005). Kinder, die glauben, Kontrolle über die Situation zu haben, werden mehr Erfolg haben in ihrer Aufgabenbewältigung als jene, die eine negative Kontrollüberzeugung haben (*Zimmer*, 2002). Interventionen, die auf die Externalisierung der inneren Stimme oder der Selbstanteile zielen, können dabei helfen, die Kontrolle wieder zu gewinnen über die Gedanken und Gefühlen.

Exemplarische Übung zu Externalisierung: Das Monster Spiel
Der Patient baut sich einen sicheren Ort in einer Ecke des Raumes. Er soll Bilder für seine Angst finden. Diese wird bei Kindern häufig als Monster beschrieben. Der Therapeut stellt dann das angstauslösende Monster dar, das aus der fernen Ecke des Raumes auf den Patienten zukommt. Der Patient hat die Möglichkeit, dieses Monster verbal und körperlich zu führen. Das Monster kann dann durch den Patienten größer oder kleiner gemacht werden, es kann näher kommen oder weiter weggeschickt werden, es können einzelne Körperteile eingefroren werden etc.

Der Patient gewinnt auf diese Weise Distanz zu der Angst, erlebt sich als mehr als nur angstbesetzt. Außerdem gewinnt er die Kontrolle darüber und tritt von der Gefühls- und Gedankenebene in die Handlungsebene ein, wo er mehr Kontrolle gewinnt.

Performanz als Reizkonfrontation im Bereich Leistung und Soziales

Jede Form der Leistung und auch die soziale Begegnung sind mit einem Auftritt verbunden. Die Person stellt sich einer Situation, in der ihre Kompetenz oder ihr sozialer Wert beurteilt werden. Hier gilt es, zunächst Zuversicht aufzubauen und später Bewältigungskompetenzen für den Umgang mit Kritik oder Niederlagen zu entwickeln.

Exemplarische Übung zu Performanz: Der Auftritt
Der Angst vor Leistungsversagen oder sozialer Beschämung/Ablehnung kann durch ein Aufführungsprojekt entgegengewirkt werden. Dies können Tanzaufführungen mit selbst choreografierten oder vorgegebenen Stücken sein, Theateraufführungen, Singen oder Schwarzlichttheater-Darstellungen. Ziel ist ein Auftritt in variabler Form. Die Zuschauer können Mitpatienten, der Pflege- und Erziehungsdienst oder auch die Eltern sein. Die Anzahl und Zugewandtheit der Zuschauer kann bewusst dosiert werden, von einem wohlwollenden

Zuschauer bis hin zu einer größeren Gruppe, deren Motive und Einstellungen zu den Darstellern unbekannt sind (öffentliche Aufführung).

Weitere Interventionen: Spiele mit Wettkampfcharakter, Video-Aufnahmen, Sportturniere, Übungen zum Geben von Feedback – z.B. in Form von gestischen Bewegungsfeedbacks. Der konstruktive Umgang mit Niederlagen kann in diesem Rahmen gelernt werden sowie das Einholen von Trost und Ermutigung.

Abschluss

Mithilfe verschiedener ätiologischer Modelle der Angststörungen können Bewegungstherapeuten die Probleme von Patienten besser verstehen und gezielt auf diese eingehen. Ein erfahrener Kollege sagte, es bedarf an und für sich keiner besonderen Übungen für die Arbeit mit Kindern und Jugendliche mit Angststörungen, sondern es komme darauf an, wie Bewegungsaufgaben und Sportspiele angeleitet und reflektiert werden. Notwendig dazu ist eine empathische Beziehungsgestaltung, die den Optimismus der Kinder und Jugendlichen weckt, mit ihren Ängsten erfolgreich umzugehen. In diesem Sinne möchten die Autorinnen die Leser dazu animieren, die Modelle auf viele weitere Übungsformen zu übertragen und in der Praxis zu erproben.

Literatur

Burrmann, U. (2005). Effekte des Sporttreibens auf die Entwicklung von Kontrollüberzeugungen. In U. *Burrmann* (Hrsg.). *Sport im Kontext von Freizeitgestaltung Jugendlicher. Aus dem Brandenburgischen Längsschnitt 1998-2002*, S. 341-351. Köln: Buch und Strauß.

Carr, A. (1999). *The handbook of child and adolescent clinical psychology*. London: Routledge.

Deimel, H. (2012). Entspannungsverfahren. In K. *Schüle* & G. Huber (Hrsg.). *Grundlagen der Sporttherapie. Prävention, ambulante und stationäre Rehabilitation. 3. Aufl.*, S. 271-291. Köln: Dt. Ärzte-Verlag.

Deutschen Gesellschaft für Kinder- und Jugendpsychiatrie und Psychotherapie, der Bundesarbeitsgemeinschaft leitender Klinikärzte für Kinder- und Jugendpsychiatrie und Psychotherapie und dem Berufsverband der Ärzte für Kinder- und Jugendpsychiatrie und Psychotherapie. (2007). (Hrsg.). *Leitlinien zur Diagnostik und Therapie von psychischen Störungen im Säuglings-, Kindes- und Jugendalter.* Köln: Dt. Ärzte-Verlag.

Elsner, B. & *Pauen,* S. (2012). Vorgeburtliche Entwicklung und früheste Kindheit. In W. *Schneider* & U. *Lindenberger* (Hrsg.). *Entwicklungspsychologie.* S. 159-185. Weinheim: Beltz.

Gotthardt, P. (2013). *Formen und Wirkungsweisen von bewegungstherapeutischer Übungen bei Angstpatienten in der Kinder- und Jugendpsychiatrie.* Bachelorarbeit, Deutsche Sporthochschule Köln.

Grawe, K. (2004). *Neuropsychotherapie.* Göttingen: Hogrefe.

Grossmann, K. & *Grossmann,* K. (2005). *Bindungen – das Gefüge psychischer Sicherheit.* Stuttgart: Klett-Cotta.

Holodynski, M. *&* *Oerter,* R. (2012). Emotionen. In W. *Schneider* & U. *Lindenberger* (Hrsg.). *Entwicklungspsychologie.* S. 497-520.Weinheim: Beltz.

Jaeggi, E. (2003). *Tiefenpsychologie lehren – Tiefenpsychologie lernen.* Stuttgart: Klett-Cotta.

Kent, M. (2006). *Oxford Dictionary of Sport Science and Medicine.* Oxford: Oxford University Press.

Mattejat, F., *Eimecke,* S. & *Pauschardt,* J. (2011). Ängste, Phobien und Kontaktstörungen. In G. *Esser* (Hrsg.). *Lehrbuch der Klinischen Psychologie und Psychotherapie bei Kindern und Jugendlichen.* S. 240-270. Stuttgart: Thieme.

Ravens-Sieberer, U., *Wille,* N., *Bettge,* S. & *Erhardt,* M. (2007). Psychische Gesundheit von Kindern und Jugendlichen in Deutschland. Ergebnisse aus der BELLA-Studie im Kinder- und Jugendgesundheitssurvey (KIGGS*). Bundesgesundheitsbl – Gesundheitsforsch – Gesundheitsschutz,* 50, 871–878.

Rapee, R.M. (2001). The development of generalized anxiety. In M.V. *Vasey &* M.R. *Dadds* (Hrsg.). *The developmental psychopathology of anxiety.* S. 481-503. New York: Oxford Press.

Remschmidt, H. (1992). *Adoleszenz.* Stuttgart: Thieme.

Scheibe, G., *Tress,* W. & *Reister,* G. (1997). Psychoanalytische Modellvorstellungen und die DSM-IV-Klassifikation von Angststörungen: Widerspruch oder Ergänzung? *Zeitschrift für Psychosomatische Medizin,* 43, 138-152.

Schneider, S. (2008). Angststörungen und Phobien. In H. *Remschmidt*, F. *Mattejat* & A. *Warnke* (Hrsg.). *Therapie psychischer Störungen bei Kindern und Jugendlichen.* S. 251-277. Stuttgart: Thieme.

Schneider, S. (2004). *Angststörungen bei Kindern und Jugendlichen. Grundlagen und Behandlung.* Heidelberg: Springer.

Schwenk, C. (2012) Externalisierende und internalisierende Verhaltensstörungen im Kindes- und Jugendalter. In W. *Schneider* & U. *Lindenberger* (Hrsg.). *Entwicklungspsychologie.* S. 619-644. Weinheim: Beltz.

Seeck, U. (1990). Reaktive und neurotische Störungen. In *Bundesministerium für Arbeit und Sozialordnung* (Hrsg.). *Bewegung, Spiel und Sport mit Behinderten und von Behinderung Bedrohten. Indikationskatalog und Methodenmanual, Band 3.* S. 1061-1118. Bonn: Bundesministerium für Arbeit und Sozialordnung.

Steinhausen, H.-C. (2010). *Psychische Störungen bei Kindern und Jugendlichen.* München: Urban & Fischer.

Welsche, M. (2012). Psychische Erkrankungen im Kindes- und Jugendalter. In G. *Hölter* (Hrsg.). *Bewegungstherapie bei psychischen Erkrankungen.* S. 448-526. Köln: Deutscher Ärzte-Verlag.

Wöller, W. & *Kruse*, J. (2005). *Tiefenpsychologisch fundierte Psychotherapie.* Stuttgart: Schattauer.

Zimmer, R. (2002). Selbstkonzept und Identität – Schlüsselbegriffe psychomotorischer Förderung. In K. *Mertens* (Hrsg.). *Psychomotorik – Grundlagen und Wege der Förderung.* S. 68-76. Dortmund: Verlag modernes Lernen.

Körper und Affekt bei Essstörungen

Körperpsychotherapeutische Überlegungen und Behandlungsansätze

Anke Dalhoff

Klinik für Kinder- und Jugendpsychiatrie, -psychosomatik und -psychotherapie, Universitätsklink Münster

Zusammenfassung

Die Begrifflichkeiten Körperzufriedenheit, Körperschema, Körperbild haben in der Behandlung von Essstörungen eine hohe Bedeutung. Die Begrifflichkeiten werden zueinander abgegrenzt und am Obergriff Körpererleben operationalisiert. In dem Beitrag werden die verschiedenen Betrachtungsebenen beschrieben und diese in den Kontext von psychodynamischen und entwicklungspsychologischen Theorien gesetzt. Die definitorischen Abgrenzungen finden sich in den körperpsychotherapeutischen Konzepten zur Diagnostik und Therapie von Körperschema-Körperbildstörungen bei Essstörungen im Kindes- und Jugendalter wieder. Körperpsychotherapeutische Interventionsbeispiele werden anhand verschiedener Settings beschrieben.

Summary

The terms body satisfaction, body scheme and body image are very important in the treatment of eating disorders. The terms are distinct from each other and operationalized in the generic term body experience. This paper describes the different levels of observation and puts them in the context of psychodynamic and developmental theories. The definitional boundaries are found in psychotherapeutic body concepts relating to the diagnosis and treatment of body scheme/ body image disorders in the case of eating disorders in children and adolescents. Examples of psychotherapeutic interventions relating to body image are described by reference to various settings.

Einleitung

Essstörungen (Anorexia (AN) und Bulimie (BN) betreffen vor allem Mädchen und junge Frauen und haben gravierende Folgen auf die körperliche, psychische und soziale Entwicklung. Die Mortalitätsrate für AN liegt erheblich über der von Depressionen und Schizophrenie; für AN ist sie die höchste aller psychischen Erkrankungen (S3-Leitlinie). Daher kommt der Prävention, Früherkennung und einer frühen therapeutischen Intervention eine große Bedeutung zu.

Es stellt sich die Frage: „Weshalb reagiert die Jugendliche[1] mit einer Essstörung auf ihre phasentypischen Entwicklungsaufgaben?" Die Annäherung an diese Fragestellung erfolgt aus körperpsychotherapeutischer Sicht unter Berücksichtigung von Betrachtungsweisen zum Thema Sozialisation und Entwicklung und diese werden mit spezifischen wissenschaftlichen Erkenntnissen aus Forschungen zum Thema Essstörungen und Körperpsychotherapien ergänzt.

Mein körperpsychotherapeutisches Grundverständnis kommt dabei aus der Konzentrativen Bewegungstherapie (KBT®). Die KBT® ist eine körperorientierte psychotherapeutische Methode. Sie nutzt Wahrnehmung und Bewegung als Grundlage von Erfahrung und Handeln. Durch die konzentrative Hinwendung auf das eigene Erleben – einfühlend und handelnd – werden Erinnerungen belebt, die sich körperlich in Haltung, Bewegung und Verhalten ausdrücken. Sie können bis in die vorverbale Zeit zurückreichen (vgl. www.dakbt.de). Das körperpsychotherapeutische Vorgehen basiert auf einem psychodynamisch-verstehendem Ansatz, und dabei ist das Körpererleben von subjektiven Gefühlen individuell geprägt und damit schwer zu erfassen

Adoleszenz und Jugendalter

Der jugendliche Emanzipationsprozess ist notwendig, um sich aus den primären Bindungen zu den Eltern reif lösen zu können und zu einer eigenen integrierten Identitätsbildung zu gelangen, um sich zunehmend „erwachsen“ in einer offenen und zukunftsgerichteten Weltgesellschaft sicher und gestaltend bewegen zu können. *Erikson* beschreibt die jugendliche Phase als psychosoziales Moratorium (vgl. *Erikson,* 1966, S. 137) mit seinem gesellschaftlichen wie entwicklungspsychologischen Charakter. Durch die physiologischen Veränderungen (Umbauprozesse im Gehirn, Geschlechtsreife) und die Unsicherheit bezüglich der zukünftigen Erwachsenenrolle sind die Jugendlichen sehr stark mit sich selbst beschäftigt. In Anlehnung an *Erikson* definiert *Havighurst* (1972) dies im Konzept der Entwicklungsaufgaben und bezieht den Aspekt der Handlungsfähigkeit stärker mit ein. Er beschreibt die Entwicklungsaufgaben der Adoleszenz (13-17 Jahre) und Jugend (18-22 Jahre) und ordnet diesen Phasen die Autonomie/Ablösung von den Eltern, die eigene Identität in der Geschlechtsrolle zu finden, ein System von Moral und Wertvorstellungen aufzubauen sowie eine eigene Zukunftsperspektive zu entfalten, zu. Damit übernimmt das Individuum eine aktive Rolle, sich zu einem handlungsfähigen Subjekt (z. B. Verinnerlichung von Rollen und deren Reflexion) zu entfalten, welches sich zur Gesellschaft zugehörig fühlt und freiwillig konstruktive Beiträge leistet.

---

[1] An AN und BN erkranken vorwiegend Mädchen und Frauen. Deshalb entschied ich mich für die durchgehende Verwendung der weiblichen Personenbezeichnung.

Beck (vgl. 1986, S. 25ff.) weist auf die Komplexität des sozialen Wandels der Gesellschaft mit seinen Auswirkungen auf das Individuum hin. Die Individualisierung der Jugendlichen beschreibt er als einen Prozess des individuellen Handelns (vgl. *Beck*, 1986, S. 58), der gleichzeitig „Sonnen- und Schattenseiten" beinhalte und er stellt fest, dass gerade diese Ambivalenz ein Kennzeichen des Aufwachsens in dieser Gesellschaft ist. Die Sonnenseite umfasst dabei den Aspekt der Emanzipation, Freisetzung aus traditionellen Geschlechterrollen und eine Vielzahl von Wahlalternativen (Optionen) für die eigene Entwicklung. Die Schattenseiten des sozialen Wandels sind hingegen die zunehmende Isolierung, Einsamkeit und die Entscheidungszwänge sowie der Verlust von Orientierung und Zugehörigkeit.

Die verschiedenen Blickrichtungen sollen verdeutlichen, dass der Prozess der Identitätsentwicklung in der Adoleszenz ihren Höhepunkt findet und sich aus dem primären Bereich (Familie, Erfahrungsmuster, Einstellungen, Wissen, emotionale Strukturen) und dem sekundären Bereich (Schule, Altersgruppe, Wohnen, Interaktionen) differenziert und dieser Prozess mit seinen Bedeutungserteilungen für die Subjektwerdung zu analysieren ist.

Merkmale von Essstörungen

Essstörungen sind zum Teil durch Nahrungsverweigerung, zum Teil aber auch durch eine übermäßige Nahrungsaufnahme gekennzeichnet. Wenngleich die Essstörungen Anorexia nervosa (AN), Bulimia nervosa (BN) und Binge-Eating-Störung (BES) nicht ganz so häufig sind wie beispielsweise affektive Störungen, haben sie dennoch eine große klinische und gesellschaftliche Relevanz. An der AN und BN erkranken fast ausschließlich junge Menschen. „Der Übergang von AN in eine BN ist häufig. Zirka 20-30% aller Patientinnen mit BN litten im Krankheitsverlauf an einer AN" (*Herpertz-Dahlmann* et al., 2012). Beide Erkrankungen haben häufig schwerwiegende Auswirkungen auf die körperliche und seelische Gesundheit. Die häufigsten komorbiden Störungen bei AN und BN sind Angst- und Zwangserkrankungen sowie depressive Erkrankungen. Durch den Erkrankungsgipfel in der späten Adoleszenz bzw. im jungen Erwachsenenalter bleiben sie nicht ohne Folgen für den schulischen bzw. beruflichen Werdegang. Die Binge-Eating-Störung wird in jüngster Zeit mehr diskutiert, da sie mit wiederholten Essattacken mit Kontrollverlust einhergeht, ohne das es zu Gewichtsreduktion kommt. Im Folgenden wird vereinzelt auf die Störung eingegangen.

In den internationalen Klassifikationen psychischer Störungen (ICD-10; *Drilling* et al., 1999) und dem Diagnostischen und Statistischen Manual psychischer Störungen (DSM-IV-TR; American Psychiatric Association, 2003) werden die Anorexia nervosa (ICD-10 F50, DSM-IV 307.1), die Bulimia nervosa (ICD-10 F50.2, DSM-IV 307.51) und die Binge-Eating-Störung (ICD-10 F50.4, DSM-IV 307.50) beschrieben und zugeordnet. Die beschriebenen psychopathologischen Auffälligkeiten lassen sich erst im Laufe der Behandlung, bei einem vollen therapeutischen Arbeitsbündnis festlegen und genauer bestimmen. Es gibt aber einige Parameter, die einen Hinweis auf Behandlungsbedarf geben:

- *Unter- und Übergewicht* (Untergewicht BMI<16Kg/m2, Normalgewicht BMI 18,5 bis 24,9, Übergewicht BMI >25, Adipositas Grad III BMI >40Kg/m2)
- *Einschränkung der Kalorienzufuhr*: Patientinnen mit AN beschreiben, dass sie hochkalorische Nahrung weglassen, Mahlzeiten auslassen, sich häufig von geringen Mengen Obst und Wasser ernähren, Essen verschwinden lassen, schmieren, krümeln. Kreislaufbeschwerden führen zu immer mehr Rückzug und Immobilität.
- *Essensanfälle*: Patientinnen mit BN beschreiben, dass sie hochkalorische Mengen von Nahrung zu sich nehmen, meist die Produkte, die sie sich sonst nicht erlauben. Die Nahrungsmenge übersteigt dabei die übliche tägliche Kalorienzufuhr in erheblichem Maße.
- *Gegensteuerndes Verhalten*: Damit sind alle Maßnahmen gemeint, die dazu eingesetzt werden, die Essensmengen wieder aus dem Körper zu entfernen, wie z. B. Erbrechen oder provozieren von Stuhlgang. Sie werden auch als „Purging-Behavior" (DSM IV) zusammengefasst.
- *Körper- und Selbstwerterleben*: Die Patientinnen beschreiben eine hohe Unzufriedenheit mit ihrem Körpererleben, vergleichen sich in ihrer Altersgruppe, fühlen sich unattraktiv und uninteressant. Besonders die Körperideale zeigen strenge Maßstäbe auf. Die Patientinnen betreiben intensiven Sport zur Gewichtskontrolle.[2] (vgl. dazu ausführlich: S3-Leitlinie, ICD-10 und DSM IV)

Patientinnen mit Essstörungen drücken ihre Identitätssuche im Medium Körper aus. Der Körper wird dabei als bedrohlicher Ort oraler, sexueller und aggressiver Triebe empfunden, den es zu kontrollieren gilt. Er wird dabei zum Ort für Inszenierungen und Selbstdarstellungen mit Verlust von Authentizität.

Merlau-Ponty (1966, S.3ff) prägte für die menschliche Existenz den Begriff Ambiguität und meint damit: „Indem ich Leib bin, habe ich einen Körper, eben weil ich Leib bin". Beide Anteile werden in ihrer Vielschichtigkeit perzeptiv, affektiv-emotional, kognitiv und motorisch wahrgenommen (z. B. meine Hand ist nicht nur eine Ansammlung von Punkten) und daraus resultiert ein Gesamtkörper/Leib-Erleben, was sich zum Teil über Bilder und Vorstellungen erschließt, zum großen Teil aber nonverbal im Körpererleben ausdrückt und sich im Verhalten und in der Beziehungsgestaltung symbolisiert.

---

[2] AWMF-Reg.-Nr.: 051/026 „Diagnostik und Therapie der Essstörungen", 2010 (Gültig bis 12.12.2015), Herausgeber der S3-Leitlinie: Deutsche Gesellschaft für Psychosomatische Medizin und Psychotherapie und das Deutsche Kollegium für Psychosomatische Medizin.

Theorieansätze zu Essstörungen

Die heutige fachliche Sicht auf die Entstehung einer Essstörung ist nicht mehr ausschließlich auf Trieb-Abwehr-Konflikte ausgerichtet, sondern vielmehr auf allen Stufen der individuellen Entwicklungen konzeptualisiert, die sich in Identitätskrisen und nicht gefestigten Bindungsmustern ausdrücken können. Mit dem Manual „Operationalisierte psychodynamische Diagnostik im Kindes- und Jugendalter" (OPD-KJ-2) liegt ein differenziertes Kompendium vor, welches uns ermöglicht, in der klinischen Praxis die Phänomene aus beziehungsdynamischen, konflikthaften Interaktionen und nach strukturdiagnostischen Kriterien nachzuvollziehen und wie sich dabei im veränderten Körpererleben Beziehungswünsche oder Beziehungserfahrungen ausdrücken können. Dazu schreibt *Küchenhoff* (2009, S.171): „Über einen psychodynamisch-verstehenden Zugang zum Körpererleben kann ein Zusammenhang zwischen gestörtem Körpererleben und psychodynamischen Konflikten hergestellt werden, aber auch die Frage, wie bei psychogenen Körperstörungen das Körpererleben unbewusst funktionalisiert wird".

Aktuelle Forschungen

Seit den 1950er-Jahren gibt es viele Versuche, sich dem Konstrukt Körperschema/Körperbild anzunähern. Da in der Fachliteratur ein sehr heterogenes Bild von Beschreibungen zu den Körperphänomenen vorliegt, legte die wissenschaftliche Arbeitsgruppe der „Dresdner Körperbildwerkstatt" (seit 1999) in Anlehnung an wissenschaftliche Publikationen und Monographien ein Konsenspapier „Zur Systematik der terminologischen Abgrenzung von Teilaspekten des Körpererlebens" (*Röhricht* et al., 2005) vor.

Auf dem Gebiet der neuropsychologischen Forschung und Bildgebung durch *Grundwald* und seine Mitarbeiter (2001) liegen Studien vor, die verdeutlichen, dass Anorexiepatientinnen einen erhöhten perzeptiv-kognitiven Aufwand bei der haptischen Wahrnehmung benötigen. Das Defizit blieb auch nach stationärer Gewichtsregulierung und Entlassung bestehen. Eine aktuelle Pilotstudie zur Körperbildforschung von *Lehmkuhl* et al. (2015) ging hervor, dass die Körperbildstörung ein zentrales Diagnosekriterium der AN ist, was sich mit klinischen Beobachtungen deckt.

Alle empirischen Forschungen und klinischen Beobachtungen weisen darauf hin, dass Patientinnen mit Anorexia nervosa/Bulimia nervosa eine deutliche Fehleinschätzung von ihren Körperdimensionen aufweisen, ihre Körpersignale falsch deuten, ihren Körper ablehnen und mit ihm unzufrieden sind sowie Unsicherheit in der Wahrnehmung ihrer Gefühle zeigen. Die Erfahrungen mit dem eigenen Körper können dabei bewusst oder unbewusst sein und vermitteln sich als Wahrnehmungen, Bewegungen und Überzeugungen im Kontext von emotionalen Selbst-Körper-Objektsituationen und drücken sich individuell auf allen Teilaspekten des Körpererlebens affektmotorisch aus.

Begrifflichkeit Körpererleben mit seinen Teilaspekten

Die „Dresdner Arbeitsgruppe“ einigte sich darauf, den Terminus „Körpererleben“ im globalen, übergeordneten Sinne als Oberbegriff zu verwenden und beschreibt es als: „Kontinuum der Körpererfahrungen“:

- *Das Körperschema* (Lokalisation des Körpers und der Steuerung der Motorik im Raum),
- *die Körperperzepte* (optische, auditorische, olfaktorische und thermische Einflüsse),
- *die Körper-Kathexis* (das Ausmaß positiver körperbezogener Gefühle; die emotional-affektive Körperbesetzung, z.B. Zufriedenheit, Ganzheitsempfindung),
- *das Körper-Ich* (Identitäts- und Kohärenzerleben, besonders auf der Basis früher Entwicklungsstadien und Begegnungen mit den primären Objekten),
- *das Körper-Bild* (mehrdimensionales Erfahrungswissen um Fantasien, Gedanken, Einstellungen, Bewertungen zu Körper-Bildern, die sich sprachlich repräsentieren und in Zeichen symbolisieren und Bedeutungszuschreibungen (interpretativ und motivational) unterliegen,
- *die Körperbewusstheit* (körperbezogene Selbstreflexionen, das Gewahrsein der eigenen Leiblichkeit mit all ihren Aspekten und Ausprägungen).

Der perzeptive Anteil wird dabei als basaler Pol im Netzwerk des Kontinuums verstanden. Alle Teilaspekte unterliegen aber immer auch einem somatischen oder einem kognitiv-evaluativen Pol, z. B. wo die Körperbewusstheit eher dem kognitiv-evaluativen Pol und das Körperschema eher dem somatischen Pol zugeschrieben wird. In dieser Betrachtung wird deutlich, wie ausgeprägt die Wechselwirkung zwischen den Teilaspekten ist, aber auch wie notwendig es ist, sich im Sinne einer internationalen wissenschaftlichen Vergleichbarkeit auf einen einheitlichen Umgang mit den Begrifflichkeiten zu verständigen.

Zur Phänomenologie des Körpererlebens bei Essstörungen

In dem Konstrukt der „affektmotorischen Schemata“ nach *Downing* (2007) geht es um die Qualität der frühkindlichen Erfahrungen (über andere und die eigene Person in Verbindung mit ihm selbst) und wie diese zu generalisierte Muster werden und im Gehirn für hemmende und erregende Funktionen sorgen und sich in Muskelkontraktionen zeigen. Der affektive Aspekt bildet die Grundlage für die Beziehungsgestaltung und trägt damit zum Verständnis von Übertragungs- und Gegenübertragungsphänomen bei.

Im körperpsychotherapeutischen Zugang gibt es dabei viele komplexe Momente, z.B. affektive Momente, motorische Momente, Einfluss durch reale Ereignisse, Erinnerungen und Repräsentation in Form von Zeichen (z.B. symbolisch). Dies benötigt im Hinterkopf des Therapeuten eine verlässliche Unterteilung damit wir dieses unseren Patienten, auf der Basis eines gemeinsamen Verstehens wieder anbieten können.

Die Patientinnen mit AN beschreiben sich oft als sehr angespannt, überspannt oder aber erleben sich als schlaff, müde und erschöpft. Mit passiver Körperhaltung mit Rumpfbewegungen, eingezogenem Kopf bei hochgezogenen Schultern, Arme eng an den Körper gedrückt oder „bewusst Haltung" annehmend, gestalten sie die Beziehungsaufnahme. Im Alleinsein lösen sie die Spannungszustände mit Sporttreiben (Sit-ups, Liegestützen) oder mit isometrischen Übungen im Bett. Ihre Bewegungen sind vorsichtig, fast schwebend, zaghaft, sie können sich keinen Raum nehmen in der Bewegung und sind in ihrem Ausdruck erstarrt.

Sie wirken roboterhaft, wie fremdgesteuert. Es fehlen expansive und spontane Raumbezüge, meist stehen sie im Raum, können sich kaum hinsetzen oder legen. Sie sprechen dabei leise. Ihre Atmung ist wenig vital, auch hier kaum Raum (innen) nehmend.

Sie haben Fehlwahrnehmungen und -interpretationen bezüglich ihrer Körpersignale, erleben eine große Unzufriedenheit und Unsicherheit in der Beziehung zum eigenen Körper. Sie vergleichen ihren Körper in den Peers und unterwerfen sich hohen Kriterien von Schönheit und Attraktivität.

Es fehlt eine aktive Beziehungsgestaltung, die Patientinnen befinden sich häufig in einer Abwehrsituation, verharren im Reagieren oder in der Verweigerung, Ambivalenzen bei Entscheidungen erschweren zu handeln, Kontrolle bestimmt die Beziehung. Emotional sind sie auf Abstand und körperlich auf reduziertem Abstand durch ihr Untergewicht. Zu Beginn der Therapie werden Selbst- und Fremdberührungen oft vermieden, sie wünschen sich aber Massagen; sie mögen starke Reize und wirken dabei sehr zerbrechlich.

Es ist häufig eine Angst spürbar, die durch Nähe ausgelöst wird – hohe Grundspannung, Atmung häufig im oberen Atemraum, Gefühl von bewertet werden, Ärger kann sich einstellen und das Bestreben, es ihnen recht machen zu müssen; Verwirrung in den Gedanken und Unsicherheit in der Gefühlswahrnehmung mit Ratlosigkeit.

Die Patientinnen mit BN fühlen sich oft sehr angespannt mit einem abrupten Wechsel zu totaler Erschlaffung mit hoher Bedürftigkeit. Beobachtbares nachlässiges und träges Gehen; sie schlurfen oder sind überforsch mit Betonung auf den Fersen und durchgedrückten Knien; oft spannungsgeladen und expansiv im Raumbezug. Ihre Stimmlage ist oft „normal". Im Sprachfluss hastig, überstürzend oder zögerlich. Ihre Atmung hörbar schnell, wie atemlos.

Sie beschreiben oft ein senkrecht gespaltenes Körperempfinden und sind auf ihr Körper-Ideal fokussiert. Sie betrachten sich meist aus der Meta-Ebene und erleben sich fragmentiert und ausufernd. Leiblich richten sie sich auf das Weibliche aus und dies wird präsentiert. Dabei ist die Körperzufriedenheit gestört und mit Selbsthass und Verachtung belegt, und jedes Mittel ist recht, um nicht dick zu werden, um den idealisierten Selbstbildern näher zu kommen.

Sie wirken emotional fern, eher sich verbergend, kränkbar und impulshaft. Neugier wird schnell zur Langeweile und es wird eine aktive Beziehungsgestaltung eher zu Dingen als zu Menschen aufrechterhalten. Sie suchen unersättlich nach sichernden Beziehungen, agieren sich dann aber oft „pseudo-autonom" aus. Es entsteht ein Gefühl, selbst eine aufopfernde Haltung zu bekommen, Vorschläge machen zu wollen, aktiv und handelnd den Raum zu füllen und aufgrund der unstillbarer Gier expansive Begegnungen zulassen.

Ausgehend von diesen Beobachtungen und den vorliegenden wissenschaftlichen Erkenntnissen, braucht es ein differenziertes körperpsychotherapeutisches Behandlungskonzept, welches alle Teilaspekte des Körpererlebens berücksichtigt.

Störungsspezifische körperpsychotherapeutische Therapie

In der Klinik für Kinder- und Jugendpsychiatrie, -psychosomatik und -psychotherapie des Universitätsklinikums Münster arbeiten in einem bewegungs- und körperpsychotherapeutischen Team Motopäden, Dipl.-Motologen, Sporttherapeuten und eine KBT-Therapeutin.

Auf der Spezialstation für Essstörungen werden dort überwiegend an AN oder BN erkrankte Mädchen und Frauen zwischen dem 11. und 21. Lebensjahr behandelt. Die Auswahl der Sozialformen und des Settings für die Behandlung der einzelnen Patientin ist abhängig von der Symptomatik, den Behandlungsvoraussetzungen sowie den Fragestellungen, die sich aus der körperpsychotherapeutischen Diagnostik, den Fallbesprechungen und Visiten ergeben. Im Rahmen der Diagnostik werden alle Patientinnen mit projektiven Verfahren, Verhaltensbeobachtung und Exploration zum Körpererleben körperpsychotherapeutisch untersucht. Danach werden gemeinsam mit der Patientin die Behandlungsschwerpunkte definiert. Nach dem diagnostischen Prozess erfolgen Einzelbehandlungen, Gruppenbehandlungen und ergänzend Eltern-Kind-Arbeit. Dadurch werden alle Patientinnen nach ihrem Bedarf mehrmals wöchentlich körperpsychotherapeutisch behandelt.

Übertragungs- und Gegenübertragungsphänomene in der therapeutischen Beziehung

Abhängigkeit und Autoaggression drücken sich häufig bei grundsätzlicher Beziehungsfähigkeit in den Konflikten Unterwerfung versus Kontrolle und Selbstversorgen versus Versorgt-werden (OPD-KJ-2) aus. In den Projektionsmustern der Abhängigkeit gibt es keine besonderen Beschränkungen. Das Thema der Aggression, das sich in Selbsthass und Ekel ausdrücken kann, ist an die Handhabung der Gegenübertragung gebunden. Bei sehr schlimmen Ängsten und Befürchtungen (ein Hinweis auf den Mangel an Konzepten des Selbst und des signifikanten Anderen) ist es außerordentlich wichtig, in *einer Resonanz des ruhigen Gewahrseins* am Gegenüber zu bleiben, keine Deutungen anzubieten, sondern korrigierende Beziehungserfahrung zu ermöglichen und die Jugendliche zu ermutigen, sich dem eigenen Erleben über Körpererfahrungen anzunähern und den Gefühlen Ausdruck zu verleihen. Die Symbolisierung ist dabei eine gute Verbindung zwischen dem Innen und dem Außen und dem, was noch nicht ins Wort genommen werden kann. Dies ist der Hebel der Neuerfahrung.

Wenn Ekel, Selbsthass, Versagen, Ohnmacht diffus mit einem schnellen Wechsel von Idealisierung versus Entwertung erscheinen, dann bilden sie den Kern der therapeutischen Arbeit. Die Übertragungen verlaufen zwischen den Polen von Gewähren-lassen versus Kontrolle und Ablehnen versus Zuneigung. Ein geduldiges, einfühlsames, aber auch klares und konsequentes therapeutisches Verhalten bildet dann den Rahmen der therapeutischen Arbeit. Hohe Achtsamkeit braucht dabei die Nähe- und Distanzgestaltung, sich miteinander darüber abzustimmen und die Körpererfahrungen mit offenen Augen und verbal zu begleiten sowie zu versuchen, die dabei entstehenden Gefühle miteinander zu formulieren.

Körperpsychotherapeutische Diagnostik (Beispiele)

Zum Körperschema: Begreifen des eigenen Körpers mit den Händen (Strukturanteile: Länge, Breite und Höhe), Symbolisierung des getasteten Körpers mit Seilchen. Im zweiten Schritt wird der reale Körperumriss (auch mit Seilchen gelegt) hinzugefügt. Gemeinsame Betrachtung über Perspektivwechsel mit Austausch. Ziel ist die Förderung der Wahrnehmung zwischen dem Körpererleben und dem realen Körperumriss.

Der Körperbild-Skulptur-Test (*Joraschky*, 2009): Ein projektiver Test zur Erfassung des Körpererlebens mit seinen Identitätsanteilen. Die Auswertung erfolgt auf drei Dimensionen: Proportionalität, Vollständigkeit und Verbundenheit der Figur. Der Test wird prä- und poststationär eingesetzt.

Symbolisierung der Elternfiguren: Im Akt des Symbolisierens entspringen die Empfindungen und Erfahrungen mit den Elternbeziehungen dem intuitiven Bewusstsein und werden in der Symbolisierung wirksam. Dabei greift das Innen und Außen des Beziehungserlebens in ein lebendiges Zusammenspiel und findet dort Ausdruck. Über einen Perspektivwechsel im Raum nähern sich die Jugendlichen ihrer Symbolisierung an und finden über ihre Nähe- und Distanzempfindungen ihre aktuellen Positionen, Standpunkte, Konfliktpunkte usw.

Gruppentherapien

Die Kunst- und Körper Gruppe: wöchentlich – 90 Minuten

Dalhoff & *Maas* (2010) erarbeiteten ein Konzept für eine psychodynamische kunst- und körperpsychotherapeutische Gruppenbehandlung für Patientinnen mit Essstörungen. Die Gruppenthemen entwickeln sich aus der Gruppendynamik und den dynamischen Prozessen der Einzelnen. Die Gruppe entspricht therapeutischen Faktoren wie Einsicht, Durcharbeiten von Übertragungen und korrigierenden emotionalen Erfahrungen.

Der Prozess unterteilt sich in drei Abschnitte: Eröffnung mit einer Befindlichkeitsrunde, Öffnung des Erfahrungsraums mit Körper- und Kunstschwerpunkten, Reflexion in Form von Selbst- und Fremdwahrnehmung. Die Gruppe ist ein sozialer Mikrokosmos und ermöglicht interpersonelles Lernen. Themenbeispiele sind in der Abbildung 1 aufgeführt.

„Mein elterliches Erbe" – „Was bringe ich mit in diese Welt?", „Wie wirken Mama und Papa in mein Leben"? – Prozesse von Symbolisierung mit Lebensringen, Leiberfahrungen mit Klein-Groß sein, Liegen-Sitzen-Stehen-Gehen
„Wer bin ich, wer möchte ich sein, wer soll ich sein"? (Symbolisierungen mit Gegenständen und im Bild „das magersüchtige Mädchen versus ein gesunder weiblicher Körper"
„Mein Körper und seine Schale – mein Körper und sein Innenleben" (einrollen – ausrollen, sich dehnen usw. – dann dieses Erleben in einer Tonkugel ausdrücken
„Mein Körper – mein dreidimensionaler Raum" (Partnererfahrungen, sich gegenseitig den Körper mit allen Dimensionen verdeutlichen – z. B. über Abrollen und Berührungen mit den Händen)
„Das Ich im Bild" – Initialbild (z. B. Zweifel) – Resonanzbild (z. B. „die Uhr auf der Treppe zeigt fünf vor zwölf")
„Arbeit mit der Bilderweiterung" – eine Körperwahrnehmung, eine Situation, eine Erfahrung in der Gruppe wird im Bild erarbeitet, dann über die Bilderweiterung in einen größeren Kontext gestellt.
„Sich ins rechte Licht rücken" – angenehmen und unangenehmen Körperanteilen zuwenden und über Farben und Materialien ausdrücken.
„Kraftvolle Begegnungen" – Umgang mit Aggressionen, Wut in der Beziehung.

Abb. 1: Themenbeispiele in der Kunst- und Körpergruppe

Körperwahrnehmungsgruppe: wöchentlich – 60 Minuten

Wagner (2014) erarbeitete 14 Stundenbilder für Patientinnen mit Essstörungen zur Verbesserung ihrer Körperwahrnehmungsfähigkeiten (vgl. Abb. 2). Die Veränderungen des Körpererlebens wurden bei jeder Patientin deutlich, jedoch auf unterschiedliche Art und Weise ausgedrückt. Es betraf, jeweils mehr oder weniger stark ausgeprägt, die verschiedenen Qualitäten der Wahrnehmungsfähigkeit, Differenzierungsfähigkeit, Bewegungsfähigkeit, Beziehungsgestaltung mit Körperkontakt und der verbalen Reflexion.

Die Konzeptualisierung der einzelnen Stunden orientiert sich an der Gesamtheit der leiblichen Ausdrucksmöglichkeiten, um eine Hinwendung zu einem umfassenden Körpererleben zu ermöglichen. Zu Beginn jeder Stunde richten die Patientinnen ihren Blick auf ihr aktuelles Körpererleben: Was empfinden sie von ihrem Körper, „was ist laut" und „was ist leise" oder aktuell nicht zugänglich? Sie werden dabei angeregt, mit geschlossenen Augen nach innen zu fühlen. Zum Ende jeder Stunde beschreiben die Patientinnen wieder ihr aktuelles Körpererleben und werden angeregt, es zu beobachten und die Unterschiede und das Gleiche in sich aufzunehmen. Dieser Prozess der Selbstbeschreibungen, in Ergänzung zur Wahrnehmung und Bewegung, führt zu immer mehr Differenzierung des eigenen Körpererlebens.

1. Aufmerksamkeit auf den Körper lenken und erste Atemerfahrung
2. Innenwahrnehmung der Atmung und Verbindung zur Armbewegung
3. Bewegungsräume und Verbindungen wahrnehmen und erspüren
4. Körperabschnitten in Länge, Breite und Tiefe nachspüren und den Körper als Raum begreifen
5. den eigenen Stand wahrnehmen über die Wahrnehmung der Füße
6. der Wirkung von Armbewegungen und Haltung auf die Atmung nachspüren
7. bewusstes Wahrnehmen der Schulter in Ruhe und Bewegungen und Auswirkungen auf die Atmung
8. Verbindung und weiterlaufende Bewegungen der Schultern auf Arme, Kopf und Wirbelsäule nachspüren
9. gesamte Wirbelsäule wahrnehmen und Bewegungsrichtungen kennenlernen
10. Abschnitte der Wirbelsäule kennenlernen und Bewegungserfahrungen sammeln
11. Bewegungen des Hals-Nacken-Bereiches durchführen und Verbindungen zwischen Schulter, Hals und Kopf erfahren
12. Bewegungen der BWS nachspüren mit Verbindung zur Atmung
13. Beckenbewegungen durchführen und weiterlaufende Bewegungen wahrnehmen
14. Wahrnehmung vom eignen Stand entwickeln – aufrechte Haltung als et-

Abb. 2: Stundenbilder nach *Wagner* (2014)

Kleine körperpsychotherapeutische Gruppe: wöchentlich – 60 Minuten

Die Gruppe besuchen vier Patientinnen, die noch ein ausgeprägtes Bild eines dysfunktionalen Umgangs mit ihrem Körper zeigen (jede freie Minuten stehen, exzessiv Sport treiben, am intensiven Essensprogramm teilnehmen müssen) und sich selbst kaum mit ihren Wünschen, Bedürfnissen und Gefühlen beschreiben können. Ihre Beziehungsgestaltung ist funktionalisiert und oft auf Essensthemen begrenzt. Ihre Umweltwahrnehmung ist eingeschränkt, ihr Erleben richtet sich überwiegend auf negative Körperempfindungen, die durch die Nahrungszufuhr vertieft wahrgenommen werden.

Daher werden Themenbereiche angeboten, wie sie in Abbildung 3 angeführt sind.

Abb. 3: Themenbeispiele in der kleinen körperpsychotherapeutischen Gruppe

„Was nehme ich wahr, wenn?" – z. B. im Gehen, „Was brauche ich?" – dafür einen Gegenstand finden und darüber in Kontakt kommen, „Ich entscheide mich jetzt" – Entscheidung für einen Gegenstand, „Ich verändere mit den anderen den Raum" – über Veränderungen austauschen und im Raum umsetzen, „Wir spielen unter der Decke" – sich im Schutze der Decke begegnen und die Blicke von außen ausgrenzen.

Die Nachbetrachtung wird folgend gestaltet: In Farbe und Form auf einem Bogen Papier malen, schreiben, was gerade möglich ist, und sich darüber kurz mitteilen.

Progressive Muskelentspannung nach Jacobson (PME): wöchentlich

Die PME hat sich im Kontext der Medizin und Psychotherapie einen festen Platz erarbeitet. Sie ist nachweisbar ein gutes, effektives und theoretisch fundiertes Verfahren zur gesamtorganismischen Entspannung. Die Patientinnen entwickeln in dem Prozess von Muskelspannung aufbauen, halten und loslassen eigene Strategien, mit ihren Anspannungen umzugehen.

Einzelbehandlungen

Patientinnen mit einem BMI um 11,0 befinden sich im hochakuten Zustand auf der Spezialstation für Essstörungen oder der Aufnahmestation und werden mehrmals wöchentlich für 30 Minuten körperpsychotherapeutisch behandelt. Die Mädchen weinen viel und versuchen sich über kognitive Kontrolle abzusichern, um die unangenehmen Gefühle erträglicher zu machen. Mit der Gewichtszunahme geraten sie immer mehr unter Kontrolldruck und haben Angst davor, sich nicht mehr „im Griff" zu haben. In dieser Phase geht es um das gemeinsame Herausfinden von Momenten der Entspannung und Entlastung. Tiefe Reize von Basstönern auf Sitzkissen oder Erfahrungen mit schweren Gegenständen oder kaltem Material werden als wohltuend und angenehm empfunden. Der Körper in einem Mangelzustand hat kaum Muskelgewebe mit einer brüchigen und trockenen Hautgrenze, die kaum Schwingung und Resonanz entwickeln kann. Chaos, Fragmentierung und duale Beziehungskonflikte zeigen sich im Körpererleben oft verbunden mit dem Wunsch nach regressivem leiblich-nährenden Versorgt-werden (z. B. Massagen). Die Arbeit an der Körperwahrnehmung ist zu diesem Zeitpunkt nicht angezeigt.

Viele Patientinnen zeigen im Prozess der Therapie ein zunehmend strukturiertes und integriertes Körpererleben und suchen in den einzelnen Stunden nach ihren Identitätsthemen und den damit verbundenen Konflikten. Themen wie Ablösung, Peers-Konflikte, sich Hilfe holen, ohne die Autonomiewünsche in Gefahr zu erleben oder dysfunktionale Wünsche von Abhängigkeit an die Objekte können bearbeitet werden. Ziel ist es, die Konfliktfähigkeit und Autonomie anzuregen und an einer libidinösen Besetzung des Selbst zu arbeiten.

Es gibt auch Patientinnen mit einer ausgeprägten pathologischen Selbststruktur, sie verhindern Selbstbewegungen und Probehandeln, auch wenn sie dabei in Isolation geraten und darunter leiden. Die Funktion des Übergangsobjekts wie *Winnicott* (2006) es beschrieben hat, bietet in der Therapie mit Ich-strukturellen Schädigungen die Möglichkeit, primäre und sekundäre Prozesse erstmals in Beziehung zu bringen.

Eltern-Kind-Begegnung: wöchentlich zwei bis drei Familien/60-90 Minuten

Die Familien stehen unter dem Druck der politischen und gesellschaftlichen Entwicklung von Globalisierung, internationaler Migration und europäischer Einigung und haben darunter ihre Erziehungsaufgaben zu erfüllen. Dies führt zu einem Prozess leistungsbezogener Subjektwerdung mit einer Ausrichtung auf zielgerichtetes individuelles Handeln, um daraus Zukunftspläne zu entwerfen. Der Körper kann dabei zum Mittel für Selbstinszenierung werden und ist Ausdrucksmittel des sozialen Habitus.

Welche Erlebnisse der eigenen Kindheit bringen die Eltern als ihre Erfahrung mit und wie finden diese Niederschlag in ihrem Interaktionsverhalten?

Die Familieninteraktion bei Essstörungen reduziert sich schleichend immer mehr in Richtung Essens- und Nichtessens-Themen, gemeinsame Mahlzeiten finden immer weniger statt, die einzelnen Familienmitglieder sorgen für sich selbst. Probehandeln, das Einüben von Trennungen, das Validieren von Gefühlen, in Begegnung ein Wir-Gefühl zu entwickeln oder Interesse am Kontakt zu haben und sich im Kontakt zu beruhigen, finden immer weniger miteinander statt. Es entwickelt sich immer mehr zu dyadischen Interaktionen hin, meist mit den Müttern, und die Kommunikation ist von anorektischen/bulimischen Denk- und Verhaltensmustern getönt. Die Kontakte zu Peers reduzieren sich deutlich.

Krawautz et al. (2002) publizierten die Ergebnisse einer kontrollierten Studie zum Thema „Subjektives Familienbild bei AN und BN im Jugendalter". Es deutet sich an, dass Patientinnen mit BN in ihren Familien eine geringere emotionale Verbundenheit und Autonomie erleben. Patientinnen mit AN erleben dagegen eine erhöhte familiäre Verbundenheit und Wunsch nach Harmonie.

Im körperpsychotherapeutischen Behandlungssetting kommen die Familien mit dem Thema der „Grenzverletzungen in Essenssituationen" in Berührung. Schmerzliche, gegenseitig ausgeübte körperliche Grenzüberschreitungen (z. B. schlagen und treten in Essenssituationen, Essen in den Mund drängen, an den Ober- und Unterarmen am Tisch festhalten, auf den Stuhl gedrückt werden usw.) werden in den Eltern-Kind-Begegnungen schamvoll und schuldhaft ausgesprochen und somit bearbeitbar.

Ist es gelungen, diesen Anteil von Essstörungsdynamik zu bearbeiten, entsteht eine Öffnung für die frühen Bindungs- und Beziehungsthemen. Besonders das feinfühlige Miteinander und die Gestaltung des emotionalen Zwischenraums ermöglicht Wünsche an Nähe und Distanz, Ablösungs- und Autonomiewünsche im Probehandeln spielerisch, symbolisch miteinander zu entwickeln und erlebbar werden zu lassen. Dadurch entsteht die Möglichkeit eines korrigierenden Erfahrungsraums, mit vorsichtigen leiblichen Annäherungen und Abgrenzungen, Hinwendung und Abwendung (es gibt Eltern, die ihre magersüchtigen Töchter nicht berühren können, weinen oder Ekel im Körperkontakt erleben) und Themen der weiblichen Geschlechtsidentität sowie die Auseinandersetzung mit Erwachsenenrollen. Ergänzende Themen finden sich in Abbildung 4.

Die unerfüllten kindlichen Wünsche nach emotionaler Nährung,

Gesehen werden, nicht nur wenn sie krank sind,

Erlaubnis zur Trennung und Individuation auch bei seelisch kranken Elternteilen,

Überfürsorge und elterliche Kontrolle, weil es transgenerational ängstliche Familienstrukturen gibt,

Trauer um Trennungen und Verluste mit ggf. hoch konflikthaften Elternkontakten,

Adoptionen und andere Kindschaftsverhältnisse, die nicht offen miteinander gelebt werden,

Transgenerationale Weitergabe von Traumata.

Abb. 4: Weiterführende Themen in den Eltern-Kind-Begegnungen

Resümee

Die Genese der Essstörungen ist multifaktoriell zu betrachten, es wirken biologische, familiäre und soziokulturelle Faktoren auf den Therapieprozess. Die hohe Mortalität, die Tatsache, dass Essstörungen in enger Verbindung mit den Entwicklungsaufgaben der Adoleszenz beginnen und dass dies in eine kritische Phase des Knochenaufbaus und der Hirnentwicklung fällt, fordert die Frage nach primären und tertiären Präventions- und Therapiekonzepten heraus. Dies unter der besonderen Sicht, dass der Körper zum dysfunktionalen Medium von Identitätsentwicklung wird und sowohl die jugendlichen Mädchen selbst, als auch ihre Familien unter einem hohen Leidensdruck stehen.

Die Forschungen der letzten Jahre verdeutlichen, dass die Symptomatik der beobachtbaren Körperschemastörung (*Herpertz-Dahlmann* et al., 2012), der übertriebenen körperlichen Aktivität, sowie die Körperbildstörungen (*Lehmkuhl* et al., 2015) die Notwendigkeit von körperpsychotherapeutischen Therapien, die auf der Basis von Bewegung, Wahrnehmung, Denken und Sprechen arbeiten, bestätigen. Da wir es aber mit einer heterogenen Forschungslandschaft und Genealogie im Umgang mit den Begrifflichkeiten zu den Teilaspekten des Körpererlebens zu tun haben, entwickeln sich verhaltenstherapeutische oder psychodynamische Körpertherapieansätze auf der Basis unklarer Definitionen. Das vorgelegte Konsensus Papier der wissenschaftlichen Arbeitsgruppe bietet hier eine fundierte Basis, die zu weiteren Forschungen anregen sollte und aktuell für die eigenen Standards und Reflexionen von Therapieprozessen genutzt werden kann.

Die Denkfigur, die sich bis heute in allen wissenschaftlichen Publikationen zu dem Thema Körper/Leib/Essstörungen mehr oder weniger zu finden ist, stützt sich auf „das Fehlen jeglicher Besorgnis über die Abmagerung, sogar, wenn sie schon sehr weit fortgeschritten ist“ (*Bruch*, 1962, S.189). Nicht nur bei den jugendlichen Mädchen fragt man sich, wie das Phänomen entsteht, auch die Eltern scheinen sich lange der Realität des abgemagerten Körpers gegenüber nicht öffnen zu können. Hier stellt sich die Frage nach den Übertragung- und Gegenübertragungsphänomen des starken kontrollierenden-rigiden Interaktionsmodells in den Familien. Mulitfamilientherapie-Konzepte (Universitätsklinik Dresden und Münster) befassen sich mit diesem Thema bezogen auf Familien mit Essstörungen. Die dazu durchgeführten Forschungen werden in den nächsten Jahren zeigen, wie stark die familiären Interaktionsmuster auf die Entstehung und Chronifizierung von Essstörungen wirken und welche therapeutischen Ansätze sich hier als wirksam zeigen.

Für die Fachbereiche Sportwissenschaften, die Studiengänge Körperpsychotherapie oder die an Instituten gelehrten Körpertherapieverfahren scheint es notwendig, sich mit den Fragen der Grundlagenforschung zum *Kontinuum der Körpererfahrungen* zu befassen und dafür das umfangreiche Beobachtungs- und Erfahrungswissen klinischer Therapieprozesse zur Verfügung zu stellen.

Literatur

Arbeitskreis OPD-KJ-2. (2013). *Operationalisierte Psychodynamische Diagnostik im Kindes- und Jugendalter*. Bern: Hans Huber, Hogrefe.

Beck, U. (1986). *Risikogesellschaft: Auf dem Weg in eine andere Moderne*. Frankfurt am M.: Edition Suhrkamp.

Bruch, H. (1962). Perceptual and conceptual disturbances in anorexia nervosa. *Psychosom Med*, 24, 187-94.

Dalhoff, A. & *Maas* C. (2010). Gruppendynamische Essstörungsbehandlung mit Kunst- und Körperpsychotherapie – *unveröffentlichtes Manuskript*.

Dalhoff, A. (2014). Körperpsychotherapeutische Eltern-Kind-Begegnung. *Gruppenanalyse*, 24 (1), 46-63.

Dilling, H., *Mombour*, W. & *Schmidt*, M.H. (Hrsg.) (2013). *Internationale Klassifikation psychischer Störungen: ICD-10 Kapitel V*. Bern: Hans Huber, Hogrefe.

Downing, G. (2007). *Körper und Wort in der Psychotherapie. Leitlinien für die Praxis.* München: Kösel.

Erikson, E. H. (1966). *Identität und Lebenszyklus.* Frankfurt a M.: Suhrkamp.

Grunwald, M. & *Beyer*, L. (Hrsg.) (2001). *Der bewegte Sinn.* Basel: Birkhäuser.

Havighurst, R. (1972). *Developmental tasks and education.* New York: McKay

Herpertz-Dahlmann, B., *Konrad*, K., *Holtkamp*, K. & *Hebebrand*, J. (2012). Neurobiologie. In F. *Holsboer* (Hrsg.). *Handbuch der Psychopharmakotherapie.* S. 233-340 Berlin, Heidelberg: Springer.

Joraschky, P., *Loew*, T. & *Röhricht*, F. (Hrsg.) (2009). *Körpererleben und Körperbild.* Stuttgart: Schattauer.

Karwautz, A., *Haidvogl*, M., *Wagner*, G., *Nobis*, G., *Wöber-Bingöl*, C. & *Friedrich*, M.H. (2002). Subjektives Familienbild bei Anorexia nervosa und Bulimia nervosa im Jugendalter: Eine kontrollierte Studie. *Zeitschrift für Kinder und Jugendpsychiatrie*, 30 (4), 251.

Klein, M. (1972). *„Das Seelenleben des Kleinkindes“*. Hamburg: Rowohlt.

Küchenhoff, J. (2009). Das Körpererleben bei Schmerzpatienten und Gesunden: Eine Vergleichsuntersuchung mit der Repetory-Grid Methode. In P. *Joraschky*, T. *Loew* & F. *Röhricht* (Hrsg.). *Körpererleben und Körperbild.* S. 171-182. Stuttgart: Schattauer.

Lehmkuhl, U., *Jaite*, C., *Pfeiffer*, E., *Klenk*, V., *Schneider*, N., *Rost*, S., *Sarrar*, L. & *Staab*, D. (2015). Eine Pilotstudie zur Spezifität der Körperbildstörung für Anorexia nervosa. *Zeitschrift für Kinder- und Jugendpsychiatrie*,43 (1), 57-67.

Merlau-Ponty, M. (1966). *Phänomenologie der Wahrnehmung.* Berlin: Walter de Gruyter &Co.

Röhricht, F., *Seidler*, K.-P., *Joraschky*, P., *Borkenhagen*, A., *Lausberg*, H., *Lemche*, E., *Loew*, T., *Porsch*, U., *Schreiber-Willnow*, K. & *Tritt*, K. (2005). Konsensuspapier zur terminologischen Abgrenzung von Teilaspekten des Körpererlebens in Forschung und Praxis. *Psychotherapie, Psychosomatik, medizinische Psychologie*, 55 (3/4), 183.

Stolze, H. (1959). *Die Konzentrative Bewegungstherapie.* Berlin: Mensch und Leben.

Thomä, H. (1961). *Anorexia nervosa. Geschichte, Klinik und Theorien der Pubertätsmagersucht.* Stuttgart: Klett.

Wagner, J. (2014). *Entwicklung und Förderung des Körpererlebens durch eine Körperwahrnehmungsgruppe im Rahmen der Behandlung von Anorexia Nervosa im Jugendalter auf der Grundlage der aktuellen wissenschaftlichen Literatur und klinischer Erfahrung.* B.A.-Arbeit. Fachhochschule Münster: Fachbereich Pflege und Gesundheit.

Winnicott, D.W. (2006). *Vom Spiel zur Kreativität.* Stuttgart: Klett-Cotta.

Bewegungs- und Sporttherapie bei jungen Menschen mit stoffgebundenen Abhängigkeitserkrankungen

Stephan Niggehoff[1], Hubertus Deimel[2]

[1] Psychosomatische Klinik Bergisch Gladbach
[2] Institut für Bewegungstherapie und bewegungsorientierte Prävention und Rehabilitation, Deutsche Sporthochschule Köln

---

Zusammenfassung

Jugendliche und junge Erwachsene mit Drogenmissbrauch und –abhängigkeit stellen aufgrund ihrer häufig gleichzeitig vorhandenen Polytoxikomanie eine besondere Herausforderung für die Bewegungs- und Sporttherapie dar. Der Einstieg in die Drogenkarriere hat sich altersmäßig in den letzten Jahren nach vorn verlagert. Daher werden die negativen Auswirkungen von chronischem Cannabismissbrauchs und der zusätzlichen anderen konsumierten Drogen speziell in neurokognitiven Funktionsstörungen sichtbar, da die Neuorganisation der Hirnentwicklung in der Pubertät hierdurch massiv beeinflusst wird. Im Rahmen eines multimodalen Therapiekonzepts sowohl in der qualifizierten Akut- als auch Postakutbehandlung orientiert sich die Bewegungs- und Sporttherapie in ihren Zielsetzungen an der ICF-Klassifikation der Funktionsfähigkeit, in der die Ressourcenorientierung im Vordergrund steht. Inhaltlich sollten dabei attraktive Bewegungs- und Sportangebote der aktuellen Jugendkultur berücksichtigt werden. Dem Aufbau der therapeutischen Beziehung mit klaren und verbindlichen Regelungen fällt dabei eine besondere Rolle zu, um neue alternative Verhaltensweisen zur Bewältigung der Entwicklungsaufgaben zu erlernen.

Summary

Adolescents and young adults with drug abuse and addiction issues present a special challenge for movement and sports therapy, due to their often coexisting polytoxicomania. In recent years they have been entering the drug scene at an ever younger age. This is why the negative effects of chronic cannabis abuse and of other additional drug use become particularly apparent in neurocognitive dysfunctions, since the reorganization and development of the brain during puberty is massively impacted by drugs. As part of a multimodal treatment approach both in terms of qualified acute and post-acute treatment, the objectives of movement and sports therapy are based on the ICF classification of functioning, in which resource orientation is paramount. In terms of content, attractive exercise and sports activities that are part of the current youth culture should be taken into account here. The structure of the therapeutic relationship with clear and binding rules plays a special role in learning new alternative behaviours to cope with developmental tasks.

Einführung

Unsere Gesellschaft unterliegt einem ständigen Wandel, welcher sich in den letzten Jahren durch eine deutliche „Beschleunigung" in vielen Bereichen des Berufs-, Familien- und Alltagslebens widerspiegelt. Höhere berufliche Anforderungen, gestiegene Flexibilität und Verdichtung von Abläufen kennzeichnen u.a. diese Entwicklung. Betroffen sind hiervon auch schon die frühen Lebensphasen des Kindes- und Jugendalters. Die Bildungs- und Arbeitswelt (z.B. G 8-Verkürzung der Schulzeit) sind in ihren Anforderungen gestiegen und stellen höhere Anforderungen an die psychische und physische Belastbarkeit von Schülern und Mitarbeitern. Hinzu treten in der modernen Medienwelt bereits im Kindesalter deutliche Mehrbelastungen z.B. in Form von ständiger Erreichbarkeit auf sowie eine permanente Daten- und Informationsflut moderner Kommunikationsmittel. Der Wegfall von kindgerechten Bewegungsräumen, Ruhezonen und Rückzugsräumen in ihrer Wohn- und Umgebungswelt geht mit einem gestiegenen Stresspegel einher, welcher mit erheblichen negativen gesundheitlichen Folgen assoziiert sein kann. Auch das Freizeitverhalten ist von immer mehr Bewegungsmangel und dem Fehlen des „Sich ausprobieren" geprägt. Weiterhin leidet die Betreuung und Erziehung von Kindern durch eine immer größer werdende Individualisierung der Gesellschaft und einem Zerfall der klassischen familiären Strukturen (*Göppel,* 2007). Die große Bedeutung des Sozialstatus und die gesundheitliche Entwicklung der heranwachsenden Generation werden auch durch die Studie zur Gesundheit von Kindern und Jugendlichen in Deutschland vom Robert Koch-Institut (KIGGS) belegt (*Hölling* et al., 2012). Viele Kinder und Jugendliche leiden unter instabilen familiären Beziehungssystemen sowie unter Armut, sozialer Benachteiligung und durch physische und psychische Gewalt geprägte Lebensverhältnisse.

Zur Stress- und Problembewältigung kommen bereits in der Kindheit bzw. während der Pubertät vielfach psychoaktive Medikamente zum Einsatz (*Aktionsplan gegen Sucht Nordrhein-Westfalen*, 2015). Auch zur Leistungssteigerung in der schulischen und beruflichen Ausbildung werden Medikamente eingesetzt, was sich z.B. in dem sprunghaften Anstieg von Ritalin-Behandlungen widerspiegelt, aber auch legale und illegale Drogen. Durch den frühzeitigen Konsum von Tabak, Alkohol, Medikamenten, Cannabis, Amphetaminen und Ecstasy, welche zu einer kurzfristigen Entlastung führen bzw. eine stimulierende Wirkung provozieren, wird das Risiko einer späteren manifesten Suchterkrankung deutlich erhöht. Das Erlernen grundlegender Problem- und Bewältigungsstrategien, die zur Identitätsentwicklung notwendig sind, wird hierdurch unterdrückt oder eingeschränkt; sie fehlen häufig im Reifungsprozess der Persönlichkeit junger Menschen (*Spitzer*, 2007; *Tretter,* 2012).

Der Einstieg in den Drogenmissbrauch bzw. in eine folgende Drogenabhängigkeit erfolgt dabei häufig über die Achse von anfänglichem Tabak- zu späterem Cannabiskonsum, der bei Jugendlichen am häufigsten konsumierten illegalen Droge (*Weichold,* 2009). Die Frage nach der Schrittmacherfunktion von Cannabis für einen weitergehenden Drogenkonsum kann jedoch bis heute nicht eindeutig bewiesen werden (*Bonnet*, 2009).

Auswirkungen des chronischen Cannabis-Konsums

Die Auswirkungen des Cannabiskonsums werden maßgeblich durch verschiedene Faktoren beeinflusst. Als erstes ist hier das Einstiegsalter zu nennen. Es spielt eine erhebliche Rolle, da erst „ab dem 25. Lebensjahr bei Frauen und ab dem 26. Lebensjahr bei Männern von einem relativ stabilen adulten Gehirn auszugehen ist“ (*Braus*, 2014, S. 28). Je früher ein Gehirn in seiner Entwicklung durch Drogenmissbrauch gestört wird, desto wahrscheinlicher sind die neurokognitiven Folgen. Speziell in der sensiblen Phase der Pubertät, in der es allgemein zu einer starken Neuorganisation der Hirnentwicklung kommt, nimmt ein chronischer Cannabiskonsum vermutlich einen erheblichen negativen Einfluss auf diese neuro-biologischen Plastizitätsprozesse in Form von affektiven und kognitiven Funktionsstörungen (*Kunert,* 2012).

Weiterhin ist das Konsummuster, also die Menge und Häufigkeit des Konsums, von Bedeutung. Auch die Persönlichkeit des Konsumenten mit ihren individuellen Dispositionen und einer eventuellen Komorbidität beeinflussen die Folgen des chronischen Cannabis-Konsums signifikant. Hierbei ist zu beachten, ob der Konsument bereits vor dem Cannabiskonsum schon eine psychiatrische Erkrankung (z.B. Angststörungen oder Depressionen) aufweist oder ob sich in Folge des Konsums psychische Erkrankungen entwickeln.

Nach *Kunert* (2009) resultieren aus chronischem Cannabiskonsum zusammengefasst mögliche psychiatrische Funktionseinschränkungen bzw. –störungen:

- Kognitive Leistungsminderungen
- Psychotische Störungen
- Affektive Symptome
- Angststörungen
- Depressionen
- Persönlichkeits- und Verhaltensauffälligkeiten

Hierbei ist im Besonderen das „Amotivationssyndrom“ zu nennen, das mit dem deutlichen Anstieg von Gleichgültigkeit, Antriebslosigkeit, Lethargie, Affektverflachung und dem Verlust von allgemeinen Interessen bzw. der Verminderung der Leistungsfähigkeit beschrieben wird. Inwieweit das amotivationale Syndrom spezifisch auf den Cannabiskonsum zurückzuführen ist, ist umstritten; es kann evtl. auch als Defektzustand beginnender psychotischer Episoden gedeutet werden (*Bonnet*, 2009). Weiterhin stellen das nicht vorhandene Krankheitsgefühl, die Gleichgültigkeit gegenüber der Erkrankung sowie die Unfähigkeit, Emotionen, im besonderen Freude, zu empfinden, das Behandlungsteam vor große Herausforderungen. Einhergehend mit den psychiatrischen Aspekten sind die sozialen Folgen eines chronischen Cannabiskonsums. Oft treten zuerst schulische, finanzielle und familiäre Probleme auf. Interessen und Hobbys werden vernachlässigt und dann aufgegeben. Die Peergruppe beschränkt sich mit fortschreitendem Konsum auf ebenfalls konsumierende Menschen. Wichtige Lernprozesse im Hinblick auf die Entwicklung sozialer Kompetenzen werden nicht gemacht. Insgesamt stagniert der gesamte Entwicklungsprozess, so dass in der Therapie häufig eine Diskrepanz zwischen dem biologischen Alter und dem Entwicklungsalter sichtbar wird. Es bleibt jedoch zu beachten, dass der Cannabiskonsum nicht zwangsläufig zu psychischen Begleiterkrankungen führen muss (*Bonnet,* 2009).

Eine weitere problematische Entwicklung ist in diesen Zusammenhängen der deutlich Anstieg der Menschen mit problematischem Konsum von Cannabis und Amphetaminen im Bereich der illegalen Drogen. Amphetamine werden zur Steigerung des herabgesetzten Antriebes bei chronischen Cannabiskonsums eingesetzt. Auch diese Mischintoxikationen stehen im Verdacht, Psychosen zu fördern.

Ausgangslage

Im klinischen Alltag einer Fachklinik für die Behandlung von Drogenabhängigkeit zeigen sich in den letzten Jahren verschiedene Entwicklungen. Eine ist die deutlich heterogenere Altersstruktur. Einerseits gibt es mehr ältere Patienten, welche durch die mannigfaltigen Angebote und Versorgungsmöglichkeiten des Hilfesystems immer älter werden und andererseits mehr jüngere Patienten. Das Einstiegsalter für legale wie illegale Drogen ist- wie oben schon erwähnt – in den letzten Jahren zunehmend in die frühe Pubertätsphase vorverlagert. Aber auch die Konsummuster haben sich verändert. Die betroffenen Jugendlichen konsumieren gleichzeitig immer mehr verschiedene Substanzen, so dass der überwiegende Teil der Patienten eine Polytoxikomanie aufweist. Diese Entwicklung beschreiben auch *Deimel* et al. (2009, S. 240) folgendermaßen: „Daten belegen, dass sich der Beginn des regelmäßigen Drogenkonsums zunehmend stärker in die späte Kindheit bzw. frühe Pubertätsphase vorverlagert, egal, ob es sich um den Konsum legaler oder illegaler Drogen handelt. Hierbei fällt die zunehmende Tendenz zu polyvalentem Gebrauch unterschiedlichster Drogen auf.“ Neben den zuvor genannten psychischen Veränderungen ergeben sich für die Bewegungs- und Sporttherapie auch deutlich Einschränkungen im physischen Bereich. Leider gibt es kaum Forschungsarbeiten in diesem Bereich, doch zeigen unsere klinikinternen diagnostischen Verfahren besondere Einschränkungen bei den Doppeldiagnosepatienten für die Bereiche Kraft, Beweglichkeit, Koordination und Ausdauer. Hierbei ist jedoch zu beachten, dass diese Patientengruppe meist mit Psychopharmaka behandelt wird, wodurch es auch zu körperlichen Einschränkungen kommen kann. Sowohl bei der Eingangsdiagnostik als auch beim Training weist diese Patientengruppe die größeren Defizite hinsichtlich ihrer Belastungsfähigkeit auf im Vergleich zu den ‚älteren klassischen drogenabhängigen Menschen‘. *Deimel* et al. (2009) weisen in ihrer Untersuchung an jungen mehrfachabhängigen Drogenabhängigen signifikante Unterschiede im Bereich der Gesamtkörperkoordination und der Selbstkonzepte in den Bereichen *allgemeine Leistungsfähigkeit* sowie der *Selbstwerteinschätzung* nach.

Bewegungs- und Sporttherapie bei jungen Menschen mit stoffgebundenen Abhängigkeitserkrankungen

Die Behandlung junger Abhängigkeitserkrankter stellt die Bewegungs- und Sporttherapie aufgrund *dieser* beschriebenen Bedingungen vor neue Herausforderungen (*Lashlee & Schlieckau,* 2012). So empfiehlt es sich, speziell die Bedürfnisse, die Fähigkeiten sowie die in der Einführung genannten neuen gesellschaftlichen Herausforderungen, mit denen sich junge Menschen auseinandersetzen müssen, zu berücksichtigen. Der Einstieg in die Bewegungs- und Sporttherapie wird daher mittels eines ausführlichen persönlichen Gespräches gestaltet, um Ressourcen der Person zu identifizieren, eventuell bestehenden Ängsten entgegen zu wirken, Hoffnung auf Veränderung zu wecken und eine erste Vertrauensbasis entstehen zu lassen. Neben der allgemein-medizinischen-psychiatrischen Diagnostik, welche die Grundlage bildet, ist es deshalb notwendig, eine spezielle Diagnostik für die Bewegungs- und Sporttherapie durchzuführen. Hierbei kommt der Anamnese eine besondere Bedeutung zu, um frühere Interessen, Hobbys und Vorlieben in Erfahrung zu bringen, um diese später in der Therapieplanung und Umsetzung als Anknüpfpunkte nutzen zu können. Gegebenenfalls ist auch eine Fremdanamnese in Betracht zu ziehen, da je nach Fortschreiten der Erkrankung einzelne Betroffene nicht mehr in der Lage sind, ihre Interessen und Fähigkeiten selbst zu erinnern und zu beschreiben.

Weiterhin sollten je nach Bedarf und Behandlungsdauer folgende Bereiche exploriert werden:

- Allgemeine körperliche Funktionen
- Wahrnehmung und Motorik
- Bewegungsqualitäten und Bewegungsverhalten
- Körperkonzept und Körperbild
- Stimmung, Befindlichkeit und Emotionales Verhalten
- Sozialer Kompetenzbereich

Therapieplanung und Durchführung

In der Therapieplanung werden die in der Diagnostik ermittelten Informationen, sowie die individuellen Ziele, die aktuelle Stimmung und Dynamik des Einzelnen und der Gruppe, einbezogen. Besonders die Ressourcenorientierung und der Aufforderungscharakter einzelner bewegungs- und sporttherapeutischer Interventionen stehen hier im Vordergrund. Die Therapieplanung orientiert sich hierbei auch an dem ICF-Cluster der sporttherapeutischen Zielsetzung

(WHO, 2005). Die Einbeziehung von bereits vorhandenen Fähigkeiten und Bekanntem in den Therapiealltag dient häufig der Motivation und bietet die Chance, die meist exzentrisch motivierten Patienten zu aktivieren und im günstigsten Fall zu begeistern. Zusätzlich ist es hilfreich, auf die sportliche Sozialisation junger Menschen zu achten und entsprechende altersgerechte Sportarten, wie z.B. Skaten / Inline Skaten, Streetball / Streetsoccer, Klettern, BMX / Mountainbike, Ultimate- / freestyle Frisbee, Slackline sowie Kampfkünste oder auch achtsamkeitsorientierte Methoden wie z.B. intuitives Bogenschießen nach Möglichkeit in die Bewegungs- und Sporttherapie zu integrieren.

Zielbereiche der Bewegungs- und Sporttherapie

Eckel et al. (2012) formulieren in ihren Praxisempfehlungen allgemeine Zielbereiche für die Bewegungs- und Sporttherapie bei Abhängigkeitserkrankungen; diese sind vielfach auch für die jüngeren drogenabhängigen Menschen von Relevanz und lassen sich folgendermaßen für ihre qualifizierte Akut- und Postakutbehandlung ordnen.

Physische Zielbereiche:

- Reduktion der Entzugssymptomatik (z.B. Regulation von Schlaf, Temperaturempfindungen, Unruhezuständen und Muskelschmerzen)
- Stabilisierung der somatischen Basis und der vegetativen Funktionen
- Beeinflussung von Koordination, Kraft, Ausdauer und Beweglichkeit mit dem Ziel zur Anbahnung einer Wiederherstellung physischer Belastbarkeit

Psycho-physische/psycho-soziale Zielbereiche:

- Anregung zu Spaß und Freude an Bewegung und sportlichen Aktivitäten,
- Ablenkung von Stresszuständen und von Grübelei
- Vermittlung und Aufbau von Optimismus als erste Bewältigungsstrategie
- Entwicklung von Stimmungs- und Befindlichkeitsregulationstechniken
- Aufbau grundlegender körperlicher und sozialer Wahrnehmungsqualitäten
- Aufbau von Compliance/Behandlungsbereitschaft/Vertrauen/Beziehungsfähigkeit
- Vermittlung von Selbstwirksamkeitserfahrungen
- Ressourcenorientierung
- Aufbau von Motivation zur Weiterbehandlung

Weitere altersorientierte Zielbereiche:

- (Motorische) Selbstkontrolle
- Schulung von Vertrauen und Selbstvertrauen
- Verbesserung der Selbstregulation und Frustrationstoleranz
- Normen, Grenzen und Regeln akzeptieren und einhalten können
- Aufbau einfacher moralischer Kategorien
- Aufbau und Förderung von Selbstbewusstsein

In der Therapiedurchführung empfehlen *Eckel* et al. (2012) eine Orientierung an fünf basalen Modulen für die Bewegungs- und Sporttherapie, welche dort ausführlich beschrieben sind:

- Modul 1 Ausdauer
- Modul 2 Kraft
- Modul 3 Körper
- Modul 4 Spiel
- Modul 5 Erlebnis

Den beiden Modulen *Spiel* und *Erlebnis* kommt der Zielgruppe junger Patienten die größte Bedeutung zu. Das große Feld der Spiele bietet mit seinem hohen Aufforderungscharakter eine gute und vielseitig einsetzbare Intervention. Spiel und Spielen erleichtern oft den Einstieg in Bewegungsaktivitäten und dienen oft als „Türöffner" für andere Bewegungsformen. Viele Zielsetzungen lassen spielerisch erarbeiten und schaffen so eine Art Schonraum zur Entwicklung von psychomotorischen und sozialen Kompetenzen des Einzelnen und der Gruppe. Regeln können dem Alter, dem Entwicklungstand und den Möglichkeiten der Patienten angepasst werden. Auch die Ressourcenorientierung ist hier gut umsetzbar, da auch junge Menschen in diesem Bereich über Erfahrungen verfügen, die ihnen jedoch häufig nicht bewusst sind oder nicht genügend wertgeschätzt werden. Zur Stabilisierung des Selbstwertgefühls ist diese Fokussierung unbedingt notwendig.

Das umfangreiche Angebot im Bereich der Spiele mit seine kleinen und großen Spielen sowie Partnerspiele, Körperwahrnehmungsspiele und Interaktionsspiele verfolgen je nach gewählter Spielform folgende Zielsetzungen:

- Förderung von sozialer Kommunikationsfähigkeit, sozialer Kompetenz und Verantwortungsübernahme sowie Regelbewusstsein/Fairness
- Verbesserung von Konzentrations- und Merkfähigkeit
- Förderung von Kreativitätsprozessen
- Vermittlung von Erfolgserlebnissen, spannenden Bewegungserfahrungen und von freudvollem Miteinander
- Förderung der Eigenmotivation
- Einleitung von Gruppenbildungsprozessen und Gruppenatmosphäre (Gruppenkohäsion)
- Verbesserung des psychischen/sozialen Wohlbefindens
- Bewältigung von Frustrationserfahrungen / Umgang mit Misserfolg

Erlebnis

Heckmair & Michl (2008, S. 115) definieren Erlebnispädagogik als eine „handlungsorientierte Methode, in der die Elemente Natur, Erlebnis und Gemeinschaft pädagogisch zielgerichtet miteinander verbunden werden". Hierunter sind alle Aktivitäten zu verstehen, welche Natur und Abenteuer, Problemlösungsaufgaben, Spiele und Sport als Medium nutzen, um eine Verhaltensänderung oder Persönlichkeitsentwicklung sowie weitere erzieherische oder therapeutische Ziele zu erreichen. Durch die Herstellung zwischenmenschlicher Begegnungen und Beziehungen kommt es im gelingenden Fall zum Abgleich von Selbst- und Fremdwahrnehmung, zum Abbau von Ängsten und Aufbau von Selbstvertrauen, zur Übernahme von Verantwortung, zur Steigerung des psychischen Wohlbefindens und der bewussten Wahrnehmung des Lebens im ‚Hier-und-Jetzt' sowie zum Erlernen von Strategien zum angemessenen Umgang mit Ärger, Frust und Aggression. Von Bedeutung ist hierbei, dass alltägliches Erleben durchbrochen wird und eine Herausforderung durch besondere Reize bzw. eine attraktive Aufgabenstellung erfolgt. Eine bedeutsame Erfahrung für den Einzelnen ist zudem das Zusammenwirken in der Gruppe, die jedoch möglichst im Gruppenverband moderiert werden sollte, um die abgelaufenen Prozesse bewusst werden zu lassen. In unserer heutigen modernen Welt mit all ihren Ablenkungsmöglichkeiten bietet die Erlebnispädagogik mittels einer Reduzierung von Umweltreizen eine gute Möglichkeit für die jugendlichen drogenabhängigen Menschen, sich selbst und im Kontext zur Natur neu zu erleben.

Erlebnispädagogische Maßnahmen und erlebnisorientierte Inhalte werden von den Patienten oft als Highlights oder auch „Kicks" beschrieben. Gerade der offene Handlungsrahmen und das „Sich Ausprobieren" des Einzelnen, aber auch der Gruppe werden in den Nachbesprechungen sehr positiv beschrieben. Auch die eigene Erarbeitung, Gestaltung und der erlaubte „Versuch und Irrtum" geben dem Patienten eine Selbstbestätigung und ein Kompetenzgefühl, „etwas selbst erarbeitet zu haben". Sie bekommen auf diese Weise eine Selbstwirksamkeitserfahrung vermittelt. Besonders zu erwähnen ist in diesem Bereich das therapeutische Klettern, welches sich immer größer werdender Popularität erfreut. *Niggehoff* (2014) beschreibt die psychophysischen und psychosozialen Zielbereiche hierfür:

- Vertrauensbildung und Kommunikation
- Grenzerfahrung
- Grenzen erleben, akzeptieren und an ihnen wachsen
- Wahrnehmung, Konzentration und Entschlossenheit
- Zufriedenheit, Glücksgefühl und Entwicklung

Die Erreichung dieser Zielbereiche konnte in mehreren Untersuchungen unter anderem in der Bewegungs- und Sporttherapie der Psychosomatischen Klinik Berg. Gladbach, nachgewiesen werden (*Eichert,* 2014; *Kuss*, 2011). Neben dem therapeutischen Alltag bieten sich in der Erlebnispädagogik daher

Tages- oder Mehrtagestouren an. Diese entwickeln andere Möglichkeiten und Dynamiken außerhalb des klinischen Settings. Beispiele dafür sind Rad-, Segel- oder Paddeltouren.

Hinzu kommen die Problem-Games und Teambildungsaufgaben zum Zusammenwachsen und der Entwicklung der Gruppe. Anders als im drogenorientierten Milieu kann die Gruppe auch hier als stützender und positiver Verstärker für den Einzelnen erlebbar werden.

Therapeutische Beziehung

Für die Bewegungs- und Sporttherapie sind der Aufbau und die Aufrechterhaltung der therapeutischen Beziehung von zentraler Bedeutung. Besonders bei jungen Menschen ist eine vorsichtige, von Empathie getragene Herangehensweise anzuraten. Dies kann beinhalten, dass dem Patienten erst einmal die Möglichkeit eingeräumt wird „nur zuzusehen“ und somit einen schrittweisen Einstieg in die Bewegungs- und Sporttherapie zu ermöglichen.

Die Beziehung zwischen Patient und Sporttherapeut sollte grundsätzlich von Optimismus, Offenheit und Respekt geprägt sein. Hinzu kommt der spezielle Sprachgebrauch Jugendlicher, explizit jugendlicher Drogenabhängiger. Da Sprache ein Fundament der Beziehungsarbeit bildet, sollte der Sporttherapeut diese „Szenesprache“ verstehen, ohne sie jedoch zu übernehmen. Hierbei bestünde die Gefahr des Verlustes des Nähe-Distanzverhältnisses sowie seiner Authentizität.

Auch werden von dem Sporttherapeuten eine klare Haltung zum Umgang mit (legalen wie illegalen) Drogen, eine Vorbildfunktion im Umgang mit Konflikten und intensiven Emotionen sowie die Fähigkeit sowohl zur Motivation der Jugendlichen zu sportlichen Aktivitäten als auch zu verantwortungsvollen Grenzsetzungen verlangt.

Ausblick

Bewegung und sportliche Aktivitäten sollten bereits in der Prävention eingesetzt werden. Leider gibt es bis heute keine flächendeckenden Konzepte für präventive Maßnahmen im Bereich der Suchterkrankungen. Es gibt jedoch Einzelprojekte, in denen die Bewegung und der Sport gut genutzt werden, um jungen Menschen Unterstützung und Orientierung zu bieten. In Köln bietet die Rheinflanke e. V. bietet z.B. unter anderem über das Medium Fußball aktive Freizeitgestaltung und sozialarbeiterische Unterstützung.

Für die Zukunft ist zu hoffen, dass sich die Sportwissenschaften diesem Thema weiter öffnen und dass Studien und Publikationen für diesen Bereich durchgeführt werden.

Weiterhin wäre es wünschenswert, wenn spezielle Angebote für junge Menschen im präventiven, ambulanten, teilstationären, stationären und Nachsorgebereich auf- und ausgebaut würden (*Turk & Deimel,* 2002). Neue Ansätze sollten keine Einzelprojekte bleiben, sondern vernetzt im Austausch stehen. Zudem ist die Einbeziehung neuerer Trendsportarten neben den bestehenden traditionellen Sportarten von nicht zu unterschätzendem Wert für diese Personengruppe.

Literatur:

Bonnet, U. (2009). Cannabis. In R. *Thomasius,* M. *Schulte-Markwort*, U. *Küstner* & P. *Riedesser* (Hrsg.). *Suchtstörungen im Kindes- und Jugendalter.* S. 480-489. Stuttgart: Schattauer.

Braus, D.F. (2014). *Einblick ins Gehirn – Psychiatrie als angewandte klinische Neurowissenschaft.* Stuttgart: Thieme Verlag.

Deimel, H., *Kleinknecht*, C., *Ruef*, D. & *Kunert,* H.J. (2009). Mehrfachabhängigkeit bei jungen Drogenabhängigen – psychomotorische Ausgangslage bei Therapiebeginn. *Bewegungstherapie und Gesundheitssport,* 25 (6), 240-247.

Eckel, D., *Niggehoff*, S., *Stürmer*, M. & *Deimel*, H. (2012). Bewegungs- und Sporttherapie bei Abhängigkeitserkrankungen- Praxisempfehlungen für eine zukünftige Leitlinie. In H. *Deimel* (Hrsg.). *Facetten der Bewegungs- und Sporttherapie in Psychiatrie, Psychosomatik und Suchtbehandlung. Brennpunkte der Sportwissenschaft Bd. 33.* S. 237-265. Sankt Augustin: Academia Verlag.

Eichert, R. (2014). *Subjektiv wahrgenommene Wirkfaktoren des Therapeutischen Kletterns als erlebnispädagogische Maßnahme in der Entwöhnungsbehandlung Drogenabhängiger.* Masterarbeit. Deutsche Sporthochschule Köln.

Göppel, R. (2007). *Aufwachsen heute: Veränderung der Kindheit – Probleme des Jugendalters.* Stuttgart: Kohlhammer.

Heckmair, B. & *Michl*, W. (2008). *Erleben und Erlernen – Einstieg in die Erlebnispädagogik.* München: Reinhardt.

Hölling, H., *Schlack*, R., *Kamtsiuris*, P., *Butschalowsky*, H., *Schlaud*, M. & *Kurth*, B.M. (2012). Die KiGGS-Studie – Bundesweit repräsentative Längs- und Querschnittstudie zur Gesundheit von Kindern und Jugendlichen im Rahmen des Gesundheitsmonitorings am Robert Koch-Institut. *Bundesgesundheitsblatt*, 55, 836-842.

Kunert, H.J. (2009). Neurowissenschaftliche Aspekte des chronischen Cannabis-Konsums: Bedeutung für bewegungsorientierte Therapie- und Bewegungsansätze. *Bewegungstherapie und Gesundheitssport,* 25 (6), 234-239.

Kunert, H.J. (2012). Neurowissenschaftliche Aspekte des chronischen Cannabis-Konsums: Bedeutung für bewegungsorientierte Therapie- und Rehabilitationsansätze. In H. *Deimel* (Hrsg.). *Facetten der Bewegungs- und Sporttherapie in Psychiatrie, Psychosomatik und Suchtbehandlung. Brennpunkte der Sportwissenschaft. Bd. 33.* S. 200-207. Sankt Augustin: Academia Verlag.

Kuss, V. (2011). *Ein Vergleich spezifischer sporttherapeutischer Maßnahmen im qualifizierten Drogenentzug und deren Auswirkungen auf die Entzugssymptomatik und aktuelle Stimmung.* Diplomarbeit, Deutsche Sporthochschule Köln.

Ministerium für Gesundheit, Emanzipation, Pflege und Alter des Landes Nordrhein-Westfalen (2015). *Aktionsplan gegen Sucht Nordrhein-Westfalen.* Düsseldorf: Druckstudio GmbH.

Lashlee, A. & *Schlieckau*, J. (2009). Bewegungs- und Sporttherapie in der Postakutbehandlung. In R. *Thomasius,* M. *Schulte-Markwort*, U. *Küstner* & P. *Riedesser* (Hrsg.). *Suchtstörungen im Kindes- und Jugendalter.* S. 271-279. Stuttgart: Schattauer.

Niggehoff, S. (2014). Therapeutisches Felsklettern und Erlebnispädagogik in einer Klinik für Abhängigkeitserkrankungen. In A.-C. *Kowald* & A. *Zajetz* (Hrsg.). *Therapeutisches Klettern: Anwendungsfelder in Psychotherapie und Pädagogik.* S. 279-286. Stuttgart: Schattauer.

Spitzer, M. (2007). *Lernen: Gehirnforschung und die Schule des Lebens.* Heidelberg, Berlin: Spektrum Akademischer Verlag.

Tretter, F. (2012). *Suchtmedizin kompakt. Suchterkrankungen in Klinik und Praxis.* Stuttgart: Schattauer.

Thomasius, R., *Schulte-Markwort*, M., *Küstner*, U. & *Riedesser*, P. (Hrsg.). (2009). *Suchtstörungen im Kindes- und Jugendalter.* Stuttgart: Schattauer.

Turk, K. & *Deimel*, H. (2002). Vernetzung in der Suchtkrankenhilfe – Aufgezeigt am Beispiel des Netzwerkes „Gesundheit, Sport und Erlebnis". *Gesundheitssport und Sporttherapie,* 18 (1), 20-23.

World Health Organization, WHO (2005). ICF – Internationale Klassifikation der Funktionsfähigkeit, Behinderung und Gesundheit. Neu-Isenburg: MMI Medizinische Medien Informations GmbH.

Wichold, K.(2009). Epidemiologie des Substanzkonsums im Jugendalter. In R. *Thomasius,* M. *Schulte-Markwort*, U. *Küstner* & P. *Riedesser* (Hrsg.). *Suchtstörungen im Kindes- und Jugendalter.* S. 21-33. Stuttgart: Schattauer.

Beziehung positiv erleben – Bindungsorientierte Tanz- und Bewegungstherapie mit Kindern und Jugendlichen

Antje Scherholz

Rhein-Klinik Bad Honnef, Klinik für Psychosomatik und Psychotherapie

---

Zusammenfassung

Der psychotherapeutisch körper- und bewegungszentrierte, gleichzeitig kreativ-künstlerische Ansatz der Tanz- und Bewegungstherapie eröffnet Kindern und Jugendlichen im klinisch psychotherapeutisch-psychiatrischen Setting, sich aktiv handelnd auszuprobieren. Ist in dieser Vorgehensweise eine Achtsamkeit für Bindungserleben und Affektregulation seitens der Therapeutin enthalten, birgt dies die Chance heilsamer und relativierender Beziehungserfahrungen für Patienten mit unsicheren Bindungsmodellen. Insbesondere die bewegungszentrierte Interaktion ermöglicht unmittelbares Evidenzerleben in einer sicheren therapeutischen Bindungssituation. Die Kinder und Jugendlichen können sich neu spannungs- und affektregulierend erproben und beginnen Beziehung selbstwirksam zu regulieren. In den folgenden Ausführungen werden Erkenntnisse aus Bindungstheorie und neurobiologischer Wissenschaft betrachtet und mit tanztherapeutischen Interventionen und Ansätzen verknüpft.

Summary

Psychotherapeutic dance and movement therapy, which centres on body awareness and physical movement and is a creative and artistic approach at the same time, gives children and adolescents in clinical psychotherapy or psychiatric settings the opportunity to explore their potential by being active. If this approach is mindful of bonding experiences and affect regulation on the part of the therapist, this offers patients with insecure attachment models the opportunity to have wholesome and relativizing relationship experiences. In particular, interaction centred on movement allows them to have immediate evidential experiences in a secure therapeutic bonding situation. The children and adolescents can test new skills in regulating tensions and affective behaviour and can begin to effectively regulate relationships on their own. In the following article we look at the findings of attachment theory and neurobiological science and any links to therapeutic dance interventions and approaches.

Einleitung

Kinder und Jugendliche, die in Kliniken für Psychiatrie und Psychotherapie bzw. Psychosomatik behandelt werden, haben oftmals sehr verunsichernde, verletzende, teils traumatisierende Erfahrungen in Beziehung mit Erwachsenen und/oder in Peergroups gemacht. Dies schlägt sich in einer tiefen Selbstunsicherheit und Unsicherheit im sozialen Umgang nieder. Im psychiatrischen und psychotherapeutischen Setting begegnet den Behandlern diese Unsicherheit auf unterschiedliche Weise; als contraphobisch aggressives und cooles Auftreten, als unterwürfiges, ängstliches Verhalten oder in Form inneren Rückzugs und Verschlossenheit im Kontakt.

Der nonverbale, bewegungs- und handlungszentrierte Ansatz der Tanz- und Bewegungstherapie eröffnet einen direkten Zugang zu Kindern und Jugendlichen mit diesen Verhaltensmustern und deren dysfunktionalen Bindungs- und Beziehungsmodellen. Finden die bindungsbezogenen Aspekte innerhalb des psychotherapeutisch interaktionellen Geschehens seitens der Therapeutin Beachtung, birgt dies die Chance relativierender Bindungs- und Beziehungserfahrung. Die explorierende, teils spielerische, interaktionelle, tanztherapeutische Vorgehensweise in einer sicheren Bindungssituation ermöglicht der jungen Klientel, Sicherheit, gegenseitige Wertschätzung und Vertrauen in Beziehung zu erfahren und sich darin zunehmend selbstregulierend und selbstwirksam zu erleben. (vgl. *Welsch* et al., 2007).

In den folgenden Ausführungen werden Erkenntnisse aus Bindungstheorie (*Bowlby,* 2010; *Brisch,* 2010; *Rass,* 2012; *Strauß*, 2008) und neurobiologischer Wissenschaft (*Fonagy* et al., 2008; *Grawe,* 2004; *Rüegg,* 2014; *Schore,* 2007) betrachtet und daraus Schlussfolgerung für die tanztherapeutische bindungsorientierte Vorgehensweise gezogen. Daraus entsteht eine Verknüpfung mit tanztherapeutischen Interventionen und Ansätzen, in die zur Veranschaulichung praktische Interventionsbeispiele eingebettet sind. Eine kurze Einführung in die theoretischen Grundlagen der Tanz- und Bewegungstherapie wird für die Leser, denen dieses Verfahren nicht geläufig ist, vorangestellt.

Definition der Tanz- und Bewegungstherapie

Die Tanz- und Bewegungstherapie ist ein sowohl künstlerisches als auch körper- und bewegungszentriertes, psychotherapeutisches Verfahren. Ausgangspunkt für die therapeutische Auseinandersetzung sind das Bewegungs- und Ausdrucksrepertoire, das Körpererleben sowie die Interaktionsgestaltung der Klienten. Das Bewegungsrepertoire wird hierbei als Repräsentanz der individuellen Handlungs- und psychischen Bewältigungskompetenz angenommen (*Fiedler*, 1998; *Hölte*r, 1993; *Klein,* 1998; *Schwarz & Pirkl*, 2002).

Über die kinästhetische Ausgestaltung des interaktionellen Geschehens bzw. der Beziehungsgestaltung im tanztherapeutischen Kontext werden Bindungsmodelle der Klienten deutlich und in die therapeutische Auseinandersetzung mit eingebracht (*Scherholz*, 2015; *Trautmann-Voigt,* 2006).

Um der biographischen Prägung des menschlichen Körperausdrucks- und Interaktionsrepertoires gerecht zu werden, liegen meinem persönlichen Ansatz der tanz- und bewegungstherapeutischen Vorgehensweise sowohl tiefenpsychologische, entwicklungspsychologische, bindungstheoretische, neurobiologische Erkenntnisse als auch Erkenntnisse aus der Handlungsregulation zugrunde (*Scherholz,* 2015).

Neben dem körperzentrierten, bewegungs- und handlungsorientierten Fokus sind kreativ künstlerische Gestaltungselemente und -prozesse, die über den symbolischen Ausdruck eine Annäherung an konfliktbesetzte Themen beinhalten, ein gleichberechtigter Bestandteil des Verfahrens. Hier können mithilfe von Symbolen (u.a. Materialien) Erlebensqualitäten erprobt und sinnlich erforscht werden, deren unmittelbare Verkörperung zu diesem Zeitpunkt affektiv überfordern würde. Die schöpferisch künstlerische Auseinandersetzung eröffnet zudem mit ihrer „Als-ob-Situation" einen kreativen Freiraum. In einer symbolischen Bewegungsgeste oder einer Rolle kann Annäherung an das Selbstgefühl der dargestellten, im Alltag wenig verkörperten, affektiven Stimmung entstehen. Diese Annäherung ermöglicht ein Verlassen überhöhter Kontrolle, lässt Assoziationen, Neugierde sowie Lust auf Exploration entstehen und fördert Mentalisierung. (*Gahleitner*, 2005; *Schultz-Venrath*, 2013; *Eberhard-Kaechele,* 2003, 2009c).

Um den drei Erlebens- und Wahrnehmungsebenen (Körper, Intellekt, Emotion) des Menschen gerecht zu werden, wird innerhalb des tanztherapeutischen Geschehens sowohl die affektive als auch die körperliche Resonanz des bewegten Gestaltungsprozesses betrachtet, reflektiert und kognitiv eingeordnet. Hieraus resultieren ganzheitliche Erkenntnisprozesse, die den Klienten ermöglichen, sich aus biographisch geprägten dysfunktionalen Affekt- und Selbstregulationsmustern zu lösen. Neue Modelle werden im therapeutischen Setting exploriert, um später Übersetzungsmöglichkeiten für den Alltag zu finden. (*Fiedler*, 1998; *Scherholz,* 2015; *Schwarz & Pirkl,* 2002).

Die Tanztherapie unterscheidet sich von anderen körpertherapeutischen Verfahren insbesondere durch das interaktionelle Geschehen, den sich entwickelnden, schöpferisch gestaltenden (Bewegungs-)Prozess sowie das diagnostische Instrumentarium der Bewegungsanalyse (*Eberhard-Kaechele,* 2008, S. 175). Bewegungsbestimmende Faktoren werden hierbei im Kontext von Entwicklungspsychologie, affektivem Erleben und Beziehungsgestaltung betrachtet und eingeordnet (*Bender*, 2007; *Koch & Bender*, 2007).

Prinzipiell ist die Tanz- und Bewegungstherapie ressourcenorientiert angelegt und kann je nach psychischer Konstitution des Patienten eher strukturbezogen oder psychodynamisch ausgerichtet sein (*Klein,* 1998; *Eberhard-Kaechele*, 2003). Musik wird innerhalb des tanztherapeutischen Geschehens als rhythmisch atmosphärische Begleitung und Struktur eingesetzt, die je nach therapeutischer Indikation, eröffnenden, stabilisierend-haltenden oder herausfordernden Charakter haben kann.

Die interaktionelle Beziehung in der Tanz- und Bewegungstherapie – Chance für relativierende Bindungserfahrung

Die in der frühen Kindheit maßgeblich durch die primären Bezugspersonen geprägten Kommunikations- und Selbstregulationsmodelle werden im späteren Leben weiter auf soziale Beziehungen angewandt. Dies führt bei Beziehungserfahrungen, die vermehrt von den ersten Bindungspersonen nicht angemessen ausgeformt wurden, zu dysfunktionalen Bindungs- und Interaktionsmodellen. Die darin enthaltenen Modelle der Affektregulation stehen der Entwicklung einer gesunden Selbstregulation im Wege (*Brisch*, 2010; *Fonaghy* et al. *2008; Rass,* 2012; *Schore*, 2007). Um sich vor beständig wiederholender Kränkung und psychisch überfordernden Stress zu schützen, entsteht in Folge ein Verhalten, welches objektiv betrachtet, in vielen Situationen unangemessen erscheint. Aus dem biographischen Kontext heraus können diese Verhaltensweisen jedoch als Schutzmechanismus und „Pseudoregulation" eingeordnet werden. Dieses pseudoregulierende Verhalten evoziert in der außerfamiliären sozialen Umwelt wiederum Reaktionen, die das dysfunktionale Bindungs- bzw. Selbstregulationsmodell und das negative Selbstbild des Betroffenen meist bestätigen.

Im Sinne der Durchbrechung dieses Teufelskreises und der Wiederherstellung von Selbstregulation birgt die Auseinandersetzung mit solchen dysfunktionalen Momenten im tanz- und bewegungstherapeutischen Beziehungskontext eine große Chance. Das Erkennen und die aktiv handelnde, interaktionelle Erkundung von Alternativen, welches durchaus im kreativ explorierenden Kontext stattfinden kann, ermöglicht die relativierende Erfahrung von Reaktions- und Aktionsspielräumen sozialer Bezogenheit. Innerlich festgelegte Kausalitätsketten werden so beiläufig hinterfragt und gegebenenfalls mithilfe alternativer Beziehungserfahrung durch neue Selbstregulationsoptionen ergänzt.

Bindung – Wechsel zwischen ruhigem sicheren Rückzug und vitaler Expansion und Ausgestaltung von Erregungskurven

In der Bindungstheorie nach *Bowlby* (2010) wird die Prägung der Bindungs- bzw. Beziehungsmodelle in der frühkindlichen Entwicklung durch Beziehungserleben mit den primären Bezugspersonen beschrieben (*Bowlby*, 2010; *Brisch*, 2010; *Rass,* 2012). Psychische und psychomotorische Entwicklung formen sich aus dem evolutionär angelegten Wechsel des Bindungsstrebens bzw. ruhigem und sicheren Rückzug versus der Exploration bzw. Expansion. Ausgangspunkt ist das vorrangige Bedürfnis des Säuglings nach emotionaler Nähe, Beziehung und Sicherheit; hormonelle Prozesse steuern das bindungssuchende Verhalten. Dem gegenüber steht das ebenfalls evolutionär verankerte Bedürfnis nach Exploration, welches, befeuert durch freudige Erregung, Erfahrungen der Selbsteffektivität als auch Selbstwirksamkeit bietet. Eine ideale Bindungsbeziehung bildet die vertraute, sichere emotionale Basis für die neugierige, herausfordernde Erkundung der Umwelt. In einer feinfühlig gestalteten Bindungssituation erlebt das Kleinkind (emotionale) Akzeptanz und Wertschätzung für die eigeninitiativ gestaltete Nähe-Distanz-Regulation und selbstwirksam gestaltete Handlungs- und Spannungsregulation (*Brisch,* 2010, S. 38f.).

Dies weist auf die Relevanz einer sicheren, vertrauensvollen therapeutischen Beziehung hin sowie eines verlässlichen Rahmens, um dem Bedürfnis nach Sicherheit und Beziehung gerecht zu werden. Erst wenn diese sichere Basis geschaffen ist, kann die kreative, teils herausfordernde Exploration mehr Raum im tanz- und bewegungstherapeutischen Geschehen einnehmen (*Scherholz*, 2015). Hat der Aufbau von Nähe und Sicherheit genügend Aufmerksamkeit erhalten, entsteht der Wechsel zu mehr Exploration und Expansion im therapeutischen Prozess meist aus sich heraus und muss nicht zusätzlich durch die Therapeutin forciert werden. Grundsätzlich liegt jeder idealen (nonverbalen) Kommunikation zwischen primärer Bezugsperson und Kind zugrunde, dass das Kind führt und die Bezugsperson folgt (*Rass*, 2012, S.31). Dieser Leitsatz kann auf das interaktionelle Geschehen der Patienten-Therapeuten-Dyade übertragen werden.

Praxisbeispiel: Sicherheit als Basis für Exploration

Die zehnjährige Claudia kam sehr ängstlich zu ihrer ersten Gruppentherapie-Einheit in der Tanz- und Bewegungstherapie. Aufnahmegrund waren sozialer Rückzug, soziale Ängste, Schulangst, die zu Schulverweigerung geführt hatte und eine immer stärker werdende depressive Grundstimmung. Auf der Station zeigte sich das Mädchen rückzügig, sehr still, den Kontakt mit den Mitpatienten vermeidend. In einem Vorgespräch mit mir wurde zudem ihr überhöht perfektionistischer Anspruch an sich selber deutlich. Wie immer benannte ich in diesem Gespräch u.a. die Regel, dass ebenso wie die aktive Teilnahme auch ein Rückzug aus dem aktiven Geschehen in der Tanz- und Bewegungstherapie erlaubt und beides von mir gleichwertig geachtet würde. In der Eingangsrunde schien sie sich unsichtbar machen zu wollen: Sie machte sich ganz klein, atmete nur flach, die Knie angezogen und mit den Armen umschlungen, die Schultern und den Kopf nach vorne gebeugt, schweigend. Bevor die Gruppe in Bewegung ging, benannte ich nochmals, an alle gerichtet, die Möglichkeit, auch sitzen bleiben zu können und es sich dort angenehm einzurichten. Als die anderen Kinder um sie herum begannen, durch den Raum zu laufen und zu gehen, blieb Claudia sitzen und schob sich über den Boden in Richtung Wand. Dort verblieb sie in ihrer angestrengten, gehaltenen Haltung. Nachdem ich den Kindern die Anregung gegeben hatte, imaginäre Fußspuren in den Boden zu setzen, setzte ich mich seitlich neben sie und gab ihr nochmals die Rückmeldung, sich angenehm einrichten zu dürfen. So verweilte ich eine Zeit lang sitzend neben ihr, meine eigene Atmung vertiefend, während ich die anderen Kinder weiterhin sprachlich begleitete. Nach einiger Zeit begann Claudia sich ein wenig zu entspannen, lockerte ihre Beine ein wenig aus und lehnte sich an die Wand.

Ich spiegelte dies seitlich, indem auch ich mich ausatmend an die Wand lehnte. So verblieben wir nebeneinander sitzend und schauten den anderen zu. Ich lud die Gruppe dazu ein, sich verschiedene Untergründe vorzustellen, über die man läuft oder auf denen man sitzt und bezog so Claudia bewusst in das Geschehen mit ein, ohne dass sie sich an die Dynamik der anderen im Raum anpassen musste. In der darauffolgenden Reflexionspause, in der die Kinder sich gegenseitig beschrieben, was sie sich vorgestellt hatten, benannte Claudia leise, sie habe sich vorgestellt, im warmen Sand zu sitzen. Im Anschluss lud ich alle ein, sich nochmals „ihren" Boden vorzustellen und dabei verschiedene Aktivitäten auszuprobieren: darüber zu laufen, zu gehen, sich hinzulegen oder zu setzen etc. So griffen andere Kinder u.a. auch die sitzende Position des Mädchens auf, was sie räumlich mehr in die Gruppe integrierte. Allmählich entstand mehr und mehr Ruhe in der Gruppe und ich gab die Möglichkeit an die Hand, den eigenen selbstgewählten Platz mit Materialien aus dem Raum (Seile, Decken, Kissen) zu markieren. Ich wandte mich an Claudia und erfragte, ob sie sich auch ein Material nehmen wolle. Sie schüttelte verhalten den Kopf. Als ich daraufhin fragte, ob ich ihr ein paar Dinge an die Seite legen solle, sodass sie sich später eventuell noch etwas nehmen könne, sah sie mich erstaunt an und nickte leicht. So legte ich ihr eine Decke, einige Seile und ein Kissen als Auswahl in ihre Reichweite. Nach einer Weile nahm sie sich die Decke und schlang sie um sich. Unter der Decke entspannte sie sich sichtlich, so dass sie sich nach einiger Zeit zusammengerollt hinlegte. Diese Position behielt sie bis zum Ende der Therapiestunde inne, auch in der Abschlussrunde. Dort reflektierte sie, dass es schön gewesen sei, unter der Decke zu liegen. Ich antwortete, dass sie sich diese jederzeit, auch in den nächsten Therapiestunden, nehmen könne. Zu Beginn der nächsten Stunde wiederholte ich diese Einladung. Sie nahm sich daraufhin die Decke, setzte sich so in die Eingangsrunde und verharrte während der restlichen Therapiezeit so an „ihrem Platz" an der Wand, diesmal jedoch wacher und interessierter am Geschehen im Raum, was sich insbesondere in einer lebendigeren Mimik widerspiegelte. Dies wiederholte sich noch eine weitere Therapiestunde. In der darauffolgenden Therapieeinheit ging sie im späteren Verlauf mit der Decke um sich geschlungen durch den Raum, als die Intervention mit den „Fußspuren" nochmals aufgegriffen wurde. In dieser Stunde wechselte sie erstmals zwischen aktiver und ruhiger Teilnahme, was ich immer beiläufig spiegelnd durch meine Worte oder Bewegungen, im Sinne von Gesehen-werden, begleitete. So erwuchs zunehmend für Claudia im Verlauf mehrerer Gruppentherapiestunden ein Vertrauen, sich den sicheren Rückzug in unserer Beziehung gestalten zu dürfen. Je sicherer sie darin wurde, desto öfter wechselte sie in die aktive tänzerische Gestaltung, um dann mehr und mehr auch mit ihren Mitpatienten in Kontakt zu treten, was sich auch im Stationsalltag widerspiegelte.

Die Erregungskurven, die aus dem Wechsel von Erregung/Exploration versus inaktiver Reorganisation/Sicherheit resultieren, stimulieren das neuronale

System, welches ein grundlegender Faktor für die Reifung der affektregulierenden Strukturen des Gehirns ist (*Schore*, 2007). Begleiten die primären Bezugspersonen adäquat dieses wechselnde Bedürfnis und die damit verbundenen unterschiedlichen Erregungslevel, erfährt das Kind, dass diese gegensätzlichen Tendenzen konfliktfrei im Bindungsgeschehen gelebt und integriert werden dürfen. So formen sich die ersten Selbstwirksamkeits- sowie Selbsteffektivitätserfahrungen, die wiederum die spätere Selbstwirksamkeitserwartung grundlegend bestimmen. Aus dieser frühen, von den primären Bezugspersonen begleiteten Ausgestaltung der kindlichen Erregungskurven bilden sich demzufolge innere Modelle zur Selbstregulation und Stressbewältigung, die im weiteren Leben unbewusst genutzt werden (*Schore*, 2007, S. 164f.).

Die Wirkkraft von Bindungs-Interaktion auf die Reifung und Entwicklung neuronaler Strukturen

Die nonverbale, psychomotorische, rhythmisierte und emotionale Kommunikation, die in der frühkindlichen Entwicklung im Vordergrund steht, beeinflusst die funktionale Reifung der früh reifenden erfahrungsabhängigen, affektregulierenden Strukturen des Gehirns, insbesondere der rechten Hemisphäre.

Diese Strukturen sind neben der Verankerung und Einordnung sozioemotionaler Inhalte auch für die Einordnung von Körperempfindungen zuständig. Frühe Bindungserfahrung als auch kinästhetisches Erleben werden somit im impliziten, regulatorischen Gedächtnis der rechten Hemisphäre gespeichert (*Schore,* 2007). *Fonaghy* et al. (2008) weisen in diesem Zusammenhang auf das, von Kognitionswissenschaftlern beschriebene, prozedurale Gedächtnis hin, „(…) das auf dem nichtbewussten, impliziten Gebrauch früherer Erfahrung beruht (…)“ (S. 49). Auch hier wird der implizit, nicht-willkürliche und nichtreflexive Charakter des Erinnerungssystems betont, welches auf sinnlichperzeptive, emotionale und atmosphärische Botschaften sowohl reagiert als auch diese verarbeitet.

Diese Erkenntnisse verdeutlichen den Wert der interaktionellen, körperzentrierten therapeutischen Vorgehensweise der Tanz- und Bewegungstherapie für Veränderungsprozesse in den Bindungs- und Selbstregulationsmodellen. Die Tanz- und Bewegungstherapie enthält unmittelbare somatosensorische Beziehungsgestaltung und Beziehungsbegegnung und ermöglicht damit wechselseitige rechtshemisphärischer Interaktion, die Bindungserleben anspricht und internalisierte Bindungsmodelle besonders klar aufscheinen lässt. „Rechtshemisphärische Operationen gehören (…) grundlegend zu den Möglichkeiten des Menschen, emotional zu reagieren und körperliche Reize zu verstehen, die körperliche Vorstellung des Selbst und seine Beziehung zur Umgebung zu definieren und das Selbst vom Nicht-Selbst zu unterscheiden“ (Devinsky, 2000, zit. in *Schore* 2007, S. 292). Innerhalb des relativierenden tanztherapeutischen Beziehungsangebots, welches auch eine rechtshemisphärische Interaktion ist, können somit neue relativierende Bindungserfahrungen exploriert und niedergelegt werden (*Scherholz,* 2015). Es werden neue Möglichkeiten der Selbst- und Beziehungsregulation teils spielerisch handelnd erprobt, bei denen durch die kinästhetische Beteiligung die früh reifenden Hirnstrukturen des limbischen Systems neuronal angeregt und beteiligt sind. Dies lässt die Schlussfolgerung zu, dass innerhalb der relativierenden körpertherapeutischen, emotional angeregten Interaktionserfahrung, Veränderungsprozesse in neuronalen Netzwerken des Gehirns stattfinden können. Diesen Gedanken unterstützen Untersuchungen zur Neuroplastizität des Gehirns und Abhandlungen zur neurobiologischen Wirkweise von Psychotherapie, wie sie unter anderem von *Grawe* (2004), *Rüegg* (2007, 2014) und *Schore* (2007) beschrieben werden.

Das frühe Bindungserleben hat durch seine prägende Kraft auf die neuronale Reifung des Gehirns, insbesondere der rechten Hemisphäre, großen Einfluss auf vitale Anpassungsfunktionen im Umgang mit Stress und die Ausbildung von Widerstandskraft (*Bauer*, 2015). Das beinhaltet auch die Prägung physiologischer, endokrinologischer, neuroendokrinologischer, kardiovaskulärer und immunologischer Funktionen (*Rass*, 2012). Die Auswirkung von Bindungs- bzw. intensivem Beziehungserleben auf den Hormonhaushalt (*Bauer,* 2015; *Brisch*, 2010; *Fogel*, 2013; *Grawe*, 2004; *Schore*, 2007) verdeutlicht die Relevanz einer stress-koregulierenden Bindungsbeziehung im tanz- und bewegungstherapeutischen Setting. Nur bei freudiger, motivationaler Erregung werden hormonelle Prozesse generiert, die eine Neurogenese im Sinne eines nachhaltigen Lernens ermöglichen (*Grawe*, 2004).

Die kinästhetisch geprägte Beziehungsgestaltung in der Tanz- und Bewegungstherapie, die mehr auf nonverbale, im Körperausdruck enthaltene Signale reagiert, erleichtert der Therapeutin die rechtshemisphärische Kommunikation mit dem Patienten bzw. empathische Aufmerksamkeit auf den Klienten. Dies wiederum eröffnet beim Patienten ein implizites Verinnerlichen korrektiver, emotional relativierender Beziehungserfahrung in der Therapie, wie es z.B. von *Schore* (2007) als notwendig für heilsame Veränderungen betrachtet wird.

Bindungserleben und Spiegelungsprozesse

Die wissenschaftlichen Betrachtungen und Forschungsarbeiten zur Affektregulation (z.B. *Schore*, 2007; *Fonaghy* et al., 2008) beschreiben insbesondere den Zusammenhang zwischen der Gestaltung von Erregungs- bzw. Spannungskurven und Affektregulation. Sie stellen die eingestimmte, spannungsregulierende Begleitung einer erwachsenen, primären Bezugsperson als einen wesentlichen Faktor für eine gesunde psychische Entwicklung des Menschen dar. *Schore* (2007) beschreibt, dass die frühe Mutter-Säugling-Interaktion von Transaktionen der rechten Gehirnhemisphären beider Interaktionspartner geprägt sind. Die Mutter greift intuitiv, rechtshemisphärisch geleitet, die den Regungen des Kindes zugrunde liegenden affektiven Rhythmen auf und spiegelt diese in ihrer Reaktion wider. Damit geht sie sowohl auf das äußerlich sichtbare Verhalten als auch auf seine inneren Spannungszustände ein. Im Idealfall kommt es zu einem „(...) synchronisierten und gerichteten Energiefluss im Gehirn des Kindes und der Mutter (...)“ (*Schore*, 2007, S.161) Auf diese Weise realisieren die Interaktionspartner den Spannungsrhythmus des Anderen und können so mit ihrem Verhalten auf dessen zugrunde liegende Stimmung unmittelbar reagieren.

In diesem Zusammenhang wird das markierte Spiegeln des Kleinkindes durch die frühen wichtigen Bezugspersonen als Grundvoraussetzung für eine gesunde Entwicklung von Affektregulation, Impulskontrolle, Mentalisierungsfähigkeit und das Erleben von Getrenntheit zwischen Selbst und Objekt beschrieben (*Fonaghy* et al., 2008). Die leicht prononcierte, individuelle Veränderung im gespiegelten Ausdruck durch das Gegenüber signalisiert dem Kind, dass dies eine nachvollziehende Antwort auf dessen Regung ist und dieser emotionale Ausdruck nicht das eigene Empfinden der Bezugsperson widerspiegelt. Dieselbe Funktion erfüllt das Phänomen der intermodalen Spiegelung, wie sie beispielsweise von *Dornes* (2009) oder *Stern* (2000) beschrieben wird. Beim intermodalen Einstimmen wird der wahrgenommene Spannungsrhythmus des Kleinkindes von der primären Bezugsperson in eine andere Sinnesmodalität übertragen und ausgedrückt; eine Strampelbewegung des Säuglings wird zum Beispiel von der Mutter vokal vertont. Auch hier erlebt das Kind ein empathisches Gesehen- und Verstanden-werden bei gleichzeitiger Realisierung einer Differenz zwischen sich und dem Gegenüber. An dieser Stelle möchte ich auf *Eberhard-Kaechele* (2009b) verweisen. Im Kontext ihrer klinischen tanztherapeutischen Praxis hat sie Spiegelungsprozesse untersucht und aufgrund ihrer Beobachtungen die zuvor beschriebenen Spiegelungsmodalitäten weiter ausdifferenziert. Unter Einbeziehung von Erkenntnissen der Neurobiologie und Säuglingsforschung schreibt sie den einzelnen Spiegelungsmodalitäten bestimmte Entwicklungsfunktionen zu.

Praxisbeispiel: intermodales und markiertes Spiegeln

Jochen, ein achtjähriger Junge, erschien in der Tanz- und Bewegungstherapie innerlich sehr bewegungsunruhig bei gleichzeitig hoher gehaltener Körperspannung. Er sprach weder auf Station noch in den Therapien. In seinem ersten einzeltherapeutischen Setting der Tanz- und Bewegungstherapie ging er unruhig durch den Raum, er wirkte verloren und gleichzeitig getrieben, seine Mimik war dabei starr und seine Bewegungen hölzern. Sein Blick wanderte dabei fortwährend durch den Raum und blieb immer mal wieder an dem offenen Regal mit Materialien hängen. Also nahm ich diesen Impuls von ihm auf, ging zu dem Regal und nahm das eine oder andere Material in die Hand und legte es wieder zurück. Nach einiger Zeit gesellte er sich zu mir, schaute etwas unschlüssig die Dinge an, die vor ihm lagen, bis sein Blick an einer Kiste voller unterschiedlicher Bälle hängen blieb. Ohne ein Wort zu sagen oder eine äußere Regung nahm er die Kiste und warf sie um, woraufhin die Bälle in alle Richtungen durch den Raum rollten. Mit einem „Tschak“ hatte ich die Fallbewegung der Kiste kommentiert. Jochen schaute mich erschrocken an, woraufhin ich mit einer beidseitigen mäandernden Armbewegung das Chaos bebilderte und ihn fragte, was jetzt passieren solle. Er begann durch den Raum zu gehen und die Bälle einzeln wieder in die Kiste zu legen oder zu werfen, was ich aktiv mit aufgriff. Da bedeutete er mir, neben ihm mit der Kiste durch den Raum zu gehen und sie zu halten, während er die Bälle in sie hineintat. Wieder nahm ich meine intermodal spiegelnde Haltung auf und vertonte die jeweilige Wurfdynamik mal lauter, mal leiser, schnell oder langsam. Jochen blickte mich interessiert an und schien mehr und mehr zu genießen, unterschiedliche Varianten des Hineinlegens bzw. –werfens auszuprobieren. Dabei löste sich ein wenig seine überhöhte Spannung und seine Bewegungen wurden flüssiger und die Wurfbewegungen gerichteter; die innere Spannung schien sich ein wenig über die gerichtete Bewegungsdynamik zu entladen. Nachdem wir so alle Bälle eingesammelt hatten, signalisierte er zufrieden, dass wir fertig seien und beendete die Stunde. In der nächsten Therapiestunde ging er sofort zielstrebig auf die Kiste zu und kippte sie selber mit einem „Tschak" auf den Lippen um und sah mich erwartungsvoll an. Ich nahm wieder die Kiste und begleitete intermodal mit der Stimme seine Wurfbewegungen, wenn er die Bälle zurückwarf. Schließlich bedeutete er mir, die Kiste in die Mitte des Raumes zu stellen und versuchte mit viel Kraft und Schwung, die Bälle aus den unterschiedlichen Positionen im Raum in die Kiste zu schmeißen. Als ich einmal mein sprachliches Spiegeln unterließ, hielt er inne und sah mich auffordernd an, während er mit dem Arm zum nächsten Wurf ausholte. Als ich mein intermodales Spiegeln wieder aufgriff, wurden seine Bewegungsqualitäten nochmals klarer und die Bewegungen weniger gebunden und gehalten. In einem weiteren Moment bot ich ihm ein markiertes Spiegeln an, indem ich selber einen Ball nahm und seine zuvor erlebte Wurfqualität pointiert aufgriff. Doch dies war ihm offensichtlich zu nah. Er stoppte mich, indem er mir wieder die Kiste hinhielt und ich, da ich meine Arme nun nicht mehr zur Verfügung hatte, zum intermodalen Spiegeln mit Tönen wieder zurückkehrte. Dieses selbstwirksame Steuern der Nähe schien ihn zu entlasten, er begann vor sich hinzusummen und seine Bewegungen wurden zunehmend flüssiger und schwungvoller. Dieses „Spiel" wiederholten wir in einigen Therapiestunden, immer wieder mit kleinen Varianten, doch das intermodale Spiegeln blieb ein wichtiger und von ihm geforderter Bestandteil. Während dieser Zeit wurde das zielgerichtete kraftvolle, spannungs- und aggressionsentladende Werfen immer wichtiger. In einer solchen Situation konnte ich wieder zum markierten Spiegeln wechseln und seine Wurfdynamik in meiner eigenen Bewegung aufgreifen, ohne dass es ihn irritierte. Unser Miteinander bekam zunehmend einen dialogischen Charakter, bei dem verschiedene Spannungsgerade innerhalb der Beziehung erprobt wurden und die Spiel-Szenarien, die er entwarf, sich variabler gestalten durften. Diese Spiegelungsprozesse waren das Fundament unserer Beziehung. Im weiteren Therapieverlauf, wenn er verunsichert zur Stunde kam oder ihn etwas bei mir in der Tanz- und Bewegungstherapiestunde irritierte, war dieses erste „Spiel" immer wieder unser Einstieg und seine Absicherung bezüglich meiner Verlässlichkeit innerhalb der Beziehung.

„Attunement" in der tanz- und bewegungstherapeutischen Beziehungsgestaltung

Diese zuvor dargestellten Phänomene einer gesunden Bindungsqualität sind in dem Ansatz des „Attunements" der Tanz- und Bewegungstherapie enthalten, der das Einstimmen auf den Spannungsfluss-Rhythmus des Gegenübers (*Loman,* 2007; *Eberhard-Kaechele,* 2007) beinhaltet. Sowohl ein zu hohes Maß an „Über-Einstimmung" durch nicht markierendes Spiegeln als auch ein hohes Maß an „Unter-Einstimmung" bewirken bei hoher Prävalenz in frühen Bindungsbeziehungen pathologische Veränderung in der Spannungsregulation des Kindes. Gesund und entwicklungsfördernd sind hingegen ein gesundes Maß an „clashes", Missstimmigkeiten, die das Kleinkind herausfordern, eigene Selbstregulationsfähigkeiten zu erproben und sich darin selbstwirksam zu erleben. Dies unterstützt die Autonomiestrebungen und die Entwicklung eines Selbstkonzepts des Kindes.

Ein feinfühliges Einstimmen der Tanztherapeutin auf den Spannungsfluss des Kindes oder des Jugendlichen innerhalb des therapeutischen aktiven Geschehens kann dementsprechend mittels Koregulation Wege zu selbstfürsorglicher Spannungsregulation eröffnen. Im besten Falle entsteht so ein Hin- und Herschwingen zwischen Erregung und Ruhe, was sich in Bewegung als dynamische Kurven von „(muskulärer) Anspannung versus Loslassen" zeigt. Das Einstimmen der Tanztherapeutin auf den Spannungsfluss-Rhythmus ermöglicht dieser, die Stimmung des Kindes wertfrei wahrzunehmen und darin dem Kind zu begegnen. Gerade bei stereotypen Verhaltensmustern, sei es z.B. aggressiv, rückzügig oder angepasst, kann das markierte Aufgreifen von Schattenbewegungen oder ein eröffnendes koregulierendes Angebot unter Einbeziehung eines Medium, „Türöffner" für Momente von Selbstregulation sein. Die körperliche Resonanz in der Gegenübertragung, die während des Moments des Einstimmens stattfindet, gibt der Tanztherapeutin zudem am eigenen Leib Informationen, welche Reaktion oder Aktion vom Patienten zurückgehalten wird und die gesunde Spannungsregulation verhindert. Aus dieser Resonanz heraus kann in Folge von ihr ein koregulierenden Angebot in den Dialog eingebracht werden. Dies kann in Form einer fest strukturierten Intervention, einer selbstgeformten spontanen Geste stattfinden oder durch Einbringen eines Materials, welches erleichtert, die zurückgehaltene affektiv gefärbte Aktion mehr und mehr auszuformen. Auch im tanztherapeutischen Geschehen haben „clashes" ihre Berechtigung, da sie zum einen der Therapeutin ermöglichen, in ein spontanes, interaktives Geschehen einzusteigen. Zum anderen können diese kleinen Konflikte insofern Bereicherung für die therapeutische Beziehung sein, da sie bei der jungen Klientel evozieren, sich selbstwirksam zu positionieren. Die in dieser Erfahrung erlebte Selbsteffektivität in der Gestaltung der eigenen Spannungsregulation als auch das Erlebnis der selbstwirksamen Selbstbehauptung innerhalb der therapeutischen Beziehung vermitteln, dass sichere und vertrauensvolle Beziehungen durch gelebte Konflikte nicht zerstört werden. Durch die weiterhin bestehende zugewandte, akzeptierende und wertschätzende Haltung der Therapeutin erfährt sich das Kind oder der Jugendliche als mitgestaltendes, gleichberechtigtes Mitglied der Beziehung, welches selber einen Beitrag zum gegenseitigen Verständnis beiträgt. Dies kann bei wiederholtem Erleben als Maßstab für eine sichere, vertrauensvolle Bindungsbeziehung verinnerlicht werden.

Angemessenes Attunement legt den Grundstein für eine gesunde Affekt- und Spannungsregulation. Ohne frühe soziale Erfahrungen des gegenseitigen Einstimmens kann der Mensch seine affektive Beteiligung und Bedürfnisse nicht adäquat wahrnehmen, differenziert einordnen und ausdrücken. Die innere affektive Beteiligung wird infolgedessen von Betroffenen diffus und/oder bedrohlich erlebt und gegebenfalls infolge dessen als Schutzmechanismus vollkommen negiert. Prägende Erfahrungen des gegenseitigen Einstimmens auf den Spannungsfluss sind Grundlage für das Entwickeln von Empathie.

Praxisbeispiel: Attunement

Ein jugendliches Mädchen, Ulrike, hatte große Schwierigkeiten, sich abzugrenzen und Grenzen zu setzen. Immer wieder hatte sie Grenzüberschreitungen erlebt und auch auf der Station wurde sie von ihren Mitpatienten eher übergangen. Ihre Körperhaltung war eher schlaff, die Schultern vorgebeugt, der Blick meist nach unten gerichtet. Ihre Raumgesten wurden von ihr eher klein gestaltet und meist ungerichtet in den Raum gesetzt. Insgesamt nutzte sie mit ihren Bewegungen eine kleine Kinesphäre (Körperumraum). Zunächst nahm ich ihr Bewegungsangebot auf, verblieb mit ihr am Platz und bestärkte mit einer selbstgestalteten Igelballmassage ihre Körpergrenzen. Dann griff ich im Sinne des Attunenments ihre eher geringe Körperspannung auf und bot an, gemeinsam mit einem Zusammensinken und Wachsen zu spielen und darin beinhaltet mit Lösen und Anspannen. Während der ersten gemeinsamen Improvisation regte ich durch eigene vertiefte Atmung und der Benennung dessen an, bewusster ein- und auszuatmen. Daraus entwickelte Ulrike, unterstützt von Musik das Bild eines Baumes, welcher sich im Wind mal duckt und wieder aufrichtet. Dem gesellten sich andere Bilder hinzu: die Vorstellung eines Grashalm, einer Weide, einer Eiche. Mit jeder von ihr hinzukommenden Idee wurden ihre schrumpfenden und wachsenden (Formenfluss) Bewegungen variabler in der Spannungsgestaltung. Aus der schlaffen Haltung formte sich eine lockere entspanntere oder flexibel gespanntere Haltung (Spannungsfluss), die ihre Präsenz in den beiden Stunden, in denen diese Gestaltung Raum hatte, zunehmend wachsen ließ. In einer nächsten Stunde sprach sie das Thema „Grenzen setzen" von sich aus an und ich schlug vor, verschiedene gerichtete Gesten in den Raum zu setzen. Dabei stellte ich mich an ihre Seite und nahm ihre Bewegungen mit dem darin beinhalteten Spannungsfluss seitlich spiegelnd auf. So begannen wir von ihr nach einiger Zeit initiiert, rhythmisch zur Musik mit nach vorne gesetzten Schritten in den Raum zu gehen. Dabei wurde ihr Schritt zunehmend kräftig, was von mir markiert spiegelnd und spannungs-koregulierend seitlich parallel begleitet wurde. Automatisch ging sie bei zunehmenden Krafteinsatz in die zuvor eroberte flexible Aufrichtung. Sie reflektierte, dass das gemeinsame grenzsetzende „Nach-vorne-Gehen“ ihr gut getan habe und sie sich viel entspannter und wacher fühle. Ab da wurde von ihr das Thema mit vielen verschiedenen Varianten erprobt und erobert, was sich auch im Stationsalltag durch mehr Selbstbewusstsein, größere Präsenz, Erprobung von Selbstbehauptung und Lebendigkeit zeigte.

„Adjustment“ in der tanz- und bewegungstherapeutischen Beziehung

In der Tanz- und Bewegungstherapie findet eine Abgrenzung zwischen gegenseitigen Einstimmen und dem gegenseitigen Anpassen der Körperform, dem „Adjustment“, statt. Diese Ausdifferenzierung in der Einordnung bewegter Kommunikation ergänzt die Betrachtungsweise der (frühen) Beziehungsgestaltung des Einstimmens, wie sie in der Bindungstheorie oder neurobiologischen Forschung beschrieben wird.

Schon *von Laban* (1996, 2001) postulierte in seiner Laban-Bewegungsanalyse neben dem Spannungsfluss ein zweites grundlegendes Element im Körperausdruck: Den Formenfluss, die Gestaltung und Ausformung der Körperform. Ergänzt wurde sein bewegungsanalytisches Vokabular durch Beobachtungen zur frühkindlichen psychomotorischen Entwicklung und Beziehungsgestaltung von *Kestenberg* (1975) et al., die sich in der bewegungsanalytischen Methode des „Kestenberg Movement Profiles“ niederschlugen. Kestenberg, eine Kinder- und Jugendpsychiaterin, betrachtete interdisziplinär mit Forschungskollegen, Fachleuten aus der Bewegungsanalyse und der Kinderpsychiatrie, die motorische frühkindliche Entwicklung im tiefenpsychologischen Kontext. Während die Rhythmisierung und Ausformung des Spannungsflusses dem affektiven Anteil des Selbsterlebens zugeordnet ist, stellt die Ausformung der Körperform (Formenfluss) den verkörperten Ausdruck der sozialen Bedürfnisse und des Bezuges zur Umwelt dar. Ein feinfühlig angepasstes Miteinander, wie es sowohl in den primären Bindungsbeziehungen als auch in einer psychotherapeutischen Beziehung vorhanden sein sollte, wird auf der Bewegungsebene durch ein Wachsen und Schrumpfen in allen drei räumlichen Dimensionen (horizontal, vertikal, sagital) sichtbar. Dies beinhaltet die Reaktion des Menschen auf angenehme oder unangenehme Reize aus der (sozialen) Umwelt. Die Ausgestaltung des Formenflusses verweist auf den Bezug zur Umwelt, die sozialen Bedürfnisse und die Beziehung zum Objekt. „Die Körperform gibt dem emotionalen Spannungsfluss Struktur und setzt ihn in Beziehung zur menschlichen und dinglichen Umwelt“ (*Eberhard-Kaechele*, 2007, S. 68). Gesundes „Adjustment“ enthält den, für eine gesunde psychische und motorische Entwicklung unabdinglichen Aspekt selbstbestimmter „Expansion versus sicherem Rückzug“ (*Scherholz*, 2015). Das feinfühlige, angemessene Anpassen der Bezugsperson an den Formenfluss des Kindes ist die Vorbedingung für die Entwicklung von (Ur-)Vertrauen, welches durch das eingestimmte „zueinander-hinwenden versus voneinander-zurückweichen“ entsteht. Es befähigt das Kleinkind, sich aktiv und selbstregulierend sensomotorisch zu stimulieren. Auch hier kann es zu „clashes“ kommen, die im Übermaß entwicklungshemmend, in angemessener Form hingegen entwicklungsförderlich wirken (vgl. Abbildung 1).

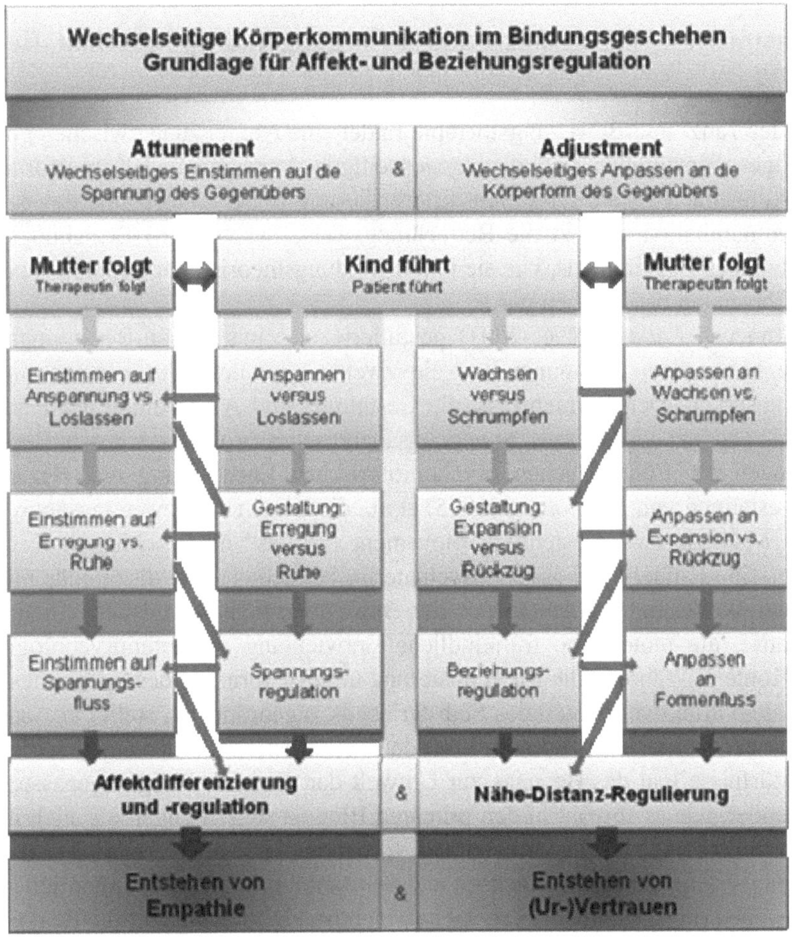

Abb. 1: Wirkfaktoren im Bindungsgeschehen auf der interaktionellen Ebene

Die jeweilige Ausformung von „Attunement“ und „Adjustment“ weist somit darauf hin, inwieweit die Interaktionsbeteiligten aufeinander eingehen, aneinander „vorbeireden“ oder sogar kämpferisch gegeneinander eingestellt sind. „Attunement“ und „Adjustment“ sind dementsprechend zwei zentrale Aspekte, unter denen in der Tanz- und Bewegungstherapie das therapeutische Beziehungsgeschehen und die Interaktion reflektiert, interagiert und interveniert wird. An dieser Stelle soll nochmals betont werden, dass Unter- oder Übereinstimmung (innerhalb des Attunements) und Unter- oder Überanpassung (innerhalb des Adjustments) eine entwicklungsfördernde Funktion haben und auch im tanz- und bewegungstherapeutischen Beziehungsangebot auftreten dürfen bzw. sollten. Nur so können Momente entstehen, in denen der junge Patient erproben kann, selbstinitiativ regulierend auf sein Unwohlsein zu reagieren. Ebenso resultiert daraus die relativierende Erfahrung, dass diese eigeninitiativ gestalteten Regulationsprozesse von der erwachsenen Bezugsperson aufgenommen und mitgestaltet werden.

Praxisbeispiel: Attunement und Adjustment in der Gruppe

In einer Tanz- und Bewegungstherapiegruppe mit vier Jugendlichen, ein Junge und drei Mädchen, war das Thema Achtsamkeit und Respekt sehr präsent. Alle vier hatten auf unterschiedliche Weise Missachtung, Entwertung, Mobbing und wenig verlässliche Bindungsbeziehungen erlebt. Dementsprechend waren sie mit hoher Selbstunsicherheit, wenig Selbstwert und geringer Selbstwirksamkeitserwartung innerhalb Beziehungsregulation präsent. Dies äußerte sich jedoch sehr unterschiedlich, durch vordergründiges Verhalten von „Alles-egal-Haltung“, Rückzug, Entwertung anderer oder in Form passiver bis hin zu offener Aggression. In einer Therapiestunde, nachdem die Jugendlichen schon länger in dieser Gruppen-Konstellation zusammen waren, griff ich das Thema „Vertrauen in soziale Beziehung“ auf. Zunächst nahmen wir die kurzen Kampfstöcke, die ich in einigen vorherigen Stunden als Material eingeführt hatte, und wir schlugen, im Sinne des Einstimmens aufeinander, gemeinsam einen Schlag-Rhythmus im Kreis. Jeder der Teilnehmer konnte den Rhythmus im Tempo variieren und ausprobieren, ob die anderem ihm folgten oder nicht. So entstand für einen Moment ein Wechsel zwischen anschwellendem und abklingendem Tempo im Rhythmus im Sinne einer gemeinsam abgestimmten Spannungsregulation (Attunement). „Clashes“ führten anfänglich zu Irritationen, konnten dann jedoch zunehmend spielerisch humorvoll oder kämpferisch aufgelöst werden. Nachdem ein eingestimmtes, achtsames Miteinander entstanden war, öffneten wir ein wenig den Kreis und einer nach dem anderen konnte eine Bewegung mit dem Stab zeigen, welche die anderen aufgriffen, bis der Zeigende die Führung an den Nachbarn weitergab (Attunement und Adjustment). Nach anfänglicher Unsicherheit entwickelten die Vier immer mehr Freude am Ausprobieren und wurden in ihren Ideen zunehmend spontan. Alle reflektierten am Ende der Stunde, wie angenehm sie das Miteinander gefunden hätten und wie gut die Erfahrung gewesen sei, alles machen zu können, was einem in dem Moment spontan einfiel, ohne ausgelacht zu werden. In der nächsten Therapieeinheit griff die Gruppe das Thema wieder auf und wir variierten es um eine Partnerarbeit. Hierbei zeigte ein Partner eine Bewegung, die der andere zunächst spiegelnd aufgriff um dann mit seiner Bewegung mit dem Stab eine Antwort zu geben, die wiederum aufgegriffen wurde (usw.) (Attunement und Adjustment). Hieraus ergab sich ein zunehmend virtuoses dialogisches Geschehen. Durch einen Partnerwechsel nahmen die Jugendlichen wahr, dass die Dynamik des Dialoges individuell von den unterschiedlichen Personen mit geprägt wird. Gleichzeitig konnte das von den Jugendlichen als bereichernd reflektiert werden statt verunsichernd, wie sie es aus dem Alltag eher kannten. Dieses gemeinsame gegenseitige Anpassen und Einstimmen zeigte sich in Folge auch im Stationsalltag, wo diese Jugendlichen offener, interessierter und achtsamer den anderen jungen Patienten begegneten.

Diese beschriebenen Ansätze sind sowohl im einzeltherapeutischen Setting als auch in der Gruppentherapie umsetzbar. In der Einzeltherapie ist durch die duale Bezogenheit ein konzentriertes und zeitlich wenig verzögertes Attunement und Adjustment möglich. Dies enthält einerseits die Chance, deutlich bezogen auf das Kind oder den Jugendlichen reagieren zu können. Andererseits fühlen sich manche junge Patienten durch die ungeteilte Aufmerksamkeit bedrängt, sind überfordert und bauen darüber zusätzliche Spannung auf, weil bei ihnen Aufmerksamkeit generell negativ bzw. bedrohlich internalisiert ist. Hier bietet die Gruppe einen „Schonraum", da die Konzentration der Therapeutin zwangsläufig auf die gesamten Teilnehmer verteilt ist und eher beiläufig stattfindet.

In einer Therapiegruppe gilt es von Therapeutenseite mit den Kindern und Jugendlichen Kompromisse auszuhandeln, insbesondere wenn vollkommen unterschiedliche Stimmungen gleichzeitig präsent sind. Sich in der Ankommens- und Anfangssituation vor der Gruppentherapie einen Moment der Aufmerksamkeit für die Wahrnehmung des Spannungsflussrhythmus und Formenflussrhythmus der einzelnen Teilnehmer zu nehmen, unterstützt die Therapeutin die Stimmung der Kinder und Jugendlichen empathisch zu realisieren und sich auf sie einzustimmen. Während der aktiven explorierenden Bewegungsgestaltung sind in der Gruppentherapie intermodales und markiertes Spiegeln, Attumenent und Adjustment ein hilfreiches Instrumentarium, verschiedenen Kindern gleichzeitig und beiläufig zu vermitteln, gesehen und wertgeschätzt zu werden. Während die Therapeutin lautmalerisch eine Geste begleitet, kann sie beispielsweise gleichzeitig von einem anderen Kind die Beinbewegung markiert aufgreifen.

Im Gruppengeschehen finden neben dem Attunement und Adjustment mit der Therapeutin auch Einstimmungs- und Anpassungsprozesse zwischen den Gruppenmitgliedern statt. Können sich die Gruppenmitglieder miteinander einstimmen, enthält dies wertvolle Erfahrungen von Gesehen- und Angenommenwerden im „Geschwister"-Kreis der Gleichaltrigen als auch das Erleben, ein wichtiger Bestandteil eines sozialen Miteinanders zu sein. Hier hat die Therapeutin die Funktion, die Koregulation untereinander adäquat zu begleiten und zu steuern als auch jedem Einzelnen mit Achtsamkeit zu begegnen.

Abschließende Worte

Diese Darstellung möchte Ermutigung und Anregung für Körpertherapeutinnen sein, die in ihrer psychotherapeutischen Arbeit mit Kindern und Jugendlichen mit den dysfunktionalen Bindungsmodellen ihrer jungen Klientel konfrontiert werden. Die Ausführungen stellen das große Potential der Bewegungstherapien dar, insbesondere über den Ansatz des Attunements und Adjustment, aber auch durch den variablen Einsatz von Spiegelung im interaktionellen Geschehen relativierenden Einfluss auf dysfunktionale Bindungsmodelle nehmen zu können. Die beschriebene Beteiligung neuronaler Hirnstrukturen am Bindungserleben lassen die These zu, dass mithilfe affektiv positiv gefärbten Bindungserlebens sich neue Modelle der Spannungs- und Affektregulation bahnen und niederlegen können.

Literatur

Bauer, J. (2015). *Das Gedächtnis des Körpers. Wie Beziehungen und Lebensstile unsere Gene steuern. (Aktualisierte und erweiterte 5. Aufl.).* Frankfurt am Main: Eichborn.

Bender, S. (2007). *Die psychophysische Bedeutung der Bewegung. Ein Handbuch der Laban Bewegungsanalyse und des Kestenberg Movement Pofiles.* Berlin: Logos.

Bowlby, J. (2010). *Bindung als sichere Basis. Grundlagen und Anwendung der Bindungstheorie.* (2. Aufl.). München: Ernst Reinhardt.

Brisch, K.H. (2010). *Bindungsstörung. Von der Bindungstheorie zur Therapie. (9. vollständig überarbeitete und erweiterte Aufl. 2009, 10. Aufl.).* Stuttgart: Klett-Cotta.

Caldwell, C. (1997). *Hol dir deinen Körper zurück.* Bielefeld: Kamphausen.

Devinsky, O. (2000). Right cerebral hemisphere dominance for a sense of corporeal and emotional self. *Epilepsie & Behavior,* 1, 60-73.

Dornes, M. (2009). *Der kompetente Säugling. Die präverbale Entwicklung des Menschen. (12. Aufl.).* Frankfurt a. M.: Fischer Taschenbuch.

Eberhard-Kaechele, M. (2007). Tabellarische Arbeitshilfen zur Diagnostik und Interventionsplanung mit dem KMP. In S.C. *Koch* & S. *Bender* (Hrsg.). *Movement Analysis – Bewegungsanalyse. The Legacy of Laban, Bartenieff, Lamb and Kestenberg.* S. 65-85. Berlin: Logos.

Eberhard-Kaechele, M. (2003). Tanztherapie. Indikationsstellung, Wirkfaktoren, Ziele. In *Landschaftverband Rheinland.* (Hrsg.). *Kreativtherapien. Wissenschaftliche Akzente und Tendenzen.* S. 110-131. Pulheim: Rhein-Eifel-Mosel.

Eberhard-Kaechele, M. (2008). Tanz- und Ausdruckstherapeutischen Diagnostik und Therapie bei Essstörungen. In P. *Joraschky,* H. *Lausberg* & K. *Pöhlmann* (Hrsg.). *Körperorientierte Diagnostik und Psychotherapie bei Essstörungen.* S. 175-192. Gießen: Psychosozial.

Eberhard-Kaechele, M. (2009a). Von der Ko-Regulation zur Selbstregulation: Spiegelungsphänomene in der Tanz- und Ausdruckstherapie. In M. *Thielen* (Hrsg.). *Körper – Gefühl – Denken. Körperpsychotherapie und Selbstregulation.* S. 251-264. Gießen: Psychosozial.

Eberhard-Kaechele, M. (2009b). Heimkehr zu sich selbst: Affektregulation und Selbstvertrauen nach Traumatisierung. In C. *Moore,* & J. *Stammermann* (Hrsg.). *Bewegung aus dem Trauma. Traumazentrierte Tanz- und Bewegungspsychotherapie.* S. 165-192. Stuttgart: Schattauer.

Eberhard-Kaechele, M. (2009c). Einordnung der Tanztherapie in die medizinische Landschaft. In *Langen Institut* (Hrsg.). *Tanz und Therapie im Wandel.* S. 31-52. Düsseldorf: Langen-Institut.

Fiedler, I.A. (1998). Tanz- und Bewegungstherapie mit schizophrenen Klienten. In F. *Röhricht* & S. *Priebe* (Hrsg.). *Körpererleben in der Schizophrenie.* S. 171-182. Göttingen: Hogrefe-Verlag.

Fogel, A. (2013). *Selbstwahrnehmung und Embodiment in der Psychotherapie. Vom Körpergefühl zur Kognition. Deutsche Übersetzung und Bearbeitung von Helmi Boese.* Stuttgart: Schattauer.

Fonagy, P., *Gergely,* G., *Jurist,* E.L. & *Target,* M. (2008). *Affektregulierung, Mentalisierung und die Entwicklung des Selbst. (3. Aufl.).* Stuttgart: Klett-Cotta.

Gahleitner, S.B. (2005). *Neue Bindung wagen. Beziehungsorientierte Therapie bei sexueller Traumatisierung.* München: Ernst-Reinhardt.

Hölter, G. (1993). *Mototherapie mit Erwachsenen.* Schorndorf: Karl Hofmann

Grawe, K. (2004). *Neuropsychotherapie.* Göttingen: Hogrefe.

Kestenberg, J.S., *Berlowe,* J., *Buelte,* A., *Marcus,* H. & *Robbins,* E. (1975). Children and Parents – Psychoanalytical Studies in Development. In Serie*: Classical Psychoanalysis and its Applications, 27.* New York: Jason Aronson.

Kestenberg, J.S. & *Buelte,* A. (1983). Prevention, Infant Therapy, and the Treatment of Adults, III: Periods of Vulnerability in Transition from Stability to Mobility and Vice Versa. In J. *Call,* E. *Galenson* & R. *Tyson* (Hrsg.). *Frontiers of Infant Psychiatry.* S. 200-215. New York: Basic Books.

Klein, P. (1998). *Tanztherapie. Ein Weg zum ganzheitlichen Sein (2. überarbeitete Aufl.).* Kiel: Dieter Balsies.

Koch, C. & *Bender,* S. (2007). *Movement Analysis – Bewegungsanalyse. The Legacy of Laban, Bartenieff, Lamb and Kestenberg.* Berlin: Logos.

v. Laban, R. (1996). *Die Kunst der Bewegung (2. Aufl.).* Wilhelmshaven: Florian Noetzel GmbH, Verlag der Heinrichhofen-Bücher.

v. Laban, R. (2001). *Der moderne Ausdruckstanz (8. Aufl.).* Wilhelmshaven: Florian Noetzel GmbH, Verlag der Heinrichhofen-Bücher.

Loman, S. (2007). Das KMP als Klassifizierungsinstrument für die Tanztherapie. In S.C. *Koch* & S. *Bender* (Hrsg.). *Movement Analysis – Bewegungsanalyse. The Legacy of Laban, Bartenieff, Lamb and Kestenberg.* S. 87-101. Berlin: Logos.

Rass, E. (2012). *Bindung und Sicherheit im Lebenslauf. Psychodynamische Entwicklungspsychologie. (2. Aufl.).* Stuttgart: Klett-Cotta.

Romer, G. (1993). Choreographie der haltenden Umwelt: Die frühe Mutter-Kind-Beziehung in Bewegungsmustern. In K. *Hörmann* (Hrsg.). *Tanztherapie.* S. 33-56. Göttingen: Verlag für Angewandte Psychologie.

Rüegg, J.C. (2014). *Gehirn, Psyche und Körper. Neurobiologie von Psychosomatik & Psychotherapie. (1. Korrigierter Nachdruck der 5.Aufl 2011.).* Stuttgart: Schattauer.

Rüegg, J.C. (2014). *Mind & Body. Wie das Gehirn die Gesundheit beeinflusst (Wissen & Leben).* Stuttgart: Schattauer.

Scherholz, A. (2015). Interaktionelles Handeln – Bindungsrelevantes Verhalten. In *Landschaftsverband Rheinland* (Hrsg.). *Tagungsband. Kreativtherapie Tage 2013. Die Bindungstheorie und ihre Bedeutung für die Kreativtherapien.* S. 93-110. Köln: Landschaftsverband Rheinland.

Schore, A.N. (2007). *Affektregulation und die Reorganisation des Selbst.* Stuttgart: Klett-Cotta.

Schwarz, M. & *Pirkl*, U. (2002). Tanztherapie. In W. *Gaebel*, F. & *Müller-Spahn*, F. (Hrsg.). *Diagnostik und Therapie psychischer Störungen.* S. 1037–1040. Stuttgart: Kohlhammer.

Schultz-Venrath, U. (2013). *Lehrbuch Mentalisierung. Psychotherapien wirksam gestalten.* Stuttgart: Klett-Cotta.

Stern, D.N. (2000). *Die Lebenserfahrung des Säuglings. (7. Aufl.).* Stuttgart: Klett-Cotta.

Strauß, B. (2008). *Bindung und Psychopathologie.* Stuttgart: Klett-Cotta.

Strauß, B. & *Schwark*, B. (2008). Die Bindungstheorie und ihre Relevanz für die Psychotherapie. In B. *Strauß* (Hrsg.). *Bindung und Psychopathologie.* S. 9-48. Stuttgart: Klett-Cotta.

Trautmann-Voigt, S. (2006). Tanztherapie – Bewegung als therapeutische Kommunikation. *Psychotherapie im Dialog*, 7 (2), 151-158.

Welsch, M., *Stobbe*, C., *Hölter*, G. & *Romer*, G. (2007). Bewegungsdiagnostik und – therapie in der Kinder- und Jugendpsychiatrie – eine Standortbestimmung. *Zeitschrift für Kinder- und Jugendpsychiatrie*, 35 (6), 435-445.

Escima als Medium in der bewegungstherapeutischen Arbeit in der Kinder- und Jugendpsychiatrie

Birte Schmidt

Zentrum für seelische Gesundheit
Psychosomatik, Psychiatrie und Psychotherapie, Asklepios Klinikum Harburg

---

Zusammenfassung

Der Einsatz von Escrima, dem Stockkampf mithilfe von Rattan-Stöcken, ist eine bisher wenig genutzte Methode im Rahmen der Bewegungs- und Sporttherapie bei psychischen Erkrankungen des Kindes- und Jugendalters. Bei dieser Form der Kampfkünste lassen sich vielfältige therapeutische Prozesse identifizieren, die im Rahmen eines bewegungstherapeutischen Dialogs sichtbar werden und eine Brücke zu psychotherapeutischen Themen bauen können. Dies wird anhand einzelner Fallbeispiele zu Phänomenen wie Bodenkontakt, Nähe und Distanz, Angriff und Verteidigung, persönlicher Raum und Raumerfahrung sowie Selbstwirksamkeitserfahrungen sichtbar gemacht. Damit verbunden ist in diesem Kontext die Festlegung eines pädagogisch-therapeutischen Rahmens mit klaren Strukturen, Begrenzungen, Regeln und Ritualen, in dem sich je nach Aufgabenstellung unterschiedliche Prozesse von Körper-, Selbst- und Sozialerfahrung, der Differenzierung von Affekten, der Selbstkontrolle und Selbstwirksamkeit initiieren und reflektieren lassen. Bei entsprechender Selbsterfahrung des Bewegungs- und Sporttherapeuten mit den Stöcken stellt Escrima eine motivational herausfordernde Methode für Kinder und Jugendliche im stationären Setting der Kinder- und Jugendpsychiatrie dar.

Summary

Until now, Escrima, a kind of stick fighting using rattan sticks, has been a little-used method in the context of movement and sports therapy for mental disorders in children and adolescents. With this form of martial arts, diverse therapeutic processes can be identified which become apparent as part of a movement therapy dialogue, and which can build a bridge to psychotherapeutic issues. This is shown in a number of case studies on phenomena such as ground contact, proximity and distance, attack and defence, personal space and the experience of space as well as the experience of self-efficacy. In this context, this calls for the establishment of an educational therapeutic framework with clear structures, limitations, rules and rituals which, depending on the task, provide the opportunity to initiate and reflect different processes of physical, personal and social experience, the differentiation of impulses, self-control and self-efficacy. Given an appropriate level of experience with the sticks on the part of the movement and sports therapist, Escrima is a motivationally challenging method for children and adolescents in an in-patient setting of Child and Adolescent Psychiatry.

Einleitung

Der Kontakt mit Bewegungsmedien wie dem „Stock in der Kampfkunst“ kann die Entwicklung von differenziellen Bewegungstherapie-Angeboten in der Kinder- und Jugendpsychiatrie vorantreiben. Gerade im psychiatrischen, psychosomatischen und psychotherapeutischen Behandlungsrahmen in der Bewegungsarbeit mit Kindern und Jugendlichen bietet dieses Medium vielfältige und komplexe Anwendungsmöglichkeiten (*Schnurrnberger,* 2011).

Die psycho-sozialen Effekte der Kampfkünste, insbesondere die positiven Ergebnisse durch die Auseinandersetzung mit Emotionen wie Wut, Ärger und Aggression bei psychisch und psychosomatisch erkrankten Menschen, wurden schon in einigen Publikationen beleuchtet und beschrieben (*Thimme & Deimel,* 2012; *Grässner & Deimel,* 2007).

In diesem Beitrag soll die Gestaltung eines themenzentrierten Bewegungsdialogs mit zwei Rattan-Stöcken und deren Effekte im Mittelpunkt stehen. Hierbei werden im Hauptsächlichen die Phänomene von Boden- und Blickkontakt, die Resonanz bei Angriff und Verteidigung sowie die komplexe Raumerfahrung mit ihrer selbstwirksamen Erfahrung in Fallbeispielen verdeutlicht. In diesen Praxisbeispielen werden auch verschiedene Kombinationen und Rituale exemplarisch erläutert.

Escrima

Die erste Begegnung mit den Rattan-Stöcken war aus der Sicht der Verfasserin äußerst wohlwollend und friedfertig. „Kämpfende und sprechende Stöcke – auf der Grundlage der philippinischen Kampfkunst Escrima“ (*Bühler,* 2006), lautete der Kurs. Diese therapeutisch angeleitete Spielart des Esrima- Tanz-Stockkampfes ließ Raum für Improvisation, Begegnung und Spaß.

Beim Escrima werden mit ein oder zwei armlangen Rattan-Stöcken zu zweit oder in der Gruppe verschiedene Angriffs- und Verteidigungsschläge ausgeführt. Eingerahmt ist dieser Stockkampf von Regeln und Ritualen. Aufgelockert wird er durch freie Bewegung im Raum, wie beispielsweise Tanzimprovisationen, die von rhythmusgebenden Schlägen der „Kämpfenden“ oder besser „Spielenden“ begleitet werden.

Im Internet und anderen Medien stehen neben dem Escrima die Begriffe ‚Arnis‘ und ‚Kali‘. Vor allem dann, wenn von den Kampfschulen der Philippinen die Rede ist, die sich mit unterschiedlichen Waffenarten, aber auch dem unbewaffneten Kampf beschäftigen (Wikipedia: Filipino Martial Arts).

Escrima leitet sich von dem spanischen Wort „esgima“ ab, zu Deutsch „fechten“. Kurzstöcke und Schwerter wurden von der philippinischen Bevölkerung in ihrem Kampf gegen die spanischen Besatzer (1581) erfolgreich eingesetzt. Das Training für diese Kämpfe wurde auf den Philippinen ausschließlich mit den Rattan-Stöcken ausgeführt. Im Kampf wurden jedoch auch Messer und Schwerter eingesetzt. Die Übung mit dem Stock stellt eine stilisierte, choreo-

graphierte Auseinandersetzung mit mehreren imaginären Gegnern dar und folgt dabei einem festgelegten Muster im Raum (Wikipedia: Filipino Martial Arts).
In der Tanz-Stockkampf-Kunst des Escrima und in dessen therapeutischer Anwendung können diese ursprünglichen Muster im Raum in den frei improvisierten Bewegungen und im Tanz wieder entdeckt werden. Wichtig ist aber im heutigen Kontext die Beachtung und Einhaltung von Ritualen und Regeln, die einen gewalt- und verletzungsfreien Umgang mit den Stöcken im sportlichen und therapeutischen Kontext ermöglichen.

Der Stock

Die Escrima-Stöcke sind ca. 66cm lang mit einem Durchmesser von ca. 2,5 cm. Jeder Stock variiert ein wenig in Maserung und Durchmesser, sodass der Stock an sich schon Interesse weckt. Das Rattan-Holz bricht nicht, es fasert höchstens aus. Bei vermehrt heftigen Schlägen ist es schon einmal möglich, dass die Stöcke an den Schlagstellen ausfasern, doch dann können sie mit Lenkerband umwickelt weiter genutzt werden (*Bühler,* 2006). Die Stöcke sind meist geölt und werden beim gegeneinander Schlagen heiß, sodass das Öl verbrennt und der Stock ein wenig angebrannt riecht.

Rattan und auch Peddigrohr sind Produkte aus dem Stamm der Rattan Palme. Rattan hat eine poröse Struktur, die dem Stock eine geringe Dichte und Elastizität verleiht (vgl. Wikipedia: Rattan). Das hat eine schonende Wirkung auf die Handgelenke – im Gegensatz zu hölzernen Gymnastikstäben, welche beim Aufprall nicht nachfedern und dauerhaft Schmerzen verursachen können.

Der Stock in der Therapie

Das Material oder das Medium in der Bewegungstherapie, wie z.B. der Stock, der Ball, das Seil, sind meist als Unterstützer oder Vermittler zu verstehen: Sie können direkt an der Gestaltung des eigenen Bewegungsimpulses beteiligt sein. Sie können diesen unterstützen oder als Gegenüber genutzt werden. So können Medien auch einen Kontakt zu inneren Themen und Bedürfnissen der Teilnehmenden herstellen und diese nach außen sichtbar werden lassen. Medien wie der Stock können aber auch als ein Bindeglied oder Vermittler zum Gegenüber oder der Gruppe fungieren.

Jedes Medium in seiner spezifischen Qualität, Form, Größe und Gewicht bietet Bewegungsentwicklungen sowie Gestaltungsmöglichkeiten, die zum jeweiligen Medium passen (*Roebers,* 2014).
Gerade in der Arbeit mit Kindern können dem Material auch viele verschiedene Bedeutungen bekommen. So kann der Stock zum Fernrohr, zum Krückstock, zum Gewehr oder zum Schwert werden.

Abhängig von der Beschaffenheit und den Eigenschaften des Materials werden emotionale Inhalte ausdrückbar und emotionale Selbstkontrolle möglich. Der Stock ist eher ein formstabiles Medium, im Gegensatz zum Tuch oder Seil, welche eine flexible und anpassungsfähige Beschaffenheit aufweisen. So steht der Stock für Klarheit, Kraft, Stabilität, Grenzen, Rhythmus und Fokussierung. Bei emotionalen Inhalten in der Handlungsinszenierung können auf diesem Wege sowohl Emotionalität als auch Kontrolle durch motorische Selbststeuerung erprobt werden (*Roebers,* 2014).

Therapeutische Anwendung der Escrima Kampfkunst

Im Mittelpunkt der „Arbeit mit dem Stock" steht der gemeinsame Bewegungsdialog mit strukturgebenden Ritualen und Regeln, die in jedem kinder- und jugendpsychiatrischen Setting wichtig sind (*Steinhausen*, 2010). Der Stock fordert auf, sich auf das „Hier und Jetzt" zu konzentrieren und sich zu fokussieren. Für Kinder mit Aufmerksamkeitsdefiziten ist diese eine sehr wichtige Erfahrung. Sie erfahren auch, einen Rhythmus aufzunehmen und Spannung abzugeben über das Schlagen beider Stöcker. Angriffs- und Verteidigungsaktionen hinterlassen eine starke Resonanz auf der Gefühlsebene, sodass ein Zugang zu den Emotionen gebahnt und einerseits eine Impulskontrolle, andererseits eine kontrollierte, konstruktive Aggression unterstützt werden kann. So lassen sich unterschiedliche Gefühle im Rahmen dieser Interaktion mit dem Stock integrieren.

Die Erfahrung von Raum und Zeit sowie von Kraft und Flexibilität, von Begrenz- und Unbegrenztheit ist im Dialog vermittelbar; dies insbesondere für depressive, ängstliche und sozial unsichere Kinder und Jugendliche. Auch der deutliche Kontakt zum Boden, die Erdung und Standfestigkeit geben gerade Kindern aus unklaren oder unsicheren Beziehungen zunächst auf der körperlichen Ebene wieder Halt. Das Spiel mit dem Stock besteht aus vorrangig öffnenden und körperaufrichtenden Bewegungen, sodass enge und schließende Bewegungsmuster, wie sie bei zwanghaften und depressiven Menschen oftmals zu beobachten sind, aufgelockert werden. Dazu gehören die feinen Unterschiede von Steigen und Sinken, Ausbreiten und Schrumpfen, die eine Differenzierung der Bewegung und der Körperwahrnehmung ermöglichen. Auch über rhythmisches Schlagen der Stöcker ist eine nonverbale Kommunikation in Form von „Frage und Antwort" für sprachlich eingeschränkte oder auch autistische Kinder und Jugendliche möglich.

An dieser Stelle sei angemerkt, dass diese Kampfkunst in der Arbeit mit traumatisierten Kindern und Jugendlichen, die Gewalt und Ohnmacht erfahren haben, nicht immer geeignet ist. Im Einzelfall kann bei bestehender Indikation und in Absprache mit dem therapeutischen Team eine Heranführung jedoch durchaus sinnvoll sein. Ein geübter, vertrauensvoller Umgang mit den Rattan-Stöcken sowie eine behutsame kleinschrittige methodische Vorgehensweise sind hierzu absolut notwendig.

Fallbeispiele

(1) Bodenkontakt und Blickkontakt – die Anker

Jonas, neun Jahre alt, zeigt auch in der dritten Bewegungstherapie-Stunde einen deutlichen Bewegungsdrang. Er stürmt in die Halle in einem freien, für mich als Beobachterin eher unkontrollierten Bewegungsfluss: schnell, indirekt, kraftvoll und gegen die Schwerkraft ankämpfend. Ich versuche ihn in seinem Mobil-Zustand ein wenig Kontrolle und Orientierung zu geben, indem ich jeweils zwei Rattan-Stöcke gekreuzt zum Drum-herum-laufen auf dem Boden verteile.

Jonas ist wegen einer frühen Bindungsstörung in der Klinik. Er hat in seinem Leben oft die Kontrolle und „den Boden unter den Füßen" verloren. Seine Beziehungen waren meist brüchig. Seine Symptome sind die des Aufmerksamkeits- Hyperaktivitäts-Syndroms (ADHS) gleich: unkonzentriert, unruhig, beziehungsvermeidend.

Nach einiger Zeit lässt sich Jonas auf der Weichbodenmatte erschöpft fallen. Erst jetzt nimmt er mich eigentlich wahr. Wir sind heute zum zweiten Male zur Stock-Kampfkunst verabredet.

Wir beginnen mit dem Ritual, wie in jeder Stock- Einheit. Wir stehen uns gegenüber, nehmen Blickkontakt auf, verbeugen uns, die Stöcke vor dem Becken nach unten gekreuzt. Ein erster Moment der Beziehungsgestaltung und des Zentrierens. Jonas ist ungeduldig, nervös und verunsichert.

Auch während der ersten Übungen (wir benutzen den Stock als Krücke, als Fernglas, balancieren einen Stock auf der Hand aus und werfen uns dann einen Stock waagerecht hin-und her), wirkt sein Kontakt zum Gegenüber und zum Boden labil. Die Durchführung von Zweierübungen scheint fast unmöglich, da Jonas sich unruhig zappelnd immer wieder von mir distanziert. Seine Bewegungen mit den Stöcken wirken ungerichtet, adynamisch und unkoordiniert, begleitet von einer hektischen Atmung. Er fordert mich heraus: „Ich will endlich mit den Stöcken kämpfen!".

Erst eine deutliche Beziehung zum Boden und Gegenüber lässt einen interaktionellen Kontakt mit den Stöcken zu: Wir schlagen in einem gleichen Rhythmus gemeinsam unsere rechts gehaltenen, dann unsere links gehaltenen Stöcke vor und -über unseren Köpfen gegeneinander. Das geht nur, wenn wir den Schlag mit einer Beckendrehung beginnen, uns also diagonal über das Zentrum drehen. Dabei drehen auch die Füße auf dem Boden mit und der Fuß in Schlagrichtung wird besonders belastet. Die Stöcke treffen sich, oder der Stock trifft immer dann sein Ziel, wenn der Fuß einen sicheren Stand eingenommen hat. Jonas genießt die Verwringung im Oberkörper und den starken Kontakt zum Boden. Dieses Erden gibt Halt und gleichzeitig Raum für Bewegung und Begegnung. Der verlässliche Rhythmus gibt Sicherheit, das Anschlagen der Stöcke ist durch den ganzen Körper und bis zu den Füßen zu spüren. Ein tiefensensorischer Impuls, den der kleine Kämpfer wie folgt kommentiert:

„Wenn wir die Stöcke zusammen schlagen, vibriert es im ganzen Körper bis in die Haarspitzen! Das macht großen Spaß. Wann kämpfen wir wieder zusammen?“.
Jonas kann seine bevorzugten Bewegungsqualitäten beim Stockkampf gut einsetzen, nämlich seine schnellen und kraftvollen Bewegungen. Diese münden in einen direkten und zielorientierten Schlag mit einem deutlichen Bezug zum Gegenüber und zum Boden.

Bodenkontakt

Das Erden oder das Grounding stellt eine Grundvoraussetzung der Körper- und Bewegungsarbeit dar; gerade weil viele Patientinnen „den Boden unter den Füßen verloren haben“. Es sind Übungen, die liegend, sitzend, stehend oder in Fortbewegung erfolgen und die Verbindung zum Boden, zur Erde, spüren lassen. Beim Grounding und leichten Übungen zur Körperbalance, „...ist das Aktivieren des Körpers mit einer Ausrichtung längs der Schwerkraft, d.h. zum Boden hin, in Verbindung mit fortwährender Arbeit an der Körperwahrnehmung angestrebt“ (*Röhricht,* 2000, S.92).

Das Erden bedeutet nun aber keineswegs eine Beschränkung auf passive oder aktive Entspannungsübungen. In Anlehnung an *Lowen* (1979) gehören Hüpfen, Springen und Tanzen ebenso zu den Interaktionen unseres Organismus mit dem Boden. Beim gemeinsamen Stockkampf nutzen wir den deutlichen Bezug zum Boden für die Kraft der Schläge. Nach *Beckmann-Neuhaus* (1993) wäre dies ein Erleben der Standfestigkeit in der Bewegung im Raum. Schlagsequenzen lassen ebenso in besonders lebendiger Weise konkret die Schwerkraft und den festen Kontakt zum Boden erspüren.

Blickkontakt

Die Übungen beinhalten schon einen ersten wichtigen Moment der Begegnung: Ich sehe den anderen und ich werde gesehen. Der Blickkontakt ist das Bindeglied oder ein Anker im Spiel mit den Stöcken. Er spielt eine tragende Rolle im Wahrnehmen der Aktion der Angreifenden und in der Reaktion der Verteidigenden. Die Aktionspartner spüren anfangs die gegenseitige Unsicherheit, aber zunehmend wird das Spiel aus Impuls und Antwort kecker und wagemutiger. Es ist ein ‚In-Kontakt-Treten‘ durch Spiegelung des Gegenübers möglich, ohne dass es beschämend oder peinlich sein könnte, denn beide Dialogpartner sind an einer Aufrechterhaltung der gegenseitigen Impulse und dem gemeinsamen Spiel interessiert. Die vorgegebene Struktur gibt hierbei Sicherheit und eröffnet zunehmend Selbstvertrauen die auch zunehmenden Freiraum in der Gestaltung zulassen.

(2) In Resonanz: Angriff und Verteidigung

Daniela, 13 Jahre alt, ist oft wütend. Sie ist in Behandlung, weil sich Schüler und Schülerinnen ihrer Klasse von ihrem verbalen und auch körperlich aggressiven Verhalten bedroht fühlten. Auch Lehrkörper und die Pflegeeltern kamen mit ihrem „aggressiven und impulsdurchbrüchigem Verhalten" nicht mehr klar. Hinter ihrem Verhalten stehen eine langjährige emotionale Vernachlässigung, unzählige Umzüge und daraus folgende Beziehungsabbrüche.

In der Einzeltherapiestunde wird sehr schnell deutlich, dass Daniela ein großes Kontrollbedürfnis hat. Sie ist stets dabei, den Stock auszubalancieren, diesen unter Kontrolle zu halten. Auch geht sie schnell „zum Angriff über", sowohl verbal als auch vorrückend mit dem Stock in der Hand.

Der Schlagrhythmus, den Daniela in der Abfolge mitgestalten konnte, scheint ihr Sicherheit und Kontrolle zu geben. Wir verabreden Regeln und verneigen uns voreinander als Akt der Wertschätzung und des Respekts.

Wir beginnen mit „Angriff" und „Verteidigung". Die Angreiferin hat eine eher aggressive Rolle und ist die Impulsgebende, die ihre Partnerin im Rückwärtsschritt, also defensiv, verteidigen lässt. Beide Rollen sollen im Verlauf spielerisch gewechselt werden.

Ich beginne mit dem „Angriff". Für Daniela ist die Verteidigung eine eher unangenehme Rolle, die in dieser Bewegungssituation noch deutlicher und spürbarer wird. Ihre Schläge werden schneller, unkontrollierter, nicht mehr sicher und zielgerichtet. Ihre Körperspannung und ihr Puls steigen an. Ich beende die Situation, indem ich laut „Stopp" rufe. Ein Zeichen, welches wir vorher vereinbart haben, welches sie aber nicht anwenden wollte, denn es hätte als Zeichen von Schwäche gewertet werden können.

Wir reden über das soeben Erlebte: Unsicherheit, Kontrollverlust, Angst. Gefühle, die Daniela kennt, weshalb sie oft zum Angriff übergeht. Doch diese Gefühle kann sie im Moment für sich nicht annehmen. Die Gefühle, die daraus folgen, bringen sie in Kontakt mit ihrer Wut und Aggression.

Wir wechseln die Rollen, und es ist spürbar, dass Daniela die Macht und Kontrolle der „Angreiferin" genießt. In dieser Rolle fühlt sie sich sicher. Wir sprechen auch über diese Erfahrung und ich spiegele ihr meine Gefühle in der Verteidigungsposition.

Für Daniela ist es in den folgenden Stunden möglich, beide Situationen, beide Rollen und die verschiedenen Gefühle immer genauer zu differenzieren und zu integrieren. Nach einer intensiven Einzelstunde sagt sie: „Das habe ich jetzt verstanden mit der Wut. Auch, warum ich die anderen Kinder immer angreifen musste." Daniela ist es nun möglich, sich in eine spielerische Auseinandersetzung, in einen ritualisierten Dialog von Angriff und Verteidigung einzulassen.

Resonanz

„Tritt ein Mensch in unseren Wahrnehmungshorizont, dann aktiviert er, ohne es zu beabsichtigen und unabhängig davon, ob wir es wollen oder nicht, in uns eine neurobiologische Resonanz.“ (*Bauer*, 2006, S. 85).

Beim Stockkampf wird die Partnerin oder der Partner zum Spiegel der eigenen Handlung. Die Resonanz erfolgt unmittelbar durch dessen Antwort und ist notwendig, um emotionale Zugänge zu sich und dem anderen zu eröffnen. In diesem nonverbalen Austausch haben die PatientInnen die Möglichkeit, über Spiegelung und Resonanz seelische und körperliche Veränderungen zu aktivieren, die neue Beziehungserfahrungen ermöglichen.

„Im Antlitz des anderen Menschen begegnet uns unser eigenes Menschsein. Erst indem wir uns gegenseitig als Menschen erkennen, werden wir zum Mitmenschen und erst dadurch erleben wir uns als Menschen“ (*Bauer*, 2006, S.115). Er benennt hierbei Spiegelung und Resonanz als wirksames Mittel, um Nachreifungsprozesse zu ermöglichen.

Für psychotherapeutische Prozesse in der Bewegungstherapie bedeutet dies, dass der wechselseitige Austausch von Emotionen und die anschließende Verbalisierung des Erlebten zu einer wesentlichen Voraussetzung dafür werden, sich selbst und andere in seinen eigenen Reaktionen wahrzunehmen und zu verstehen. Diese Spiegelungsvorgänge nehmen im Stockkampf einen großen Raum ein (*Grässner & Deimel*, 2007).

(3) Selbstwirksamkeit: Persönlicher Raum und Raumerfahrung

Maria, neun Jahre alt, ist wegen einer sozialen Ängstlichkeit in Behandlung. Sie wirkte in den ersten Kontakten schwach, hilflos und im Bewegungsraum ein wenig verloren. Ihr Händedruck war kaum zu spüren, ihr Blick angstvoll und auf der Suche nach Halt im Raum.

Maria hat aufgrund ihrer sozialen Ängstlichkeit wenig Vertrauen zum Gegenüber, zum öffentlichen Raum, aber auch zu ihrem persönlichen Raum und ihren eigenen Grenzen.

Nach anfänglichen Wahrnehmungs- und Bewegungseinheiten mit weichem und anpassungsfähigem Material (Tücher, Seile), arbeiten wir gemeinsam mit dem Stock.

Dieser steht als hartes Material für Klarheit und Grenzen. Das Halten eines Stockes bedarf Kraft und Entschlossenheit. Maria ist es im Verlauf der Therapieeinheiten möglich, über Abgrenzungs- und Verteidigungsgesten mit dem Stock ihren persönlichen Raum abzugrenzen.

Im gemeinsamen Spiel mit den Stöcken kann sie „Zwischenräume“ erfahren; der Raum zwischen ‚dir und mir‘. In der Bewegungsimprovisation ist es möglich, den gesamten Raum selbstwirksam erfahrbar zu machen. Dazu schlagen wir zunächst mit zwei Stöcken im Dialog Rhythmen, die wir in der Trennung im Raum fortsetzen, um dann wieder zusammenzukommen. Auf die Frage, wie ihr das Improvisieren im Raum gefallen hat, antwortet sie: „Die beiden

Stöcke geben mir Kraft und das Tanzen ist ganz leicht. Auch in dem großen Raum. Da hat mein Lachen auch noch Platz".

Maria verabschiedet sich am Ende der Behandlung mit einem spürbaren Händedruck und einem selbstbestimmten Bezug zum Raum.

Selbstwirksamkeit

Mit Hilfe von Stöckern kann der persönliche Raum abgesteckt, vergrößert und beherrscht werden. In Bewegung mit den Stöcken lässt sich der Raum füllen und in Besitz nehmen. Auf diese Art ist es möglich, sich mit dem persönlichen Raum, der Kinesphäre, in Beziehung zu setzen. Die Etablierung einer stabilen und sicheren Beziehung zur eigenen Kinesphäre unterstützt das Gefühl des Rechts auf Selbstbestimmung dieses Raumes (*Bender*, 2007).
Der eigene Raum kann im gemeinsamen Dialog mit den Stöcken verteidigt und angegriffen werden. Im gemeinsamen Tun wird auch der Raum des Gegenübers erfahren, in seiner Macht, Verletzlichkeit und Flexibilität. Diese aktive Bezugnahme stärkt die Selbstwirksamkeitserfahrung.

Schlussbemerkung

Die hier dargestellten Entwicklungen in einem gemeinsamen und themenzentrierten Bewegungsdialog mit den zwei Rattan-Stöcken sprechen für eine therapeutische Wirksamkeit von Kampfkünsten im kinder- und jugendpsychiatrischen Setting. Es zeigen sich bei den PatientInnen positive Veränderungen bezüglich der Standfestigkeit, der Kontaktaufnahme zum Gegenüber, der Differenzierung von Affekten sowie die selbstwirksame Auseinandersetzung mit Raum.

Um dieser Wirksamkeit Bedeutung zu verleihen, ist es unbedingt nötig, zukünftig wissenschaftliche und evidenzbasierte Studien zu initiieren und durchzuführen, dies sowohl unter quantitativen wie qualitativen Forschungsansätzen.

„Die Kampfkunst mit dem Stock" kann in der Therapie ganz unterschiedlich praktiziert und vermittelt werden. Notwendig ist eine gute therapeutisch angeleitete Selbsterfahrung mit den Stöcken seitens der Therapeutin oder des Therapeuten, verbunden mit differenzierten methodischen Kenntnissen im Umgang mit den Stöcken. Praktische Erfahrung in dieser Kampfkunst ist Voraussetzung, sodass eine professionelle Indikation für die Anwendung gestellt werden kann und auch spielerische und psychotherapeutische Aspekte in der Arbeit Raum finden können.

Literatur

Bauer, J. (2006). *Warum ich fühle, was du fühlst.* Hamburg: Hoffmann und Campe.

Beckmann-Neuhaus, D. (1993). Mototherapie als Wahrnehmungsförderung in der Einzeltherapie von psychisch Kranken. In G. *Hölter* (Hrsg.). *Mototherapie mit Erwachsenen*. S. 109-126. Schorndorf: Hofmann.

Bender, S. (2007). *Die psychophysische Bedeutung der Bewegung*. Berlin: Logos.

Bühler, C. (2006). *Kämpfende und sprechende Stöcke*. Gießen: Selbstverlag.

Grässner, M. & *Deimel*, H. (2007). Kampfkunst in Psychosomatik und Psychotherapie. *Bewegungstherapie und Gesundheitssport*, 23, 66-71.

Lowen, A. (1979). *Bioenergetik. Therapie der Seele durch Arbeit mit dem Körper*. Reinbek: Rowohlt.

Röhricht, F. (2000). *Körperorientierte Psychotherapie psychischer Störungen*. Göttingen: Hogrefe.

Roebers, S. (2014). (Bewegungs-) Medien in der Tanztherapie. *Körper, Tanz, Bewegung*, 2, 73-79.

Schnurrnberger, M. (2011). „Konflikte bewegen". Stockkampfkunst – neue Perspektiven zum Umgang mit herausforderndem Verhalten. *Praxis der Psychomotorik*, 36, 134-137.

Steinhausen, H. (2010). *Psychische Störungen bei Kindern und Jugendlichen – Lehrbuch der Kinder- und Jugendpsychiatrie und -psychotherapie*. S. 415-422. München: Elsevier.

Thimme, T. & *Deimel*, H. (2012). Zur therapeutischen Wirksamkeit von Kampfkünsten. In H. *Deimel* (Hrsg.). *Facetten der Bewegungs- und Sporttherapie in Psychiatrie, Psychosomatik und Suchtbehandlung. Brennpunkte der Sportwissenschaft*. Bd.33. S. 128-148. Sankt Augustin: Academia.

https://de.wikipedia.org/wiki/Filipino_Martial_Arts, Zugriff 20.07.2015
https://de.wikipedia.org/wiki/Rattan, Zugriff 20.07.2015

Zum Einsatz von Entspannungsverfahren in der Kinder- und Jugendpsychiatrie

Chloé Chermette

Psychologisches Institut, Deutsche Sporthochschule Köln

Zusammenfassung

Bei Kindern und Jugendlichen mit psychischen Problemen besteht häufig ein Ungleichgewicht zwischen An- und Entspannung. Hilfreich für Kinder und Jugendliche mit diesen Schwierigkeiten ist es einerseits die Wahrnehmung der aktuellen inneren Spannungszustände zu fördern und andererseits passende Antworten auf diese zu finden. Das Konzept der Achtsamkeit bietet hierfür eine Möglichkeit. Mit dem Fokus auf den gegenwärtigen Moment, ohne diesen zu beurteilen, kann ein Zugang zu Entspannung geschaffen werden. Erste klinische Studien zu achtsamkeitsbasierten Behandlungsansätzen erweisen sich im Kontext der Kinder- und Jugendpsychiatrie als hilfreich. Neben der Wahrnehmung der inneren Erregungs- und Spannungszustände ist die Regulierung dieser wichtig. Eine adäquate Antwort auf ein erhöhtes Erregungs- und Spannungsniveau können systematische Entspannungsmethoden sein. Die meist genutze Entspannungsverfahren für Kinder und Jugendliche sind Imaginative Verfahren, das Autogene Training und die Progressive Muskelrelaxation sowie Kombinationen dieser Verfahren. Zwischen dem praktischen Einsatz der Entspannungsmethoden und der empirischen Absicherung bezüglich der differenziellen Indikationsstellungen und der zu erwartenden Effekte klafft eine große Lücke. Trotz dieser Tatsache können einige Effektstudien im Kontext der Kinder- und Jugendpsychiatrie positive Auswirkungen auf unterschiedliche Parameter belegen. Als grundsätzliches Prinzip der Spannungsregulation kann die Psycho-Physische Regulation helfen, in der Arbeit mit Kindern und Jugendlichen ein optimales inneres Erregungs- und Spannungsniveau zu erzeugen.

Summary

In children and adolescents with mental health problems, there is often an imbalance between tension and relaxation. What is helpful for children and adolescents with these difficulties is to promote their awareness of current internal tensions on the one hand, while finding suitable answers to these on the other hand. The concept of mindfulness offers an opportunity in this regard. Focusing on the present moment without judging it may create an opening to relaxation. Initial clinical studies on treatment approaches based on mindfulness have shown to be helpful in the context of Child and Adolescent Psychiatry. In addition to becoming aware of the inner states of excitement and tension, it is important to regulate these. One adequate response to an increased level of excitation and tension can be the use of systematic relaxation techniques. The most popular relaxation techniques for children and adolescents are imaginative processes, autogenic training and progressive muscle relaxation, as well as combinations of these methods. There is a huge gap between the practical use of relaxation methods and an empirical assessment with respect to the differential indication criteria and the anticipated effects.

Despite this fact, some effect studies may demonstrate positive effects on different parameters in the context of Child and Adolescent Psychiatry. As a fundamental principle of regulating tensions, psycho-physical regulation may be helpful in creating an optimal level of internal excitation and tension when working with children and adolescents.

Einleitung

Menschliches Leben besteht aus einem Wechselspiel von Anspannung und Entspannung. In unserer reizüberflutenden Kultur besteht die Kunst und Aufgabe darin, die Balance zwischen den beiden Polen zu bewahren.

Beobachtet man Kinder beim Spielen, stellt man fest, dass sich ohne äußeres Zutun aktive Phasen von inaktiven, eher passiven Phasen abwechseln (*Quante*, 2003). Die aktiven Phasen sind im Gegensatz zu den inaktiven Phasen geprägt von viel Bewegung und verbalem sowie nonverbalem sozialen Austausch. Gesunde Kinder und Jugendliche suchen sich bei Bedarf ihre inaktiven Momente ganz von selbst, indem sie beispielsweise Musik hören, malen, basteln, lesen oder Dinge tun, die sie entspannen und beruhigen. Dies geschieht selbstbestimmt nach den eigenen Bedürfnissen. Gesunde Kinder und Jugendliche, denen genügend Raum gegeben wird, besitzen die Fähigkeit, innere Spannungszustände wahrzunehmen und finden dann adäquate kind- und jugendlichgerechte Antworten, um mit diesen umzugehen (*Altner*, 2009). Verstehen Kinder und Jugendliche ihre innere Sprache nicht oder wird ihnen für ihre Bedürfnisse nicht genügend Raum gegeben, kommt es zu einem Ungleichgewicht zwischen Anspannung und Entspannung. Dies kann zu Stress, Unwohlsein, Missbefinden, Verhaltensauffälligkeiten und vielen weiteren Störungen führen. Bei Kindern und Jugendlichen mit psychischen Problemen besteht häufig ein Ungleichgewicht zwischen An- und Entspannung. Dies kann internalisierende oder auch externalisierende Störungen zur Folge haben. Internalisierende Störungen gehen mit sozialem Rückzug sowie depressiven Symptomen einher und werden häufiger bei Mädchen beobachtet. Externalisierende Störungen sind geprägt von hyperaktiven und aggressiven Verhalten und treten häufiger bei Jungen auf (*Washington*, 2009). Hilfreich für Kinder mit diesen Schwierigkeiten ist es demnach, einerseits die Wahrnehmung der aktuellen inneren Spannungszustände zu fördern und andererseits passenden Antworten auf diese zu finden.

Ziel dieses Beitrages ist es, Methoden vorzustellen, mit denen Kindern und Jugendlichen ermöglicht werden kann, einen Zugang zu ihrem inneren Erregungs- und Spannungsniveau zu erlangen und dieses zu regulieren. In der praktischen Umsetzung wird deutlich, dass beides Hand in Hand geht und in gewisser Weise lediglich theoretisch voneinander zu trennen ist.

In einem ersten Abschnitt wird zu Beginn die Psycho-Physischen Regulation als grundsätzliches Prinzip der Spannungsregulation thematisiert. Darauf aufbauend wird Achtsamkeit als eine Methode zur Wahrnehmung des inneren Erregungs- und Spannungsniveaus vorgestellt. Klassische, systematische Entspannungstechniken als Möglichkeit zum Spannungsabbau werden im letzten Teil erläutert.

Die Psycho-Physische Regulation als grundsätzliches Prinzip der Spannungsregulation

Das Prinzip der Psycho-Physischen Regulation dient der Spannungsregulation und hat zum Ziel, ein mittleres Erregungs- und Spannungsniveau zu erzeugen. Mit Hilfe dieses Prinzip können bewegungstherapeutische Stunden effektiv und wirksam gestaltet werden.

Neben der Wahrnehmung des inneren Erregungs- und Spannungszustands ist in der Arbeit mit Kindern und Jugendlichen mit psychischen Störungen die Regulation dieser Zustände bedeutsam. Dauerhafte hyper- oder hypoaktive Zustände führen zu Unwohlsein und Missempfinden (*Göggerle & Esser*, 2008; *Krowatschek*, 1994) und beeinträchtigen die Leistungs- und Handlungsfähigkeit (*Easterbrooks*, 1959; *Yerkes & Dodson*, 1908). Die Psycho-Physische Regulation (PPR) bezeichnet den Vorgang, sich an körperliche Belastungen, psychische bzw. psychosoziale Beanspruchungen in möglichst optimaler Form anzupassen. Sie dient der Herstellung eines inneren Gleichgewichts sowie der Optimierung der Leistungs- und Handlungsfähigkeit einer Person.

Erstrebenswert ist grundsätzlich ein mittleres Aktivierungsniveau. Ein zu niedriges Aktivierungsniveau (Hypoaktivierung) führt zu einer allgemeinen Verringerung der Aktivität und äußert sich unter anderem in einem Mangel an Reaktionsfähigkeit, Informationsaufnahme, -verarbeitung, Entscheidungs-, Belastungs- und Beanspruchungsfähigkeit. Ein zu hohes Aktivierungsniveau (Hyperaktivierung) hat eine überschießende Reaktion zur Folge und ist begleitet von Bewegungsunruhe, geringer Leistungsstabilität und Ausdauer. Die Folge sind die Desorganisation des Verhaltens und Störungen des Handlungsvollzugs. Eine Reihe von Forschungsergebnissen macht deutlich, dass eine optimale Leistungserfahrung im Bereich einer mittleren emotionalen Erregung erfolgt (vgl. *Van der Schoot,* 1976). Die Beziehung zwischen emotionaler Erregung und Leistungs- und Handlungsfähigkeit einer Person gleicht einer umgekehrten U-Funktion. Zur optimalen Lern-und Leistungsvoraussetzung eignet sich ein mittleres Aktivierungsniveau (siehe Abb.1), welches je nach situativer Anforderung variieren kann.

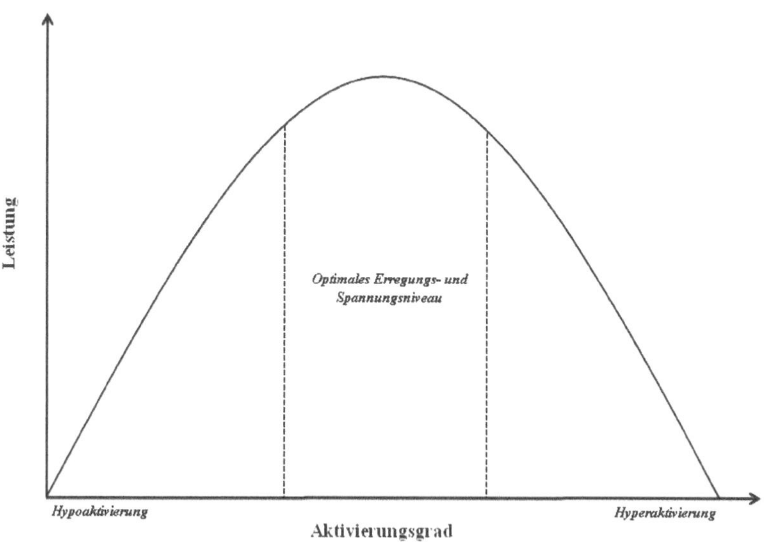

Abb. 1.: Umgekehrte U-Funktion des Zusammenhangs zwischen Leistung und Aktivierungsgrad.

Die Psycho-Physische Regulation (PPR) vollzieht sich auf der körperlichen Ebene, der Verhaltensebene und der kognitiv-emotionalen Ebene. Ein kognitiv-emotionaler Erregungszustand sowie das Verhalten einer Person kann demnach durch eine körperliche Intervention reguliert werden. *Tomporowski* (2003) kommt in seiner Übersichtsarbeit zu dem Schluss, dass bewegungsorientierte Interventionen (bspw. Laufen, Radfahren oder Joggen) bei Kindern und Jugendlichen mit klinischen Diagnosen wie ADHS, Autismus, Störungen des Sozialverhaltens und mentaler Retardiertheit mit einer Reduzierung von störendem Unterrichtsverhalten einhergehen. Weiterhin lässt sich eine Verbesserung von emotionalen Erregungszuständen und eine Erhöhung von wünschenswertem Verhalten sowie eine Verbesserung von kognitiven Funktionen konstatieren. Je nach Art der körperlichen Aktivität dient diese eher zu einer Aktivierung oder zu einer Deaktivierung des Organismus und trägt so zum inneren Gleichgewicht bei. Die PPR dient somit der Herstellung des optimalen inneren Gleichgewichtes.

Praktische Umsetzung der Psycho-Physischen Regulation

Ziel des Prinzips der Psycho-Physischen Regulation ist es, das innere Erregungs- und Spannungsniveau von Kindern und Jugendlichen mit psychischen Störungen so zu beeinflussen, dass optimale Lern-und Leistungsvoraussetzung bestehen. Umgesetzt wird dies in der Praxis, in dem man in einer ersten Phase aktivierende Übungen auswählt (Aktivierungsphase). Direkt im Anschluss wird eine Deaktivierung durchgeführt (Deaktivierungsphase). Nach diesen beiden Phasen sollte der optimale Erregungs- und Spannungszustand erreicht sein und es kann die eigentliche Lernphase erfolgen. In der Aktivierungsphase sollten Spiele und Übungen angeboten werden, die einen geringen bis mittleren Neuigkeitsgrad aufweisen (vgl. *Deimel*, 2012). Des Weiteren sollte die motorische Komplexität und der kognitive Schwierigkeitsgrad gering bis mittel sein. Die Intensität der ausgewählten Übungen und Spiele sollte hoch sein. Die Deaktivierungsphase ist gekennzeichnet durch Angebote mit sehr wenig bis keiner Aktivität (siehe Übungen zur Achtsamkeit oder Entspannungsübungen). Diese Phase ist anfänglich sehr kurz und kann im Verlauf der Therapie erhöht werden. Diese Abfolge von Aktivierung und Deaktivierung kann und muss je nach Teilnehmer und Inhalt im Verlauf einer Einheit mehrmals wiederholt werden.

Achtsamkeit als Methode zur Wahrnehmung des inneren Erregungs- und Spannungsniveaus

Ein spezifischer Weg, um Kindern und Jugendlichen einen Zugang zu ihrem inneren Erregungs- und Spannungsniveau zu ermöglichen, ist das Konzept der Achtsamkeit (*Altner*, 2009, *Kabat-Zinn* & *Kabat-Zinn*, 2001, *Goodman*, 2005, *Shapiro* & *Schwartz*, 1999).

Begriffsbestimmung Achtsamkeit

Das Konzept der Achtsamkeit ist in der westlichen medizinischen und psychologischen Versorgung durch das achtsamkeitsbasierte Stresstraining (MBSR) nach *Kabat-Zinn* bekannt geworden. Nach *Kabat-Zinn* bedeutet Achtsamkeit, „auf eine bestimmte Weise aufmerksam zu sein: bewusst, im gegenwärtigen Augenblick und ohne zu urteilen“ (1998, S.18). Achtsamkeit wird als eine gesteigerte Aufmerksamkeit auf den gegenwärtigen Moment beschrieben. Die Wahrnehmung richtet sich entweder auf etwas Internales oder wird auf etwas Externales gelenkt. Ein wirklicher Konsens bezüglich der operationalen Definition von Achtsamkeit gibt es noch nicht. Bei den Achtsamkeitspraktiken geht es jedoch um Techniken zur Schulung der Aufmerksamkeit (Semple & Lee, 2011). Nach *Altner* (2009) „führen alle Achtsamkeitsmethoden das Bewusstsein in den Zustand der Gegenwärtigkeit, in dem die Sinneseindrücke, die Emotionen und Gedanken bewusst wahrgenommen und akzeptiert werden.“ (*Altner*, 2009, S.25). Bedeutsam ist hierbei das Nicht-Wertende, gelassene und freundliche Akzeptieren des gegenwärtigen Ist-Zustands. Achtsamkeit heißt demnach, sich dessen **bewusst** sein, was gerade **jetzt innen** und/oder **außen passiert** und dies darüber hinaus **gelassen** und ohne emotionale Aufruhr zu **betrachten**.

Nachgewiesene Effekte des Achtsamkeitstrainings

Forschungsergebnisse zeigen, dass sich das Achtsamkeitstraining (MBSR) bei der Behandlung von Stress, aber auch bei chronischen Krankheiten und Schmerzen Erwachsener, als wirkungsvolle Behandlung zur Reduzierung von körperlichen und psychischen Symptomen erwiesen hat (*Kabat-Zinn*, 2007). In den Kursen zur achtsamkeitsbasierten Stressreduktion wurden Erwachsenen Fertigkeiten vermittelt, die Angst- und Depressionssymptomatiken reduzierten (*Baer*, 2003; *Ramel* et al., 2004; *Segal* et al., 2008) und das selbstregulierende Verhalten stärkten (*Brown & Ryan*, 2003). Obwohl die Anpassung dieser Therapieansätze sowie die Forschung zur Wirksamkeit noch in den Anfängen steckt, spricht immer mehr dafür, diese Ansätze auch in der Arbeit mit Kindern und Jugendlichen einzusetzen (*O'Brien* et al., 2011). Erste klinische Studien zu achtsamkeitsbasierten Behandlungsansätzen erweisen sich im Kontext der Reduzierung von Angstsymptomen bei Kindern im Schulalter als hilfreich (*Goodman*, 2005, *Greco* et al., 2005, *Semple* et al., 2005). Die Behandlung von Kindern und Jugendlichen mit chronischen Schmerzen mit achtsamkeitsbasierte Therapiemodulen im Rahmen der ACT (Achtsamkeitsbasierte kognitive Therapie) haben sich als wirksam erwiesen (*Dahl* et al., 2004; *McCracken* et al., 2005). *Saltzman* und *Goldin* (2011) führen derzeit eine Studie zu den Auswirkungen eines MBSR-Kurses bei Kindern und deren Eltern im nichtklinischen Setting durch. Erste Ergebnisse weisen darauf hin, dass Kinder und ihre Eltern nach dem Abschluss des Achtsamkeitstrainings vorteilhafte Veränderungen in der Aufmerksamkeit und Gemütslage aufweisen können.

Praktische Umsetzung des Achtsamkeitstrainings bei Kindern und Jugendlichen

Beim Achtsamkeitstraining üben Kinder und Jugendliche ihre Aufmerksamkeit in der Gegenwart zu halten und sie bewusst zu lenken. Da Kinder und Jugendliche nicht über differenzierte Aufmerksamkeitskapazitäten verfügen (*Siegler*, 2001), sollte darauf geachtet werden, dass die angebotenen Übungssequenzen kurz sind. Im Verlauf der Übungspraxis kann die Länge der einzelnen Übungen weiter ausgebaut werden. Zu Beginn empfiehlt es sich bei Kindern mit Sequenzen von maximal zwei Minuten zu beginnen, welche sich im Verlauf einer Stunde wiederholen können (*Semple & Lee*, 2011). Je nach Kapazität der Jugendlichen kann hier auch schon mit Achtsamkeitsübungen von fünf Minuten begonnen werden. Generell empfiehlt es sich die zeitliche Länge der Übungen individuell den Bedürfnissen der Gruppe anzupassen und mit der Zeit zu steigern. Hier gilt es als Übungsleiter genau zu beobachten welche Reaktionen Kinder und Jugendliche beim Üben zeigen.

Grundsätzlich geht es beim Achtsamkeitstraining um die bewusste Lenkung der Aufmerksamkeit in das Hier und Jetzt. Die Wahrnehmung wird auf Internales (Körperempfindungen, Gedanken, Gefühle und Erinnerungen) oder Externales (Geräusche, Gerüche, Gegenstände) gelenkt. Zu Beginn des Achtsamkeitstrainings hat es sich als ratsam erwiesen, Übungen mit den klassischen Sinnesorganen und der Atemaktivtät zu bevorzugen. Da die Kinder ihre visuellen, auditiven, olfaktorischen, gustatorischen und taktilen Sinn sowie ihre Atmung tagtäglich einsetzen, sind ihnen der Gebrauch derer vertraut. Die Konzentration auf nur einen Sinneskanal bewirkt eine Intensivierung der Übung und des Erlebens (*Quante*, 2003).

Es eignen sich jegliche Übungs- und Spielformen, die die Sinneswahrnehmung und/oder Konzentration fördern (siehe hierzu *Quante*, 2003; Zimmer, 2002). In Tabelle 1 werden ausgewählte Achtsamkeitsübungen dargestellt, die mit Kindern und/oder Jugendlichen mit psychischen Erkrankungen durchgeführt werden können. Das Ziel der Übungen ist die bewusste Lenkung der Achtsamkeit auf den gegenwärtigen Moment.

Übungen mit Schwerpunkt auf den Exterozeptoren
Wieviele Steinchen könnt ihr zählen? Die Teilnehmer liegen auf Matten auf dem Boden. Eine vom Übungsleiter bestimmte Anzahl an Kieselsteinen wird auf den Boden fallen gelassen. Die Teilnehmer sollen hören und zählen wie viele Steinchen nun auf dem Boden liegen.
Bis wann höre ich den Ton? Die Teilnehmer liegen auf Matten auf dem Boden. Der Übungsleiter sitzt so in der Halle, dass alle Teilnehmer ihn gleich gut hören können. Der Übungsleiter schlägt die Triangel an. Die Teilnehmer sollen dann aufzeigen, wenn sie den Ton nicht mehr hören.
Wie laut ist es beim Still sein? Die Teilnehmer liegen auf Matten in der Halle verteilt auf dem Boden (ist auch im Sitzen oder Stehen durchführbar). Der Übungsleiter lenkt die Aufmerksamkeit der Teilnehmer verbal auf die Geräusche in und außerhalbe der Halle.
Was fehlt? Die Teilnehmer sitzen im Kreis um Gegenstände (bspw. Naturmaterialien) und merken sich diese. Der Übungsleiter nimmt einen Gegenstand weg, ohne, dass die Teilnehmer es sehen. Je nach Teilnehmerkapazität können auch mehrere Gegenstände entfernt werden. Die Teilnehmer benennen den fehlenden Gegenstand.
Übungen mit Schwerpunkt auf der Atemwahrnehmung
Mein Kuscheltier fährt Aufzug Die Teilnehmer liegen auf dem Boden und auf ihren Bäuchen liegt ein Kuscheltier. Durch die Atmung der Kinder kann das Kuscheltier Aufzug fahren (Bspw. in den Keller beim Ausatmen, in den 3. Stock beim Einatmen). Der Übungsleiter begleitet verbal.
Den Atem zählen Die Teilnehmer liegen auf dem Boden und zählen drei mal drei Atemzüge (Anzahl ist variabel) und klatschen dann in die Hände.
Übungen mit Schwerpunkt auf der Interozeption
Körperreise Die Teilnehmer liegen auf dem Boden (ist auch im Stehen oder Sitzen durchführbar). Der Übungsleiter führt verbal die Aufmerksamkeit der Teilnehmer durch einzelne Körperregionen.

Tab. 1: Ausgewählte Übungen zur Schulung der Achtsamkeit

Neben den eher formalen Achtsamkeitsübung in den sport- und bewegungstherapeutischen Stunden ist es zusätzlich wichtig, die Kinder und Jugendlichen dazu zu animieren, im Alltag ihre Achtsamkeit zu schulen. Dieses informale Achtsamkeitstraining erreicht man mit der achtsamen Durchführung von Alltagshandlungen, wie beispielsweise Gehen, Fahrradfahren und Zähneputzen. Im Sinne von kleinen Hausaufgaben können Kinder und Jugendliche dazu ermuntert werden, einen achtsamen Umgang mit sich und der Welt zu entwickeln (*Semple & Lee*, 2011).

Reflexion als fester Bestandteil des Achtsamkeitstrainings

Besonders wichtig ist neben dem Üben die Reflexion des Erlebten in der Gruppe bzw. mit dem Einzelnen. Kinder und Jugendliche verbalisieren das, was sie bei den Übungen gespürt, erlebt, gefühlt und gedacht haben (*Semple & Lee*, 2011). Durch das Verbalisieren werden Gedanken, Gefühle und Empfindungen dem Einzelnen bewusst und greifbar. Es wird bewusst, achtsam und wertschätzend mit dem Erlebten umgegangen. Das Erlebte wird nicht gewertet, sondern lediglich beschrieben. Die Fragen, die in der Reflexion gestellt werden, sollten nach Möglichkeit offene Fragen sein. Zu Beginn des Achtsamkeitstrainigs helfen halb-offene Fragen.

Folgende Fragen können bei der Reflexion des Erlebten hilfreich sein:

- Was hast du während der Übung gespürt?
- Warst du kribbelig und unruhig oder konntest du ganz ruhig liegen?
- Wo in deinem Körper hat sich „das Kribbelige“ bemerkbar gemacht?
- Hattest du den Drang aufzustehen?
- Wie genau hast du das gemerkt, dass du aufstehen wolltest?
- Konntest du die Augen schließen?
- Was konntest du spüren, als du die Augen geschlossen hattest?
- Hast du die Teilnehmer neben dir wahrgenommen?
- Konntest du die Übung (z.B. Steinchen zählen) gut durchführen?
- Hast du während der Übung (z.B. Steinchen zählen) andere Geräusche gehört?
- Kamen dir bei der Übung (Steinchen zählen) Gedanken, die dich abgelenkt haben.
- Welche Gedanken waren das genau?

Die Reflexion sollte direkt am Anschluss der Übungen durchgeführt werden und nicht länger als fünf Minuten dauern. Das Ziel der Reflexion ist es, die Teilnehmer dazu zu bringen, das im Moment Erlebte zu verbalisieren. Die Fragen sollten genau darauf abzielen und der jeweiligen Übung angepasst werden. Die Reflexion wird mit allen Teilnehmern durchgeführt, jedoch muss nicht jeder Teilnehmer zu Wort kommen. Generell ist es sinnvoll, alle Teilnehmer einzubinden (*Semple & Lee*, 2011). Für die Art der Durchführung eignet sich die Kreisformation, da alle Teilnehmer sich gegenseitig sehen, hören und spüren können.

Bei sehr jungen Kindern und Teilnehmern, die mit der verbalen Rückmeldung Schwierigkeiten haben, können Skalierungsfragen hilfreich sein. Mit Hilfe von Skalierungsfragen kann die individuell wahrgenommene Spannung numerisch eingeordnet und visualisiert werden. Die Spannung wird quantifiziert und somit für die Teilnehmer greifbarer, verständlicher und erlebbarer. Die jeweiligen Endpole der Skala stehen für sehr viel Spannung und sehr wenig Spannung. In Zusammenarbeit mit den Teilnehmern werden die Endpole bezüglich der wahrgenommenen Körperempfindungen, Gedanken und Gefühle genau beschrieben. In manchen Fällen kann es auch hilfreich sein, die Beschreibungen zu verschriftlichen. Zwischen den Endpolen liegen, je nach Teilnehmer und deren Reflexionsfähigkeit, unterschiedlich viele Stufen. Je geringer die Fähigkeit, desto weniger Stufen sollte die Skala haben. Angefangen werden kann beispielsweise mit einer dreistufigen Bilder-Skala (siehe Abb. 2) oder Farbskala. Die Anzahl der Stufen können im Verlauf der Therapie erhöht werden. Je mehr Stufen eine Skala hat, desto mehr sollten die Teilnehmer in der Lage sein ihren Spannungszustand detailliert wahrzunehmen. Bei einer Skala von 1-10 sollten die Teilnehmerinnen und Teilnehmer schon über eine gute Reflexionsfähigkeit verfügen.

Abb. 2: Beispiel für eine dreistufige Bilder-Skala

In der Systemischen Therapie wird diese Form des Fragens zur Verdeutlichung von Unterschieden benutzt (*Schlippe* & *Schweitzer*, 2013). Auch in der Bewegungs- und Sporttherapie können Unterschiede vor und nach einer Übung oder vor und nach einer Therapiestunde mit Hilfe von Skalen deutlich gemacht werden. Hierbei wird den Teilnehmern bewusst, dass innere Zustände sich verändern können und sie selbst einen Einfluss auf diese haben.

Klassische Entspannungstechniken als Möglichkeit zum Spannungsabbau

Ein Gleichgewicht von An- und Entspannung kann sowohl durch informelle eher individuelle Formen der Entspannung (Achtsamkeitsübungen, Malen, Lesen, Musikhören) erreicht werden als auch durch systematische Entspannungsmethoden (*Krampen*, 2000). Bei Geübten ist der Vorteil der systematischen Verfahren deren gezielterer und schnellerer Einsatz in Belastungssituationen. Die häufigsten Entspannungstechniken, die bei Kindern und Jugendlichen eingesetzt werden, sind imaginative Verfahren, kindgemäße Grundübungen des Autogenen Trainings und die Progressive Muskelrelaxation sowie Kombinationen dieser Verfahren (*Lohaus & Klein-Heßling*, 2000). Systematische Entspannungsverfahren erfüllen in der Arbeit mit Kindern und Jugendlichen einen präventiven wie auch kurativen bzw. therapeutischen Zweck. Im präventiven Ansatz geht es darum, die Vulnerabilität gegenüber Stressoren zu reduzieren und die Fähigkeit zur Erhaltung und Verbesserung der seelischen und körperlichen Gesundheit zu erhöhen (*Krampen*, 2000). Das therapeutische Ziel systematischer Entspannungstechniken ist entweder die Beseitigung eines Problems bzw. die Veränderung eines Symptoms oder die Vorbereitung der Kinder und Jugendlichen auf eine nachfolgende Behandlung (*Petermann & Petermann* 2000). Entspannungsverfahren kommen in der Arbeit mit Kindern und Jugendlichen als alleinige Therapiemethoden, vor allem aber als integrierte Bestandteile von multimodalen Therapiekonzepten zum Einsatz. Generell sind kleine Kinder durch die gängigen Verfahren oft überfordert (*Friebel*, 1994). Aus diesem Grund sollten kindgerechte Formen sowie adaptierte Versionen für Jugendliche eingesetzt werden.

Klassifikation von Entspannungsverfahren und deren Einsatzfelder

Entspannungsverfahren werden je nach Wirkungszugang – sensorisch, imaginativ, kognitiv, – nach der Art der Entspannungsinstruktion – selbstinstruktiv, fremdinstruktiv, aktiv, passiv – und nach der Entspannungsreaktion – physisch und psychisch – klassifiziert (*Hampel & Petermann*, 1998). In Tabelle 2 wird eine Klassifikation der Entspannungsverfahren dargestellt und mit verschiedenen Alternsbereichen in Bezug gesetzt (*Krampen*, 2000).

Verfahren	Alter	Entspannungsinduktion				Entspannungs-reaktion	
		selbst-instruktiv	fremd-instruktiv	aktiv	passiv	physisch	psychisch
1. Sensorische Entspannung							
Progressive Muskel-relaxation	ab 9	+	+	+	-	++	-
Biofeedback	ab 12	-	-	+	-	++	-
2. Imaginative Entspannung							
Phantasie-reisen	7-8	-	++	+	+	++	+
3. Kognitive Entspannung							
Autogenes Training (AT)	ab 9	++	-	-	+	++	-
AT- Grund-übungen	ab 7	+	-	-	+	++	-

Tab. 2: Klassifikation der Entspannungsverfahren (nach *Hampel & Petermann*, 1998; *Krampen*, 2000).

Progressive Muskelrelaxation

Die Progressive Muskelrelaxation (PMR) ist ein aktives, körperbezogenes, sensorisches Entspannungsverfahren und kann unter Fremd- und Selbstanleitung durchgeführt werden. Voraussetzung für Anwendung der PMR in der Arbeit mit Kindern und Jugendlichen ist die Entwicklung eines adäquaten Körperschemas (*Göggerle & Esser*, 2008). Einsatzfelder sind primär Störungen, die in Zusammenhang mit muskulärer Verspannung stehen. Außerdem wird PMR im Rahmen verhaltenstherapeutischer Maßnahmen, insbesondere der systematischen Desensibilisierung, eingesetzt. Als eigenständige Intervention wird PMR bei Angst- und Spannungszuständen, psychosomatischen Störungen, motorischer Unruhe und Nervosität angewandt (*Remschmidt*, 2008). PMR ist besonders bei Jugendlichen gut geeignet, da es „ (...) als körpernahes Vorgehen von Jugendlichen akzeptiert wird und auf Grund der aktiven Entspannungsübungen bei Jugendlichen das Gefühl verringert, sich auszuliefern." (*Petermann & Petermann*, 2000, S.409). Gerade für Jugendliche mit Verhaltensstörungen scheint dieses Verfahren die Methode der Wahl zu sein (*Petermann & Petermann*, 2000). In *Petermann* (2005) ist eine Kurzform des PMR zu finden, welches speziell für Jugendliche entwickelt wurde. Für einen kindgerechten Einsatz von PMR entwickelte *Nolte* (1996) ein spezielles Training, welches die PMR-Übungen in vier Geschichten des „Kater Goldkralle" einbettet. *Booth* (1997) basiert sein *Entspannungstraining für Kinder* ebenfalls auf den Übungen der Progressiven Muskelrelaxation und nutzt Metaphern, die in Reimen angelegt sind. PMR wird bei Kindern ebenfalls in Stressbewältigungsprogrammen eingesetzt. *Hampel & Petermann* (1998) entwickelten das AST (Anti-Stress-Training für Kinder) welches im Rahmen des Entspannungstrainings Atemübungen und Übungen zur Muskelentspannung kombiniert. Beim AST werden außerdem noch Phantasiereisen und kognitive Zugänge zur Stressverarbeitung bei Kindern eingesetzt. *Klein-Heßling & Lohaus* (2000) setzen in ihrem Stressbewältigungsprogramm „Bleib locker!" ebenfalls eine kindgerechte Version des PMR ein.

Autogenes Training, Phantasiereisen und deren Kombination

Das Autogene Training (AT) ist ein passives, kognitives Entspannungsverfahren und wird zunächst unter Fremdanleitung und später unter Selbstanleitung durchgeführt. Neben den Grundübungen (Schwere, Wärme, Atmung, Sonnengeflecht/Bauch, Herz und Stirn) kommen in manchen Fällen auch formelhafte Vorsatzbildungen zum Einsatz (bspw. *Petermann & Petermann*, 2000: „Nur ruhig Blut, dann geht alles gut!"). Die formelhaften Vorsätze sind positive Selbstinstruktionen, die in der Entspannungssituation eingeübt werden und später im Alltag abgerufen werden können. Voraussetzung für die Anwendung des AT in der Arbeit mit Kindern und Jugendlichen sind vor allem die Fähigkeit zum selbstständigen Erarbeiten der Übungen und die Konzentrationsfähigkeit. Nach *Remschmidt* (2008) ist das AT besonders bei Jugendlichen mit psychomotorischen, psychosomatischen und neurotischen Beschwerden indiziert. Positive Anwendungserfahrungen und Effektnachweise liegen für das AT laut *Krampen* (2000) für funktionelle Schlafstörungen, Verhaltensauffälligkeiten und-störungen wie spastische Zustände, Hyperaktivität, Konzentrationsstörungen, motorische Unruhe, Enuresis und Enkopresis, affektive Störungen, Funktionsstörungen der Atmung, akute und chronische Schmerzzustände, dermatologische Störungen und Störungen des Bewegungs- und Stützapparates vor (vgl. auch *Biermann*, 1996). *Remschmidt* (2008) nennt für das AT ausdrücklich Kontraindikationen wie übermäßige starke Somatisierungstendenzen, hysterische Reaktionsneigungen und Konversionssyndrome sowie eine ausgeprägte Neigung zur Hypochondrie. Anleitungen und Behandlungsprogramme, die speziell auf Kinder und Jugendliche abgestimmt sind, entwickelten *Biermann* (1975), *Kruse* (1977), *Lischke-Neumann et al.* (1981). Nach *Friebel* (1994) sind das die Autoren, die sich am klassischen AT orientieren. Andere Verfahren, vor allem für jüngere Kinder sind kombinierte Verfahren (s.u.).

Nach *Petermann & Petermann* (2000) erlauben imaginative Verfahren wie Phantasiegeschichten einen spielerischen Zugang zur Entspannung, da sie den kognitiven Strukturen von Kindern entsprechen. *Friedrich & Friebel* (1994) unterscheiden Geschichten, in denen der Übende selbst miteinbezogen wird von Geschichten, in denen die Hauptrolle von einer anderen Gestalt als Identifikationsfigur gespielt wird. Diese Verfahren sind nach *Fasthoff* et al. (2003)

vor allem für jüngere Kinder gut geeignet, sind jedoch in ihrer „Reinform" nicht so effektiv, wie kombinierte Verfahren.

Kognitive Entspannungsverfahren, wie das Autogene Training und imaginative Verfahren werden in der Arbeit mit Kindern oft in Kombination eingesetzt und haben in der Kombination mit kognitiven Entspannungsverfahren bessere Effekte. Die Käpt'n-Nemo-Geschichte von *Petermann* (2001) ist eine bildgetragene Kurzentspannung, die die ersten beiden Grundübungen sowie formelhafte Leitsätze aus dem autogenen Training integriert und kann bei Kindern ab 4 bis 12 Jahren eingesetzt werden. Nach *Petermann & Petermann* (2000) wird die Käpt'n-Nemo-Geschichte bei aggressiven, sozial unsicheren und hyperaktiven Kindern in der Vorbereitung auf anschließende systematische Verhaltenstrainings angewendet. *Friedrich & Friebel* (2001) sowie *Eberlein* (1976) bieten weitere Kombinationen von AT und Phantasiereisen.

Kontraindikation von Entspannungsverfahren

Kontraindikation systematischer Entspannungsmethoden sind nach *Krampen* (2013) die Gefahr von Symptomprovokation oder –verschlechterung, die durch die Konzentration auf die eigene Person und die Aktivierung psychophysiologischer Sensationen entstehen können. Außerdem ist der Einsatz bei Kindern und Jugendlichen mit eingeschränkten Fähigkeiten bezüglich des Erlernens der Methoden und der eigenständigen Anwendung kontraindiziert. *Krampen* (2000) unterscheidet zwischen absoluten und relativen Kontraindikationen. Absolute Kontraindikationen schließen eine Anwendung komplett aus, wohingegen relative Kontraindikationen eine Anpassung des Vorgehens erforderlich machen. Absolute Kontraindikationen sind nach *Krampen* (2000):

- akute Belastungszustände mit Krankheitswert nach SGB V ohne abgestimmte oder noch nicht hinreichend fortgeschrittene Primärbehandlung (akute posttraumatische Belastungsstörung)
- akute Krankheitszustände ohne abgestimmte oder noch nicht hinreichend fortgeschrittene Primärbehandlung (akute psychotische Zustandsbilder, Bronchospasmen und Migräneattacken)
- schwerste Intelligenzminderung
- psychische Dämmerzustände, die eine aktive Mitarbeit ausschließen

Relative Kontraindikationen beziehen sich nach *Krampen* (2000) auf:

- Entwicklungsstand und Alter der Kinder,
- Suggestibilität und eine erhöhte soziale Externalität in den Kontrollüberzeugungen,
- Körperschemastörungen,
- Hypochondrische und hysterische Störungen,
- Akute Belastungsreaktionen,
- Depressive Störungen,
- überhöhte Erfolgserwartungen sowie übersteigerte Leistungs- und Konkurrenzorientierungen,

- negative Voreinstellung gegenüber der Methode,
- rein extrinsische Motivation sowie
- aversive physische und/oder psychische Initialreaktionen.

Petermann & Petermann (2000) nennen beim Einsatz von Entspannungsverfahren weitere Einschränkungen:

- Sprachprobleme
- Eingeschränkte Phantasie
- Hohe motorische Unruhe; in solchen Fällen ist im Sinne der PPR eine Aktivierung vor der Entspannung unabdingbar.
- Massive Konzentrationsstörungen und sehr kurze Aufmerksamkeitsspannen

Studien zur Effektivität von systematischen Entspannungstechniken bei Kindern und Jugendlichen mit psychischen Erkrankungen

Systematische Entspannungstechniken gehören in klinisch-therapeutischen Kontexten als Begleitbehandlung bei vielen Störungsbildern zum psychotherapeutischen Standardrepertoire (*Esser*, 2008; *Remschmidt*, 2008). Zwischen dem praktischen Einsatz der Entspannungsmethoden und der empirischen Absicherung bezüglich der differenziellen Indikationsstellungen und der zu erwartenden Effekte, klafft eine große Lücke: „Nach wie vor dominieren in der Fachliteratur Erfahrungsberichte sowie vor- und quasiexperimentelle Untersuchungsbefunde“ (*Krampen*, 2013; S. 417). Insgesamt erweisen sich die Ergebnisse der Studien mit Kindern und Jugendlichen mit diversen Störungsbildern jedoch als positiv (vgl. auch *Chang & Hiebert*, 1989; *Petermann*, 2005).

Hyperaktivität und Aggressivität

Raymer & Poppen (1985) kommen in ihrer Untersuchung mit hyperaktiven Kindern im Alter von 9 bis 11 Jahren zu dem Ergebnis, dass ein Entspannungstraining zu einer Reduktion hyperaktiven Verhaltens führt. *Potaschkin & Beckles* (1990) verglichen in ihrer Studie ein Biofeedback-Training gegenüber der Gabe von Ritalin. 18 hyperaktive Jungen zwischen 10 und 13 Jahren wurden in drei Untersuchungsgruppen aufgeteilt (Biofeedback – Ritalin – Kontrollgruppe). Es kam zu einer Reduktion des Muskeltonus (EMG) in der Biofeedback-Gruppe, nicht aber in den beiden anderen Gruppen. Auch *Goldbeck* und *Schmid* (2003) erzielten bei 50 Kindern und Jugendlichen (Alter 6-15 Jahre) unter anderem mit aggressiven und impulsiven Symptomen und Defiziten in der Aufmerksamkeit positive, klinisch relevante Effekte durch Autogenes Training. Die Autoren kommen zu dem Schluss, dass Autogenes Training eine Breitband-Methode für Kinder und Jugendliche ist. *Lopata* (2003) kommt zu dem Schluss, dass Progressive Muskelrelaxation kurzfristig zu einer Reduktion des aggressiven Verhaltens von Schülern in einem Alter von 6-9 Jahren führt. In einer kontrollierten Studie mit aggressiven, stark belasteten Jugendlichen konnten *Nickel* et al. (2005) mit der Progressiven Muskelrelaxation günstige positive Effekte auf den morgendlichen Cortisolspiegel sowie auf die Ärgerreaktion und Aggressivität nachweisen. Zu ähnlichen Ergebnissen kommen *Nakaya* et al. (2004) in ihrer Interventionsstudie mit jugendlichen Delinquenten. Hier führte ein vierwöchiges PMR Training zu positiven Effekten bezüglich der Frustrationstoleranz. Insgesamt kann davon ausgegangen werden, dass sich der Einsatz von systematischen Entspannungsmethoden günstig auf aggressives und hyperaktives Verhalten auswirkt.

Ängstlichkeit

Hermecz & Melamed (1984) setzen bei ängstlichen Kindern imaginative Verfahren vor einer Zahnoperation ein und erzielten positive Effekte auf physiologische Parameter. Sie schließen daraus, dass imaginative Verfahren in der Vorbereitung ängstlicher Kinder auf ein für sie relevantes Ereignis effektiv wirken. Bei 40 hospitalisierten Kindern und Jugendlichen mit depressiven Symptomen und Anpassungsstörungen konnten *Plantania-Solazzo* et al. (1992) mit Hilfe einer Kombination unterschiedlicher Entspannungstechniken Ängstlichkeit reduzieren. Außerdem stellten sie eine Verringerung des Cortisolspiegels in den Interventionsgruppen im Vergleich zur Kontrollgruppe fest. Mit einem Kurs zum Autogenen Training bei Kindern von 10 Jahren erzielten *Kröner & Steinacker* (1980) eine signifikante Reduktion des Neurotizismus, der manifesten Angst und der Prüfungsangst. Die Kontrollgruppe zeigte keine derartigen Effekte. Mit einer Kombination unterschiedlicher Entspannungstechniken wie beispielsweise Atemtechniken und Körperwahrnehmungsübungen konnte *Gregor* (2005) eine Reduzierung der Ängstlichkeit bei 16 bis 17 jährigen Jugendlichen erzielen. Ähnliche Ergebnisse zur Reduzierung der Prüfungsangst bei jüngeren Kindern (8-10 Jahre) mit entweder PMR oder Atemübungen finden sich bei *Larson* und Kollegen (2010). Kurzfristig reduzierte sich die Prüfungsangst in den Interventionsgruppen im Vergleich zur Kontrollgruppe. Das Review von *von der Embse* et al. (2013) kommt insgesamt zu dem Schluss, dass ein Biofeedback-Training und kombinierte Entspannungsverfahren vielversprechende Methoden zur Reduzierung von Prüfungsangst sind.

Stressreduktion

Lohaus & Klein-Heßling (2000) setzen in einer Stichprobe von 826 Kindern im Alter von 7-14 Jahren verschiedene systematische Entspannungsverfahren ein und erhielten in den Interventionsgruppen kurzfristige Effekte auf physiologische Parameter (Blutdruck, Puls, Körpertemperatur) sowie positive Effekte auf die Stimmungslage und auf das körperliche Befinden. Längerfristige Effekte auf die Stressbewältigungskompetenz konnten allerdings nicht nachgewiesen werden. Es zeigten sich weiterhin kaum Unterschiede in den Interventionsgruppen (PMR versus imaginative Verfahren versus einer Kombination von AT und imaginativem Verfahren). In einer weiteren Studie bei 160

Kindern in einem Alter von 9-12 Jahren konnten *Lohaus & Klein-Heßling* (2003) keine unterschiedlichen Effekte zwischen systematischer Entspannung und neutralen Geschichten finden. Die Ergebnisse zeigen klare kurzfristige Effekte auf physiologische Parameter und auf die Stimmungslage sowie auf das körperliche Befinden. Allerdings stellten sich diese auch in der Gruppe der Kinder ein, die lediglich eine neutrale Geschichte hörten. Der Grad der Intensität der Intervention (zusätzliches Üben des AT zuhause) hatte keinen Einfluss auf die Effekte. Die Autoren kommen zu dem Schluss, dass in einem präventiven Kontext möglicherweise mit beliebigen Entspannungsverfahren kurzfristige stressreduzierende Effekte erzielt werden können.

Fazit

Achtsamkeitstraining sowie klassische, formelle und informelle Entspannungstechniken sind als Teil einer multimodalen Behandlung in der Kinder- und Jugendpsychiatrie bedeutsame Bestandteile der Bewegungs- und Sporttherapie. Kinder und Jugendliche lernen zum einen, ihr inneres Erregungs- und Spannungsniveau wahrzunehmen und zum anderen, im Sinne der Psycho-Physischen Regulation, zu beeinflussen. Auch in ihrem Alltag lernen Kinder und Jugendliche entspannter mit Stress und Anspannung umzugehen, wenn der Alltagstransfer in der Therapie gewährleistet wird. Im therapeutischen und präventiven Setting eröffnet sich zusätzlich die Möglichkeit, zum Thema Entspannung spezielle und individuelle zugeschnittene Angebote im Rahmen von gesonderten Indikationsgruppen zu gestalten. Trotz des vielfältigen und vielversprechenden Einsatzes von Entspannung in der praktischen Arbeit der KJP besteht noch erheblicher Forschungsbedarf. Vor allem in der empirischen Absicherung bezüglich der differenziellen Indikationsstellung, der Auswahl der geeigneten Entspannungstechnik und der zu erwartenden Effekte fehlen wissenschaftliche Studien. Die zukünftige Durchführung kontrollierter und randomisierter Interventionsstudien tragen dazu bei, den Einsatz von Entspannung als Intervention gezielter und effektiver zu gestalten sowie das Thema weiter in der Kinder- und Jugendpsychiatrie zu etablieren.

Literatur

Altner, N. (2009). *Achtsam mit Kindern leben.* München: Kösel.

Baer, R.A. (2003). Mindfulness Training as a clinical intervention: A conceptual and empirical review. *Clinical Psychology: Science and Practice*, 10 (2), 125-143.

Biddle, S.J.H. & *Asare*, M. (2011). Physical activity and mental health in children and adolescents: A review of reviews. *British Journal of Sports Medicine*, 45, 886–895.

Biermann, G. (1975; Wiederaufl. 1996). *Autogenes Training mit Kindern und Jugendlichen.* München: Reinhardt.

Booth, R. (1997). I*ch spanne meine Muskeln an, damit ich mich entspannen kann. Progressive Muskelrelaxation für Kinder*. München: Kösel.

Brown, K.W. & *Ryan*, R.M. (2003). The benefits of being present: Mindfulness and its role in psychological wellbeing. *Journal of Personality and Social Psychology*, 84, 822-848.

Chang, J. & *Hiebert*, B. (1989). Relaxation Procedures with Children: A Review. *Medical Psychotherapy*, 2, 163-176.

Dahl, J., *Wilson*, K.G. & *Nilsson*, A. (2004). Acceptance and commitment therapy and the treatment of persons at risk for long-term disability resulting from stress and pain symptoms: A preliminary randomized trial. *Behavior Therapy*, 35, 785-802.

Deimel, H. (2012). Entspannungsverfahren. In K. *Schüle* & G. *Huber* (Hrsg.). *Grundlagen der Sport- und Bewegungstherapie – Prävention, ambulante und stationäre Rehabilitation*. S. 271-291. Köln: Deutscher Ärzte-Verlag.

Easterbrook, J. A. (1959). The effect of emotion on cue utilization and the organization of behavior. *Psychological Review*, 66 (3), 183-201.

Eberlein, G. (1976). *Autogenes Training für Kinder*. Berlin: Springer.

Esser, G. (Hrsg.) (2008). *Lehrbuch der klinischen Psychologie und Psychotherapie bei Kindern und Jugendlichen*. Stuttgart, New York: Thieme.

Fasthoff, C., *Petermann*, F. & *Hampel*, P. (2003). Eine Reise mit Kapitän Nemo. Zur Bedeutung von Entspannungsverfahren als Modul in Stressbewältigungstrainings von Kindern. *Report Psychologie*, 28 (2), 86-95.

Friebel, V. (1994). Entspannungstraining für Kinder – eine Literaturübersicht. *Praxis der Kinderpsychologie und Kinderpsychiatrie*, 43 (1), 16-21.

Friedrich, S. & *Friebel*, V. (2001). *Entspannung für Kinder*. Reinbek: Rowohlt.

Göggerle, S. & *Esser*, G. (2008). Entspannungsverfahren. In G. *Esser* (Hrsg.). *Lehrbuch der klinischen Psychologie und Psychotherapie bei Kindern und Jugendlichen*. S. 568–576. Stuttgart, New York: Thieme.

Goldbeck, L. & *Schmid*, K. (2003). Effectiveness of autogenic relaxation training on children and adolescents with behavioral and emotional problems. *Journal of the American Academy of Child and Adolescent Psychiatry*, 42 (9), 1046-54.

Goodmann, T.A. (2005). Mit Kindern arbeiten. Anfängergeist. In C. K. *Germer*, R.D. *Siegel* & P.R. *Fulton* (Hrsg.). *Achtsamkeit in der Psychotherapie*. S. 286-293. Freiamt im Schwarzwald: Arbor.

Greco, L.A., *Blackledge*, J.T., *Coyne*, L.W. & *Ehrenreich*, J. (2005). Integrating acceptance and mindfulness into treatments for child and adolescent anxiety disorders: Acceptance and commitment therapy as an example. In S.M. *Orsillo* & L. *Roemer* (Hrsg.). *Acceptance and mindfulness-based approaches to anxiety: Conceptualization and treatment*. S. 301-322. New York: Springer Science.

Gregor, A. (2005). Examination anxiety: Live with it, control it or make it work for you? *School Psychology International*, 26, 617-635.

Hampelmann, P. & *Petermann*, F. (1998). *Anti-Streß-Training für Kinder*. Weinheim: Psychologie Verlags Union.

Hermecz, D.A. & *Melamed*, B.G. (1984). The Assessment of Emotional Imagery Training in Fearful Children. *Bahavior Therapy*, 15, 156-172.

Kabat-Zinn, J. (1982). An outpatient program in behavioral medicine for chronic pain patients based on the practice of mindfulness meditation: Theoretical considerations and preliminary results. *General Hospital Psychiatry*, 4(1), 33-47.

Kabat-Zinn, J. (1998). *Im Alltag Ruhe finden: Das umfassende praktische Meditationsprogramm*. Freiburg: Herder.

Kabat-Zinn, J. (2007). *Gesund durch Meditation. Das große Buch der Selbstheilung*. Frankfurt am Main: Fischer.

Kabat-Zinn, J. & *Kabat-Zinn*, M. (2001). *Achtsamkeit. Mit den Kindern wachsen*. Freiburg: Herder.

Klein-Heßling. J. *Lohaus*, A. (2000). *Stressbewältigungstraining für Kinder im Grundschulalter*. Göttingen: Hogrefe.

Krampen, G. (2000). Interventionsspezifische Diagnostik und Evaluation beim Einsatz systematischer Entspannungsmethoden bei Kindern und Jugendlichen. *Report Psychologie*, 25, 182-190.

Krampen, G. (2013). *Entspannungsverfahren in Therapie und Prävention*. Göttingen: Hogrefe.

Kröner, B. & *Langenbruch*, B. (1982). Untersuchung zur Frage der Indikation von autogenem Training bei kindlichen Konzentrationsstörungen. *Psychotherapie, Psychosomatik, Medizinische Psychologie*, 32, 157-161.

Krowatschek, D. (1998). *Entspannung für Jugendliche*. Dortmund: Borgmann.

Kruse, W. (1975). *Entspannung. Autogenes Training für Kinder*. Köln: Deutscher Ärzte Verlag.

Larson, H., *Ramahi*, M., *Conn*, S., *Estes*, L. & *Ghibellini*, A. (2010). Reducing test anxiety among third grade students through the implementation of relaxation techniques. *Journal of School Counseling*, 8, 1-19.

Lischke-Naumann, G., *Lorenz-Weiss*, A. & *Sandock*, B. (1981). Das autogene Training in der therapeutischen Kindergruppe. *Praxis der Kinderpsychologie und Kinderpsychiatrie*, 30, 109-118.

Lohaus, A. & *Klein-Heßling*, J. (2000). Coping in childhood: A Comparative Evaluation of Different Relaxation Techniques. *Anxiety, Stress and Coping*, 13, 187-211.

Lohaus, A. & *Klein-Heßling*, J. (2003). Relaxation in Children: Effects of Extends and Intensified Training. *Psychology and Health*, 18 (2), 237-259.

Lopata, C. (2003). Progressive Muscle Relaxation and Aggression among Elementary Students with Emotional or Behavioral Disorders. *Behavioral Disorders*, 28 (2), 162-172.

McCracken, L.M., *Vowles*, K.E. & *Eccelston*, C. (2005). Acceptance based treatment for persons with complex long-standing chronic pain: A preliminary analysis of treatment outcome in comparison to a waiting phase. Behaviour Research and Therapy, 43, 1335-1346.

Nakaya, N., *Kumano*, H., *Minoda*, K., *Kugochi*, T., *Tanouchi*, K., *Kanazawa*, M. & *Fukudo*, S. (2004). Psychological effects of muscle relaxation on juvenile delinquent. *International Journal of Behavioral Medicine*, 11, 72-89.

Nickel, C., *Lahmann*, C., *Tritt*, K., *Loew*, T.H., *Rother*, W.K. & *Nickel*, M.K. (2005). Stressed and aggressive adolescents benefit from progressive muscle relaxation: a random, prospective, controlled trial. *Stress and Health*, 21, 169-175.

Nolte, U. (1996). "Kater Goldkralle". Ein Trainingsprogramm zur Progressiven Muskelrelaxation bei Kindern. In S. *Gröninger*. & J. *Stade-Gröninger* (Hrsg.). Progressive Muskelrelaxation. S. 245-263. Stuttgart: Thieme.

O'Brien, K.M., *Larson*, C.M. & *Murrell*, A.R. (2011). Die dritte Welle der Verhaltenstherapie für Kinder und Jugendliche: Fortschritte, Herausforderungen und Perspektiven. In L.A. *Greco* & S.C. *Hayes* (Hrsg.). *Akzeptanz und Achtsamkeit in der Kinder- und Jugendpsychotherapie*. S. 26-46. Weinheim: Beltz.

Petermann, F. & *Petermann*, U. (2000). *Training mit aggressiven Kindern*. Weinheim: Psychologie Verlags Union.

Petermann, U. (2005). *Entspannungstechniken für Kinder und Jugendliche*. Weinheim: Psychologie Verlags Union.

Petermann, U. & *Petermann*, F. (2000). Entspannungsverfahren bei Kindern und Jugendlichen. In D. *Vaitl* & F. *Petermann* (Hrsg.). *Handbuch der Entspannungsverfahren. Band 1: Grundlagen und Methoden*. S. 392-415. Weinheim: Beltz.

Plantania-Solazzo, A., *Field*, T.M., *Blank*, J. & *Seligman*, F. (1992). Relaxation therapy reduces anxiety in child and adolescent psychiatric patients. *Acta Paedopsychiatrica*, 55, 115-120.

Potashkin, B.D. & *Beckles*, N. (1990). Relative Efficacy of Ritalin and Biofeedback Treatments in the Management of Hyperactivity. *Biofeedback and Self-Regulation*, 15 (4), 305-315.

Quante, S. (2003). *Was Kindern gut tut! – Handbuch der erlebnisorientierten Entspannung*. Dortmund: Borgmann.

Ramel, W., *Goldin*, P.R., *Carmona*, P.E. & *Mc Quaid*, J.R. (2004). The effects of mindfulness meditation and affect patients with past depressions. *Cognitive Therapy and Research*, 28, 433.

Raymer, R. & *Poppen*, R. (1985). Behavioral Relaxation Training with Hyperactive Children. *Journal of Behavioral Therapy and Experimental Psychiatry*, 16 (4), 309-316.

Remschmidt, H. (2008). Entspannungsverfahren. In H. *Remschmidt* (Hrsg.). *Kinder- und Jugendpsychiatrie. Eine praktische Einführung*. S. 394-398. Stuttgart: Thieme.

Remschmidt, H. (Hrsg.) (2008). *Kinder- und Jugendpsychiatrie. Eine praktische Einführung*. Stuttgart: Thieme.

Saltzman, A. & *Goldin*, P. (2011). Achtsamkeitsreduzierte Stressreduktion für Kinder im Schulalter. In L.A. *Greco* & S.C. *Hayes* (Hrsg.). *Akzeptanz und Achtsamkeit in der Kinder- und Jugendpsychotherapie*. S. 154-179. Weinheim: Beltz.

Schedlowski, M., *Goebel*, M.U., *Tewes*, U. & *Schmoll*, H.J. (2006). Psychoneuroimmunologie. In H.-J. *Schmoll*, K. *Höffken* & K. *Possinger* (Hrsg.). *Kompendium Internistische Onkologie*. S. 759–765. Berlin, Heidelberg: Springer.

Schlippe, A. von & *Schweizer*, J. (2013). *Lehrbuch der systemischen Therapie und Beratung I. Das Grundlagenwissen*. Göttingen: Vandenhoeck & Rupprecht.

Schubert, C. & *Schüssler*, G. (2009). Psychoneuroimmunologie: Ein Update - Psychoneuroimmunology: an update. *Zeitschrift für psychosomatische Medizin und Psychotherapie*, 55 (1), 3–26.

Segal, Z.V., *Williams*, J.M.G. & *Teasdale*, J.D. (2008). *Die achtsamkeitsbasierte kognitive Therapie der Depression. Ein neuer Ansatz zur Rückfallprävention*. Tübingen: Dgvt-Verlag.

Selye, H. (1988). Stress – Bewältigung und Lebensgewinn. München: Piper.

Semple, R.J. & *Lee*, J. (2011). Behandlung von Angststörungen durch Achtsamkeit: Achtsamkeitsbasierte kognitive Therapie für Kinder. In L.A. *Greco* & S.C. *Hayes* (Hrsg.). *Akzeptanz und Achtsamkeit in der Kinder- und Jugendpsychotherapie*. S. 72-99. Weinheim: Beltz.

Semple, R.J., *Reid*, E.F.G. & *Miller*, L.F. (2005). Treating anxiety with mindfulness: An open trial for mindfulness training for anxious children. *Journal of Cognitive Psychotherapy: An International Quarterly*, 19, 379-392.

Shapiro, S.L. & *Schwartz*, G.E.R. (1999). Intentional systemic mindfulness: An integrative model for self-regulation and health. *Advances in Mind-Body Medicine*, 15, 128–134.

Siegler, R.S. (2001). *Das Denken von Kindern* (3. Aufl.). München: Oldenbourg.

Tomporowski, P.D. (2003). Cognitive and Behavioral Responses to Acute Exercise in Youths: A Review. *Pediatric Exercise Science*, 15, 348-359.

Vaitl, D. & *Petermann*, F. (2000). *Handbuch der Entspannungsverfahren. Band 1: Grundlagen und Methoden*. Weinheim: Beltz.

Van der Schoot, P. (1976). *Aktivierungstheoretische Perspektiven als wissenschaftliche Grundlegung für den Sportunterricht mit geistig retardierten Kindern*. Schorndorf: Hofmann.

Van der Schoot, P. (1990). Sportspezifische Psychophysische Regulation. In P. *Van der Schoot* (Hrsg.). *Bewegung, Spiel und Sport mit Behinderten und von Behinderung Bedrohten. Indikationskatalog und Methodenmanual. Forschungsbericht.* Bd. 1. S. 167–176. Bonn: Der Bundesminister für Arbeit und Sozialordnung.

Von der Embse, N., *Barterian*, J. & *Segool*, N. (2013). Test anxiety interventions for children and adolescents: A systematic review of treatment studies from 2000-2010. *Psychology in the Schools*, 50 (1), 57-71.

Washington, T.D. (2009). Psychological Stress and Anxiety in Middle to late Childhood and Early Adolescence. Manifestations and Management. *Journal of Pediatric Nursing*, 24 (4), 302-313.

Yerkes, R.M. & *Dodson*, J.D. (1908). The Relation Of Strength Of Stimulus To Rapidity Of Habit-Formation. Journal of Comparitive Neurology and Psychology, 18 (5), 459-482.

Zimmer, R. (2002). *Bewegung und Entspannung*. Freiburg: Herder.

Therapeutisches Klettern in der Kinder- und Jugendpsychiatrie

Till Thimme

Abteilung für Kinder- und Jugendpsychiatrie, Psychosomatik und Psychotherapie der LVR-Klinik Bonn

---

Zusammenfassung

Klettern wird als therapeutische Maßnahme im rehabilitativen Kontext zunehmend angewandt. In der wissenschaftlichen Literatur werden aus dem Blickwinkel verschiedener Fachdisziplinen zahlreiche positive motorische und psycho-soziale Effekte beschrieben und dokumentiert. Für den Bereich der Psychiatrie, Psychosomatik und Psychotherapie liegen theoriegestützte Ansätze und praktische Konzepte aber kaum empirische Studien vor. Gerade für die Arbeit mit psychisch auffälligen Kindern und Jugendlichen bietet diese attraktive Sportart gute Interventionsmöglichkeiten im diagnostischen und therapeutischen Prozess. Wirkfaktoren des therapeutischen Kletterns werden für diese Zielgruppe unter Einbezug relevanter Fachbeiträge geordnet dargestellt. Auf dem Hintergrund konzeptueller Überlegungen werden diese mit psychiatrischen Diagnosen in Verbindung gebracht und Anwendungsmöglichkeiten exemplarisch aufgezeigt. Das Klettern wird als optimales Medium für eine störungs- und indikationsspezifische Arbeitsweise im Rahmen der Sport- und Bewegungstherapie dargestellt. Es erweist sich als vielseitig einsetzbares und leicht variables Handlungsfeld für den Therapeuten, der gezielte und differenzierte Impulse und Akzente in seiner diagnostischen und therapeutischen Arbeit setzen kann. Kontrollierte Studien sind weiter notwendig, um die beschriebenen Effekte und Beobachtungen aus der Praxis zu stützen.

Summary

Climbing is increasingly used as a therapeutic measure in a rehabilitative context. Numerous positive effects on physical and psycho-social development are described and documented in the scientific literature from the perspective of different disciplines. While there are theory-based approaches and practical concepts in the fields of psychiatry, psychosomatics and psychotherapy, there are hardly any empirical studies. This attractive sport provides good opportunities for intervention within the diagnostic and therapeutic process, especially when it comes to working with emotionally disturbed children and adolescents. The effective factors of therapeutic climbing are shown for this target group in an orderly fashion, taking the relevant expert papers into account. With conceptual considerations in mind, these factors are looked at in connection with psychiatric diagnoses, and examples of possible applications are identified. Climbing is presented as an optimal medium for a trouble-free and indication-specific approach in the context of sports and movement therapy. It proves to be a versatile and easily variable field of action for the therapist, who can provide specific and differentiated ideas and accents in his or her diagnostic and therapeutic work. Controlled studies are also still necessary to support the described effects and observations in the field.

Einleitung

Die Sportart Klettern erlebt in den letzten Jahrzehnten einen erheblichen Aufschwung und hat in diesem Zusammenhang auch Einzug in verschiedene pädagogische und therapeutische Bereiche gefunden. Im medizinischen Kontext wird Klettern beispielsweise erfolgreich in der neurologischen und orthopädischen Rehabilitation eingesetzt oder bei ergo- und physiotherapeutischen Behandlungen angewandt (z.B. *Esser & Bartik*, 2002; *Kittel*, 2015; *Lazig*, 2007; *Scharler*, 2004; *Wittmann & Sprung*, 2003). Auch in der Psychiatrie, der Psychosomatik, der Suchtbehandlung sowie der Psychotherapie wird das Klettern als bewegungs-, sport- und körpertherapeutisches Medium integriert (vgl. *Kowald & Zajetz*, 2015). In der Fachliteratur ist dabei ein zunehmend differenzierter Diskurs über störungs- und indikationsspezifische Ansätze und Konzepte zu beobachten. Es liegen Beiträge über allgemeine und spezielle Wirkfaktoren des therapeutischen Kletterns und Erfahrungsberichte über die Arbeit mit verschiedenen Alters- und Diagnosegruppen vor (z.B. *Hofferer & Roye*, 2001; *Kowald & Zajetz*, 2015; *Lilotte*, 2003; *Mollenhauer* et al., 2011; *Niggehoff*, 2003; *Reiter* et al., 2014; *Vesper* et al., 2009). Gerade für den Bereich der Kinder- und Jugendpsychiatrie scheint das Klettern unter pädagogisch-therapeutischen, indikations- und diagnosespezifischen Gesichtspunkten von besonders hohem Wert. Dies spiegelt sich u.a. in der steigenden Anzahl an sportwissenschaftlichen und pädagogischen Fach- und Abschlussarbeiten zu diesem Themenbereich wider (siehe Anhang: Tabelle 1). Die karge empirische Datenlage erlaubt jedoch noch keine generalisierbaren Aussagen über die Effekte des therapeutischen Kletterns für spezifische Diagnosegruppen im klinischen Setting. Der vorliegende Beitrag hat nicht den Anspruch, diese Lücke zu füllen, sondern gibt in strukturierter Form einen Überblick über verschiedene Wirkfaktoren des therapeutischen Kletterns, die in der Arbeit mit psychisch kranken Kindern und Jugendlichen in besonderer Weise zum Tragen kommen. Dabei leiten sich die Ausführungen vor allem aus der langjährigen klinischen Erfahrung in der bewegungstherapeutischen Arbeit mit diesem Medium und dieser Zielgruppe ab. Auf der Grundlage aktueller Fachbeiträge zur Thematik werden exemplarisch diagnosespezifische Anwendungsmöglichkeiten aufgezeigt. Die Vorteile des Mediums Klettern werden aus therapeutischer Sicht zusammengefasst, seine Einsatzgrenzen und Nachteile diskutiert.

Wirkebenen des therapeutischen Kletterns

Das „Therapeutische" am Klettern offenbart sich in einzelnen Wirkfaktoren, die sich verschiedenen Ebenen zuordnen lassen: der motorischen, kognitiven, emotionalen und sozialen Ebene. Selbstverständlich besteht eine enge wechselseitige Beziehung der einzelnen Ebenen und Faktoren zueinander. Diese Gliederung entspricht der Strukturierung von *Kowald & Zajetz* (2015). Sie bietet ein übersichtliches theoriegestütztes Arbeitsmodell für die praktische Tätigkeit und für indikationsspezifische Interventionen.

Besonders praxisrelevante Wirkfaktoren werden im Folgenden dargestellt. Ihr therapeutischer Wert und Nutzen werden für ausgewählte Diagnosegruppen beleuchtet: Wirkfaktoren der motorischen Ebene werden mit dem Krankheitsbild der *Hyperkinetischen Störung* in Verbindung gebracht; kognitive Wirkfaktoren werden anhand *depressiver Störungen* beleuchtet; emotionale Wirkfaktoren werden mit *Angststörungen* in Bezug gesetzt und soziale Aspekte am Beispiel der *Störungen des Sozialverhaltens* veranschaulicht. Die Wahl der Störungsbilder liegt in ihrer hohen Prävalenz begründet – sie stellen im klinischen Alltag die größten Behandlungsgruppen dar (*Ravens-Sieberer* et al., 2007; *Schulz* et al., 2008). Ihre Zuordnung zu den Wirkebenen ergibt sich aus den besonders vortrefflichen Interventionsmöglichkeiten in der bewegungstherapeutischen Arbeit.

Motorische Ebene

(1) Koordination. Die Fortbewegung in der Vertikalen verlangt grundsätzlich eine gute Gesamtkörperkoordination und setzt ein gewisses Maß an körperlicher Grundspannung voraus. Folgende koordinative Fähigkeiten werden besonders stark geschult und gefördert:

- Kopplungsfähigkeit
- Differenzierungsfähigkeit
- Orientierungsfähigkeit
- Gleichgewichtsfähigkeit
- Visuomotorik
- Feinmotorik

(2) Kondition. Konditionell wirkt das Klettern vor allem kräftigend wobei je nach Einsatz und Erfordernissen unterschiedliche Kontraktionsformen (statische und dynamische Kraft) und Kraftdimensionen (überwiegend Kraftausdauer und Maximalkraft) zum Ausdruck kommen. Zudem spielen Beweglichkeit und Flexibilität eine wichtige, leistungsdeterminierende Rolle und können durch ein regelmäßiges Klettertraining verbessert werden (*Köstermeyer*, 2012).

(3) Körperwahrnehmung. Nicht zuletzt trägt das Klettern zu einer verbesserten Körperwahrnehmung bei (*Mroncz*, 2001). Die Bewegungen werden beim Klettern dosiert und kontrolliert ausgeführt. Der Kletterer bewegt sich alleine, selbstbestimmt und ohne nennenswerte äußere Störfaktoren. Dies begünstigt die Wahrnehmung körperbezogener Sinnesempfindungen (Spannungsgrad der Muskulatur, Körpertemperatur, Atmung usw.). Der eigene Körper wird intensiv gespürt und erlebt und zudem in seiner biomechanischen Funktionsweise besser verstanden.

Für die Zielgruppe der Kinder- und Jugendlichen im therapeutischen Kontext erweist sich das Klettern somit auf motorischer Ebene diagnoseübergreifend als eine breite Geschicklichkeits-, Kraft-, Beweglichkeits- und Wahrnehmungsschule. Studienergebnisse von *Baumann* et al. (2004) zeigen auf, dass motorische Auffälligkeiten und Defizite in 40 % der 5 bis 13-jährigen untersuchten stationär behandelten Kinder- und Jugendlichen mit psychischen Störungen vorliegen. Dies untermauert die Wichtigkeit der Anwendung sportartspezifischer Interventionen wie das Klettern, die im Rahmen der klinischen Bewegungstherapie gezielt und vor allem vielseitig die motorische Entwicklung fördern. Dass sich im Klettern leicht verschiedene motorische Akzente setzen lassen, erweist sich hierbei als vorteilig: Die große Bandbreite an Übungen, Aufgaben und Spielformen innerhalb des Mediums macht es möglich, auf die Auffälligkeiten und Defizite der einzelnen Patienten differenziert zu reagieren und individuelle Förderschwerpunkte zu setzen.

Betrachtet man exemplarisch das Krankheitsbild der hyperkinetischen Störung, so zeigen die Untersuchungen von *Harvey & Reid* (1997; 2003) bedeutsame Mängel in der körperlichen Fitness, in der Feinmotorik, der Kraftdosierung und Gleichgewichtsfähigkeit der betroffenen Kinder (vgl. *Welsche*, 2011). Wie beschrieben, werden explizit diese Bereiche intensiv beim Klettern angesprochen und trainiert, so dass hier von einer idealen Passung zwischen Medium und Diagnose ausgegangen werden kann. Das Bewegungsverhalten von Kindern mit hyperkinetischer Störung ist gekennzeichnet durch überschießende, unbeherrschte, sprunghafte, dynamische Bewegungen. Hier bietet das Klettern eine kontrastierende Erfahrung und ein gutes Übungsfeld für die Entwicklung der Körperbeherrschung, denn für den erfolgreichen und ökonomischen Durchstieg der Kletterwand ist ein gezieltes und planvolles, wohl dosiertes und kontrolliertes, präzises und bedachtes Bewegen erforderlich (vgl. *Zajetz*, 2015). Der gesteigerte Antrieb, die große Bewegungsfreude und das hohe energetische Auslastungsvermögen, die bei Kindern mit hyperkinetischer Störung häufig zu beobachten sind, können zudem beim Klettern gut als Potentiale eingesetzt und gewürdigt werden. Ein Teil der Symptomatik wird hierdurch kontextgebunden zur Ressource.

Besonders günstig erweist sich gleichzeitig, dass die für das Klettern typischen Bewegungsmuster wie das Greifen, das Ziehen, das Stützen, das Stemmen oder das Steigen bereits Bestandteil des natürlichen Bewegungsrepertoires sind und nicht erst methodisch vermittelt werden müssen. Der intuitive Zugang ohne technische Hürde bietet gerade für Kinder mit hyperkinetischer Störung einen leichten „Einstieg“ und mindert das Risiko von Frustrationserfahrungen. Zudem zeichnen sich die Klettereinheiten in der Regel durch einen phasischen Verlauf in Bezug auf den Aktivitätsgrad aus: Intensive körperliche Betätigung und hohe energetische Auslastung beim Klettern wechseln sich mit Sammlung, Beobachtung und Konzentration während der Sicherungsaufgaben ab. Gerade für Kinder mit hyperkinetischer Störung stellt der Wechsel von Erregung und Erholung, von Spannung und Entspannung, von Ausagieren und Beherrschen günstige Settingbedingungen dar, um sich im Sinne der psycho-physischen Regulation im Laufe der Einheit auf ein optimales Erregungsniveau einzupendeln (vgl. *Deimel*, 2012).

Kognitive Ebene

(1) Motivation. Beim Klettern sind die Anreize visualisiert. Es lassen sich innerhalb des Mediums individuelle und konkrete Ziele formulieren. Man erhält ein schnelles Feedback seiner Leistung. Die Tätigkeit kennzeichnet sich zudem durch ihren intensiven Erlebnischarakter. Dies sind nur einige Aspekte, die das Klettern zu einem sehr geeigneten Medium machen, um im therapeutischen Kontext Motivation zu fördern. Gerade für die Entwicklung von kurzfristigen Nahzielen (Bewegungstherapieeinheit) oder von mittelfristigen Zielen (Therapieprozess) erweist sich das Klettern oft als hervorragend komplementär zu den verbalen Therapien, da sich oft Überschneidungen und Gemeinsamkeiten in den Zielen herauskristallisieren.

(2) Realistische Selbsteinschätzung und angemessene Bewertung von Erfolg und Misserfolg. Das Absolvieren einer Kletteraufgabe kann mit bewussten und konkreten Überzeugungen, Erwartungen und Selbsteinschätzungen verbunden sein. Hier bietet sich die Möglichkeit einer unmittelbaren Realitätsüberprüfung. An der Wand wird rasch sichtbar, ob und wie stark sich die Person in Bezug auf ihr Leistungsvermögen und/oder die gegebene Anforderung unterschätzt oder überschätzt hat. Die Bilanz fällt beim Klettern gerade deshalb so klar aus, da die Kletterwand als Bezugspunkt zur eigenen Leistung stabil bleibt und äußere Faktoren kaum das Geschehen beeinflussen. Das Klettern bietet hierdurch einen günstigen Rahmen, um die Entwicklung einer realistischen Selbsteinschätzung und eines realistischen Anspruchsniveaus zu fördern und eine angemessene Ursachenerklärung und Bewertung von Erfolg bzw. Misserfolg zu unterstützen.

(3) Konzentration und Aufmerksamkeit. Klettern erfordert absolute Aufmerksamkeit und Konzentration. Dies gilt sowohl für den Kletternden als auch für den Sichernden. Auch hier zeigt sich von hohem Wert, dass beim Klettern mangelnde Konzentration und Aufmerksamkeit direkte, spürbare Konsequenzen mit sich bringen. Droht durch die Ablenkung beispielsweise ein Gleichgewichtsverlust, sieht sich der Kletternde sofort zur erneuten Fokussierung seiner Sinne gezwungen, wenn er den Sturz vermeiden will. Für Kinder und Jugendliche erweist sich diese Erfahrung oft als hilfreich, da sie die Beziehung zwischen Konzentration und Leistung körperlich intensiv erfahren und Auswirkungen ihres Konzentrationsmangels eindrücklich bei sich selbst oder bei ihrem Kletterpartner erleben.

(4) Selbstwirksamkeit. Beim Klettern ist jeder vollzogene Schritt in Richtung des Ziels auf den eigenen Antrieb, die eigene Kraft und Determination zurückzuführen. Jeder gewonnene Höhenmeter ist Ausdruck der eigenen Handlungskompetenz und Selbstwirksamkeit. Dies macht das Medium für die therapeutische Arbeit sehr förderlich, denn die Kinder und Jugendlichen erleben unmittelbar am eigenen Leib und durch die sichtbare Höhe, was sie selbst bewirken. Die Gewissheit, das angestrebte Ziel mit alleiniger Kraft erreicht zu haben, geht in der Regel mit sichtbaren Stolz- und Zufriedenheitserlebnissen

einher. In diesem Zusammenhang lassen sich gut individuelle Kompetenzen, Stärken, Fähigkeiten und Ressourcen mit dem Kind/Jugendlichen herausarbeiten, die zur Bewältigung der Herausforderung beigetragen haben. Diese können dann in das bestehende Selbstkonzept integriert werden.

(5) Problemlösungsstrategien. Immer wieder stößt der Kletternde beim Routenklettern an technische, körperliche oder psychische Grenzen und steht vor inneren oder äußeren Hürden. In der exponierten Situation lässt sich gut beobachten, wie das Kind/der Jugendliche mit diesem „Problem" umgeht. Manchmal lassen sich inadäquate, wenig hilfreiche und wenig zielführende Problemlösungsmuster bei den Kindern und Jugendlichen erkennen, die in Frustration, Spannungszuständen, Resignation, Wut oder Selbstabwertung münden. Ist dies der Fall, können beim therapeutischen Klettern alternative Problemlösestrategien (z.B. Einplanen von Zwischenpausen zur Erkundung alternativer Bewegungsmöglichkeiten, Einfordern von Hilfe von außen usw.) aufgezeigt und ihre Passung erprobt werden. Die Kreativität im Umgang mit Herausforderungen wird angeregt und die Entwicklung von Frustrationstoleranz geübt.

Stellt man die beschriebenen Wirkfaktoren dem Krankheitsbild der Depression gegenüber, so ergeben sich vortreffliche Anknüpfungspunkte für die therapeutische Arbeit mit dieser Patientengruppe. Nehmen wir beispielsweise den Aspekt der Leistungsmotivationsstruktur bei depressiven Patienten: Hier beschreiben *Hölter & Deimel* (2011) Aspekte wie unrealistische Zielvorstellungen, unangemessene Kausalattribuierungen bei Erfolg und Misserfolg oder Vermeidungsverhalten. Sie empfehlen für das bewegungstherapeutische Setting die Ermöglichung von Erfolgserlebnissen, eine realistische Ursachenerklärung von Handlungsergebnissen, eine realistische Anspruchsniveausetzung und die Entwicklung einer höheren Frustrationstoleranz. Sie beschreiben weiter, dass es in der Umsetzung dieser Ziele darauf ankommt,

- die Aufgabenschwierigkeiten so zu dosieren, dass Erfolgserlebnisse sichergestellt sind
- über die eigene Wahrnehmung die Effekte eigenen Handelns zu verdeutlichen
- Bewältigungsstile und situationsangemessene Handlungsoptionen zu vermitteln
- eigene Bewertungsmaßstäbe und externe Leistungsanforderungen zu reflektieren
- unangemessene kognitive Denkschemata aufzudecken und Alternativen aufzuzeigen
- die Selbstverantwortlichkeit für Handlungsverläufe und Entscheidungsprozesse zu erhöhen

Die hier in gekürzter Form dargestellten Empfehlungen zu den Themen Motivation, Leistung und Bewertung lassen sich alle explizit und in trefflicher Weise beim therapeutischen Klettern ansteuern und umsetzen.

Auch Konzentrations- und Aufmerksamkeitsstörungen in Form von Verlangsamung des Denkens, negativem Gedankenkreisen, Unachtsamkeit oder schneller kognitiver Ermüdbarkeit sind bei depressiven Patienten häufig zu beobachtende Begleitsymptome (*Mehler-Wex*, 2008). Hier erweist sich beim Klettern als vorteilhaft, dass die optischen und taktilen Reize anregend und fokussierend wirken. Zudem lässt sich beim Klettern die erforderliche Aufmerksamkeitsspanne gut progressiv steigern und an die individuelle psychische Belastbarkeit anpassen. Jederzeit – auch während einer Kletterroute – sind Erholungspausen möglich. Das klar strukturierte, ritualisierte Vorgehen und die geringen äußeren Störreize begünstigen die Konzentration auf das ‚Hier und Jetzt'.

Depressive Störungen drücken sich nicht zuletzt durch Antriebslosigkeit, Interessenverlust und Motivationslosigkeit aus. Oft stellen betroffene Kinder/Jugendliche Vereinsaktivitäten ein, vernachlässigen soziale Kontakte oder verweigern den Schulbesuch (*Mehler-Wex*, 2008). Gerade für diese ungünstig erscheinende Ausgangslage in Bezug auf die Initiative zu bewegungsorientierten Aktivitäten wirkt beim Klettern erfahrungsgemäß der Aspekt der Motivation in besonderem Maße. Die Sportart Klettern wird häufig von depressiv erkrankten Jugendlichen nach ersten Versuchen als anregend, herausfordernd, spannungserzeugend und emotionsgenerierend wahrgenommen und beschrieben, was die Lust zur weiteren Exploration des Mediums begünstigt. Weitere Tatsachen scheinen die Entwicklung von kurz- und mittelfristiger Motivation für die Jugendlichen zu begünstigen: die Möglichkeit, kleinschrittig und selbstbestimmt Ziele definieren zu können; die gute Dosierbarkeit und Anpassung der Bewegungsintensität an die eigene Tagesform sowie die Sichtbarkeit und Objektivierbarkeit der eigenen Lern- und Leistungsfortschritte.

Emotionale Ebene

(1) Wahrnehmung von Affekten. Klettern bedeutet meist, aus seiner Komfortzone heraus in eine Lern- und Risikozone hineinzutreten (*Einwanger*, 2015). Mit dem Einstieg in die Vertikale reagiert der Körper auf die Veränderung seines psycho-physischen Stabilitätszustandes u.a. neurophysiologisch mit Aktivierung und Aufmerksamkeitssteigerung. Das Bewusstsein ist wach und sensibel für innere und äußere Erregungen, für Neues, Interessantes, Herausforderndes oder Gefährliches (*Lovric*, 2015). Dieser aktivierte, vigilante Bewusstseinszustand begünstigt die Wahrnehmung der mit dem Klettern einhergehenden Empfindungen und Gefühlen wie Spannung, Unsicherheit, Angst, Freude, Enttäuschung, Mut oder Wut. Darüber hinaus generiert das Klettern auch diese Gefühle in meist intensiver Form, denn der Kletternde befindet sich in einer exponierten und isolierten Herausforderungssituation, die er zu meistern versucht. Für die therapeutische Arbeit mit Kindern und Jugendlichen sind dies günstige Bedingungen für die Entwicklung von Sensibilität bezüglich der eigenen Komfort-, Risiko- und Angstzonen und den damit einhergehenden Af-

fekten. Gespräche und Reflektionen über die erlebten emotionalen Färbungen und die Bewertung dieser lassen sich auf dem Boden der erlebnisreichen Erfahrung gut anbahnen.

(2) Umgang mit Angst. Unter den Emotionen, die beim Klettern erlebt werden, nimmt die Angst einen bedeutenden Platz ein. Sie kann unterschiedlich bedingt sein: Angst vor der Höhe, vor dem eigenen Misserfolg, dem Versagen von Material oder dem Sicherungspartner, Angst vor dem Schmerz oder dem Verlust von Kontrolle. Angst und Angstreaktionen „beruhen sowohl auf situativen Auslösebedingungen als auch auf erfahrungsabhängigen Wahrnehmungs-, Erlebens- und Bewertungsmustern. Angstreaktionen erfolgen auf der physiologischen, der subjektiv-erlebnismäßigen, der kognitiven und der Verhaltensebene“ (*Hölter & Deimel*, 2011, S. 195). Das Klettern bietet im therapeutischen Kontext die Gelegenheit, Ängste in einem stabilen, sicheren und geschützten Rahmen zu erleben und direkte Hilfe im Umgang mit diesen zu erfahren. Der besondere Wert gegenüber rein gesprächsorientierten Methoden liegt darin, dass der Therapeut den Patienten bei seinem Angst-Erleben unmittelbar beobachten, begleiten, coachen und konfrontieren kann. Die Vermittlung und Anwendung von kognitiven Strategien, von Techniken zur psychophysischen Regulation sowie der Einsatz von Ritualen können in diesem Rahmen die Fähigkeit zur Selbstregulation und Selbstorganisation verbessern.

(3) Erfahrung von Freude, Stolz und Zufriedenheit. Mit der Bewältigung von Herausforderungen gehen positive Affekte wie Freude, Stolz und Zufriedenheit einher. Die Vermittlung von angenehmen, aufbauenden, tragenden und selbstwertstärkenden Erfahrungsmomenten stellt per se diagnoseübergreifend einen heilsamen Wirkfaktor dar. Häufig zeigen die spontanen Gefühlsäußerungen der Kinder und Jugendlichen beim Erreichen ihres Zieles, zu wie viel Vitalität, Ausdruck, Lebensfreude und Heiterkeit sie trotz ihrer schwierigen Lebensumstände in der Lage sind. Vorteilhaft beim Klettern ist, dass durch die guten Anpassungsmöglichkeiten der Anforderungen an die Teilnehmer innerhalb einer Einheit mehrere prägnante persönliche Erfolgserlebnisse möglich sind. Hierdurch kann die Tätigkeit zu einer Verbesserung der aktuellen Befindlichkeit beitragen und in Anlehnung an das Salutogenese-Modell von Antonovsky als Strategie der Stimmungsbewältigung gewertet werden (zum Zusammenhang von Bewegung und Salutogenese: siehe *Hölter*, 2001). Zugleich kann den Kindern und Jugendlichen deutlich gemacht werden, dass Krankheit und Gesundheit sich nicht ausschließen müssen, sondern vielmehr Pole eines Kontinuums von mehr oder weniger gutem Befinden darstellen. Dass Mut, Lebensfreude, Lust und Spaß auch in psychischen Krisenzeiten möglich sind, lockert häufig das von „Kranksein“ geprägte Selbstbild der Patienten etwas auf.

(4) Entwicklung von Selbstsicherheit und Selbstvertrauen. Das Thema Sicherheit wohnt dem Klettern gewissermaßen inne – und zwar nicht nur bezogen auf Material oder Sicherungstechniken sondern bezogen auf die Sicherheit im Sinne körperlicher und psychischer Stabilität. Diese wird stets angestrebt – sie muss jedoch beim Weitergreifen in der Fortbewegung immer wieder kurz-

fristig aufgegeben werden. Das Klettern lässt sich somit betrachten als ein konstanter, spielerischer Wechsel von Stabilitäts- und Instabilitätsmomenten, von Sicherheit und Unsicherheit, von Greifen und Loslösen, von Rast und Fortbewegung. Vorteilhaft beim Klettern ist, dass diese Zustände durch die Bewegungen des eigenen Körpers hergestellt und herbeigeführt werden: Die eigenen Hände werden somit als haltend, die eigenen Füße als tragend, die eigene Körperspannung als stabilisierend wahrgenommen. Bewegt der Kletterer sich sicher, fühlt er sich entsprechend. Medium, Handlung und Erleben verschmelzen zu einer Einheit. Wird dieser Aspekt in der therapeutischen Arbeit entsprechend in den Fokus gerückt – beispielsweise durch das explizite Nachspüren der Tritt- und Griffflächen oder durch das Ausdehnen und Genießen von Halte-, Ruhe- und Stabilitätsphasen des Körpers an der Wand, so liegt ein großer Wert in der daraus resultierenden Erfahrung, sich in seinem Körper sicher zu fühlen und den eigenen Kräften vertrauen zu können.

Setzt man diese Aspekte mit Angststörungen in Bezug, so erweist sich das Klettern in vielfacher Hinsicht als ideales Lern-, Übungs- und Wirkungsfeld für die therapeutische Arbeit mit dieser Patientengruppe. Angstsymptome manifestieren sich auf der Erlebensebene, der Verhaltensebene und der physiologischen Ebene (*Remschmidt*, 2008). Eine Vielzahl an körperlichen Reaktionen wie Herzklopfen, flacher Atem, Zittern, Schwitzen, weiche Knie, Übelkeit, Schwindel oder Anspannung prägen und begleiten den Angstmoment. Häufig versuchen die betroffenen Kinder und Jugendliche in Folge erlebter Angstzustände Situationen zu vermeiden, in denen diese Symptome hervorgerufen werden könnten. Auch sportliche Situationen werden eher gemieden, da die physiologischen Reaktionen wie Herzklopfen oder Schwitzen mit Angst assoziiert werden und nicht als natürliche und gesunde körperliche Vorgänge wahrgenommen und gedeutet werden. Insbesondere das Klettern wird erfahrungsgemäß von dieser Patientengruppe schon im Voraus als bedrohlich erahnt, da hier zusätzlich „reale" und „normale" Ängste durch den spezifischen Anforderungscharakter und die Höhe induziert werden. Das Klettern bietet gerade deshalb im geschützten und begleiteten therapeutischen Kontext zahlreiche Interventionsmöglichkeiten, unter anderem:

- Abbau von unrealistischen Erwartungen, Befürchtungen, Sorgen, Ängsten und Phantasien durch Abgleich von Vorstellungen und konkretem Erleben
- Aufbau von Vertrauen und Selbstsicherheit durch kontrolliertes Bewegen in der eigenen Komfortzone
- Wahrnehmung und Erkennen von inneren und äußeren Auslösebedingungen für Angst durch progressives Annähern an die eigenen Belastungsgrenzen
- Wiedererlangen von Vertrauen in die Belastbarkeit des eigenen Körpers durch angemessene Zuschreibung und Bewertung körperlicher Reaktionen und Signale

- Aktive Auseinandersetzung mit Angstreaktionen und Erlernen funktionsspezifischer Strategien zum Umgang und zur Bewältigung von Angst und Vermeidungsverhalten
- Erfahrung und Verständnis von Gewöhnungseffekten im Sinne der systematischen Desensibilisierung
- Erfahrung und Verständnis von dem Zusammenspiel zwischen Erregung und Erholungszuständen und damit verbundenen Befindlichkeitsänderungen

Schnitzler (2009) unterstreicht für die Arbeit mit Angstpatienten die Wichtigkeit der Konfrontation mit dem eigenen Sorgenprozess und sieht im Klettern eine große Chance, inadäquate Strategien wie Kontroll- und Ablenkungsversuche, Vermeidungs- und Rückzugsverhalten zu durchbrechen.

Zudem erweist sich das Arbeiten in Kleinstgruppen bzw. in den Sicherungsketten (bestehend aus Kletterndem, der Erstsicherung und der Zweitsicherung) als selbstsicherheits- und vertrauensfördernd: Die Bezugspersonen, die Rollen, die Verantwortlichkeiten und die Aufgaben sind klar definiert. Der Rahmen zeichnet sich durch seine Übersichtlichkeit und durch die klare Struktur aus. Die Kommunikations- und Interaktionsprozesse mit den Kletterpartnern favorisieren die Entwicklung von personaler Nähe, Übereinstimmung und Vertrauen.

Ein großer Vorteil liegt schließlich in der guten Transfermöglichkeit der Erfahrungen an der Kletterwand auf andere angstbesetzte Lebensbereiche. Die meist rasch zu beobachtenden Gewöhnungseffekte an die Höhe und die Abnahme der erlebten Angstintensität sowie die Erfahrungen von Selbstsicherheit, Stolz und Zufriedenheit erhöhen die Bereitschaft und den Mut, sich anderen angstbesetzten Themen zu nähern. Aspekte aus dem klettertherapeutischen Vorgehen wie (1) realistische Zielformulierung, (2) Planung der Vorgehensweise, (3) progressive Annäherung an Belastungsgrenze unter Beachtung der eigenen Wahrnehmung und Befindlichkeit, (4) Konfrontation mit der Angst unter Einbezug von Techniken zur Stressregulation und (5) Reflektion des Prozesses lassen sich gut auf andere Situationen übertragen. Auch die beim therapeutischen Klettern eingeübten Rituale, Selbstregulations- und Entspannungstechniken (z.B. Atemübungen, Fokusänderungen, Grounding-Übungen, formelhafte Vorsatzbildungen) sind ebenso gut in anderen Kontexten anwendbar (vgl. *Deimel,* 2007).

Orientiert man sich an dem Modell der Ziele klinischer Bewegungstherapie nach *Hölter* (2011), so wird deutlich, dass beim therapeutischen Klettern mit Angstpatienten der edukativ-psychosoziale Akzent besonders zum Tragen kommt: Die Vermittlung von Wissen (z.B. Handlungs- und Effektwissen oder Wissen über psycho-physische Zusammenhänge), von Bewältigungsstrategien (z.B. Stärkung der Ich-Kontrolle oder Regulation des Anspruchsniveaus), von bewegungsbezogenen Kompetenzen und Erfahrungen (z.B. Verfahren zur Stressregulierung oder Vermittlung von neuen Körpererfahrungen) und von sozialer Unterstützung und Bindung erweist sich als zentraler Ansatz in der therapeutischen Tätigkeit mit ängstlichen Kindern und Jugendlichen.

Soziale Ebene

(1) Kontakt- und Beziehungsfähigkeit. Während das Klettern als Fortbewegung als höchst individuelle sportliche Tätigkeit betrachtet werden kann, spielen sich gleichzeitig in der Seilschaft elementare Kontakt- und Beziehungserfahrungen ab. Der Kletterer und sein Sicherungspartner sind nicht nur materiell und physisch durch das Seil in Kontakt, sondern auch psychisch, emotional und symbolisch miteinander verbunden. Handlungen des Kletternden haben eine unmittelbare Auswirkung auf den Sichernden und umgekehrt. Das besonders prägende an dieser Beziehung ist gegenüber anderen Sportarten sicherlich die Tatsache, dass die eigene Unversehrtheit, um nicht zu sagen das eigene Leben von dem Anderen abhängt. Bildlich gesprochen kann sich der Kletternde nur dann sicher von seinem Ausgangspunkt fortbewegen, wenn er sich dort bei seinem Kletterpartner gut aufgehoben fühlt. Dies fördert Achtsamkeit für den Umgang miteinander. In der therapeutischen Arbeit ist dieses Verhältnis von besonderem Wert: Es regt unter den Kindern und Jugendlichen die Frage darüber an, was sie in der Beziehung von ihrem Gegenüber erwarten und was sie selber zu einer positiv-konstruktiven Kontaktgestaltung und einer „tragfähigen" Beziehung beisteuern können.

(2) Kommunikation und Interaktion. Innerhalb der Beziehung zwischen den Kletterpartnern finden zahlreiche Kommunikations- und Interaktionsprozesse statt. Der Kletterer kann nicht ohne die Hilfe und Unterstützung der Anderen in Aktion treten, sondern Abstimmungs- und Auseinandersetzungsprozesse sind notwendig, prägen das Geschehen und ermöglichen erst die Umsetzung des Vorhabens. Bestimmte Merkmale bilden hierbei den Rahmen und die Basis für ein geordnetes und rücksichtsvolles Miteinander, z.B. die Verständigung über Ziele und Vorgehensweisen, die Festlegung von Rollen und Verantwortlichkeiten, die Verwendung definierter Sprachsignale und Kommandos oder der gemeinsame „Partnercheck". Für den therapeutischen Kontext bedeutet dies zum einen Verlässlichkeit und Ordnung in der Kommunikation durch das ritualisierte Vorgehen. Zum anderen werden die Kinder und Jugendlichen darin gefordert, sich mit ihrer Eigenständigkeit, ihrem Streben, ihren Zielen, ihren Überzeugungen und ihren Bedürfnissen in der Gruppe einzuordnen und sich dem Prozess anzupassen. Die wertvolle Erfahrung hierbei ist, dass eine gelungene Kommunikation und Interaktion mit den anderen Gruppenteilnehmern die beste Voraussetzung für die Umsetzung der eigenen Ziele ist (*Malti & Perren*, 2008).

(3) Übernahme von Verantwortung – Entwicklung von Vertrauen. Ein wesentlicher Aspekt der Beziehung zwischen den Kletterpartnern ist die Verbindung von Verantwortung und Vertrauen. Vertrauen ist nicht per se gegeben, sondern entsteht und entwickelt sich durch die kontinuierliche Erfahrung der

Vertrauenswürdigkeit und des Handlungsvermögens des Anderen. Es besteht eine interdependente Beziehung der Kletterpartner, die nur im gegenseitigen Einverständnis für einander sorgen und sich gegenseitig Hilfe und Unterstützung leisten können. Für die Kinder und Jugendlichen im psychiatrischen Kontext ist mit der Rolle der Sicherung oft ein ersehntes Gefühl verbunden: Bedeutend zu sein und etwas Wichtiges zu leisten. Erfahrungsgemäß strengen sich die meisten Kinder und Jugendlichen in Aussicht auf diese verantwortungsvolle Aufgabe sehr an und sind äußerst bemüht, ihre Verlässlichkeit und ihr Vermögen unter Beweis zu stellen. Über dieses Motiv kann die Sicherungsaufgabe als positiver Verstärker bzw. als Belohnung für gute Mitarbeit in der Gruppe, für Aufmerksamkeit und Konzentration oder für Verlässlichkeit in Aussicht gestellt werden. Besonders wertvoll aus pädagogisch-therapeutischer Sicht ist, dass aus dem persönlich bedeutsamen Motiv eine pro-soziale Tätigkeit erwächst, die in der Gruppe zu Anerkennung und Wertschätzung führt (auf methodische Aspekte der Einweisung in Sicherungstechniken und rechtliche Aspekte der Sicherungsübernahme durch Kinder im therapeutische-pädagogischen Kontext wird hier nicht näher eingegangen).

(4) Regelakzeptanz. Das gesamte Vorgehen beim therapeutischen Klettern wird gerahmt durch ein eindeutiges, verbindliches Regelwerk. Dies betrifft z.B. definierte Grenzen für die Absprunghöhe beim Bouldern (Klettern ohne Seil), die festgelegten Handlungsabläufe beim Sichern, die räumliche Abgrenzung von Bewegungs- und Ruhezonen oder die Übernahme von Verhaltensweisen, die zu einer ruhigen und übersichtlichen Lern- und Arbeitsatmosphäre beitragen. Besonders hervorgehoben wird beim therapeutischen Klettern die Wichtigkeit der Tatsache, dass eine Regelmissachtung die Gefährdung einer eigenen und/oder fremden Sicherheit zur Folge hat. Stets sind mit der Missachtung der Regeln vereinbarte Konsequenzen verbunden, die in der Regel eine Einengung der Handlungsspielräume für das Kind/den Jugendlichen zur Folge haben, beispielsweise in Form von definierten Auszeiten. Als positiver Umkehrschluss heißt dies für die Patienten, dass sie umso mehr erleben und aktiv gestalten können, je besser sie sich an die Vereinbarungen halten. Erfahrungsgemäß erweist sich das Klettern als ausreichend attraktiv und erlebnisreich für die meisten Kinder und Jugendlichen, dass Sanktionen gerne vermieden werden.

Die Merkmale der sozialen Ebene sollen hinsichtlich ihrer therapeutischen Anwendbarkeit und Wirkung exemplarisch anhand des Störungsbildes „Störung des Sozialverhaltens“ aufgezeigt werden. Leitsymptome dieses Störungsbildes sind Probleme im Einhalten sozialer Regeln, in der Impulskontrolle und in der Beziehungsgestaltung zu anderen. *Welsche* (2011) empfiehlt für die bewegungstherapeutische Arbeit mit dieser Patientengruppe folgende Schwerpunktsetzung: Erstens den Umgang mit Aggressionen und Förderung der Impulskontrolle, z.B. durch intensive körperliche Anstrengung und hohen, kontrollierten Krafteinsatz. Zweitens die Akzeptanz von Regeln und Rollen, z.B. durch die Besprechung der Rahmenbedingungen oder die Bestimmung und Begrenzung der Handlungsspielräume. Drittens die Entwicklung von Achtsamkeit, z.B. durch Bewegungssequenzen in Partner- und Gruppenarbeit, die Anpassung und die Übernahme von Verantwortung erfordern. Viertens: Die Förderung von Sozialkompetenz. Diesem Aspekt schreibt Welsche eine zentrale Bedeutung zu und führt in Anlehnung an die beziehungsorientierte Bewegungspädagogik von Sherborne (1998) drei Beziehungsdimensionen auf, über die sich eine Verbesserung der Sozialkompetenz erreichen lässt:

- Caring – Füreinander: Der Partner wird in Bewegungssequenzen umsorgt, unterstützt, getragen, behütet
- Against – Gegeneinander: Entdeckung von Selbstständigkeit, Abgrenzung, Kraft und Individuation stehen im Vordergrund
- Shared – Miteinander: Gemeinsames Erleben, gegenseitige Unterstützung und Interdependenz werden betont (siehe Welsche, 2006)

Alle vier Aspekte, die Welsche als inhaltliche Arbeitsschwerpunkte für den bewegungstherapeutischen Kontext mit dieser Zielgruppe aufführt, können hervorragend über das therapeutische Klettern angebahnt und realisiert werden. Insbesondere die Beziehungsdimensionen des *Füreinanders* und des *Miteinanders* kommen beim Klettern in besonderer Weise zum Tragen. Die Kinder und Jugendlichen erfahren verschiedene Formen der Kontakt- und Beziehungsgestaltung innerhalb der Partner- und Kleingruppenarbeit und haben zahlreiche Möglichkeiten, neue Verhaltensweisen auszuprobieren, Beziehungen auszuloten oder Rollenpräferenzen auszubilden.

In der praktischen Arbeit haben sich – nicht nur für diese Patientengruppe – Vorbesprechungen und Abschlussreflektionen bewährt. Zu Beginn der Stunde können hierdurch gegenseitige Erwartungen und Bedürfnisse geklärt, konkrete Ziele formuliert oder an bestimmte Verhaltensweisen appelliert werden. Die Abschlussreflektion kann im Sinne eines differenzierten Feedbacks genutzt werden, bei dem insbesondere Fähigkeiten, Stärken oder Leistungen betont, Entwicklungsfelder aufgezeigt oder kritische Situationen beleuchtet werden können. Gerade für Kinder und Jugendliche mit einer Störung des Sozialverhaltens liegt in der ritualisierten Rahmung des Geschehens eine wichtige (Beziehungs-)erfahrung: Sie erleben Interesse, Auseinandersetzungsbereitschaft und Wertschätzung des Therapeuten (*Behr*, 2009).

Gleichzeitig scheint für diese Patientengruppe besonders förderlich, attraktive Aufgabenstellungen mit hohem Aufforderungscharakter anzubieten und hierbei immer wieder an die Motive des Einzelnen für eine Teilnahme an dem freiwilligen Bewegungsangebot anzuknüpfen. Hierdurch kann die Motivation, welche sich durch die mangelnde Impulskontrolle und die geringe Frustrationstoleranz oft schwankend zeigt, kanalisiert werden. Dies erhöht die Bereitschaft zur Einhaltung der Regeln und Absprachen.

Es ergeben sich beim therapeutischen Klettern durch die Rast- und Ruhephasen zwischen dem Absolvieren der Kletterrouten viele Gelegenheiten, Geschehnisse und Verhaltensweisen unmittelbar zu besprechen. Positive Entwicklungen, Lern- und Leistungsfortschritte können durch Lob, Bestätigung und Anerkennung ebenso rasch kommentiert werden wie das Überschreiten von

Grenzen oder das Missachten von Regeln. Für Kinder und Jugendliche mit einer Störung des Sozialverhaltens wirkt diese immediate und engmaschige Rückmeldung im Beziehungskontext sicherheitsspendend und richtungsweisend.

Häufig zeigen sich die Symptome der Störung des Sozialverhaltens in besonders eindrücklicher Weise im familiären Rahmen und können sich auf diesen beschränken. Der Arbeit mit den primären Bezugspersonen oder dem Familiensystem wir dann in der Behandlung eine wichtige Bedeutung zugeschrieben (*Quaschner & Theisen*, 2008). Hier erweist das therapeutische Klettern als variables und leicht zu erweiterndes Setting, in das auch Familienmitglieder eingeladen werden können. In der Interaktion an der Kletterwand werden oftmals innerfamiliäre Beziehungsdynamiken deutlich, die mit dem Auftreten der Auffälligkeiten in Zusammenhang gebracht werden können. Dysfunktionale Reaktionsmuster seitens der Eltern wie das Verstärken des regelverletzenden Verhaltens durch übertriebene Zuwendung, unwirksame Anweisungen, willkürliche pädagogische Reaktionen oder unangemessene Bestrafungen fallen in Aktion an der Kletterwand schnell auf. Es lassen sich unter Umständen symptomverstärkende und aufrechterhaltende Faktoren im familiären System erkennen. Aus den Beobachtungen und diagnostischen Einschätzungen lassen sich dann konkrete Interventionen für die Arbeit mit der Familie ableiten. In weiterführenden Einheiten kann das Klettern beispielsweise genutzt werden, um Klarheit im Umgang mit Rollen wiederzugewinnen, um gemeinsame positive Erlebnisse zu generieren, den Eltern Unterstützung in pädagogischen Fragestellungen zu bieten oder die Ressourcen, Fähigkeiten und Stärken der Familie und ihrer einzelnen Mitglieder zu beleuchten.

Vorteile und Nachteile des Mediums aus therapeutischer Perspektive

Nachdem einzelne Wirkfaktoren des Kletterns erläutert und ihr therapeutischer Wert und Nutzen beispielhaft mit kinder- und jugendpsychiatrischen Krankheitsbildern in Verbindung gebracht wurde, soll abschließend in Kurzform dargelegt werden, welche Vor- und Nachteile sich hieraus für den Therapeuten in der Arbeit mit diesem Medium ergeben.

Klettern erweist sich als extrem vielseitiges Bewegungsfeld, in dem der Therapeut sehr unterschiedliche inhaltliche Akzente setzen kann. Das breite Spektrum an Übungen, Aufgaben und Spielformen und die Möglichkeit einer trennscharfen Fokussetzung erlauben es, einzelne Wirkebenen im therapeutischen Prozess gezielt anzusteuern und individuelle Förderschwerpunkte zu setzen. Das therapeutische Klettern fügt sich hierdurch ideal in die störungs- und indikationsspezifischen Behandlungskonzepte ein, die im klinischen Setting üblich sind. Die Vielseitigkeit bezieht sich auch auf die möglichen Gestaltungsformate. Ob in Form von Einzelarbeit, Partnerarbeit in Zweierteams, Kleinstgruppen- oder Großgruppenarbeit: unterschiedliche Konstellationen lassen sich leicht herstellen. Der Therapeut kann hierdurch schnell und situativ auf Dynamiken in der Gruppe reagieren und Veränderungen vornehmen oder je nach Behandlungsauftrag unterschiedliche Settings zur Verfügung stellen.

Zweitens ist die Aktivität hinsichtlich des Intensitäts- und Belastungsgrades sehr gut steuerbar und kontrollierbar. Eine hohe energetische körperliche Auslastung ist ebenso möglich wie ein behutsamer, reduzierter und niedriger Einsatz physischer Kräfte. Auch mental lässt sich das Klettern sehr fordernd und anspruchsvoll oder eben dosiert und behutsam gestalten. Der Anforderungscharakter kann ohne großen Aufwand sehr gut an die individuellen Ausgangsbedingungen der Teilnehmer (Bedürfnisse, Einschränkungen, Befindlichkeit, Tagesform usw.) angepasst werden. Dies erweist sich als sehr vorteilig für die oft heterogenen Gruppenkonstellationen im klinischen Rahmen.

Drittens eignet sich das Klettern hervorragend als diagnostisches Medium. Einschätzungen über die Handlungsplanung und Vorgehensweise des Patienten, sein Umgang mit Herausforderungen, seine psychische Lage, seine motorischen Fertigkeiten, seine Affektzustände oder seine kognitiven Bewertungsmuster können deshalb gut zum gezielten Gegenstand der Beobachtung werden, da der Therapeut in seiner Rolle als Sichernder auf den einzelnen Patienten fokussiert ist und diesen in seiner ausgesetzten Lage aufmerksam beobachtet. Zudem gestatten die regelmäßigen Pausenzeiten zwischen den Kletterrouten viele Reflexionsmomente, in denen das Beobachtete angesprochen und mit der Wahrnehmung des Patienten abgeglichen werden kann.

Viertens wohnen dem Klettern bestimmte Themen inne, die aufgrund ihrer Bedeutung und ihres Symbolgehaltes gut auf andere Lebensbereiche übertragbar sind. Hier einige Beispiele: Sicher gehalten werden, Verantwortung tragen, Loslassen müssen um weiter zu kommen, Standfestigkeit erleben, mit Spannung umgehen, Grenzen erfahren (zu bewegungstherapeutischen Themen: siehe *Hölter,* 2011, S. 107-118). Der Therapeut hat durch die Transferfreundlichkeit dieser Themen viele Möglichkeiten, Parallelitäten und Verbindungen zu anderen Lebenssituationen des Patienten herzustellen, aufzudecken und metaperspektivisch zu reflektieren. *Braun* (1999) beschreibt in diese Zusammenhang die Kletterwand als „Spiegel für den Alltag“ (S. 170), Im Idealfall bietet das therapeutische Klettern ein Terrain, in dem sich neue Lösungswege für konflikthafte Themen oder für die explizite krankheitsbezogene Problematik erschließen, die dann in den Alltag integriert werden können.

Im Gegenzug verlangt das Klettern vom Therapeuten hinsichtlich seiner Vorgehensweise und seiner Stundengestaltung ein hohes Maß an Struktur, Klarheit und Übersichtlichkeit. Das Thema Sicherheit ist immanent und jeder Fehler in der Sicherungskette kann schwere Folgen mit sich ziehen – dies erfordert eine dauerhafte hohe Konzentration und Aufmerksamkeit vom Therapeuten. Ist dieser in der Sicherungskette zusätzlich als Erstsicherung aktiv, kann er beispielsweise nicht unmittelbar auf schwere Regelverstöße reagieren oder sich Fragen anderer Kinder widmen, da er gänzlich an seine Aufgabe gebunden ist. Es ergibt sich allein aus dieser Tatsache eine Reihe an methodischen Implikationen (z.B. Wahl der Spielformen, der Kleingruppenzusammensetzung, der Ausgestaltung der eigenen Rolle usw.), auf die hier nicht näher eingegangen wird. Es sei zumindest erwähnt, dass sich in der Praxis ein wohl überlegtes und durchdachtes, systematisches und planmäßiges Vorgehen gegenüber einer offenen und spontanen Arbeitsweise deutlich bewährt hat. Dies wiederum setzt eine sorgfältige Vorbereitung der Stundeneinheit voraus und verlangt Zeit, die im klinischen Alltag nicht immer ausreichend gegeben ist. Ein hohes Maß an Selbstsicherheit und Selbsterfahrung im Umgang mit dem Medium erweist sich hier als vorteilhaft und kann dies zumindest teilweise kompensieren.

Möchte der Therapeut den Kindern und Jugendlichen passende individuelle Hilfestellungen, Tipps und Hinweise bei ihren Herausforderungen geben und angemessen auf Über- oder Unterforderung reagieren, benötigt er gute Fachkenntnisse von Bewegungstechniken, von Aufgabenvarianten und Anleitungsmöglichkeiten, die erst durch eine gründliche Auseinandersetzung mit dem Medium entstehen. In jedem Fall ist für das Arbeiten mit dem Klettern im therapeutischen Kontext eine Schulung bzw. eine spezifische Weiterbildung erforderlich, damit Sicherungstechniken erfolgreich angewandt und auch vermittelt werden können. Somit erweist sich das Medium in diesem Setting als nicht sofort zugänglich und anwendbar für jeden Interessenten, sondern erfordert neben einer finanziellen und zeitlichen Investition insbesondere ein hohes Maß an persönlicher Vorerfahrung und pädagogisch-therapeutischer Reife.

Zudem setzt das Klettern voraus, dass entsprechende räumlich-apparative Voraussetzungen im Sinne künstlicher Kletterwände oder Anlagen vorhanden sind. Dies bedeutet für die Klinik zunächst eine einmalige hohe Investition. Besteht keine Ausstattung vor Ort, können öffentliche Kletterhallen oder Naturklettergebiete zur Durchführung der therapeutischen Einheiten angesteuert werden. Hierdurch entstehen wiederum Kosten durch Eintrittspreise und Materialausleihe bzw. ein erhöhter zeitlicher Aufwand, was aus versorgungs- und personaltechnischen Gesichtspunkten für klinische Einrichtungen zunächst wenig attraktiv erscheinen mag. Hier können beispielsweise durch entsprechende Kooperationen mit den Kletterhallen oder durch die Unterstützung von Fördervereinen finanzielle Hürden gesenkt werden.

Nicht zuletzt hat sich aus der langjährigen Arbeit mit diesem Medium auch gezeigt, dass sich die Anwendung kletterbezogener Maßnahmen nicht für alle Diagnosegruppen gleich gut eignet. Wichtige Ausschlusskriterien sind zunächst Unsicherheiten bezüglich der Eigen- oder Fremdgefährdung des Patienten. In der Regel sehen klinische Konzepte ohnehin vor, dass unter diesen Bedingungen keine oder nur eine eingeschränkte Teilnahme an bewegungstherapeutischen Einheiten (z.B. in Form von Einzeltherapie auf Station) möglich ist. Unter dem Aspekt der Sicherheit und dem Ziel der akuten Affektstabilisierung scheint das Klettern hier jedenfalls weniger passend. Auch Kinder und Jugendliche, die sich beispielsweise im Rahmen ihrer Störung des Sozialverhaltens in Gruppensituationen nicht ausreichend an Absprachen und Regeln halten können, stellen eine Patientengruppe dar, bei der eine genaue Prüfung der Verlässlichkeit und Anpassungsfähigkeit wichtig erscheint, damit sie sich selbst und Andere durch ihr Verhalten nicht in Gefahr bringen. In der Praxis haben sich Verträge zur Teilnahme an der Klettergruppe in schriftlicher Form bewährt, in denen explizit die wichtigsten Verhaltensregeln und Konsequenzen niedergeschrieben und von dem Kind/Jugendlichen und dem Therapeuten unterzeichnet werden. Des Weiteren sollte auch die Teilnahme von Patienten mit Borderline-Persönlichkeitsstörungen gut abgewägt werden. Ihr Potential, sich fordernd, impulsiv, affektlabil, manipulativ, agierend, grenztestend oder spaltend zu zeigen, wirkt einem produktiven Gruppengeschehen oft entgegen und bindet übermäßig stark die Aufmerksamkeit des Therapeuten (*Hofmann*, 2002). Bei stark adipösen Kindern und Jugendlichen sollte schließlich im Vorfeld gut die Erwartungshaltung geprüft werden, denn erfahrungsgemäß erweist sich das Übergewicht beim Klettern als nachteilig, was schnell zu frustrierenden und enttäuschenden Vergleichen mit den anderen Teilnehmern führt. Zudem besteht die Gefahr, dass diese Patienten muskulär ihr Gewicht nicht auf den kleinen Unterstützungsflächen halten können. Eine ausreichende muskuläre Stabilität und Belastungsverträglichkeit der passiven Strukturen der unteren Extremitäten sollte durch die Einschätzung des Bewegungstherapeuten einer Teilnahme vorausgehen um Verletzungen zu vermeiden.

Fazit und Ausblick

Der vorliegende Beitrag veranschaulicht den therapeutischen Wert und Nutzen des Kletterns für ausgewählte psychiatrische Diagnosegruppen im kinder- und jugendpsychiatrischen Kontext. Je nach Störungsbild, Indikation und Behandlungsauftrag lassen sich beim Klettern gut unterschiedliche diagnostische und therapeutische Akzente setzen und gewünschte Effekte gezielt ansteuern. Hierdurch erscheint dieses sportartspezifische Bewegungsfeld insbesondere für den klinisch-psychiatrischen Kontext attraktiv und förderlich.

Die hier gewählte Einteilung in Wirkebenen und die Zuordnung der Wirkfaktoren zu bestimmten Krankheitsbildern sind flexible Konstruktionen und dürfen nicht im Sinne der Ausschließlichkeit verstanden werden. Die gewählte Systematisierung stellt den Versuch dar, auf dem Boden konzeptueller Überlegungen beispielhaft Anwendungsmöglichkeiten aufzuzeigen. Dabei gehen die Erläuterungen vor allem aus klinischen Beobachtungen und praktischen Erfahrungen in einem spezifischen Behandlungssetting hervor. Sie sind somit immer in Verbindung zu den institutionellen Rahmenbedingungen zu sehen. Hierzu zählt beispielsweise, dass das therapeutische Klettern als Modul der Bewegungstherapie in ein multimodales Therapiekonzept eingebettet ist. Erst durch den wechselseitigen Informationsaustausch der behandelnden Berufsgruppen im interdisziplinären Team erhalten die diagnostischen Beobachtungen und die therapeutischen Interventionen aus den Klettereinheiten ihre volle Bedeutung und Relevanz. Zudem ist davon auszugehen, dass eine Reihe an Faktoren das therapeutische Geschehen mit beeinflussen, z.B. die, die strukturellen und klimatischen Bedingungen der Gruppe (Anzahl, Dauer und Frequenz der therapeutischen Klettereinheiten, Gruppengröße und Konstellation usw.), die therapeutische Methodik oder die Therapeutenpersönlichkeit. Beobachtete Effekte lassen sich somit selten isoliert auf das Klettern als Methode zurückführen sondern müssen kontextgebunden und systembezogen betrachtet und interpretiert werden. Gerade dieses komplexe Zusammenwirken der unterschiedlichen Einflussgrößen macht jedoch eine trennscharfe empirische Belegbarkeit einzelner Effekte und Wirkfaktoren in der Bewegungstherapie so herausfordernd (hierzu *Hölter* 2011, S. 134 – 152). Die langjährige positive Erfahrung in der Arbeit mit diesem Medium und insbesondere die hohe Akzeptanz der Methode durch die Patienten lassen gleichwohl darauf schließen, dass das therapeutische Klettern einen exzellenten Rahmen als Erfahrungs-, Lern- und Übungsfeld darstellt, welches die Förderung, Entwicklung und Genesung unterstützt. Weitere Forschung ist erforderlich um diese Beobachtungen empirisch zu stützen.

Anhang

Autor	Jahr	Titel	Ort/Art
Ade, K.	2014	*Therapeutisches Klettern in der Psychotherapie unter Berücksichtigung forensischer Psychotherapie.*	Universität Konstanz, Bachelorarbeit
Böhme, M.	2015	*Untersuchung zur Veränderung der Selbstwirksamkeitserwartung bei Menschen mit Abhängigkeitserkrankung durch therapeutisches Klettern.*	DSHS Köln, Bachelorarbeit.
Brus L.	1998	*Auswirkungen der erlebnispädagogischen Maßnahme Klettern auf Drogenabhängige in der stationären Langzeittherapie*	DSHS Köln, Diplomarbeit.
Burkhardt,K.	2010	*Therapeutisches Klettern in der Kinder- und Jugendpsychiatrie – Eine empirische Untersuchung zur Beurteilung der Auswirkungen des therapeutischen Kletterns.*	DSHS Köln, Diplomarbeit.
Fuhrmann, J.	2008	*Entwicklung eines Klettertherapiekonzeptes für Kinder und Jugendliche mit einer Störung des Sozialverhaltens.*	Universität Leipzig, Magisterarbeit.
Gruse, M.	1993	*Klettern als erlebnispädagogische bzw. therapeutische Maßnahme bei Verhaltensstörungen*	DSHS Köln, Diplomarbeit.
Jungcurt, S.	2012	*Klettern mit ADHS Kindern. Ein bewegungstherapeutisches Konzept in Anlehnung an das Alert-Programm..*	DSHS Köln, Diplomarbeit.
Koeppe, T.	2010	*Angst beim Klettern. Pilotstudie in der Kinder- und Jugendpsychiatrie.*	Universität Dortmund, Diplomarbeit.
Mehlhorn, I.	2000	*Therapeutisches Klettern.*	Universität Potsdam, Diplomarbeit.
Müller, T.	2006	*Klettern mit ADS-Kindern – Hobby oder Therapie? Überlegungen und Untersuchungen zu einem multimodalen Behandlungsansatz bei ADS-Kindern.*	Pädagogische Hochschule Luzern, Diplomarbeit.

Rillmann, A.	2004	*Klettern als erlebnisorientierte Maßnahme bei Menschen mit psychischen Erkrankungen. Ein Kletterprojekt mit Bewohnern eines Wohnheimes für psychisch erkrankte Menschen.*	DSHS Köln, Diplomarbeit.
Tiedmann, C.	2010	*Therapeutisches Klettern zur unterstützenden Behandlung von Zwangsstörungen bei Kindern und Jugendlichen.*	Hochschule Neubrandenburg, Diplomarbeit.
Wallmeroth, N	2013	*Therapeutisches Klettern in der Kinder- und Jugendpsychiatrie Eine Einzelfallanalyse zur Beurteilung der Auswirkungen auf die ADHS Symptomatik.*	DSHS Köln, Bachelorarbeit.
Weber, F.	2014	*Auswirkungen des therapeutischen Kletterns auf die sensorische Integration.*	Technische Universität Dortmund, Masterarbeit.
Will, F.	2014	*Untersuchung zu Erwartungen von Patienten mit Essstörung an therapeutisches Klettern im Vergleich zu einer konfrontativen Körperbildtherapie.*	DSHS Köln, Bachelorarbeit.

Tab. 1: Universitäre Abschlussarbeiten zum therapeutischen Klettern in Psychiatrie, Psychosomatik, Suchtbehandlung und Psychotherapie

Literatur

Baumann, C., *Löffler*, C., *Curic*, A., *Schmid*, E. & *Aster*, M. (2004). Motorische Entwicklung und kinderpsychiatrische Störungen. *Psychiatrische Praxis*, 31, 395-399.

Behr, M. (2009). Psychotherapie mit Kindern und Jugendlichen. Personzentrierte Methoden und interaktionelle *Behandlungskonzepte*. Göttingen: Hogrefe.

Braun, I. (1999). Heilsamer Abgrund – Klettern als Therapie. In *Deutscher Alpenverein* (Hrsg.). *Berg 1999 Alpenvereinsjahresbuch*. München: DAV, (12), 169-176.

Deimel, H. (2007). Bewegungs- und Sporttherapie bei Kindern mit Depressionen. *Leipziger Sportwissenschaftliche Beiträge*, 48 (1), 6-15.

Deimel, H. (2012). Entspannungsverfahren in der Sport- und Bewegungstherapie. In K. *Schüle* & G. *Huber* (Hrsg.). *Grundlagen der Sport- und Bewegungstherapie – Prävention, ambulante und stationäre Rehabilitation*. S. 271-291. Köln: Deutscher Ärzte-Verlag.

Einwanger, J. (2015). Erlebnispädagogik. In A. *Kowald* & A.K. *Zajetz* (Hrsg.). *Therapeutisches Klettern. Anwendungsfelder in Psychotherapie und Pädagogik*. S. 81-93. Stuttgart: Schattauer-Verl.

Esser, I. & *Bartik*, F. (2002). Klettern in der ergotherapeutischen Praxis. *Ergotherapie und Rehabilitation*, 3, 17-25.

Harvey, W. & *Reid*, G. (1997). Motor Performance of children with Attention-Deficit Hyperaktivity Disorder: A Preliminary Investigastion. *Adapted physical activity quarterly*, 14, 189-202.

Harvey, W. & *Reid*, G. (2003). Attention-Deficit/Hyperactivity Disorder: A review of research on Movement skill performance and physical fitness. *Adapted physical activity quarterly*, 20 (1), 1-26.

Hofferer, M. & *Royer*, S. (2001). Klettern mit Kindern mit Problemverhalten in der kommunikationspädagogisch-psychotherapeutischen Behandlung. *Schweizerische Zeitschrift für Heilpädagogik*, 3, 7-14.

Hofmann, R. (2002). *Bindungsgestörte Kinder und Jugendliche mit einer Borderline-Störung. Ein Praxisbuch für Therapie, Betreuung und Beratung*. Stuttgart: Klett-Cotta.

Hölter, G. & *Deimel*, H. (2011). Affektive Störungen. In G. *Hölter* (Hrsg.). *Bewegungstherapie bei psychischen Erkrankungen*. S. 156-210. Köln: Deutscher Ärzte-Verlag.

Hölter, G. (2001). Salutogenese als Rahmentheorie für eine empirische Evaluation bewegungstherapeutischer Interventionen in der Klinik. In J.R. *Nitsch* & H. *Allmer* (Hrsg.). *Denken – Sprechen – Bewegen*. S. 341-346. Köln: bps.

Hölter, G. (1993). *Mototherapie mit Erwachsenen. Sport, Spiel und Bewegung in Psychiatrie, Psychosomatik und Suchtbehandlung*. Schorndorf: Hofmann.

Kittel, R. (2015). *Therapeutisches Klettern*. Bad Feilnach: TKS-Verlag.

Köstermeyer, G. (2012). *Peak-Performance. Klettertraining von A – Z*. Korb: tmms-Verlag.

Kowald, A. & *Zajetz*, A.K. (2015). Warum wirkt therapeutisches Klettern? Effekte und Wirkfaktoren. In A. *Kowald* & A.K. *Zajetz* (Hrsg.). *Therapeutisches Klettern. Anwendungsfelder in Psychotherapie und Pädagogik*. S. 51-61. Stuttgart: Schattauer-Verl.

Lazig, D. (2007). *Therapeutisches Klettern*. Stuttgart: Georg Thieme Verlag.

Lillotte, R. (2003). Psychomotorische Entwicklungsförderung am Beispiel eines Kletterprojekts in einem offenen, integrativen Kinder- und Jugendhaus. *Praxis der Psychomotorik*, 3, 177-186.

Lovric, D. (2015). Neurowissenschaftliche Implikationen therapeutischen Kletterns. In A. *Kowald* & A.K. *Zajetz* (Hrsg.). *Therapeutisches Klettern. Anwendungsfelder in Psychotherapie und Pädagogik*. S. 6-18. Stuttgart: Schattauer-Verl.

Remschmidt, H. (2008). Allgemeine Gesichtspunkte. In H. *Remschmidt* (Hrsg.). *Kinder- und Jugendpsychiatrie. Eine praktische Einführung*. S. 355-359. Stuttgart: Thieme.

Lukowski, T. (2010). Therapeutisches Klettern. *e & l – erleben und lernen*, 3, 19-21.

Malti, T. & *Perren*, S. (2008). *Soziale Kompetenz bei Kindern und Jugendlichen. Entwicklungsprozesse und Förderungsmöglichkeiten*. Stuttgart: Kohlhammer.

Mehler-Wex, C. (2008). *Depressive Störungen*. Heidelberg: Springer Medizin Verlag.

Mollenhauer, A., *Doll*, N., *Renz*, P. & *Luntz*, J. (2011). Therapeutisches Klettern in der Akutpsychiatrie. *Pflegewissenschaft*, 13 (9), 453.

Mroncz, T. (2001). Klettern für Kinder mit Wahrnehmungsstörungen- mehr als die Eroberung der dritten Dimension. *Motorik*, 3, 87-93.

Niggehoff, S. (2003). Klettern als erlebnispädagogisches Medium in der Entwöhnungsbehandlung Drogenabhängiger. *Praxis Psychomotorik*, 28, 191-195.

Quaschner, K. & *Theisen*, F.M. (2008). Störung des Sozialverhaltens. In H. *Remschmidt*, F. *Mattejat* & A. *Warnke* (Hrsg.). *Therapie psychischer Störung bei Kindern und Jugendlichen*. S. 337-350. Stuttgart: Georg Thieme Verlag.

Ravens-Sieberer, U., *Wille*, N., *Bettge*, S. & *Erhart*, M. (2007). Psychische Erkrankungen von Kindern und Jugendlichen in Deutschland. Ergebnisse aus der BELLA Studie und Kinder- und Jugendgesundheitssurvey (KIGGS). *Bundesgesundheitsblatt – Gesundheitsforschung – Gesundheitsschutz*, 50 (5-6), 871-878.

Reiter, M., *Heimbeck*, A., *Müller*, M. & *Voderholzer*, U. (2014). Bewegungstherapie und therapeutisches Klettern bei Angst- und Zwangsstörungen. *Der Neurologe & Psychiater*, 15 (3), 62.

Scharler, D. (2004). Therapeutisches Klettern – Alpenfeeling in der Praxis. *Physiopraxis*, 2, 40-43.

Schnitzler, E. E. (2009). Loslassen, um weiter zu kommen – Praxisbericht: Therapeutisches Klettern in der psychosomatischen Rehabilitation. *Rehabilitation*, 48, 51-58.

Schulz, H. (2008). *Psychotherapeutische Versorgung* (Vol. 41). Berlin: Robert-Koch-Institut.

Sherborne, H. (1998). *Beziehungsorientierte Bewegungspädagogik*. München: Elsevier.

Vesper, S., *Bady*, M. & *Wiesener*, M. (2009). Konzentriert durch Klettern – Therapeutisches Klettern bei Kindern mit ADHS. *Ergopraxis*, 4, 18-21.

Welsche, M. (2006). Sherbornes Beziehungsorientiertes Bewegungspädagogik als Baustein der klinischen Bewegungstherapie mit Jugendlichen. *Praxis der Psychomotorik*, 32, 225-232.

Welsche, M. (2011). Psychische Erkrankungen im Kindes- und Jugendalter. In G. *Hölter* (Hrsg.). *Bewegungstherapie bei psychischen Erkrankungen.* S. 448-525. Köln, Deutscher Ärzte-Verlag.

Wittmann, K. & *Sprung*, M. (2003). Therapeutisches Klettern mit Kindern und Jugendlichen. *Krankengymnastik, Zeitschrift für Physiotherapeuten*, 11, 1974-1977.

Zajetz, A.K. (2015). AD(H)S. In A. *Kowald* & A.K. *Zajetz* (Hrsg.). *Therapeutisches Klettern. Anwendungsfelder in Psychotherapie und Pädagogik.* S. 151-154. Stuttgart, Schattauer-Verlag.

Therapeutisches Bogenschießen in der Kinder- und Jugendpsychiatrie

Michael Lindner, Miriam Lindner

Klinik für Psychiatrie und Psychotherapie im Kindes- und Jugendalter, Universität Tübingen

---

Zusammenfassung

Der Ursprung des Therapeutischen Bogenschießens ist das intuitive Bogenschießen. Dabei wird ohne Zielvorrichtung geschossen, der Schütze wird nur durch seine Intuition geleitet. Das Therapeutische Bogenschießen wurde Mitte der Neunziger Jahre in der Tübinger Kinder- und Jugendpsychiatrie erstmalig als einzel- und gruppentherapeutisches Angebot installiert. Seither steigt die Zahl der Interessierten genauso wie die der Einrichtungen, an denen das Therapeutische Bogenschießen angeboten wird. Der Fokus beim Therapeutischen Bogenschießen liegt weniger auf dem Treffen der Zielscheibe als auf dem Patienten als Schützen. Der feste Stand, die ruhige Atmung, der flüssige Bewegungsablauf sowie die Spannung, die Konzentration, das Loslassen und die Entspannung lassen den Patienten zum Mittelpunkt des gesamten Prozesses werden. Dem anleitenden Therapeuten und dem Patienten bieten sich eine Vielfalt an Beobachtungs- und Reflexionsmöglichkeiten und somit Raum für therapeutisches Arbeiten. Durch die Übungsgestaltung kann Einfluss auf verschiedene Wirkungsweisen des Therapeutischen Bogenschießens genommen werden. Das Therapeutische Bogenschießen ist vorrangig ein erlebnisorientiertes Angebot, das den Patienten ganzheitlich auf körperlicher, psychischer und sozialer Ebene anspricht. Durch die aufmerksame Wahrnehmung des Therapeuten können auch verborgene Themen identifiziert werden, da diese häufig beim Bogenschießen sichtbar und spürbar werden. Dies wird exemplarisch an drei Fallbeispielen dargestellt.

Summary

The origin of therapeutic archery is intuitive archery, in which there is no target to shoot at and the archer is solely guided by his intuition. Therapeutic archery was first introduced as individual and group therapy in the Tübingen Clinic for Child and Adolescent Psychiatry in the mid-nineties. Since then, the number of interested therapists has been rising along with the number of facilities that offer therapeutic archery. Therapeutic archery focuses less on hitting the target than on the patient as the archer. The firm stance, the quiet breathing, the fluid movement as well as the tension, concentration, release and relaxation let the patient be the focal point of the whole process. The instructing therapist and the patient have a variety of opportunities for observation and reflection and therefore room for therapeutic work. The design of the exercise can have an influence on the various ways in which therapeutic archery works. Therapeutic archery is primarily an experience-oriented approach that addresses the patient holistically on a physical, psychological and social level. Attentive observation on the part of the therapist may also identify hidden issues, since these are often revealed and felt during archery. This is exemplified in three case studies.

Einleitung

Das Bogenschießen ist eng mit der Menschheitsgeschichte verbunden. Der erste belegte Fund eines Bogens wird auf 6000 v. Chr. datiert. Er bescherte den Menschen neue Möglichkeiten beim Jagen, später wurde er als Kriegswaffe eingesetzt. Seit 1972 ist das Bogenschießen eine olympische Disziplin. Das Therapeutische Bogenschießen hingegen ist vergleichsweise jung, weshalb es fast keine wissenschaftlichen Studien dazu gibt. Aktuell sind eher praxisbezogene Werke zum Thema erschienen (*Christensen*, 2015; *Schäfer,* 2015) und die Entwicklungen zeigen, dass sich das Therapeutische Bogenschießen an einer wachsenden Zahl interessierter Ärzte, Therapeuten und Pädagogen erfreuen kann.

Der Beginn dieser Entwicklung geht zurück auf das Jahr 1997, als der Autor mit einem Bewegungstherapeuten das Bogenschießen als therapeutische Gruppe in der Kinder- und Jugendpsychiatrie Tübingen installierte – trotz anfänglicher Widerstände seitens der Institution. Sie entwickelten europaweit erstmalig das Angebot des Therapeutischen Bogenschießens in einem stationären psychotherapeutischen Setting.

Unterschied zwischen leistungsorientiertem und therapeutischem Bogenschießen

Beim leistungsorientierten Bogenschießen sind die Bogen meist mit Zielvorrichtungen versehen und es geht vor allem darum, so treffsicher wie möglich ins Schwarze zu schießen. In den Schützenvereinen wird vorrangig diese Version des Bogenschießens angeboten (*Greenland* et al., 2011).

Das Therapeutische Bogenschießen unterscheidet sich zum leistungsorientierten Bogenschießen vor allem hinsichtlich der Zielstellung. Der Fokus beim Anleiten und Schießen liegt nicht primär auf dem Treffen des vorgegebenen Ziels. Vielmehr steht der Schütze mit seiner Bewegung, seiner Konzentration und seiner momentanen mentalen Verfassung im Mittelpunkt. Grundlage ist üblicherweise das intuitive Bogenschießen. Der kreativen Übungs- und Zielgestaltung sind innerhalb der Sicherheitsrichtlinien kaum Grenzen gesetzt. Durch Variation von Zielgröße und Länge der Schießbahn, bis hin zu Gruppenkonstellation und dem zeitlichem Modus kann das Angebot an Patient und therapeutische Zielsetzung angepasst werden. Die Idee der Umfokussierung vom leistungsorientierten Bogenschießen zu einer Art des Bogenschießens, die den Patient im Rahmen einer Therapie in den Mittelpunkt des Prozesses rückt, ist genauso neu wie spannend.

Das Paradox, beim Bogenschießen (dessen Handlungsausführung dem Schützen vermittelt, es gäbe nur das einzige Ziel, nämlich das Schwarze zu treffen) die Zielstellung des „Treffen-Müssens" hin zu einer auf den Menschen zentrierte Art des Bogenschießens zu transformieren, schafft viele neue Gestaltungs- und Erlebnisräume. So wird die Zielscheibe zu einem zwar wichtigen, aber nicht zum einzigen Fokus der Aufmerksamkeit (*Herrigel*, 2010). Das macht den Reiz des Therapeutischen Bogenschießens aus und eröffnet eine Vielfalt an Anwendungsmöglichkeiten, die das Zielen und Treffen beinhalten können, aber eben nicht müssen.

In einem Zeitungsartikel der Neue Zürcher Zeitung aus dem Jahr 2002 schreibt *Overath* über das Therapeutische Bogenschießen in der Kinder- und Jugendpsychiatrie Tübingen:

„Ein klinisches Jugendheim ist das Gegenteil von Freiheit. Aber ein fliegender Pfeil ist das Gegenteil von Eingesperrtsein. Ein Bogenschütze spannt mit dem Bogen sich selbst und gibt sich frei, wenn er die Sehne im richtigen Moment löst. Jenseits der sportlichen Qualifikation, dem Treffenkönnen, haftet diesem Schießen auch noch auf dem sauberen Linoleumboden des Hospitals ein Spurenelement von kultischem Geschehen an. Der Kunst des Bogenschießens, sagen die alten Zen Meister, liege eine geistige Übung zugrunde, bei der der Schütze im Grunde auf sich selbst ziele und dabei vielleicht erreiche, dass er sich selbst trifft."

Möglichkeiten und Grenzen des therapeutischen Bogenschießens

Das Bogenschießen kann in unterschiedlichen Feldern als therapeutisches Medium wirken. Zunächst schafft es eine Beruhigung, ausgehend vom Aufspannen und Halten des Bogens. Die vom Bogen übertragene Spannung auf den Körper kann nur durch eine stabile und ruhige Körperhaltung ausgeglichen werden (*Marcotty*, 2004). Die körperlich erfahrene Ruhe überträgt sich in vielen Fällen auch auf den Geist. Außerdem erzeugt das Therapeutische Bogenschießen eine verbesserte Koordination von Körper, Psyche und Emotionen. Der enge Zusammenhang von Bewegung, Konzentration und emotionalen Reaktionen im Prozess des Schießens schafft einen intensiven Erfahrungsraum, auf den der Patient ebenso wie der Anleitende in seiner therapeutischen Arbeit zurückgreifen kann. Ein weiteres Wirkungsfeld des Therapeutischen Bogenschießens ist die erhöhte Wahrnehmung des Patienten als Schütze und auch des Therapeuten als Beobachter und Anleiter. So entfaltet das Bogenschießen eine therapeutische Wirkung durch die Bildung eines Raumes, der durch eine wiederkehrende zeitliche und inhaltliche Struktur sowie ein Beziehungsangebot an den Patienten gekennzeichnet ist. Wie in jeder therapeutischen Situation trägt der Therapeut auch beim Bogenschießen eine große Verantwortung und muss sein Angebot durch Fortbildung, Supervision und/oder eine eigene Therapie entwickeln, verantworten und prüfen.

Auch die Grenzen des Therapeutischen Bogenschießens sollen nicht unerwähnt bleiben. So ersetzt das Bogenschießen keine Therapie von akuten Krankheitsbildern. Es dient jedoch sehr gut als komplementäres therapeutisches Instrument, um die Therapie zu ergänzen und zu erweitern.

In der Kinder- und Jugendpsychiatrie Tübingen dient das Bogenschießen neben den therapeutischen Gesprächen, Tests und Alltagsbeobachtungen auch zur Unterstützung der diagnostischen Klärung. In den Gruppenangeboten und den Einzelstunden ergeben sich häufig Gelegenheiten für Beobachtungen und Wahrnehmungen, aufgrund derer Defizite und Ressourcen, Symptome und Beziehungsmuster erkannt werden können. Befindet sich ein Patient in einer Krise, wird dies sehr wahrscheinlich auch beim Bogenschießen sichtbar. Möglicherweise sind Abweichungen in seinem Trefferbild zu beobachten, eine verminderte Lernbereitschaft oder eine kraft- und lustlose Bewegungsausführung. Im manchen Fällen kann es beim Bogenschießen vorkommen, dass sich Phasen und Entwicklungen eines Patienten früher andeuten, als diese im Alltagsgeschehen bemerkbar sind. Dies kann darauf zurückzuführen sein, dass beim Bogenschießen unbewusste Verhaltensweisen über körperliche Aktivität in einem vielfältigen Spektrum sichtbar werden.

Im Praxisalltag zeigte sich eine solche Situation in folgendem Beispiel: Eine Patientin, die in der Abschiedsphase ungewöhnlich depressiv erschien, löste damit unter den Therapeuten eine Diskussion darüber aus, ihre Entlassung zu verschieben. In dieser Abschiedsphase wollte sie während der Bogenschießgruppe überraschend einen stärkeren Bogen ausprobieren, was zur Folge hatte, dass sie mehr Kraft aufwenden musste, um den Bogen zu spannen und zu halten. Sie spannte diesen starken Bogen ohne große Mühe und es gelang ihr, ihren Schießstil gut umzusetzen. Der eigene Impuls, nach einem stärkeren Bogen zu greifen und mit diesem umgehen zu können, zeigte nicht nur ihre körperliche Stärke, sondern brachte auch ihre innere Stabilität zum Ausdruck. Dies wurde mit großer Verwunderung in der Supervision reflektiert. Der Griff zum starken Bogen offenbarte ihr Vertrauen in ihre eigene Stärke und klärte die Zweifel bezüglich ihrer Entlassung.

An dieser Stelle wird deutlich, wie wichtig eine enge Abstimmung und eine funktionierende Kommunikation von therapeutischem Team und dem Anleiter der Bogenschießgruppe ist. Durch regelmäßigen kollegialen oder supervidierten Austausch über die Entwicklung des Patienten in stationärem oder ambulantem Setting wird die therapeutische Wirksamkeit des Bogenschießens erhöht.

Rahmenbedingungen des Therapeutischen Bogenschießens

Wie das Bogenschießen therapeutisch wirkt, hängt davon ab, wie lange und in welcher Frequenz ein Patient behandelt wird. Das Therapeutische Bogenschießen kann einzeln angewandt werden oder je nach Patient und Krankheitsbild auch in der Gruppe. In der Kinder- und Jugendpsychiatrie Tübingen werden Mädchen und Jungen im Alter von ca. 8-18 Jahren behandelt. Das Bogenschießen wird üblicherweise ab einem Alter von 10 Jahren angeboten. Mittlerweile ist es in der Einrichtung Standard, dass die Patienten das Bogenschießen zunächst in Einzelterminen lernen, um später in die therapeutische Bogenschießgruppe aufgenommen zu werden. Ob in der Gruppe oder einzeln bogentherapeutisch gearbeitet wird, hängt vom Krankheitsbild, der therapeutischen Zielsetzung und den Fähigkeiten des Patienten ab.

Langjährige Erfahrungen haben gezeigt, dass das Bogenschießen von Patienten mit unterschiedlichen Krankheitsbildern sehr gut angenommen wird. Durch die Attraktivität des Bogenschießens ist es dem anleitenden Therapeuten möglich, „durch die Hintertür Räume zu betreten", die den Patienten häufig verschlossen sind. So widmen sich ADS Patienten beim Bogenschießen aufmerksam einem Tun und Ziel mit Ruhe und Konzentration. Zwanghafte Patienten erleben, dass sie nicht immer alles kontrollieren müssen und können; dass es auch in Ordnung ist, wenn ein, zwei oder sogar drei Schüsse daneben gehen. Das Bogenschießen für Kinder- und Jugendliche mit einer Angststörung bietet die Möglichkeit, sich schnell dem Thema ihrer Angst zu nähern. Die anfänglichen Vorbehalte gegenüber eines aus ihren Augen bedrohlichen Instruments zerstreuen sich schnell. In vielen Fällen konnte beobachtet werden, dass sogar für schwer depressive Patienten das Angebot des Bogenschießens so attraktiv war, dass sie gerne an der Bogenschießgruppe teilnahmen und durch das Erleben ihrer körperlichen Kraft gestärkt wurden. Patienten mit einer Borderline Störung lernen innere und äußere Spannungszustände von einer nicht destruktiven Seite kennen. Anorektische Patienten treffen auf den Umgang mit Leistungserwartungen und die Minimierung von Körperspannung. Psychotische Patienten tun sich häufig schwer mit dem Bogenschießen, können aber durchaus eine Kräftigung und Aufrichtung erfahren.

Wirkung des Therapeutischen Bogenschießens

Im Folgenden werden die vielfältigen Wirkmechanismen des Therapeutischen Bogenschießens in Kürze dargestellt. Wie bereits weiter oben beschrieben, sind sie abhängig von der Qualifikation des Therapeuten, der Behandlungsdauer und Behandlungsfrequenz sowie den institutionellen Rahmenbedingungen, in die das Bogenschießen eingefasst ist.

Beruhigung des körperlichen und psychischen Kreislaufs erleben:

Das Bogenschießen führt zu einer Beruhigung und einer sanften Stimulierung des Kreislaufes, was eine verbesserte Durchblutung und Erwärmung des Körpers zur Folge hat (*Vorderegger*, 2010).

Kraft spüren:

Physiologisches und gezieltes Umsetzen von Kraft und deren Kontrolle kann ein Wirkmechanismus des Therapeutischen Bogenschießens sein. Die Stabilität der Kraftentwicklung wird aus der Körpermitte heraus geführt. Dieses Erleben von Kraft wirkt stärkend und stabilisierend auf Körper und Geist.

Gesunde Aggressivität erleben und Verantwortung übernehmen:

Durch das Bogenschießen wird die Möglichkeit geschaffen, kontrollierte und angemessene Aggressivität und deren gesunden Charakter kennenzulernen und zu erleben. Die Kinder- und Jugendlichen brauchen dazu einen sicheren Rahmen und klare Strukturen (*Brisch*, 2015; *Steinhausen,* 2010). Unkontrollierte Aggressionen werden kategorisch ausgeschlossen und die Verantwortung für die eigene Sicherheit und die Sicherheit Anderer muss übernommen werden.

Zielstrebigkeit entwickeln und mit Erfolgsdruck und Versagen umgehen:

Das Bogenschießen bietet immer eine Auseinandersetzung mit dem Erreichen oder nicht Erreichen von Zielen und bildet die Zielstrebigkeit des Bogenschützen aus, insbesondere dann, wenn lange und regelmäßig geübt wird. Dem Patienten eröffnet sich ein Lernfeld, in dem er nicht nur sein Trefferbild verbessern, sondern auch Lernstrategien entwickeln kann. Durch die Übungsgestaltung können Erfolg und Misserfolg unmittelbar erlebbar gemacht werden. Die Reflexion und Bearbeitung von Attributionsmustern ist möglich (*Schwarzer*, 1993).

Selbstwirksamkeitserwartung erhöhen:

Die wiederkehrende Lernerfahrung und das direkte Erleben von Handlungsergebnissen, nehmen Einfluss auf die Entwicklung der Selbstwirksamkeitserwartung (Bandura 1994). Durch die Möglichkeit, in der Bogenschießgruppe die Zielsetzung so zu gestalten, dass „wohldosierte Erfolgserfahrungen" möglich sind, erleben sich die Kinder und Jugendlichen als wirksam und entwickeln einen Glauben an ihre Fähigkeiten (*Schwarzer & Jerusalem*, 2002).

Spannung und Entspannung genießen:

In gespannter Haltung gilt es sowohl körperlich, als auch psychisch so entspannt wie möglich zu sein. Hier gilt der Satz: "So viel (Spannung) wie nötig, so wenig, wie möglich".

Festhalten und Loslassen bewusst erleben:

Beide Erfahrungen sind im Bogenschießen inbegriffen. Das Festhalten ist nötig, um die Bewegung aufbauen und die Kraft umsetzen zu können. Loslassen bedeutet, dass die Sehne ihren Weg nach vorne ohne Irritation schnellen kann und entsprechend den Pfeil klar auf seinen Weg bringt. Diese Thematik kann auch auf metaphorischer Ebene gut in den Therapieverlauf integriert werden, um Themen wie Ängste oder Zwänge zu bearbeiten.

Balance und Standfestigkeit finden:

Beim Bogenschießen findet eine Sensibilisierung für die Körpermitte und ein ausbalanciertes Stehen statt (*Schölz*, 2012). Das Körpergewicht wird auf beide Beine gleichmäßig verteilt. Der Körper steht frei und ohne Kraftaufwand, gehalten vom Skelett, den Bändern und der Muskulatur. Der Patient schult seine Körperwahrnehmung und lernt die Aufmerksamkeit bewusst auf seine Haltung und seinen festen und sicheren Stand zu richten. Sowohl Stand als auch Haltung können auf metaphorischer Ebene als Sinnbild von „innerer Haltung" und „Standfestigkeit" verstanden werden.

Atmung bewusst einsetzen:

Hier geht es um das Erlernen und Erleben eines bewussten Atemvorganges, der mit der Bewegung zusammen ausgeführt wird. Vielfach geschieht das Atmen im Alltag ohne willentliche Beachtung, obwohl in der bewussten Atmung große Chancen liegen. Durch das Bogenschießen wird vermittelt, dass sich die bewusste und ruhige Atmung beruhigend, fokussierend und stabilisierend auf unterschiedliche Situationen übertragen lässt.

Regeln anerkennen und befolgen:

Die Festlegung auf eine klare Regelstruktur, wie beispielsweise Absprachen bezüglich einer möglichen Gefährdung ist wesentlich. Eindeutige Regeln und wiederkehrende Rituale sollten aufgebaut werden, um einen sicheren Rahmen zu gewährleisten und dem Angebot Struktur zu geben.

Störungen, Neid und Missgunst wahrnehmen:

Diese sozialen Themen treten in Gruppensituationen bei Kindern der Kinder- und Jugendpsychiatrie häufig auf (*Nollau*, 2015). Das Bogenschießen bietet einen Raum, sich mit diesen gruppendynamischen Mechanismen auseinander zu setzen. Dabei kann die einzelne Person lernen, das Können und Vermögen der Anderen zu respektieren und zu akzeptieren. Im günstigsten Fall führt dies zu einem gelassenen „dem Anderen sein Eigenes lassen und gönnenkönnen".

Sich mit Kritik auseinandersetzen:

Angemessene und wohl dosierte Kritik zum richtigen Zeitpunkt zu geben, ist Aufgabe des Therapeuten. Das Bogenschießen bietet Raum für eine Auseinandersetzung bezüglich des Umgangs mit Kritik und des Lernverhaltens des Patienten.

Sich vor der Gruppe präsentieren:

Die exponierte Situation beim Bogenschießen führt möglicherweise zu Nervosität und Druck. Insbesondere wenn einzeln vor der gesamten Gruppe geschossen wird. Der Anleitende ist dabei verantwortlich, das richtige Maß an „Präsentations-Druck" bei der Übungsgestaltung zu finden und dem Patienten ein Gefühl der Sicherheit zu vermitteln.

Spaß und Freude Raum geben:

Ein wichtiges Element beim therapeutischen Bogenschießen, dem unbedingt genügend Raum gegeben werden sollte, ist die Freude am Bogenschießen. Durch Spaß, Wertschätzung und eine angenehme Atmosphäre werden das gemeinsame Erleben, das Gruppengefühl und somit das Wohlbefinden gestärkt (*Sachse*, 2006).

Kontraindikationen und Sicherheit

Therapeuten, Gruppenleiter und Trainer müssen die entsprechende Sicherheit von Personen, Material und Umgebung gewährleisten. Deshalb ist es sehr wichtig, die Grenzen und Strukturen eng und streng zu halten, wenn man das therapeutische Bogenschießen an einer Klinik oder ambulant einrichtet. Es gilt der Grundsatz: „Jeder Schütze ist für seinen Schuss verantwortlich. Der Anleitende ist für alle Schüsse verantwortlich."

Die Kontraindikationen sollten an das jeweilige Klientel und die strukturellen Gegebenheiten angepasst werden. In manchen Einrichtungen stehen eher körperliche Einschränkungen im Vordergrund. Andernorts sind es die psychischen Schwierigkeiten, die einschränkend wirken.

Sicherheitsvereinbarungen und Regeln müssen vom anleitenden Therapeuten klar kommuniziert werden und es ist seine Aufgabe ein Bewusstsein für die Verantwortung, die jeder Patient als Schütze trägt, zu schaffen.

Grundsätzliche Kontraindikationen sind:

- Impulsive und ungesteuerte Aggressivität
- Brüchige Ich-Struktur
- Akute Phasen eines jeden Krankheitsbildes
- Unklare nicht einschätzbare Beziehungsdynamik
- Gravierende körperliche Beeinträchtigungen

Nach der Darstellung der Rahmenbedingungen sowie der unterschiedlichen Wirkungsweisen des Therapeutischen Bogenschießens, dienen im Folgenden drei Fallbeispiele aus der therapeutischen Praxis zur Veranschaulichung unterschiedlicher Interventionsmöglichkeiten. Dabei werden die individuellen Krankheitsbilder, die Wahrnehmung des anleitenden Therapeuten, die therapeutische Intervention sowie deren Wirkung betrachtet. Dem Austausch im therapeutischen Team kommt eine wesentliche Bedeutung zu und wird auch in den Fallbeispielen thematisiert.

Drei Fallbeispiele

(1) Von der Schwierigkeit loszulassen

Die 16 jährige Lisa mit einer Borderline Erkrankung zeigte sich sehr leistungsfixiert. Sie kniff beim Schießen stets ein Auge zu, obwohl beim intuitiven Bogenschießen mit entspannt geöffneten Augen gezielt wird. Nachdem dies eine Weile vom anleitenden Therapeut beobachtet wurde, bot er ihr an, gemeinsam etwas Neues zu versuchen. Er bat sie, nicht das Treffen der Zielscheibe zu fokussieren, sondern auszuprobieren, mit ihm gemeinsam, gleichzeitig synchron zu schießen. Daraufhin stellten sie sich gemeinsam an die Schießlinie und schossen ihre Pfeile ohne Absprachen intuitiv gleichzeitig ab. Beide Pfeile landeten in dem vorne hängenden Ziel. Durch das aufmerksame Beobachten des Therapeuten und dessen Intervention den Aufmerksamkeitsfokus vom unbedingten „Treffen-Wollen“ auf das Ziel eines gemeinsamen Schusses zu lenken, gelang es der Patientin entspannt loszulassen. Und traf mit dieser Gelassenheit zudem noch das Ziel. Die Patientin schrieb im Reflexionsbogen zum Therapeutischen Bogenschießen: „...und das Loslassen war für mich irgendwie auch wichtig. Und, vielleicht hat es mir ja auch ein wenig geholfen, von meiner Krankheit loslassen zu können“.

(2) Den Bogen überspannt

Der 17 jährige Mehmet kam auf Wunsch seiner Familie in die Kinder- und Jugendpsychiatrie Tübingen. Er wollte unbedingt ein Mädchen sein. Die Eltern waren ihm und seinen Eigenarten nicht mehr gewachsen. Er ging nicht mehr zur Schule und tyrannisierte seine kleine Schwester, so dass es zuhause immer wieder zu aggressiven Auseinandersetzungen kam. Da die Bogenschießgruppe bei den Mädchen immer sehr beliebt ist, entschloss er sich auch daran teil zu nehmen. Nach der Eingewöhnungs- und Lernphase entwickelte er seinen eigenen Stil: Er überspannte den Bogen. Die unnachgiebige, übertriebene und aggressive Kraftaufwendung zeigte sich zum einen in der Überspannung des Bogens, zum anderen in Aggressionen gegenüber Familie und therapeutischem Team. Diese Parallelen waren häufig Thema in den Besprechungen. Im Einzeltermin versuchte der anleitende Therapeut direkt begrenzend zu wirken, indem er die Bewegung des Zugarms beim guten Maß durch das Hinhalten der eigenen Hand blockierte. Außerdem wurde dem Jungen ein starker Bogen zum Schießen gegeben, bei dem das begrenzende Maß der höhere Kraftaufwand war. Dabei machte er jeweils Erfahrungen mit einer von außen vorgegebenen

Begrenzung und nahm die veränderten Spannungs- und Kraftverhältnisse wahr. In diesen Interaktionen wurde auf eine nonverbale und körperliche Weise sichtbar, wie der Patient mit der Umwelt interagierte. Verfolgte er seine eigenen Bedürfnisse, kollidierten diese häufig mit äußeren Gegebenheiten.

Um dieses Muster zu durchbrechen und um nicht in einen dauerhaften Konflikt zu geraten, einigten sich Mehmet und der Therapeut auf einen Mittelweg: er bekam einen schwächeren, aber stabilen Bogen und durfte diesen bis zu einem mit dem Therapeuten verabredeten Maß überspannen. Ihm wurde so ein sicherer Rahmen vorgegeben, der an sein individuelles Bedürfnis angepasst war und ihm die Freiheit ließ, seine Eigenart zu leben. Der gleichzeitig aber so gestaltet war, dass Mehmet durch sein „Bogen-überspannen" die Grenzen seiner Umwelt und seiner Mitmenschen nicht verletzte. Durch diese Intervention und deren Transfer auf sein Leben im Stationsalltag, erschlossen sich dem Jugendlichen ein bewusstes Erkennen seiner Handlungsstrategien und das häufig damit verbundene Leid. Er lernte seinen Bedürfnissen verantwortungsvoll nachzugehen und kümmerte sich, mit Hilfe des therapeutischen Teams, um einen entsprechenden Rahmen. Dies führte dazu, dass Mehmet nicht mehr in seine Familie zurückging, sondern in eine betreute Wohn- und Schuleinrichtung. Seinen Wunsch ein Mädchen zu werden, verfolgte er im Weiteren sehr zielstrebig. Gleichzeitig suchte er sich einen Psychiater, der sich auf diese Problematik spezialisiert hatte und eine wichtige und hilfreiche Vertrauensperson für ihn wurde, die ihn lange Zeit begleitete.

Hier zeigt sich eine wertvolle Eigenschaft des Bogenschießens. Durch den Fokus auf das körperliche Erleben, wird den Kindern und Jugendlichen ein nonverbaler Zugang angeboten, um Mechanismen angstfrei und bildhaft wahrnehmen zu können.

(3) Einen Transfer wagen

Die 12 jährige Valerie, bei der eine Hochbegabung festgestellt wurde, hatte beim Bogenschießen Angst zu versagen. Dies war erkennbar an ihrer Reaktion nach einem misslungenen Schuss: Immer, wenn sie nicht traf, schaute sie mit enttäuschten Augen zum Therapeuten hinüber und begleitete diesen Ausdruck mit einer geballten Faust, die im Schwung nach unten ging. So, als wolle sie sagen: „Verdammt, jetzt habe ich schon wieder nicht getroffen!" Mit diesem Gefühl schoss sie dann den nächsten Schuss und traf wieder nicht. So entstand ein Kreislauf aus misslungenen Schüssen und dem Gefühl der Enttäuschung. Der anleitende Therapeut versuchte unterschiedliche Interventionen: Fokussierung auf eine gute Erdung über den Stand, den zeitlichen Abstand zwischen den Schüssen zu verlängern, indem die Atmung reguliert und rhythmisiert werden sollte. Nichts half. Bis er auf ihre Handbewegung der geballten Faust aufmerksam wurde. Daraufhin bekam das Mädchen von ihm die Anweisung, sie solle sich vor jedem Schuss vorstellen, dass sie ein Buch mit leeren Seiten öffne, in dem nichts geschrieben steht und sie die ersten Zeilen schreibt. Mit dieser Vorstellung traf sie weitaus häufiger das Ziel, wirkte entlastet und war dem Kreislauf aus Versagensangst und Enttäuschung nicht mehr ausgeliefert. Die Vorstellungskraft half ihr dabei, die vergangenen Schüsse tatsächlich hinter sich zu lassen und sich voll und ganz auf den aktuellen Schuss zu konzentrieren. Ihre Mutter erzählte später, dass sie von einer Lehrerin angesprochen wurde. Die Tochter mache immer vor schwierigen Tests eine Handbewegung, als ob sie ein Buch öffnete. Hier dokumentiert sich eine Nachhaltigkeit der therapeutischen Intervention durch ihren Transfer in den Alltag.

Fazit

Das Therapeutische Bogenschießen in einer psychotherapeutischen Einrichtung zu integrieren, schafft aufgrund seiner Attraktivität und Vielfältigkeit sehr gute Interventionsmöglichkeiten. Die Erlebnisorientierung sowie die Körper- und Bewegungsfokussierung machen das Bogenschießen gerade für Kinder und Jugendliche zu einem beliebten und vor allem (oder vielleicht gerade deshalb) wirksamen Angebot. Es wird jedoch keine Psychotherapie ersetzten können; als wertvolle komplementäre therapeutische Ergänzung hat es mittlerweile seinen Platz in einigen Kliniken gefunden. Dennoch bedarf es einer stetigen Weiterentwicklung und Qualifizierung, wozu wissenschaftliche Studien einen wesentlichen Beitrag leisten könnten. Eine Verbandsgründung der Ausbildungsinstitute würde zudem die Qualitätssicherung der Aus- und Weiterbildung garantieren.

Das Therapeutische Bogenschießen gibt es über den Einsatz für Kinder- und Jugendliche im stationären psychotherapeutischen Bereich hinaus. Manche heilpädagogischen Praxen bieten das therapeutische Bogenschießen während ambulanter Termine an. In psychosomatischen Kliniken, Sucht- und Rehabilitationskliniken und pädagogischen Einrichtungen erfreut sich das Bogenschießen immer größerer Beliebtheit. Vom Bogenschießen und seiner vielfältigen Wirkung und den Transfermöglichkeiten zu unterschiedlichen Themen profitieren mittlerweile auch Unternehmen, die im Rahmen der Personalentwicklung auf das Angebot des Bogenschießens zurückgreifen.

Die stetige Entwicklung und die zunehmend häufige Implementierung in den unterschiedlichen Bereichen machen deutlich, wie attraktiv und gleichzeitig wirksam das Angebot des therapeutischen Bogenschießens ist. Der Ansatz, den Menschen mit seinen Eigenheiten in den Mittelpunkt eines Prozesses zu stellen und ihn durch das Medium des Bogenschießens zu einer Reflexion seiner Haltung und zur Bearbeitung seiner persönlichen Themen zu bewegen, zeigt eine große Resonanz.

Seitdem das Bogenschießen in Tübingen vor fast 20 Jahren im therapeutischen Bereich erstmalig eingesetzt wurde, ist es zu einem unverzichtbaren Teil und einer wichtigen Bereicherung der therapeutischen Arbeit in der Kinder- und Jugendpsychiatrie Tübingen geworden.

Literatur

Bandura, A. (1994). *Self-efficacy. The exercise of control.* New York: W.H. Freeman.

Brisch, K. (2015). *Bindungsstörungen. Von der Bindungstheorie zur Therapie.* Stuttgart: Klett-Cotta.

Christensen, L. (2015). *Intuitives Bogenschießen. Übungen für Technik und Geist.* Göttingen: Werkstatt GmbH.

Greenland, H., *Höhn*, E. & *Hörnig*, H. (2011). *Praktisches Handbuch für Traditionelle Bogenschützen.* Ludwigshafen: Verlag A. Hörnig.

Herrigel, E. (2010). *Zen in der Kunst des Bogenschießens.* Berlin: Barth.

Marcotty, T. (2004). *Bogen und Pfeile.* Ludwigshafen: Verlag A. Hörnig.

Nollau, M. (2015). *Kinder mit auffälligem Verhalten: wahrnehmen, verstehen und begleiten. Ein heilpädagogisches Handlungskonzept.* Freiburg im Breisgau: Herder.

Overath, A. (2002). So spannt auch eure Seele. http://www.nzz.ch/article7ZBI0-1.376532.

Sachse, R. (2006). *Therapeutische Beziehungsgestaltung.* Göttingen: Hogrefe Verlag.

Schäfer, K. (2015). *Therapeutisches Bogenschießen.* München: Reinhardt.

Schölz, D. (2012). *Der rote Punkt: Handbuch für Anfänger des praktischen Bogenschießens.* München: Agil-Verlag.

Schwarzer, R. (1993). *Stress, Angst und Handlungsregulation.* Stuttgart: Kohlhammer.

Schwarzer, R. & *Jerusalem*, M. (2002). Selbstwirksamkeit und Motivationsprozesse in Bildungsinstitutionen. *Zeitschrift für Pädagogik, Beiheft* 44. Weinheim: Beltz.

Steinhausen, H. (2010). *Psychische Störungen bei Kindern und Jugendlichen – Lehrbuch der Kinder- und Jugendpsychiatrie und –psychotherapie. (7. Auf.).* München: Elsevier.

Vorderegger, D. (2010). *Grundlagen und Praxis des traditionellen Bogenschießens. Theoretische Grundlagen und praxisorientierte Anwendungen.* Leobersdorf (A): Vorderegger.

Erlebnispädagogische Ansätze und Methoden in der kinderpsychiatrischen Tagesklinik

Karel Zimmermann

Klinik und Poliklinik für Kinder- und Jugendpsychiatrie und –psychotherapie der Universitätsklinik Köln

---

Zusammenfassung

Erlebnispädagogische Ansätze sind im Rahmen der stationären Kinder- und Jugendpsychiatrie bisher wenig beschrieben worden. Dies lässt sich mit den zahlreichen institutionellen Rahmenbedingungen und den damit verbundenen organisatorischen Verpflichtungen sowie mit den multimodalen Therapien, die in der Regel zum Einsatz kommen und zeitaufwendig sind, begründen. Jedoch bieten erlebnispädagogische Angebote mit ihrem handlungsorientierten Vorgehen einen motivierenden Zugang für Kinder in diesem Bereich, um eigene Fähigkeiten und Kompetenzen zu entwickeln, das Selbstwertgefühl zu stärken sowie mit gruppendynamischen Prozesse konfrontiert zu werden. Hierzu werden bestimmte Themen, die in Form von spannenden Geschichten eingekleidet sind, ausgewählt. Das Setting ermöglicht einen offenen Erfahrungsraum, in dem Erprobung, Kreativität, Wagnis und Bewährung zum Tragen kommen. Es werden erprobte erlebnispädagogische Beispiele aus einer kinderpsychiatrischen Tagesklinik dargestellt und Schritte ihrer Realisation beschrieben.

Summary

Experiential learning approaches in the context of in-patient Child and Adolescent Psychiatry have been little described so far. The reasons lie in the numerous institutional frameworks and associated organizational obligations and in the multimodal therapies that are generally used, which are time consuming. However, opportunities for experiential learning, with its action-oriented approach, gives children an access to this area which motivates them to develop their own skills and competencies, to strengthen their self-esteem and to be confronted with group-dynamic processes. To this end, certain themes are selected that are couched in the form of exciting stories. The setting allows for an open space of experience in which trial and error, creativity, daring and proving oneself are brought to bear. Proven examples of experiential learning from a psychiatric outpatient clinic for children and steps for their implementation are described.

Einleitung

„Erlebnispädagogische Ansätze in der Kinder- und Jugendpsychiatrie“ sind kein breit bearbeitetes wissenschaftliches Thema. Wenngleich es hierzu im sozialpädagogischen Bereich eine Reihe von deskriptiven Projektbeschreibungen gibt (*Heckmair & Michl*, 2012), finden sich für den stationären Arbeitsfeld der Kinder- und Jugendpsychiatrie lediglich zwei Arbeiten: *Jordan* (2003) beschreibt in seinem Buch „Abenteuerpädagogik in der Kinder- und Jugendpsychiatrie“ seine persönlichen Erlebnisse während seiner Mitarbeit in einer kinder- und jugendpsychiatrischen Klinik, interviewt eine Oberärztin, die Initiativ- und Problemlösespiele in die Behandlung implementiert hat, präsentiert Geschichte und Konzepte der Erlebnispädagogik und versucht diese Teile miteinander in Verbindung zu bringen. *Bluhm* (2012) beschreibt in seinem Beitrag „Wir spielen ja nur!“ kooperative Abenteuerspiele in der Kinder- und Jugendpsychiatrie und erklärt deren pädagogisch-therapeutischen Nutzen. Darüber hinaus ist im deutschsprachigen Raum nichts publiziert.

Voraussetzungen erlebnispädagogischer Methoden in der Kinder-Tagesklinik

Es gibt es einige Aspekte, die das Arbeitsfeld Kinder- und Jugendpsychiatrie (im Hinblick auf die Durchführbarkeit der Erlebnispädagogik) besonders machen: Sicherheitsaspekte, Schutz der Persönlichkeitsrechte, Zusammenarbeit im multiprofessionellen Team und last but not least: die psychische Erkrankung der Kinder. Viele Kinder sind so stark traumatisiert, isoliert, depriviert und deprimiert, dass ihnen erstmal nach Erlebnis- und Abenteuerpädagogik nicht zumute ist. Bei ihnen stehen das Bedürfnis nach Schutz, verlässlichen Beziehungsangeboten, voraussagbarem Tagesablauf und ausreichender körperlicher und seelischer Versorgung im Vordergrund, von „Abenteuern“ sind sie erst mal bedient. Das Einhalten der Tagesstrukturen, der Schulbesuch und das soziale Miteinander in der Kindergruppe sind für sie Herausforderung genug. Erst wenn diese Patienten ausreichend stabilisiert sind, können neue Erlebnisse und Abenteuer ihre Entwicklung günstig beeinflussen. Die Erlebnispädagogik, die diese Kinder am Punkt ihrer Entwicklung abholt, braucht kaum aufwändige Materialien oder exotische Settings.

In der kinderpsychiatrischen Tagesklinik der Uniklinik Köln gibt es zehn Plätze für Kinder zwischen sechs und zwölf Jahren. Die Kinder werden von niedergelassenen Kinder- und Jugendpsychiatern überwiesen oder von unserer hauseigenen Ambulanz. Sie haben meist schon eine längere ambulante Behandlung bekommen, die aber nicht erfolgreich war oder nicht ausreichte. Die Eingangsdiagnosen entsprechen der ganzen Bandbreite kinderpsychiatrischer Erkrankungen: Störungen der Aufmerksamkeit mit und ohne Hyperaktivität, Störungen des Sozialverhaltens, Bindungsstörungen, Emotionale Störungen, Angst- und Zwangsstörungen, Essstörungen, Ausscheidungsstörungen, Tic-Störungen, Autismus-Spektrums-Störungen sowie den Folgen von Deprivation und Misshandlung. Die tägliche Behandlungszeit beginnt in der Schulzeit von Montag bis Freitag um 07.40 Uhr mit dem gemeinsamen Frühstück und endet um 15.55 Uhr nach der Abschlussrunde. In dieser Zeit finden neben der Schule die ärztlichen und psychotherapeutischen Behandlungen, die Fachtherapien (Sport-, Kunst-, Musik-, Reit- und Gestaltungstherapie), Hausaufgabenbetreuung und, nach dem Mittagessen, zu festen Zeiten in der Woche, pädagogische Gruppenangebote (Lego-, Abenteuer-, Kletter-, Schwimm- und Sozialkompetenz-Gruppe) statt. Der zeitliche Rahmen grenzt also die Möglichkeiten erlebnispädagogischer Angebote ein.

Viele der jungen Patienten haben schon viel gesehen und erlebt, allerdings nur auf dem Bildschirm des Fernsehers oder der Spielkonsole! Dafür ist leider die praktische Erfahrung auf der Strecke geblieben und damit auch die sensomotorischen, emotionalen und sozialen Kompetenzen. Die Kinder und ihre Familien sind oft isoliert – das Spielen in einer Kindergruppe oder eine Sportvereinsmitgliedschaft scheitern häufig an den psychischen Auffälligkeiten, Übergewicht und den versäumten Lernerfahrungen. Hier zeigt sich eine „Abwärtsspirale" aus Kompetenzdefizit und Vermeidung. Der Medienkonsum ist hoch und prägend – viele Kinder verbringen deutlich mehr Zeit mit Spielkonsolen und Fernsehen als mit Bewegung und sozialen Aktivitäten. Oft sieht man den Bewegungsmustern der Kinder an, dass „Super Mario" und die Transformer das Imitationslernen stärker angeregt haben als die realen Personen im Umfeld. Deshalb müssen meist zunächst Basis-Kompetenzen aufgebaut werden; gespielt werden Fangen, Seilspringen und einfache Ballspiele. Hier werden nicht nur die grundlegenden sensomotorischen Fähigkeiten trainiert, sondern auch die sozialen und emotionalen: verlieren können, fair spielen, Aufmerksamkeit, Konzentration und Impulskontrolle. Bei vielen Familien erlebt man, dass ihre Kinder auf besondere Weise beschützt werden, nämlich vor eigenen Erfahrungen. „Die Erfahrungen der eigenen Kräfte und Fähigkeiten sowie der Gemeinschaft sind aber notwendige Voraussetzungen für eine gesunde psychische und physische Entwicklung von Kindern, die später einmal auf ihre eigenen Ressourcen zurückgreifen können müssen, wenn sie Schwierigkeiten haben oder Probleme zu lösen sind" (*Baum*, 1997, S. 9).

Was kann und will die Erlebnispädagogik?

Nach *Michl* (2009, S. 81) lassen sich die Handlungsfelder der Erlebnispädagogik in einer groben Typisierung folgendermaßen gliedern: „Natursport und Wildnispädagogik, Problemlösungsaufgaben und kooperative Abenteuerprojekte, künstliche Anlagen wie Hochseilgärten sowie Übungen zu Vertiefung, Selbsterfahrung und Therapie."

Eine Stärke der Erlebnispädagogik ist, durch Reflexion und Verbalisierung den pädagogischen Wert einer Aktivität zu bezeichnen und festzuhalten. Erlebnispädagogik dosiert das Erleben auf ein sicheres und verträgliches Maß. Das ist der „Faktor Pädagogik" – der auf eine bestimmte Fragestellung antwortet und sich an Regeln hält, der eine „Exitstrategie" und einen „Plan B" beinhaltet. *Baig-Schneider* (2012, S. 188) vertritt die Ansicht, dass sich das Erlebnis kaum planen lässt und sich so weitgehend der Didaktik entzieht: „Dementsprechend wird in der „Erlebnisdidaktik“ kein pädagogischer Plan entworfen (wie z. B. im reflektierenden Handlungslernen), sondern es geht um die Schaffung von Settings mit „hoher Erlebniswahrscheinlichkeit“, mit einem hohen Potential von „Wagnis und Bewährung“. Dies ist die große Stärke der Erlebnispädagogik, mit einer gewissen Ergebnisoffenheit die Kreativität und Eigenaktivität der Teilnehmer anzuregen, ganz anders als das „Sitzlernen“. Die Qualität des Erlebnisses im Sinne der Erlebnispädagogik ist, dass es meist eine Art Metapher für einen seelischen Vorgang darstellt (ein Hindernis überwinden, zu neuen Ufern finden, den Gipfel erklimmen…). „Letztendlich geht es darum, die Patienten zu „verzaubern“, indem man mit Bildern, Symbolen und Metaphern jene ästhetische Qualität ins Spiel bringt, die sich nur schwer in Sprache fassen lässt“ (*Jordan*, 2003, S.108).

Die Erlebnispädagogik erzählt eine Geschichte, die spannend ist, motiviert und belebt. Oft nimmt sie Bezug auf „alte Zeiten“, in denen das Leben noch nicht so verkopft war. Sie verwendet Requisiten (Schwerter, Fahnen…) und Figuren (Ritter, Drachen…), die unmittelbar emotional berühren. Erlebnispädagogik wirkt über den Körper und die Sinne. Die Erfahrungen, die die Hände machen, führen zum „Begreifen“, die Füße „steigen durch“ und „alle Forschungsergebnisse sprechen dafür, dass im Handeln, durch Anschaulichkeit, durch Erlebnisse, mit und über den Körper und über die Kanäle aller Sinne am meisten gelernt wird“ (*Michl & Boettger*, 2010, S. 8). Besonders Kinder, die viel Zeit vor Spielkonsolen verbracht haben, sind fasziniert von Materialien und Tätigkeiten, an denen sie sich „abarbeiten“ können, die ihnen viel Widerstand entgegensetzen, die auch zu riechen, zu betasten sind und die Sinne befriedigen, die beim Spielen vor Bildschirmen gewissermaßen arbeitslos sind.

Erlebnispädagogik findet meist in der Gruppe statt. Gruppendynamik ist gleichzeitig Katalysator, Reflexionsfläche und Rahmen des Erlebens. Den bei uns behandelten Kindern fehlt oft durch die Isolation der Familie eine Gruppenerfahrung oder sie haben aufgrund ihrer eigenen psychischen Auffälligkeiten schlechte Erfahrungen in Gruppen gemacht. In der Kindergruppe müssen sie sich verabreden, Rücksicht nehmen, Publikum aushalten oder genießen und lernen, mit anderen zusammenzuarbeiten oder sich abzugrenzen. Vielen der Patienten ist durch ihre Kompetenzdefizite eine Betätigung in Vereinen im Breitensport versagt, weil sie dort auf Kinder treffen, die sehr wettbewerbsfreudig, zielstrebig und leistungsorientiert trainieren und wenig Verständnis für die besonderen Zeit– und Schutzbedürfnisse der benachteiligten Kinder haben. Hier können erlebnispädagogische Angebote ein Ausweg sein, denn bei ihnen „steht das individuelle Erlebnis an und für sich im Vordergrund und nicht ein von außen vorgesehenes Leistungsziel. Anders als in Sportvereinen geht es auch nicht um eine langfristige verbindliche Teilnahme, sondern um gezielte Einzelaktionen oder abwechslungsreiche regelmäßige Angebote. Der Einzelne soll sich und seine individuellen Grenzen erleben, erkennen und, soweit er es will und kann, erweitern. Hierbei können die individuellen Leistungsschritte bewertet und gefördert werden und so persönliche reale Erfolgserlebnisse geschaffen werden. Keiner muss, jeder darf, die dieser Grundlage können auch in der Gruppe die individuellen Anlagen, Stärken und Schwächen zum Tragen kommen" (*Buermann*, 2010, S. 389).

In den folgenden Abschnitten werden ausgewählte Themen der Erlebnispädagogik anhand praktischer Beispiele aus der kinderpsychiatrischen Tagesklinik veranschaulicht.

Erlebnis Feuer

Ein multimodales Training verschiedener Fertigkeiten kann mit Hilfe des Holzbackofens erfolgen. Es gibt zwei heilpädagogische Trainingszyklen: Einerseits die Holzbeschaffung, Zerkleinerung und das Heizen des Ofens, andererseits die Herstellung und Verarbeitung des Teigs zu Brot.

Die gefährlichen Werkzeuge (Beil, Axt, Säge) zur Holzzerkleinerung stellen besonders für Kinder mit einer hyperkinetischen Störung des Sozialverhaltens eine große Attraktion dar, es ist ein prestigeträchtiges Privileg, so etwas Gefährliches anvertraut zu bekommen. Gleichzeitig geben sie aber auch Gelegenheit, Konzentration, Aufmerksamkeit und Impulskontrolle zu üben. Entscheidend dabei ist die Anschaulichkeit des Zusammenhangs: Während die genannten Fähigkeiten z. B. im schulischen Setting erst sehr mittelbar zu Erfolgserlebnissen führen, dienen sie hier ganz offensichtlich und unmittelbar dem Eigenschutz und ermöglichen erst eine erfolgreiche Zerkleinerung des Holzes.

Die Herstellung des Teigs erfordert zwei weitere Fähigkeiten, die oft bei Kindern mit einer hyperkinetischen Störung des Sozialverhaltens zu wenig trainiert sind: Planungsfähigkeit und Timing! Vom Brotrezept, dessen Maße und Zahlen auf das gewünschte Backergebnis und die Ausmaße des Ofens abzustimmen sind, zur Einkaufsliste, zum Materialbedarf: alles muss vorher geplant werden. Die Abläufe der Teigherstellung haben Aktivitätsphasen und Wartezeiten, die geschickt miteinander verzahnt werden müssen.

Erlebnis Körper vs. Schwerkraft

Die Freude, den eigenen Körper gegen die Schwerkraft nach oben zu stemmen, ist verbunden mit Angstlust, sich dem Risiko des Stürzens auszusetzen. Gleichgewichtssinn und Raum-Lage-Sinn werden gekitzelt und das überstandene Wagnis löst Glücksgefühle aus. Kinder suchen sich immer höhere Herausforderungen – wenn sie Gelegenheit dazu haben. Was sich also bei Kindern mit einem Mangel an Bewegungserfahrung und/oder mit einer Aufmerksamkeits- und Hyperaktivitätsstörung häufig als ein Mangel an Vorsicht und Bedenken zeigt, kann durch die Teilnahme an der Klettergruppe ausgeglichen werden, wenn der Klettervorgang in feste Regeln, Grenzen und Ritualen gefasst wird und die Struktur der Gruppe die Kinder „hält". Auf die vielfältigen Zielsetzungen mit den besonderen didaktisch-methodischen Anforderungen des therapeutischen Kletterns im Rahmen der Kinder- und Jugendpsychiatrie wird in dem Beitrag von *Thimme* in diesem Band eingegangen. Hier sei ergänzend angemerkt: Bei Kindern mit einer Angststörung bietet das Klettern in der Halle die beste Möglichkeit, im Sinne einer systematischen Desensibilisierung eine Angstreduktion zu bewirken. Die in der Klettergruppe erworbene Selbstkompetenzerfahrung „ich kann meine Angst überwinden" lässt sich dann in anderen Bereichen als Grundlage einer weiteren Bearbeitung z. B. sozialer Ängste nutzen. „Diese Erfahrungen, stark zu sein und festen Halt zu haben, können sich stärkend auf die Persönlichkeitsentwicklung auswirken. Darüber hinaus bietet das Klettern die Möglichkeit einer sehr individuellen Abstufung des Angsterlebens. Die eigene Grenze kann ganz allmählich und in vielen kleinen Schritten nach oben geschoben werden" (*Emminger*, 2010, S. 62).

Bei der Arbeit des Kölner Spielezirkus, der einmal im Jahr mit unseren Kindern arbeitet, ist die wesentliche Lernerfahrung die Gruppenkoordination und Präsentation. Nur unterbrochen von kleinen Spielpausen arbeiten die Kinder innerhalb einer Woche eine Abfolge von kleinen Kunststücken (Diabolo, Pyramiden, Balancieren, Tellerkreisen usw.) ein, die dann am letzten Tag vor großem Publikum präsentiert werden können. Hierbei zeigt sich dann, dass besonders Kinder mit sozialen Unsicherheiten/Ängsten von dem straffen Rahmen des Zirkustrainings profitieren. Das „Üben bis zur Langeweile", die Routinen von Auftreten, Präsentieren, Verbeugen und Abtreten, die Musik und die Kommandos schaffen (für die meisten Kinder) eine Struktur, die sie sicher durch die Aufführung trägt. Auch Kinder mit Störungen des Sozialverhaltens haben so die Möglichkeit, sich der „Zirkusräson" unterzuordnen und die Zufriedenheit zu erleben, als Teil eines größeren Ganzen Begeisterung hervorzurufen, positive Rückmeldung zu bekommen.

Erlebnis Teamwork

Bei Teamsportarten ist die Fähigkeit, die Handlungen der Mitspieler wahrzunehmen, zu antizipieren und das eigene Tun darauf abzustimmen, mindestens genauso wichtig wie die persönliche Leistungsfähigkeit. Leider sieht man im Fernsehen aber nicht, wieviel Zeit und Mühe Trainer und Spieler aufbringen müssen, um dies zu erreichen, man sieht nur das Ergebnis, das scheinbar reibungslose Zusammenspiel. An dieser Stelle ist auch die unüberbrückbare Kluft, die sich vor den Kindern mit Defiziten auf dem Weg in den Mannschaftssport auftut. Hier ist eine weitere große Stärke der Erlebnispädagogik: Spielerisch Zusammenarbeit einüben.

Mit Rücksicht auf die Möglichkeiten der Kinder spielen wir eine vereinfachte Form von Baseball, die eher an Brennball angelehnt ist, und verzichten weitgehend auf das komplizierte Regelwerk des „echten" Baseballs. Es spielen auch nicht zwei Mannschaften gegeneinander, sondern jeder nimmt reihum die Position des Werfers, Fängers und Schlägers ein und kann als Schläger für einen Lauf bis zu fünf Punkten für den ‚Homerun' sammeln und sich gutschreiben. Diese entschärfte Form des Spiels ist immer noch Herausforderung genug, und das Erlebnis entsteht sowohl durch die Spielmaterialien (Bases, Schläger, Handschuhe) als auch durch die rhythmische Spannungskurve: Immer wieder Würfe und Schlagversuche, dann der richtige Schlag, der Ball fliegt und der Schläger rennt, die Feldspieler passen sich den Ball zu und schließlich das abrupte Ende, wenn der Ball an der ‚Homebase' ist, also regelmäßig eine Abfolge von Elfmetersituationen.

Mit zwei Fahnen an angespitzten Stöcken spielen wir lange und ausdauernd unsere vereinfachte Version von „Capture the flag", einem sehr traditionellen Geländespiel. Die erste Herausforderung ist jedes Mal das Wählen der Mannschaften, speziell für eine Gruppe von Kindern mit niedrigem Selbstwertgefühl, niedriger Frustrationstoleranz und hoher Impulsivität. Es wird eine Fläche von nur 30 mal 30 Metern genutzt, damit die Schiedsrichter jeden (Regel-) Konflikt sofort erkennen und klären können. Versuche mit einer größeren Fläche brachten keine Erhöhung des Spielvergnügens, fanden vor allem auch die Kinder, weil die entstehenden Streitigkeiten das Spiel blockierten. Wenn eine Fahne gefunden ist, endet die Runde und es gibt eine kurze Nachbesprechung bezüglich Fairness, Regelkonformität und Teamstrategien. Es ist eine Tradition geworden, dass die letzte Runde „Betreuer gegen Kinder" gespielt wird. Auch hier ist es wichtig, dass die Spannung immer wieder herunterreguliert wird und beginnende Konflikte sich nicht „auswachsen" können.

Erlebnis Kultur

Einmal im Jahr kommt eine Gruppe Kunsttherapeutinnen einer Hochschule für Kunst und Gesellschaft in die Tagesklinik, um mit den Kindern und Jugendlichen ein Kunstprojekt durchzuführen. Mit Unterstützung des pädagogischen Teams wird ein, meist materialorientiertes, künstlerisches Thema bearbeitet, in diesem Jahr war es z. B. „Feuer, Wasser, Erde, Luft". Das große Erlebnis besteht darin, dass das Material unstrukturiert ist, es wenig Vorgaben, aber jede Menge Zeit gibt. *Felten* (1998) bricht in seinem Buch „Erlebnispädagogik als Möglichkeit zur Kompensation von Verhaltensdefiziten" eine Lanze für diese etwas weniger sensationeller scheinende Form von Erlebnis: „Expedition und Rettungsdienst als Projekt der „outdoor-acitivities" haben Kunst und Musik gegenüber ein entscheidendes Defizit: Sie können nur an bestimmen Orten durchgeführt werden und sind einem relativ kleinen Kreis von Prädestinierten vorbehalten. Es gibt Voraussetzungen körperlicher und materieller Art. Außerdem ist es nicht selbstverständlich, dass ein Kind oder ein Heranwachsender etwa aus dem Schwarzwald an die See reisen kann, um dort an einem Segeltörn teilzunehmen. Anders bei Kunst und Musik. Sie können praktisch überall realisiert werden.....Musik und Kunst sind immer und überall zur Verfügung stehende Kompensationsfaktoren" (*Felten,* 1998, S. 61). Das Erlebnis besteht in der künstlerischen Haltung, dem Flow, der Kreativität, dem wunderbaren Moment, wenn etwas Neues in die Welt kommt.

Erlebnis Kampf

Genauso alt wie die menschliche Kultur sind die Bemühungen, menschliche Aggressivität zu zivilisieren und in Grenzen zu halten. In jeder Kultur auf dieser Welt gibt es Kampfkünste, in denen junge Menschen lernen, ihre Kraft Regeln zu unterwerfen und sich selbst zu beherrschen. Eine Vorlage für diese pädagogische Arbeit ist das differenzierte Konzept von *Beudels & Anders* (2014). Im Rahmen der Sporttherapie lassen sich viele Übungen hieraus umzusetzen, wobei auch immer wieder Grenzen von Frustration, Angst und Verletzungen auftreten können, die es den Kindern schwer machen, unbefangen miteinander zu rangeln. Meistens aber sind die Kinder zu begeistern für klassische Ringerübungen wie z. B. „die „Schildkröte", wo der Erwachsene sich stabil im Vierfüßler Stand hinhockt und die Kinder versuchen, ihn umzuwerfen.

Für Fechtübungen wurden Schwimmnudeln mit langen Holzgriffen versehen. Mit einem ausrangierten Kletterseil wird eine Kampfarena abgesteckt. Die Kämpfer warten an den gegenüberliegenden Seiten, verbeugen sich und greifen an. Kopf- und Halstreffer sind verboten, genauso wie Treffer in die Genitalien. Nach einem gültigen Körpertreffer ziehen sich die Kontrahenten wieder auf ihre Seite zurück, warten, bis beide bereit sind, verbeugen sich und greifen wieder an. Wer als erster drei Treffer gelandet hat, ist der Sieger. Diese sehr ritualisierte Kampfform hat bei den Kindern eine große Akzeptanz und Beliebtheit, weil die Sequenzen kurz sind, Angst und Schmerzen sich in Grenzen halten und auch der Verlierer in Würde vom Feld geht.

Weitere Beispiele erlebnispädagogischer Arbeit in der Tagesklinik sind selbsterklärend die „Indianerwoche" oder „Pfadfinderaktivitäten". Auch hier gelten wie für alle beschriebenen Angebote die Bedingungen, die anfänglich ausführlich beschrieben wurden: Sie müssen den besonderen Schutzbedürfnissen der Kinder gerecht werden, eine Exit-Strategie und einen Plan B zulassen und im Gesamtzusammenhang der kinderpsychiatrischen Behandlung zu realisieren sein.

Zusammenfassung und abschließende Betrachtung

Bei der Arbeit in der Kinderpsychiatrischen Tagesklinik stellt man immer wieder fest, dass sich Kinder mit herausforderndem Verhalten entspannen, wenn ihnen eine Lernumwelt geboten wird, die ihnen im Sinne der Erlebnispädagogik Herausforderungen bietet. Dazu gehören die genannten Aktivitäten und Interaktionsspiele. Ähnliche Effekte stellen sich ein, wenn jemand ihnen den Umgang mit Werkzeugen zur Holz- und Metallverarbeitung, mit Heißklebepistole, Lötkolben usw. vermittelt und zutraut. Wenn sie soziale Kompetenzen in der Kindergruppe erlernen, Patenschaft für „Neue" übernehmen, in der großen Gruppe essen, spielen und lachen. Wenn man mit ihnen auf den Bauernhof fährt, wo sie die Kühe und Schafe füttern und streicheln und

Obst und Gemüse ernten können. Erlebnispädagogik in der Kinder- und Jugendpsychiatrie braucht keine Sensationen, es geht darum, die Patienten für das Leben selbst zu begeistern.

Literatur

Baig-Schneider, R. (2012). *Die moderne Erlebnispädagogik. Geschichte, Merkmale und Methodik eines pädagogischen Gegenkonzepts*. Augsburg: ZIEL-Verlag.

Bauer, H.G. (2001). *Erlebnis und Abenteuerpädagogik. Eine Entwicklungsskizze. (6. Überarbeitete und erweiterte Aufl.)*. München: Rainer Hampp Verlag.

Baum, H. (1997). *Messer, Gabel, Schere, Licht – warum denn nicht? Kinder lernen spielerisch, die Gefahr einzuschätzen*. Freiburg, Basel, Wien: Herder.

Beudels, W. & *Anders*, W. (2014). *Wo rohe Kräfte sinnvoll walten – Handbuch zum Ringen, Rangeln und Raufen in Pädagogik und Therapie. (5. Aufl.)*. Dortmund: Modernes Lernen.

Buermann, U. (2010). Die Bedeutung der Erlebnispädagogik als Prävention bei Computerspielsucht. In M. *Birnthaler* (Hrsg.). *Praxis Erlebnispädagogik*. S. 384-395. Stuttgart: Verlag Freies Geistesleben.

Birnthaler, M. (2010). *Praxisbuch Erlebnispädagogik*. Stuttgart: Verlag Freies Geistesleben.

Bluhm, S. (2012). „Wir spielen ja nur". Erlebnispädagogik in der Kinder- und Jugendpsychiatrie. *Psych Pflege*, 18 (06), 289-291.

Emminger, P. (2010). Klettern – Methoden der Grenzerfahrung. In M. *Birnthaler* (Hrsg.). *Praxis Erlebnispädagogik*. S. 54-72. Stuttgart: Verlag Freies Geistesleben.

Felten, H. (1998). *Erlebnispädagogik als Möglichkeit zur Kompensation von Verhaltensdefiziten – dargestellt an Beispielen aus der ästhetischen Erziehung*. Frankfurt am Main: Peter Lang.

Heckmair, B. & *Michl*, W. (2012). *Erleben und Lernen –Einführung in die Erlebnispädagogik. (7. Aufl.)* München: Reinhardt.

Hellpap, D. (2006). *Kurze Einführung in die Erlebnispädagogik*. Oldenburg: Paulo Freire.

Jordan, A. (2003). *Abenteuerpädagogik in der Kinder- und Jugendpsychiatrie*. Osnabrück: Der Andere Verlag.

Michl, W. (2009). *Erlebnispädagogik*. München: Reinhardt.

Michl, W. & *Boettger*, C. (2010). Geleitworte. In M. *Birnthaler* (Hrsg.). *Praxis Erlebnispädagogik*. Stuttgart: Verlag Freies Geistesleben.

Reiners, A. (2003). *Praktische Erlebnispädagogik. Neue Sammlung motivierender Interaktionsspiele. 6. Überarbeitete Aufl.* Augsburg: ZIEL-Verlag.

Reinert, J. & *Leven*, K. (1999). *Abenteuer wagen. Ein Handbuch für die Praxis; körper- und bewegungsbezogene Angebote für Kinder und Jugendliche mit und ohne Behinderungen*. Butzbach-Griedel: Afra Verlag.

Namen und Anschriften der Autoren

Dipl.-Sportwiss. Moritz Anderten
Sportpsychologie (asp/bdp), System. Coach & Change Manager
Psychologisches Institut; Abteilung Gesundheit & Sozialpsychologie
Deutsche Sporthochschule Köln; Am Sportpark Müngersdorf 6, 50933 Köln

Dipl.-Pädagogin Cordula Cavaleiro
Studium an der Fakultät Rehabilitationswissenschaften der TU Dortmund mit dem Studienschwerpunkt Bewegungspädagogik und Bewegungstherapie; wiss. Mitarbeiterin am Institut für Sportwissenschaft u. Motologie der Philipps-Universität Marburg; Lektorin
Cordula Cavaleiro de F. Stobbe, Eidstr. 2, 83022 Rosenheim

Dipl.-Sportwiss. Chloé Chermette
System. Beraterin & Therapeutin
Psychologisches Institut; Abteilung Gesundheit & Sozialpsychologie
Deutsche Sporthochschule Köln; Am Sportpark Müngersdorf 6, 50933 Köln

Anke Dalhoff
Ergotherapeutin; Körperpsychotherapeutin (KBT)
Universitätsklink Münster
Klinik für Kinder- und Jugendpsychiatrie, -psychosomatik und –psychotherapie
Schmeddingstraße 50, 48149 Münster

Dr. Sportwiss. Annette Degener
Dipl.-Sportwiss.
Institut für Bewegungstherapie und bewegungsorientierte Prävention und Rehabilitation
Deutsche Sporthochschule Köln, Am Sportpark Müngersdorf 6, 50933 Köln

Dr. Sportwiss. Hubertus Deimel
Stud.-Dir. im Hochschuldienst (i.R.)
Institut für Bewegungstherapie und bewegungsorientierte Prävention und Rehabilitation
Deutsche Sporthochschule Köln, Am Sportpark Müngersdorf 6, 50933 Köln

Dr. rer. medic. Marianne Eberhard-Kaechele
Tanz- und Ausdruckstherapeutin B.F.A. (CDN); Ausbilderin, Lehrtherapeutin und Supervisorin BTD
Institut für Bewegungstherapie und bewegungsorientierte Prävention und Rehabilitation
Deutsche Sporthochschule Köln, Am Sportpark Müngersdorf 6, 50933 Köln

Pia Gotthardt
Bachelor Sport, Gesundheit, Prävention und Therapie (DSHS Köln)
Institut für Bewegungstherapie und bewegungsorientierte Prävention und Rehabilitation
Deutsche Sporthochschule Köln, Am Sportpark Müngersdorf 6, 50933 Köln

Dipl.-Motologe Richard Hammer
Lehrer an der Kath. Fachschule für Sozialpädagogik; Schwerpunkt Kinder- und Jugendhilfe
Hauptstr. 83
66123 Saarbrücken

Univ-Prof. Dr. paed. Gerd Hölter
Sportphilologe und Kinderanalytiker, ehemaliger Leiter des Lehrgebiets 'Bewegungspädagogik und Bewegungstherapie in Rehabilitation und Pädagogik bei Behinderung' an der Fakultät Rehabilitationswissenschaften der TU Dortmund. Leiter des Fakultätszentrums für Beratung und Therapie mit einer Ambulanz für Bewegungs-und Sprachstörungen sowie Auffälligkeiten des sozialen Verhaltens
TU Dortmund, Fakultät für Rehabilitationswissenschaft, Bewegungserziehung und Bewegungstherapie
Emil-Figge-Straße 11, 44227 Dortmund

Univ.-Prof. Dr. med. Jens Kleinert
Institutsleiter Psychologisches Institut; Abteilungsleiter Gesundheit & Sozialpsychologie
Deutsche Sporthochschule Köln; Am Sportpark Müngersdorf 6, 50933 Köln

Univ.-Prof. Dr. med. Dipl.-Psych. Gerd Lehmkuhl
Leiter der Klinik und Poliklinik für Kinder- und Jugendpsychiatrie und –psychotherapie der Universitätsklinik Köln bis 2015
Klinik und Poliklinik für Kinder- und Jugendpsychiatrie und –psychotherapie der Universitätsklinik Köln
Robert-Koch-Str. 10, 50937 Köln

Michael Lindner
Fachkrankenpfleger für Psychiatrie. Inhaber der Firma Bogenevent und Teilhaber der Firma Rhetorik und Bogenschießen. MBSR Trainer in Ausbildung.
Klinik für Psychiatrie und Psychotherapie im Kindes- und Jugendalter, Universität Tübingen Osianderstr. 14-16, 72076 Tübingen.

Miriam Lindner
Bachelor Pädagogik und Kulturwissenschaft (Universität Karlsruhe)
Master Bildungswissenschaft (Freie Universität Berlin)
Korsörer Straße 23, 10437 Berlin

Anette Ludwig
Bachelor Sport, Gesundheit, Prävention und Therapie (DSHS Köln)
Institut für Bewegungstherapie und bewegungsorientierte Prävention und Rehabilitation
Deutsche Sporthochschule Köln, Am Sportpark Müngersdorf 6, 50933 Köln

Prof. Dr. phil. Carolin Friederike Meßler
Dipl.-Sportwiss.
Fliedner Fachhochschule Düsseldorf,
Geschwister-Aufricht-Str. 9, 40489 Düsseldorf

Dipl.-Heilpädagogin Roswitha Nass
Fachabteilung für Bewegungs-, Sport- und Körpertherapie
Abteilung für Kinder- und Jugendpsychiatrie, Psychosomatik und Psychotherapie
LVR-Klinik Bonn, Kaiser-Karl-Ring 20, 53111 Bonn

Dipl.-Sportlehrer Stephan Niggehoff
Psychosomatische Klinik Bergisch Gladbach
Schlodderdicher Weg 23a, 51469 Bergisch Gladbach

Dipl. Sportwissenschaftlerin Birte Schmidt
Bewegungstherapeutin PPS (DVGS), Psychotherapeutin (HP), systemisch-psychologische Beraterin (HISL)
Zentrum für seelische Gesundheit, Psychosomatik, Psychiatrie und Psychotherapie
Asklepios Klinikum Harburg
Eißendorfer Pferdeweg 52, 21075 Hamburg

Dipl.-Psychologin Marion Sulprizio
System. Coach & Change Manager
Psychologisches Institut; Abteilung Gesundheit & Sozialpsychologie
Deutsche Sporthochschule Köln; Am Sportpark Müngersdorf 6, 50933 Köln

Dipl. Sportwiss. Till Thimme
Fachabteilung für Bewegungs-, Sport- und Körpertherapie
Abteilung für Kinder- und Jugendpsychiatrie, Psychosomatik und Psychotherapie
LVR-Klinik Bonn, Kaiser-Karl-Ring 20, 53111 Bonn

Dr. med. Heidrun Lioba Wunram
Klinik und Poliklinik für Kinder- und Jugendpsychiatrie und –psychotherapie der Universitätsklinik Köln
Robert-Koch-Str. 10, 50937 Köln

Dr. paed. Karel Zimmermann
Klinik und Poliklinik für Kinder- und Jugendpsychiatrie und –psychotherapie der Universitätsklinik Köln
Robert-Koch-Str. 10, 50937 Köln

Zeitfracht Medien GmbH
Ferdinand-Jühlke-Straße 7
99095 Erfurt, Deutschland
produktsicherheit@kolibri360.de